宁夏统计年鉴

NINGXIA STATISTICAL YEARBOOK

2004

（总第 18 期）

宁 夏 回 族 自 治 区 统 计 局 编

中国统计出版社
China Statistics Press

(京) 新登字 041 号

图书在版编目(CIP)数据

宁夏统计年鉴 .2004/宁夏回族自治区统计局编,一北京:中国统计出版社,2004·6

ISBN 7 - 5037 - 4348 - 4

I. 宁…　H. 宁…　Ⅲ. 统计资料 - 宁夏 - 2004 - 年鉴　Ⅳ. C832.43 - 54

中国版本图书馆 CIP 数据核字(2004)第 032167 号

宁夏统计年鉴 - 2004

作　　者/宁夏回族自治区统计局

责任编辑/蔡启新　王金贵

E - mail /yearbook@stats.gov.cn

责任校对/王金贵

封面设计/马宏德

出版发行/中国统计出版社

通信地址/北京市西城区三里河月坛南街 75 号　中国统计出版社

邮　　编/100826

电　　话/(010)63262295

印　　刷/宁夏凯华印业有限公司

经　　销/新华书店

开　　本/889 × 1194 毫米　1/16

字　　数/84 万字

印　　张/32

印　　数/1 - 1000 册

版　　别/2004 年 8 月第 1 版

版　　次/2004 年 8 月第 1 次印刷

书　　号/ISBN 7 - 5037 - 4348 - 4/F·1813

定　　价/260 元

中国统计出版社

编辑说明

一、《宁夏统计年鉴 2004》是一部全面、系统、客观反映宁夏国民经济和社会发展情况的资料性年刊，它已成为认识和研究宁夏区情、交流社会信息、制定政策、指导工作不可缺少的重要工具，也是国内外各界了解宁夏的主要窗口，为了适应建立社会主义市场经济体制和实施西部大开发的需要，《宁夏统计年鉴一 2004》在结构上进行了调整，进一步充实了各主要年度、地市县及企业调查的基本情况，并收录了全国各省、自治区、直辖市的主要经济指标及排序，力求能够满足宏观、微观各方面的信息需要。

二、本书内容分特载和统计资料两大部分，统计资料共分为十八部分：1 综合；2 人口；3 劳动力和工资；4 固定资产投资；5 能源；6 财政、金融、保险；7 物价；8 人民生活；9 农业；10 工业；11 建筑业；12 运输、邮电；13 批发零售贸易和餐饮业；14 对外经济贸易和旅游业；15 教育、科学、文化；16 体育、卫生、民政、司法及其它；17 环境保护；18 企业调查基本情况；附件：全国各省市区主要经济指标排序。为便于读者使用，每部分都附有主要统计指标解释。

三、使用本《年鉴》时，请注意以下几点：

（一）本年鉴对过去的统计年鉴资料重新进行了核实，对有的统计数据按新的口径作了调整，凡与本年鉴有出入的，均以本年鉴为准。

（二）资料中的符号使用说明：“…”表示数据不足本表最小单位数；“空格”表示该项统计数据不详；“一”表示无该项数据；“#”号表示其中的主要项。

四、本年鉴出版发行工作，受到各级领导、有关部门和社会各界的大力支持，谨致谢意。由于我们编辑水平有限，不足之处在所难免，诚恳期望各界读者提出宝贵意见，以便改进我们的工作。

《宁夏统计年鉴》编辑委员会

《宁夏统计年鉴》编辑部

目　　录

特　　载

统计资料

一、综　合

二、人　口

三、劳动力和工资

四、固定资产投资

五、能　源

六、财政、金融、保险

七、物　价

八、人民生活

九、农　业

十、工　业

十一、建筑业

十二、运输、邮电

十三、批发零售贸易和餐饮业

十四、对外经济贸易和旅游业

十五、教育、科学、文化

十六、体育、卫生、民政、司法

十七、环境保护

十八、企业调查基本情况

附件：

特　　载

政府工作报告

——在自治区第九届人民代表大会第二次会议上

自治区主席　马启智

（2004年2月6日）

各位代表：

现在，我代表自治区人民政府，向大会作政府工作报告，请予审议，并请自治区政协委员和其他列席人员提出意见。

一、关于2003年的工作回顾

2003年是本届政府的开局之年，也是我区发展史上极为重要而又不平凡的一年。面对非典疫情的严峻考验和农业缺水、工业缺电等各种不利因素的影响，全区各族人民在党中央、国务院和自治区党委的正确领导下，高举邓小平理论和“三个代表”重要思想伟大旗帜，认真落实党的十六大和十六届三中全会精神，紧紧抓住发展这个执政兴国的第一要务，深化改革不懈怠，扩大开放不迟疑，抢抓机遇不放松，聚精会神搞建设，一心一意谋发展，改革开放和现代化建设取得了新的成就，圆满完成了九届人大一次会议确定的各项目标任务。主要表现在：

——速度加快。一是经济增速快。2003年全区实现国内生产总值385亿元，增长12.2%，高于预期3个百分点。面对50年来最严重的黄河缺水状况，粮食产量仍达到了270万吨，实现农业增加值55.5亿元，增长2.5%。工业经济克服了资金、电力、运输紧张的困难，增加值达到143.3亿元，增长16.3%。一批重点行业和传统产业技术改造步伐加快，高新技术和新兴产业迅速发展。建筑业持续高速增长，增加值达到48.4亿元，增长26.6%。第三产业虽然受到非典疫情的严重影响，增加值仍达到137.8亿元，增长8.3%。二是固定资产投资增长快。全年完成全社会固定资产投资318.2亿元，增长37.9%，高于预期目标20个百分点。经过多方努力，争取到国债资金20.3亿元、中央预算内补助资金6.1亿元，新建了一大批基础设施和重点项目，改善了我区的发展环境，增强了可持续发展能力。三是对外开放步伐快。全年实际利用外资7186万美元，增长127%；其中外商直接投资3170万美元，增长44.1%。银川橡胶厂与佳通公司合资扩建90万套全钢子午胎、青铜峡铝业集团与加拿大铝业、丰友化工与香港捷美以及宁夏宾馆等一批外商投资合作项目进展顺利。进出口总额达到6.5亿美元，增长47.4%，其中出口5.1亿美元，增长55.9%。成功举办了第三届中国·宁夏枸杞节、第四届国际摩托车旅游节等大型经贸旅游文化活动。对外经济技术合作与交流继续向深度与广度拓展。四是消费水平提高快。全社会消费品零售总额达到116.5亿元，增长11%。城乡居民购买力进一步增强，消费结构更趋合理，住房、汽车以及教育、旅游、文化、体育等消费支出加大，拉动了经济增长。

——效益提升。一是经济运行质量明显提高。全年完成财政总收入53.3亿元，增长15.8%，其中地方财政一般预算收入30亿元，增长16.3%。工业企业综合经济效益指数达到96.7，提高5.5个百分点；规模以上工业盈亏相抵，实现利润10.2亿元，是上年的1.9倍，创历史最好水平。金融机构年末存贷款余额分别达到746.4亿元和681.6亿元，均增长29%以上。二是经济结构逐步优化。一、二、三产业的比重由上年的16:45.9:38.1，变为14.4:49.8:35.8，二三产业的总份额增大，证明工业化、城市化战略实施已初见成效。农业方面，经济作物和畜牧业所占比重由上年的20.7%和34.8%提高到21.9%和36.2%，农业产业化进程加快，区域优势产业发展壮大，涌现出了一批知名品牌和特色产品。工业方面，传统支柱产业优势进一步发挥，高新技术产业竞争力进一步增强，工业结构进一步优化升级。交通通信、金融保险、商贸旅游、信息服务等第三产业蓬勃发展，有力地拉动国民经济的持续发展。三是城乡居民收入水平不断提高。全年城镇居民人均可支配收入达到6531元，增长7.6%。及时落实国家调资政策，保留了川区15%和山区24%的增资系数，努力提高增资水平。继续巩固“两个确保”，享受低保政策的城镇人口达20.26万人，做到了应保尽保；适时提高了城市困难群众“三条保障线”标准，社会保障体系不断完善。加大了就业和再就业工作力度，实现城镇新就业4.5万人，城镇登记失业率控制在4.4%以内。农民人均纯收入达到2043元，增长6.6%。家庭财产普遍增加，城乡居民储蓄余额377.7亿元，增长23.1%。扶贫济困和救灾工作不断加强，全年发放各种救灾救济款6460万元，保障了困难群众和灾民的基本生活。自治区政府向社会承诺办理的12件实事全部完成。

——环境优化。基础设施建设取得新成就。银川至青岛、丹东至拉萨高速公路宁夏段全线贯通，银川机场段高速公路建成使用，全区高速公路通车里程达到526公里。银川热电厂3号机组、石嘴山电厂2、3号机组并网发电，农村电网二期改造工程全面竣工。扶贫扬黄灌溉工程、民族运动会体育场馆、银川市北部污水处理厂等投入使用。沙坡头水利枢纽、陕甘宁至银川输气管道复线等工程进展顺利。银川至武汉高速公路宁夏段具备开工条件，西电东送北线工程、银太铁路等项目的前期工作抓紧进行。生态环境建设有了新突破。在全区范围内实现了全面禁牧，草场大面积退化的趋势得到初步遏止。注重水系建设和湖泊湿地的开发、保护，全区各类自然保护区面积达到47万公顷。全年完成退耕还林还草433万亩，分别为国家和自治区下达任务的1.6倍和108%。加强水污染治理，努力改善地下水和宁夏段黄河水质。加大工业污染和环境的综合治理，全区主要污染物排放总量基本上控制在国家下达的指标内，城市空气质量明显改善。城市化进程迈出新步伐。“大银川”建设迈出了历史性步伐，道路、广场、市政等城市基础设施建设创造了前所未有的“银川速度”，一个靓丽而充满活力的新银川逐步展现。石嘴山、吴忠、固原等地区性中心城市和各县的城镇面貌也有了明显的变化。全区新增城镇人口21万，城市化率达到40%。各项改革取得新进展。农村税费改革进展顺利。粮食流通体制改革积极推进。以产权制度和完善法人治理结构为重点的国有企业改革步伐加快。国有资产监督管理体制进一步完善。所有制结构调整取得新的进展，非公有制经济比重继续上升。计划、财税、投融资、外贸体制改革稳步推进。养老、失业、医疗保险等社会保障体系建设不断加强。继续深化行政管理体制改革，转变政府职能，减少审批事项，行政效率有了新的提高。进一步整顿和规范市场经济秩序，加强社会信用体系建设，着力营造公平、有序、健康的竞争环境，维护了经营者和消费者的合法权益。

——统筹发展。在加快经济发展的同时，更加重视社会事业的全面进步。加快建立健全突发公共卫生事件应急机制，加大投入力度，积极推进公共卫生事业建设。自治区传染病院和各市县疾控中心陆续开工建设或建成，医疗设备得到更新，防疫救治水平不断提高。科技创新能力不断增强，高新技术研发取得新成果，科普工作日趋深入，科技特派员创业行动深入开展，科技进步对经济社会发展的贡献率不断提高。全年申请专利430件，有71项科技成果获得自治区级科技进步奖。着力构建具有宁夏特色、结构合理、充满活力的现代教育体系，人才培养能力提高。山区实现了“普初”，川区“普九”进一步巩固。加强优质教育资源整合，高中办学规模扩大，办学质量提高。完成了新宁大的合并组建，高等院校重点学科和专业结构渐趋合理，实现了博士点和博士学位授予权零的突破。民族教育得到加强，各级各类学校回族学生比例提高。成人教育、职业教育、民办教育在调整中加快发展。大力发展先进文化，文学艺术、新闻出版、广播影视、社会科学等各项事业繁荣进步，文化产业逐步兴起。重视做好老龄和残疾人工作。加强人口与计划生育工作，扩大“少生快富”工程试点范围，人口自然增长率下降到10.95‰，广泛开展全民健身运动，人口素质和人民群众健康水平不断提高。国防教育深入人心，民兵预备役工作在改革中加强。

在加快川区发展的同时，高度重视山区开发建设。坚持因地制宜、分类指导、协调发展的原则，在进一步增强川区整体经济实力的同时，把南部山区的开发建设摆在重要位置。适时召开了固原工作会议，千方百计筹措资金，加大投入力度，加快南部山区基础设施建设，培育扶贫支柱产业和优势特色产业，实施千村扶贫工程，大力发展劳务经济，南部山区发展活力进一步增强。去年山区8县全社会固定资产投资达到19.44亿元，是历史上投入最多的一年，GDP增长11.1%，地方财政收入增长15.6%，农民人均纯收入增长7.3%，均为近年最好水平。

在加快城市建设和发展的同时，更加重视农业基础设施和农村面貌的改善。统筹城乡发展，加快城乡一体化进程。在全区范围内进行了大幅度的乡镇行政区划调整，撤销126个乡镇，撤并比例达40%。按照布局合理、功能互补、繁荣文明的现代化新农村要求，加强农村住宅建设规划指导，抓点带面，农民住宅的砖房率达到51.4%。加大人畜饮水、乡村道路、农村水电、草场围栏、农村教育及文化卫生设施等的投入，解决了21.6万人、50万只羊、7万头大牲畜的饮水问题，建成县乡公路1170公里。广泛开展爱国卫生运动，讲卫生、树新风、除陋习活动深入人心。农民生产生活条件进一步改善，农村面貌发生了新的变化。

——民主政治建设不断加强。坚持社会主义物质文明、政治文明和精神文明建设协调发展。各级政府自觉接受同级人民代表大会及其常委会的监督，认真执行人大的各项决议决定。加强与人民政协的联系。广泛听取各民主党派、工商联、无党派人士和人民团体的意见建议。以建设责任政府法治政府为目标，加快推进试点工作，加强政府法制建设，各级政府依法行政水平不断提高。深入开展“四五”普法，公民法律意识增强。加大了从源头上预防和治理腐败的力度，强化行政监察和审计监督，政府系统廉政建设取得新成绩。全面贯彻落实“三个代表”重要思想，把学习教育活动不断引向新高潮，进一步调动和激发了全区各族人民热爱宁夏、建设宁夏、振兴宁夏的积极性和创造性，形成了自加压力、团结拼搏、奋发有为、不甘落后的浓厚氛围，涌现出一批爱岗敬业、无私奉献的先进典型和模范人物。群众性精神文明创建活动蓬勃开展，社会主义思想道德建设继续加强。认真落实党的民族政策和《民族区域自治法》，民族团结进步事业有了新的发展。依法加强对宗教事务的管理，积极引导宗教与社会主义社会相适应。正确处理改革发展稳定的关系，及时排查解决出现的各种矛盾和利益纠纷。强化社会治安综合治理，深入开展严打整治斗争，侦破了一批大案要案，社会治安有了新的进步。改进和加强信访工作，帮助群众排忧解难。人民解放军驻宁部队和武警官兵，在支援地方经济建设、扶贫帮困、抢险救灾、维护社会稳定等方面做出了新的贡献。

各位代表！在过去的一年中，有两件对我区经济社会生活影响重大的事情，需要专门报告：一是抗击非典取得重大胜利。面对突如其来的非典疫情，按照党中央、国务院的统一部署，从维护广大人民群众的身体健康和生命安全的高度出发，迅速反应、超前工作、靠前指挥、冷静应对、果断处置，与非典疫魔进行了艰苦的斗争。全区没有发生一例原发性病例，没有一个医务人员受到感染。5例输入性病例中，除1例因病情严重医治无效死亡外，其余4例全部医治痊愈，有效地防止了疫情的传播蔓延，赢得了抗击非典的重大胜利。二是成功举办了第七届全国少数民族传统体育运动会。我们举全区之力、凝全区人心，精心组织，周密部署，在社会各界的全力支持、协作配合下，运动会获得了圆满成功，开创了宁夏历史上举办全国大型文体活动的先河。集中向全国人民宣传和展示了宁夏的新形象，受到了各省区的普遍赞誉，“小省区也能办大事”，宁夏的对外影响力空前提升，进一步焕发了全区各族人民谋发展、快发展的巨大热情。

各位代表！去年我们遇到的困难比预料的多，我们取得的成绩比预期的好。各项成就的取得，归功于党中央、国务院的正确领导和亲切关怀，归功于全区各族人民的团结拼搏和无私奉献。在此，我代表自治区人民政府，向辛勤工作在各条战线上的广大工人、农民、知识分子和干部，向关心和支持政府工作的人大代表、政协委员、各民主党派、工商联、人民团体、离退休老同志和社会各界人士，向保卫改革开放和现代化建设的驻宁人民解放军、武警官兵、公安干警，致以崇高的敬意和衷心的感谢！

回顾一年来的工作，我们既要看到已经取得的成绩，又要清醒地认识到前进的道路上还存在着一些不容忽视的困难和问题。影响生产力加快发展和市场对资源有效配置的体制性障碍依然存在；科技创新能力较弱，人才机制不活，对经济发展的支撑作用不强；农业产业化进程较慢，工业经济效益不高，就业和再就业形势严峻，城乡居民收入还比较低；对外开放的领域不广、层次不高，招商引资环境有待进一步改善；政府职能转变与完善社会主义市场经济体制的要求还不相适应，官僚主义、形式主义和消极腐败现象还程度不同地存在；卫生文化等社会事业发展滞后。这些问题，必须采取有效的措施，认真加以解决。

二、关于2004年的奋斗目标和总体要求

2004年是我区改革发展十分关键的一年。我们必须紧紧抓住本世纪头二十年的重要战略机遇期，增强责任感、紧迫感和危机感，加倍工作，全面提速，推动各项工作再上新台阶，向全面建设小康社会的宏伟目标迈进。今年政府工作总的要求是：以邓小平理论和“三个代表”重要思想为指导，认真贯彻党的十六大和十六届三中全会精神，深入实施西部大开发战略，坚持加快发展这个第一要务，坚持科学的发展观，坚持五个统筹的要求，突出以人为本，加快改革创新，扩大对外开放，继续推进工业化、城市化和农业产业化，努力提高经济增长的质量和效益，实现国民经济持续快速协调健康发展和社会的全面进步，促进社会主义物质文明、政治文明和精神文明协调发展。主要预期目标是：国内生产总值增长10%。全社会固定资产投资达到367亿元，增长15.3%。地方财政一般预算收入32亿元，可比增长11%。外贸进出口总额7.2亿美元，增长10%。城镇居民人均可支配收入达到6988元，增长7%；农民人均纯收入达到2115元，增长3.5%。全社会消费品零售总额128亿元，增长10%。城镇登记失业率控制在4.6%以内。人口自然增长率控制在12‰以内。

实现上述目标，我们既有许多有利因素，也面临不少矛盾和困难。但总体上讲，机遇大于挑战，希望多于困难。从国际形势看，世界经济和贸易有望继续回升，结构调整和产业转移步伐加快，将为我们扩大开放，吸引更多的项目、资金、人才创造更加有利条件；从国内来看，我国已进入新一轮经济增长期，宏观经济政策继续保持稳定性和连续性，有利于我们加快发展；从我区来看，自治区党委、政府近年来采取的一系列政策措施的累积效应已逐渐显现，全区上下一个抢抓机遇、你追我赶、苦干实干、加快发展的热潮已经兴起。同时，我们也应看到我区电力、运输和水资源紧张等瓶颈制约有可能进一步加剧，而且随着改革的深化，利益格局的调整，各种不确定因素还会增多。因此，我们既要紧紧抓住各种难得的发展机遇，充分利用一切有利条件，调动一切积极因素，又要清醒地做好迎接各种困难和挑战的准备，顺势而为，乘势而上，抓住重点，攻克难点，冷静应对，狠抓落实，把我区的各项建设事业大踏步地推向前进。

三、关于推进工业化

工业化是现代社会的重要标志，是全面建设小康社会的战略选择，要坚定不移地谋划工业发展，锲而不舍地抓好工业发展，全力推进工业化进程。

（一）实施重大项目带动战略。实现我区的跨越式发展，必须抓紧上一批具有全局意义和战略意义的重大项目。要抓住国家继续发行国债，加大对西部地区投入以及产业政策调整的有利时机，积极争取中央支持，依托我区资源优势，加大招商引资力度，抓紧新上一批工业大项目。今年重点是抓好宁东能源重化工基地的开发建设，加快规划实施煤炭间接液化、煤基二甲醚、大型现代化煤矿等重大项目。开工建设马莲台、灵武电厂，扩建石嘴山电厂。抓好捷美丰友集团天然气化肥、青铜峡铝业集团技改、美利纸业林纸一体化、西部氯碱公司聚氯乙烯等重点项目建设。做好枣泉煤矿、大坝电厂三期、佳通公司1000万套半钢子午胎等一批骨干工程预开工准备工作。同时，要抓紧论证储备一批项目。加强对工程建设进度的跟踪管理，建立健全项目法人制度，促进重大

项目的顺利实施。

加快交通等重大基础设施项目建设,是推进工业化、城市化和农业产业化,实现经济跨越式发展的重要前提和条件。今年全区公路建设安排投资33亿元,新建和续建五个重点项目,开工建设七个路网改造项目,同时继续抓好县乡道路的建设和改造,实施通达和畅通工程。道路交通建设和维护管理耗资巨大,必须通过改革建立多元化的投融资机制,建立分层分级管理的运行模式,逐步改变政府包揽所有投资的状况,使我区道路交通建设步入良性发展的轨道。

(二)大力发展高新技术和新材料产业。按照"一带、三区、四园"的布局,以石嘴山、银川、吴忠为产业中轴线,沿贺兰山东麓建设新材料产业带;以银川高新技术开发区和国家级经济技术开发区为依托,加快形成高新技术和精深产品研发、加工、销售中心,以石嘴山市现有工业基础为支撑,加快建设稀有金属冶炼、碳基材料和PVC材料基地,以青铜峡铝业集团扩建为契机,建设吴忠铝、镁产业及制品基地;积极推进银川新材料园、石嘴山新材料园、石嘴山河滨高载能材料园和青铜峡铝业新材料园的建设,努力把我区建成西部乃至全国重要的新材料产业基地。要抓紧高新技术和新材料产业具体项目的实施,使这一规划逐步落到实处。

(三)加大传统产业技术改造力度。今年要保持工业企业技术改造投资增长20%以上。抓好22个重点技术改造项目,争取实施10项国债技改项目和"双高一优"项目,切实提高工业经济运行质量和效益。要重视利用和推广节能技术。加大对化工、冶金、机械、煤炭、医药、建材、轻纺等行业的技改力度,振兴传统支柱产业和机械制造业。依托行业龙头企业,积极主动地争取与跨国公司和中央大企业"联姻"。同时,要认真贯彻《中小企业促进法》,健全服务,创新机制,促进中小企业快速发展。

(四)全面推进信息化。充分发挥信息技术的渗透和倍增作用,以信息化带动工业化,以工业化促进信息化。要努力营造优良环境,大力推进企业信息化建设,改造提升产品设计、制造、销售、服务与信息管理业务流程,提高研发制造和决策管理水平。要加快国民经济和社会信息化步伐,建立电信普遍服务机制,把信息技术广泛应用于经济社会的各领域。编制全区电子政务建设规划,积极推进电子政务、电子商务项目建设,加快政府管理的信息化步伐。

四、关于推进城市化

城市化是经济发展、社会进步的重要标志,是我区现代化进程中艰巨的历史性任务。我们要继续加快城市化进程,坚持以人为本,构筑产业支撑,树立新的城市规划、建设、管理和经营理念,充分发挥城市在经济发展中的聚集带动作用,以城市化促进工业化,推动现代化。

(一)继续抓好大银川建设。今年要继续推进大银川建设,尽快把银川市建设成为西北现代化的区域性中心城市。重点提升三个层次:一是要提升城市的产业层次,这是城市发展的后劲之所在。银川市要以两个开发区和贺兰德胜、永宁望远等工业园区为载体,兴建一批技术含量高、环境污染小、经济效益好的工业项目,提高工业经济比重。要进一步提升服务业的层次和水平,完善延伸商业步行街,建设民族商品风情街,整合文化、教育、旅游资源。通过二三产业的发展,增加税收,壮大财力。二是提升城市整体功能。继续加大基础设施投入力度,加快城市新区开发建设速度,开工建设环城高速公路,改造完善道路交通、供热供水、集污处理、公共卫生等市政设施,拓展大银川的发展空间。三是优化提升城市发展环境。完善城市文化、体育和娱乐休闲设施,新建高档宾馆酒店,挖掘保护和开发名胜古迹,增强城市的吸引力;继续加大环保治理力度,改善城市空气、水资源质量,注重社区、广场和城市周边环境的绿化,加强水系和湖泊湿地建设,打造"塞上湖城"品牌,美化人居环境,为申报联合国人居奖打下坚实的基础。

(二)统筹兼顾、梯次推进。在抓好大银川建设的同时,要继续抓好石嘴山、吴忠、固原、中卫等地区性中心城市建设,突出地区特色和优势,加快各种生产要素和产业集聚,不断提高城市的档次和水平。青铜峡、灵武市等其他县城的建设都要因地制宜,科学规划,量力而行,积极稳妥地向前推进。要结合农业产业化和市场体系建设,发展一批工矿型、交通枢纽型、商贸型、旅游型等中心小城镇,推动生产要素和产业等向小城镇聚集,提高综合服务功能,加快城乡一体化进程。要通过推进城市化进程,逐步构建大、中、小城市和小城镇有机结合、优势互补、功能完善、特色鲜明的城市体系。

(三)提高城市的经营管理水平。鼓励有条件的市、县组建城市建设投融资机构,依靠社会力量加快城市建设步伐,逐步建立多形式、多元化、多渠道的投融资体制。将可经营的市政公用设施和城市的无形资产推向市场,通过出让、转让、拍卖、特许经营等多种方式,盘活存量。要加强政府对土地市场的宏观调控能力,防止土地收益流失。建立完善与市场经济体制相适应的教育、住房、就业、户籍管理、社会保障等现代城市发展的新机制。加强社区建设,提高社区服务水平。加强城市市容、交通、治安、环保、卫生等基础管理工作和城乡结合部的综合整治,不断提高城市管理和公共服务供给的效率与水平,使城市的人流、物流、资金流、信息流更加顺畅,人民生活更加方便。

五、关于推进农业产业化

解决农业、农村和农民问题,是全面建设小康社会的难点和重点,是当前经济工作的重中之重,核心是千方百计增加农民收入,基础是增加粮食生产,关键是推进农业产业化,最终是实现农业现代化。

(一)高度重视粮食生产,稳定和提高粮食综合生产能力。民以食为天。粮食生产是改革发展稳定的最基础条件。必须高度重视,统一思想认识,保持清醒头脑。一是要充分看到在粮食问题上存在的隐忧,尽管我区粮食生产能力和粮食储备情况是好的,但是经受不住全国和周边省区对我区粮食市场的冲击,必须采取更加有力的措施,确保我区的粮食大体做到自给有余。二是要切实处理好农业结构调整与保护粮食综合生产能力的关系，增加农民收入与粮食生产的关系，推进工业化、城镇化与保护耕地的关系，生态建设与粮食播种面积的关系。三是要实行最严格的耕地保护制度，坚决制止乱批滥占耕地的行为，坚决守住基本农田这条红线。要确保全区人均1亩水浇地和南部山区人均2至3亩旱作基本农田，今年粮食播种面积不少于1150万亩。四是要加大对粮食主产区的资金投入和价格补贴，今年从粮食风险资金中拿出3200万元，直接补贴给川区和农垦系统的种粮农民农工。五是要保护和稳定提高全区粮食综合生产能力。实施沃土工程，提高耕地质量，注意防治湖泊湿地周围耕地的盐渍化。实施好灌区节水改造工程，大力推广节水农业，提高水资源的利用效率。加快实施"种子工程"，加速优良品种更新步伐，努力提高粮食单产。

（二）加快建设优势特色农产品产业带，切实推进农业产业化。今年要重点扶持枸杞、清真牛羊肉、奶产业、马铃薯4大战略性主导产业，优质稻麦、淡水渔业、蔬菜、牧草、玉米、葡萄6大优势特色产业，打造一批知名品牌。加快实施农业产业化重点龙头企业"振兴工程"，完善落实各项扶持政策措施，集中力量培育5—10个规模较大、科技含量高、市场前景好、辐射带动作用强的龙头企业，全面提升优势特色农产品的市场竞争力和效益。要进一步加大对农业和农村的投入力度，增加支农资金和农田水利等基本建设投资，加大信贷支农支出，运用市场机制，调动社会力量和农民增加投入的积极性。要切实加强农业产业化支撑保障体系建设，健全种养业良种繁育、农业科技创新与应用、动植物保护、农产品质量安全和农产品市场流通5大体系，为农村经济的可持续发展提供强有力的科技和服务支撑。要高度重视和认真做好禽流感的防疫工作。

（三）发展县域经济，增加农民收入。发展县域经济对我区具有特殊重要的意义，只有在稳定和发展农业的前提下，加快工业化，推进城镇化，引导农民进入二三产业，转移农民、减少农民，才能从根本上壮大县域经济实力，解决农民增收问题。发展县域经济必须坚持特色创品牌，工业化为方向，民营经济为主体，市场化为动力，着力提高综合竞争力。今年要突出四个重点：一是要加快工业园区建设，关键是抓好进入园区的项目、资金、人才的落实，引导各类园区规范有序健康发展，防止园区建设中盲目圈地，形成空壳的现象。二是要大力发展民营经济和乡镇企业，采取必要的扶持政策，使我区的民营企业真正形成气候，提供更多的就业岗位，让富余的农村劳动力离开土地进入二三产业，增加收入，实现自我发展。三是要高度重视失地农民的生活保障和就业问题，积极探索越来越多的农民进城后实现就业和增加收入的途径，围绕房屋出租、家政服务、商贸流通、城市公益事业建设等，发展房东经济、股东经济、打工经济和能人经济。实施好百万农民培训工程，增强农民就业能力。四是要因地制宜、扬长避短、突出特色。川区各市县重点发展优质、高效、专用和有地域特色的农产品及其加工业，山区各县应突出草畜产业和土特产品，实现市场与产品的有效对接。引黄灌区是宁夏的精华地带，生产力水平较高，要积极推进其率先初步实现农业现代化。

六、关于深化经济体制改革和扩大对外开放

今年，我们要按照中央的部署，从宁夏的实际出发，采取更加有力的措施，有重点有步骤地推进改革向纵深发展。

（一）进一步深化国有企业改革。我区国有经济比重大，相当一部分企业缺乏活力，没有完全走出困境，必须通过深化改革，加快建立归属清晰、权责明确、保护严格、流转顺畅的现代产权制度，使企业重新焕发出新的生机和活力。目前我区国企改革多头管理的问题还没有完全解决，今年要进一步理顺关系，解决制约国企改革与发展的体制性障碍。加快建立和完善国有资产的监管体制，依法保障出资人的所有者权益，确保国有资产保值增值。股份制是公有制的主要实现形式，要通过转让国有股、吸引民营企业和外资参股国有企业，大力发展混合所有制经济，实现投资主体多元化。要按照《公司法》的要求，规范股东会、董事会、监事会和经理层的职责，形成分工合理、权责明确、各负其责、相互制约、科学管理的企业法人治理结构。进一步深化企业内部劳动、人事、分配制度改革，转换企业经营机制，积极探索实行技术入股、奖励股份、期权期股、协议工资、年薪制等多种分配形式，完善企业激励机制。今年，自治区将成立专门的工作小组，选择几家有条件的国有企业大胆进行改革，力争取得新的进展。

（二）鼓励、支持和引导非公有制经济大发展。非公有制经济是我区经济发展的重要力量和潜力所在，现在比重依然偏低。要全面落实放宽市场准入，促进各类企业平等竞争的政策措施，坚决消除影响非公有制经济发展的各种思想观念和体制障碍，不断促其上档次、上规模、上水平，形成大发展、快发展的强劲势头。允许非公有资本进入法律法规未禁入的基础设施、公用事业和其他行业和领域。在投融资、税收、土地使用和对外贸易等各方面与其他企业享受同等待遇。要依法加强对个体私营企业财产权、知识产权、投资经营权及其从业人员在职称评定、子女入学、落户就业、社会保险等方面的权益保护，加强和改进对非公有制经济的服务与监管，建立科学有效的扶持和激励机制，支持其做大做强。

（三）进一步深化农村改革。按照"依法、自愿、有偿"的原则，进行土地经营权的流转。巩固农村税费改革的成果，确保农民负担不反弹。加快推进县乡机构和农村义务教育等综合配套改革。实行山川差别农业税率并逐步降低标准，取消农业特产税。要大胆改革农垦管理体制，增强农垦经济和事业发展活力。逐步统一城乡劳动力市场，取消对农民进城的限制性规定，深化户籍制度改革，引导农村富余劳动力平稳有序转移。继续深化粮食流通体制改革，加强粮食市场宏观调控。推进林业分类经营和林权制度改革。深化供销社改革，强化综合服务功能。大力发展农村合作经济组织和中介机构。建立健全农村的各种预警应急机制，提高对农业

自然灾害和农村突发事件的应对能力，确保农村社会稳定。

（四）继续推进财税金融体制改革。加快建立公共财政体制框架，进一步确立财政收入稳定增长的机制，努力增加政府建设和发展资金，增强对经济社会发展的调控能力。深化部门预算、国库集中收付、政府采购和收支两条线管理改革。强化预算管理，实行硬约束，加强税收征管，优化支出结构。要适当提高区本级财政收入的比重，增强自治区的调控能力。加大对基础性、公益性等重点项目的支持力度。严格编制管理，控制财政供养人数。加强审计监督，严肃财经纪律，提高财政资金使用效率。积极推进资本市场的改革开放和稳定发展，努力构筑多元化投融资体系。深化金融企业改革，培育壮大证券、信托、商业银行和信用社等地方金融机构，鼓励支持金融企业以多种方式扩大信贷规模，努力防范金融风险，支持地方经济建设。

（五）大力整顿和规范市场经济秩序。在更大程度上发挥市场在资源配置中的基础性作用，加快培育发展资本、土地、劳动力、技术等要素市场，促进各种生产要素自由流动和充分竞争。积极发展独立公正、规范运作的中介服务组织。严厉打击各种制假售假、商业欺诈、非法传销等扰乱市场秩序、损害群众利益的违法犯罪行为。要把建立健全社会信用体系，作为一项宏大工程着力推进。政府、企事业单位和个人都要把诚实守信作为基本行为准则。以道德为支撑、产权为基础、法律为保障，努力构建以市场交易人为主体的基础信用体系，以法律制度、国际惯例和商业准则为主导的制度信用体系，以政府监管、社会舆论为主的监督信用体系，在全社会形成诚信为本、操守为重的良好社会风尚，努力树立“信用宁夏”新形象。

（六）不断提高对外开放水平。继续实施“科技兴贸”和市场多元化战略，优化出口商品结构，努力拓展国际市场，巩固和发展传统市场，积极开辟新兴市场，保持住我区外贸出口的良好势头。继续加大对重点出口产品的支持力度。鼓励支持我区企业到境外开展经济技术合作与交流。积极探索招商引资的新方式，改善环境，落实政策，强化服务，大招商、招大商，大力引进国内外资本、技术、人才和先进的管理经验，吸引国际大集团、大公司和区外企业来我区投资开发经营，力争使我区的招商引资工作迈出更大步伐。深化内外贸体制改革，完善对内对外开放的政策措施，加快内外贸一体化进程。争取早日开通银川河东机场航空口岸。推动闽宁、沪宁、鲁宁等东西合作向广度和深度发展。第三产业特别是旅游业，对经济增长和提升对外影响力具有显著作用，一定要精心策划，有效运作，促其有更大的发展。

七、关于加快山区扶贫开发建设

南部山区是我区的半壁河山，事关我区全面建设小康社会的全局，必须按照五统筹的要求，更加重视山区、关心山区、支持山区，变被动扶贫为积极开发，努力走出一条经济、社会、人口、资源、环境可持续发展之路。

（一）加大投入力度，增强发展后劲。要认真落实固原工作会议精神，加大政策、资金、人才等方面的支持力度，推进体制机制创新。大胆学习和借鉴先进地区的做法和经验，善于运用市场经济的办法推动经济社会发展，在更大范围参与区内外经济分工与合作。积极探索扶贫资金使用的新机制，逐步建立山区开发建设创业基金、财政贴息贷款，进一步加大产业扶贫、劳务输出、人才引进、小额信贷和财政转移支付等扶持力度，引导和推动川区民营企业家及其他投资者、大中专毕业生和各类人才参与山区开发建设，保护好、引导好、发挥好各方面加快发展的积极性。要继续加快山区基础设施建设，抓好同心至固原高速公路、县乡道路改造等项目。

（二）立足优势资源，培育特色经济。特色产业是山区经济的活力所在、潜力所在。要结合退耕还林草和退牧还草，大力发展饲草业，以饲草业带动畜牧业，走集约化、规模化、市场化的发展路子，以畜牧业的大发展带动农村经济的繁荣和农民收入的增加。要因地制宜发展马铃薯、食用菌、林果、瓜菜、油料、中药材、小杂粮等传统特色优势产业，继续实施好十万贫困户养羊工程、闽宁万户菌草工程，努力把山区建成畜牧业基地、土豆淀粉基地、中药材基地和小杂粮基地。大力发展农副产品加工业，提高产品的科技含量和市场竞争力。要把劳务输出作为农民增收致富的最大工程和支柱产业来抓，坚持政策引导、有序流动、加强管理、改善服务，力争每户有一人外出务工，凸现劳务经济对农民增收的贡献份额。继续实施好千村扶贫工程，落实好扶贫开发的各项政策措施。

（三）加强生态环境综合治理，促进经济与人口、资源、环境协调发展。继续实施以退耕还林草、三北防护林四期、天然林保护、风沙区生态环境整治等为主的生态工程建设。加强各类生态项目的综合协调。加快山、水、田、林、路及小流域综合治理和农村能源建设。要进一步加大生态移民力度，搞好自然保护区建设，增强自然生态系统的自我修复能力。加快六盘山水源涵养林、生态旅游业和水资源开发建设，努力构筑大六盘生态经济圈。继续实施农村饮水解困工程，解决20万人、2.5万头大家畜和40万羊只的饮水困难。开工建设泾源、盐池、西吉、海原、彭阳、隆德等县城的垃圾无害化处理和供水工程。要下大力气抓好山区的人口与计划生育工作，扩大“少生快富”工程覆盖面，严格控制人口数量，提高人口质量。总之，要把生态环境建设与扶贫开发结合起来，与增加农民收入结合起来，与控制人口增长提高人口素质结合起来，与资源合理开发和永续利用结合起来，推动山区走上生产发展、生态良好、生活富裕的文明振兴之路。

八、关于维护人民群众的切身利益

群众利益无小事。把人民群众利益放在首位，是实践“三个代表”重要思想，做到立党为公、执政为民的根本要求。实现好、维护好、发展好人民群众的根本利益，是检验我们一切工作的试金石。

（一）扩大就业和再就业，努力增加城乡居民收入。千方百计增加就业是政府的重要职责。要把扩大就业和再就业有机地体现在经济发展、结构调整、体制改革、扩大开放的各项工作中去。要加快推进市场化进程,发展就业容量大的劳动密集型企业和个体私营企业,采取灵活多样的方式,努力拓展就业的空间和领域。加强职业教育和就业培训,进一步完善就业服务体系,实现企业下岗人员万人再就业的目标。要正确处理积累与消费的关系,集中有限财力为群众办实事、办大事。针对我区城镇居民收入较低的现状,要在振兴经济,特别是繁荣第三产业的基础上,认真研究调整收入分配政策,今年从四个方面采取措施,提高居民收入。一是适当提高最低工资标准。二是不折不扣地落实好自治区出台的提高"三条保障线"标准的政策。三是各市县要购买一批公益性岗位,解决困难弱势群体和"4050"下岗人员就业难的问题。四是要认真贯彻落实劳动法规定的保障职工收入的各项政策。要加强规范和监督企业的用工行为,严禁拖欠农民工工资,对有意拖欠克扣的要依法处理。

(二)健全社会保障体系,构筑经济发展的安全网。社会保障体系是经济发展的推进器,也是社会和谐的稳定器。要进一步加强"两个确保"和城市"低保"工作,认真搞好"三条保障线"的衔接。进一步扩大企业基本养老保险覆盖面,将各种所有制企业特别是民营企业职工纳入基本养老保险范围。做好下岗职工出中心后的失业保险接续工作,补充失业保险金,并按时足额发放。继续推进医疗保险制度改革,建立社会医疗救助和多层次医疗保障体系。搞好新型农村合作医疗试点工作,积极探索建立农村养老、医疗保险和最低生活保障制度,启动实施工伤保险。有条件的村镇要逐步探索并建立适合当地特点的养老保险和医疗保障制度。加强社会保险基金征缴和管理,加大监督检查力度,保障劳动者特别是弱势群体的合法权益。

(三)改善生活环境,提高生活质量。规范房地产市场秩序,促进房地产业健康发展。加强经济适用房的建设和监管,切实改善中低收入家庭住房条件。建立和完善廉租住房制度,解决特困居民的住房困难。加强城市供热、供水、供气和垃圾处理等公共设施建设。加大对城市空气污染治理,提高空气质量。加强城市交通运输道路网和公共交通系统的规划建设,健全城市交通体系。继续实施平安大道和畅通工程,确保城乡居民道路交通安全。高度重视防震、防洪、防空、消防等应急救援体系建设,提高应急能力。银川等城市要有计划地将农贸市场改为超市。继续实施"放心食品"、"放心药品"等专项整治工程,确保人民群众用药和食品安全。加强教育、医疗和涉农等收费的规范管理,制止各种乱收费。认真落实安全生产责任制和责任追究制,加强安全生产,消除事故隐患,防止重特大事故的发生。切实做好受灾群众、弱势困难群体的救灾救济和城市流浪乞讨人员的救助管理工作。完善资助贫困学生的政策和制度。积极促进并正确引导城乡居民扩大住房、教育、旅游、文化、体育、汽车等消费,不断提高消费水平。要通过不懈努力,营造文明健康、安全稳定、优美和谐的社会环境,让人民群众过上幸福美满的生活。

九、关于社会事业发展和精神文明建设

推进社会事业的繁荣进步和精神文明建设,是全面建设小康社会的长期任务。要继续实施科教兴宁战略和人才强区战略,大力发展各项社会事业,进一步加强精神文明建设,弘扬民族精神,把全区各族人民的积极性、创造性凝聚起来、焕发出来,为改革开放和现代化建设提供强大的人才保障、智力支撑和精神动力。

(一)大力实施人才强区战略。小康大业,人才为本。要紧紧抓住培养、稳定、吸引、用好人才四个关键环节,创新人才工作机制,为各类人才脱颖而出创造良好的环境。开展多层次、多渠道、大规模的人才教育和培养,加快建设党政、企业经营管理和专业技术三支人才队伍。首先要结合我区经济社会发展的战略重点,抓紧制定人才培养、引进规划,并将其纳入国民经济和社会发展之中,统筹部署。其次要加强人才环境建设,完善政策措施,特别是对人才工作中反映出的待遇、住房、职称、科研条件等问题,要采取切实有力的措施,认真加以解决。三要建立科学的人才评价机制,以业绩考核为重点,综合考虑品德、知识、能力等要素,使各类人才的作用都能得到充分发挥。要着眼于人才总量的增长和人才素质的提高,促进各级各类人才协调发展,切实把优秀人才聚集到各项事业中来,推进宁夏的大开发、大开放、大发展。

(二)加快提升科技创新能力。紧紧围绕我区发展重点,加大科技投入力度,充分发挥科研院所的综合技术优势,加强农业优良品种、能源重化工、新材料、生物工程、特色医药等基础性、工艺性、技术性研究和重大项目的科技攻关。加大科技储备和实用技术推广的力度。建立健全技术创新体系和运行机制,提高科技成果转化应用和高新技术产业化能力。继续开展国家重大高技术产业化项目的申报工作。调整、组建一批工程技术研究中心和重点实验室,力争早日进入国家级行列。深入开展科技特派员创业行动,做好自治区"8613 农业科技工程"成果的集成推广。推进科技交流与合作。重视专利工作,保护知识产权。

(三)优先发展教育事业。深化教育体制改革,推进教育创新,优化教育结构,合理配置教育资源,加强素质教育,保持教育经费稳定增长。加强师资队伍建设,提高师资水平。进一步加强农村教育,巩固提高川区"普九"成果,打好山区"普九"攻坚战。加快实施"3133"优质学校建设工程。大力发展职业教育、继续教育,构建终身教育体系。发挥集中办学优势,提高高校教育质量和办学效益,增强学生的实践和创新能力。加快民族教育发展,继续实施好百所回民中小学标准化建设工程,巩固提高回族学生入学率。创新办学体制,支持发展民办教育。大力实施教育信息化和现代远程教育工程。

(四)全面发展文化、卫生、体育等事业。适应人民群众日益增长的文化需求,积极推进文化体制改革,加大公益文化投入,加强基层文化设施建设,推动文化创新。实施精品战略,繁荣文学艺术、广播影视、新闻出版事业,发展文化产

业，丰富文化生活。重视文物保护、开发和利用。繁荣发展哲学社会科学。建立健全区、市、县三级疾病预防控制体系、突发公共卫生事件医疗救治体系、重大疫情信息网络体系和卫生执法监督体系，加快公共卫生事业发展。认真做好非典等重大传染病和地方病、慢性病的防治工作。改善农村医疗卫生条件，加强农村卫生工作。做好妇幼保健工作。开展全民健身运动，增强竞技体育实力，倡导心理健康，提高全民健康水平。保护妇女、儿童的合法权益。高度重视老龄工作，支持老龄事业和产业发展。关心支持残疾人事业。

（五）加强精神文明建设。以"三个代表"重要思想为强大武器，武装头脑、指导实践、推动工作，不断开创各项事业的新局面。大力弘扬民族精神，最广泛地调动和发挥一切积极因素投身于现代化建设。要坚持"三贴近"，深入开展精神文明创建活动。加快"千里文明长廊"建设。认真贯彻《公民道德建设实施纲要》，加强社会公德、职业道德和家庭美德教育，加强青少年的思想道德建设。弘扬科学精神，普及科学知识，倡导科学、文明、健康的生活方式，反对封建迷信和伪科学。加强信访工作，强化信访责任制，积极排查化解各类社会矛盾。继续开展同邪教组织的斗争。强化社会治安综合治理，深入开展严打整治斗争，维护社会稳定。深入开展国防教育，加强国防后备力量建设，搞好拥军优属、拥政爱民活动，巩固军政军民团结。

十、关于加强民主政治和政府自身建设

加快我区改革开放和社会主义现代化建设事业，政府工作任重道远、责任重大，必须切实加强各级政府的自身建设，坚持依法行政，高效施政，从严治政。

坚持党的领导、人民当家作主、依法治国相统一。各级政府要在党委的正确领导下，认真执行同级人大及其常委会的决定决议，坚持重大事项报告制度，自觉接受监督。密切与人民政协的联系，及时通报经济社会发展中的重大情况，接受人民政协的民主监督。认真办理人大代表议案、建议和政协委员提案。认真听取各民主党派、工商联、无党派人士和人民团体的意见建议。加强政府立法工作，全面实施依法治区规划，认真开展"四五"普法，提高全民的法律素质和全社会的法制化管理水平。加强基层民主政治建设，积极推进政务公开、厂务公开、村务公开，完善民主选举、民主决策、民主管理和民主监督制度。深入贯彻党的民族政策，巩固和发展平等、团结、互助的社会主义新型民族关系。加强少数民族干部的教育培养使用。全面贯彻党的宗教信仰自由政策，依法管理宗教事务，坚持独立自主自办的原则，积极引导宗教与社会主义社会相适应。

以建设责任政府法治政府为总抓手，全面推进依法行政。继续深化行政管理体制改革，推进政府管理创新和职能转变，切实把政府职能转变到经济调节、市场监管、社会管理、公共服务上来。把政府该管的事管住管好，不该由政府管的事交给企业、市场、社会组织和中介机构，更大程度地发挥市场在资源配置中的基础性作用。认真贯彻实施行政许可法，清理不符合行政许可法规定的行政许可项目、规定和实施机关，抓好配套制度建设，减少行政审批事项，提高办事效率，努力形成行为规范、运转协调、公正透明、廉洁高效的行政管理体制。深化行政执法体制改革，推进综合执法试点，相对集中行政处罚权，加强行政执法监督，实行行政执法责任制、过错追究制和评议考核制，促进严格执法、公正执法、文明执法，做到有权必有责、用权受监督、侵权要赔偿。坚持重大问题深入调查研究，广泛听取意见，集体讨论决定，不断提高科学民主决策水平。建立自治区政府新闻发言人制度，通报政府工作的重大事项，增强政府工作的透明度。

各级政府和全体工作人员要忠实实践全心全意为人民服务的宗旨，加强政风建设，树立正确的政绩观，营造求真务实的良好氛围，建立求真务实的激励机制，弘扬求真务实的工作作风。要努力践行"三个代表"重要思想，牢记"两个务必"，爱民、亲民、为民，真正做到权为民所用、情为民所系、利为民所谋。坚持察实情、讲实话、办实事、求实效，反对做表面文章，反对虚报浮夸、弄虚作假，反对好大喜功、报喜不报忧，反对大手大脚、铺张浪费。要坚持人民的利益高于一切，关心群众疾苦重于一切，解决群众困难先于一切，以扎实有效的工作，密切党和政府与人民群众的血肉联系，赢得人民群众的拥护和信赖。加强廉政建设和反腐败斗争。坚决纠正损害群众利益的不正之风，纠正部门和行业不正之风。严格规范公务员从政行为。加强公务员队伍素质建设。自治区政府把今年确定为全区公务员素质提高年，将采取有效措施，不断提高公务员队伍的政治理论素养、职业道德和业务本领，努力建设一支政治坚定、作风过硬、能力突出的公务员队伍，把各级政府建设成为为民、务实、廉洁的政府。

各位代表！做好今年各项工作，实现预期奋斗目标，任务艰巨而繁重，责任重大而光荣。让我们高举邓小平理论和"三个代表"重要思想伟大旗帜，紧密团结在以胡锦涛同志为总书记的党中央周围，与时俱进，开拓创新，励精图治，团结奋斗，把我区改革开放和社会主义现代化建设事业推向一个新阶段！

宁夏回族自治区统计局 关于2003年国民经济和社会发展 统计公报

2004年3月16日

2003年，全区各族人民在自治区党委、政府的领导下，以邓小平理论和“三个代表”重要思想为指导，全面落实党的十六大精神，紧紧围绕自治区确定的各项预期目标和工作任务，以全面建设小康社会总揽经济建设全局，加快推进农业产业化、工业化、城市化进程，大力发展壮大县域经济，加快经济结构调整，积极应对国内外形势新变化，努力克服“非典”疫情、农业缺水、工业缺电、运力紧张以及社会就业压力增大等不利因素的影响，使国民经济呈现持续快速增长的良好势头，经济增长质量进一步提高，各项社会事业全面进步，人民生活继续改善。

一、综　合

全年实现国内生产总值385亿元，比上年增长12.2%，增幅同比提高2个百分点，比全国增幅高3.1个百分点，总体运行呈现不断加快发展的良好态势。分产业看：第一产业增加值55.5亿元，增长2.5%；第二产业增加值191.7亿元，增长18.7%；第三产业增加值137.8亿元，增长8.3%。产业结构继续调整，三次产业增加值占国内生产总值的比例由上年的16.1:45.9:38.0调整为14.4:49.8:35.8。第一产业比重下降1.7个百分点，第二产业比重上升3.9个百分点，第三产业比重下降2.2个百分点。

市场价格总水平小幅上扬。2003年居民消费价格总水平比上年上涨1.7%。其中，城市上涨1.5%，农村上涨2.0%。服务项目价格上升5.9%。商品零售价格总水平比上年下降0.5%。其中，城市下降0.8%，农村上涨0.1%。农业生产资料价格下降0.6%。全部工业品出厂价格与上年同期相比上涨5.6%，原材料、燃料、动力购进价格同比上涨6.8%。

财政收入增势良好。全年完成一般预算收入50.7亿元，比上年增长14.1%。全年地方一般预算收入30亿元，比上年增长16.3%。其中，增值税5.0亿元，增长15.0 %；营业税10.9亿元，增长17.3 %；个人所得税1.3亿元，增长12.5 %。全年地方财政支出105.7亿元，比上年下降7.6%。其中，基本建设支出19.9亿元，下降21.9 %；农业支出5.1亿元，增长10.4 %；企业挖潜改造资金支出4.4亿元，增长34.6 %。

二、农　业

2003年农业虽受粮食减产10.5%的影响，但在种植业结构优化、畜牧业发展势头良好等有利因素带动下，总体上仍实现了稳步发展，农林牧渔业总产值100.5亿元，完成增加值55.5亿元，同比分别比上年增长5.9%和2.5%。

全区农村经济结构不断调整，农业产业化经营继续推进，农、林、牧、渔业都得到了较快发展。据统计，全年粮食产量270.2万吨，比上年下降10.5%；油料产量13.2万吨，增长21.2%；水果产量23.1万吨，增长37%。

继续实施退耕还林还草工程，林业生产成效明显。全年完成退耕地造林草12.7万公顷；造林合格面积29.5万公顷，分别比上年增长1.5倍和61.7%。

畜牧业保持良好的发展势头。其中，全年猪牛羊肉产量19.9万吨，增长23.2%；禽肉产量2.7万吨，增长14.2%；禽蛋产量8.7万吨，下降3.7%；水产品产量5万吨，增长3.7%。农业生产条件进一步改善，大力发展节水灌溉，努力扩大灌溉面积。新增农田有效灌溉面积3186公顷，累计有效灌溉面积41.3万公顷，比上年增长0.8%；年末农业机械总动力486.34万千瓦，增长8.7%；农村用电量8.6亿千瓦小时，增长4.9%。

三、工业和建筑业

全年完成工业增加值143.3亿元，比上年增长16.3%。在国有及年销售收入500万元以上非国有工业企业中，轻工业增加值22.0亿元，增长27.4%；重工业增加值100.8亿元，增长17.2%。

主要工业产品产量和增长情况:原煤2194.8万吨,比上年增长20.7%;发电量206.1亿千瓦时,增长20.5%;铝锭26.9万吨,增长3.1%;化肥76.3万吨,增长0.2%;轮胎外胎241.5万条,增长7.7%;轴承391.5万套,下降25.1%;水泥494.1万吨,增长31.0%;钢丝绳3.8万吨,增长17.8%;金属切削机床1953台,增长7.5%。

工业生产产销衔接良好,经济效益总体水平稳步提高。全年国有及年销售收入500万元以上非国有工业企业实现销售收入420.3亿元,比上年增长35.2%;实现利税32.8亿元,增长41.3%,其中,实现税金21.3亿元,增长18.7%。盈利企业盈利额16.5亿元,增长42.4%;亏损企业亏损额5.0亿元,下降21.1%;盈亏相抵后实现净利润11.5亿元,增长1.2倍,其中,国有及国有控股企业实现净利润5.3亿元,增长79.8%。全年工业经济效益综合指数96.7,比上年上升5.5个百分点;总资产贡献率6.3%,比上年上升0.6个百分点,资产负债率63.9%,比上年上升6.4个百分点;流动资产周转率1.5次,比上年提高0.1次;成本费用利润率2.8%,比上年上升0.9个百分点;工业产品销售率97.2%,比上年降低1.6个百分点。

建筑业生产快速增长,劳动生产率和建筑产品质量不断提高。建筑企业全年实现建筑业增加值24.9亿元,增长30.5%;完成总产值108.1亿元,比上年同期增长28.7%。房屋建筑施工面积1119.8万平方米,增长34.2%,房屋建筑竣工面积578.7万平方米,增长34.3%,全员劳动生产率61352元/人,增长7.7%。装修装饰业逐步成为建筑行业内新的经济亮点,全年实现产值2.5亿元,增长17.6%。

四、固定资产投资

在国家积极的财政政策支持下,全区继续加大了对基础产业和设施、生态环境、科技教育等的投入,使固定资产投资继续保持快速增长势头。全年全社会固定资产投资总额318.2亿元,比上年增长37.9%。其中,基本建设投资164.6亿元,增长32.4%;更新改造投资41.1亿元,增长55.8%;房地产开发投资50.9亿元,增长64.9%。从投资主体来看,国有单位投资156.1亿元,增长16.9%;非国有单位投资162.1亿元,增长66.6%。

投资结构进一步优化。在全社会固定资产投资中用于农、林、牧、渔水利业投资35.6亿元,增长34.3%,用于交通、邮电通信业投资38.9亿元,下降7.7%,以城市基础设施建设为主体的社会服务业投资32.7亿元,增长75.5%;教育、文化设施投资6.2亿元,下降9%;原材料工业投资34.5亿元,增长1.2倍;能源工业投资34.5亿元,下降6.7%。

重点建设项目进展顺利。全区在加大固定资产投资力度的同时,进一步突出重点建设项目建设,以重点项目带动重点行业。全年正式施工的23个重点建设项目完成投资67.4亿元,占全社会固定资产投资的比重为21.2%。

在基本建设和更新改造投资项目中,施工项目1455个,比上年增加139个。其中,新开工项目1118个,增加97个。建成投产项目840个,项目建成投产率57.7%。全社会新增固定资产232.2亿元,固定资产交付使用率达到73%。其中:新增的主要能力有:造林面积479.4万亩,新建高速公路156公里,长途电缆线路长度170公里,城市道路扩建长度77.7公里等。

五、国内贸易

努力改善消费环境,不断加快布局结构和经营业态调整,积极开拓城乡市场,商业企业的聚集、辐射能力明显增强。全年实现社会消费品零售总额117亿元,增长11%。其中,农村消费品市场保持稳定,实现消费品零售额37亿元,增长8.1%;城市市场趋于活跃,实现消费品零售额80亿元,增长12.4%。

分经济类型看,股份制经济零售额快速增长。全年股份制经济实现消费品零售额23亿元,比上年增长30.5%,增幅居各种经济类型之首,高于全区社会消费品零售总额增幅19.5个百分点。比国有经济、集体经济增幅高24.9个百分点。比私营、个体经济增幅高23.7个百分点。所占社会消费品零售总额份额继续扩大,由上年的16.5%扩大到19.4%,提高了2.9个百分点。

分行业看,批发零售贸易业零售额95亿元,增长10.4%,其中,限额以上贸易企业零售额34亿元,增长38.3%;餐饮业继续走旺,实现零售额20亿元,增长14.8%。城乡集市贸易成交额108亿元,增长66%。

分类别看,全区限额以上贸易企业商品销售额中,食品、饮料、烟酒类零售额增长48.4%,服装类增长23.4%,化妆品类增长21.9%,洗涤用品类增长36.7%,家用电器和音像器材类增长37.4%。文化办公用品类、通讯器材类、汽车类零售额分别增长2倍以上。

六、对外经济

全年外贸出口创历史新高。据海关统计,全区进出口总额达到6.5亿美元,增长47.4%。其中,出口总额5.1亿美元,增长56%;进口总额1.4亿美元,增长23.1%。在外贸出口总额中,国有企业出口3.7亿美元,占出口比重的72.5%,增长55.1%,拉动全区出口增长40.2个百分点;一般贸易出口4.4亿美元,同比增长91.2%,占全区出口总额的85.5%,比上年提高16.8个百分点。

从出口地区看,对各大洲出口全面增长。其中,对亚洲出口3.0亿美元,同比增长62.0%,占全区出口额的59.0%,是我区主要的出口市场;对欧洲出口1.1亿美元,同比增长69.8%;对北美洲出口0.6亿美元,同比增长27.8%。

从主要贸易伙伴来看,列我区出口额前五位的国家和地区是,日本(9804万美元,同比增长71.7%)、韩国(7576万美元,增长149.5%)、美国(6020万美元,增长30.5%)、香港(4885万美元,增长170.7%)、荷兰(2370万美元,增长73.2%),其出口增量占出口总增量的76.9%,拉动全区出口增长43个百分点。

从出口的主要产品看，铝制品出口8304万美元，增长42.9%；硅铁出口7843万美元，增长227.4%；钽制品出口3908万美元，增长20.7%；金属镁出口3894万美元，增长43.4%；无毛绒出口2699万美元，增长60.9%；轮胎出口2252万美元，增长1.4%；双氰胺出口2074万美元，增长150.8%。

利用外资进展顺利。全区实际利用外资7186万美元，新签利用外资协议项目37个，新签利用外资投资额3.3亿美元。年末全区拥有注册的三资企业481个，比上年增加27个。

七、交通、邮电和旅游

交通运输生产平稳增长。全年交通运输和邮电通信业完成增加值27亿元，增长7.5%。

年末全区公路通车里程已达11916公里，比上年末净增671公里。其中，高速公路526公里，一、二级公路2140公里。全年完成货物周转量：公路63.1亿吨公里，增长2.7%，铁路196.8亿吨公里，增长1.9%；航空176.5万吨公里，下降6.8%。完成旅客周转量：公路33.5亿人公里，下降5.7%；铁路19.6亿人公里，下降0.5%；航空2.1亿人公里，增长30.5%。

邮电通信业持续快速发展。全年新增长途光缆946公里，长途光缆长度达到6435公里；新增本地局用交换机容量12.4万门，达到104.6万门。互联网络注册户数22万户，增长26.4%。

全年邮电业务总量28.9亿元，增长32.0%。年末本地电话用户达到100.3万户。其中，城市电话用户73.5万户，乡村电话用户26.8万户。移动电话用户123.5万户。全区电话普及率达到39.2部/百人。其中，城市固定电话普及率达到43.6部/百人。

由于“非典”疫情对旅游业影响较大，入境旅游、国内旅游均有所下降。全区全年共接待入境旅游者3049人次，下降49.3%，外汇收入85万美元，下降47.4%；接待国内旅游者274万人次，下降10.2%，国内旅游收入10.21亿元，下降14.9%。

八、金融、保险和证券

金融形势运行平稳，稳健的货币政策促进了社会经济的健康发展。2003年末，金融机构各项存款余额746.4亿元，比年初增长28.7%。其中，企业存款余额247.7亿元，比年初增长28.1%。金融机构各项贷款余额681.6亿元，比年初增长29.9%。其中，短期贷款余额288.0亿元，比年初增长24.8%；中长期贷款余额327.9亿元，比年初增长32.7%。

2003年末，金融机构现金收入1871.1亿元，现金支出1893.2亿元，收支相抵净投放现金22.2亿元。

2003年末，全区上市公司11家。证券交易营业部12家，全年交易额357.5亿元，比上年增长10.4%。

保险事业快速发展。保险险种增加，保险收入大幅度提高。全年保费收入10.7亿元，同比增长22.4%。其中，财产险收入2.9亿元，增长25.6%；人身险收入7.8亿元，同比增长22.6%。全年共支付共赔款及给付2.4亿元，增长4.5%。其中，财产险赔付金额1.3亿元，人身险赔款及给付金额1.1亿元(含退保金额)。

九、教育和科学技术

全面实施素质教育，调整高校布局结构。地方普通高校继续扩大招生规模，发展速度加快。普通高校12所，招生数11237人，在校本(专)科学生35134人，增长19.9%，毕业生5461人。研究生培养单位2个，年内招收研究生290人，增长60.2%，在校研究生591人，毕业研究生90人。

2003年，各级各类学校3486所，在校学生127万人，教职工75089人。其中，专任教师64356人。

全区小学2816所，招生128779人，小学在校生669503人，增加5961人，小学学龄儿童入学率97.5%；普通中学446所，招生128757人，在校学生377078人。

全区中等职业教育(职高、普通中专、成人中专)38所(不含技工学校)，招生18014人，在校学生45017人，其中，普通中等专业学校11所，在校学生27346人。

成人高等教育在校学生38540人，增长4.7%；成人中等教育在校学生5799人，减6.1%。

全区已普及了初等义务教育，普及九年义务教育的县(市、区)已达16个，“普九”人口覆盖率68.3%。全区实现了基本扫除青壮年文盲的目标。

技术市场持续发展。全年认定技术合同332项，合同金额10047万元；申请专利441件，专利授权338件。全区拥有各类科学研究开发机构51个，其中，自然科学研究机构17个，人文社会科学研究机构6个，科技情报与文献机构4个，已转制的科研机构24个，自治区级重点实验室4个。全区地方国有单位各类专业技术人员14万人。

十、文化、卫生和体育

群众文化事业蓬勃发展，文化市场秩序进一步得到清理和规范。全区艺术表演团体14个，公共图书馆21个，文化馆22个，博物馆5个。

加强广播电视基础设施建设，不断扩大广播电视覆盖率，继续巩固发展“村村通”工程，积极推进有线电视入户。2003年末，有广播电台5座，节目23套，中短波广播发射台和转播台8座，广播综合人口覆盖率91.2%；电视台5座，节目54套，电视发射台和转播台108座，电视综合人口覆盖率89.0%，比上年提高1.3个百分点。

全区地方出版报纸19种，出版量7549.06万份；出版杂志24种，出版量123.17万册；出版图书447种，出版量1480.8万册。

卫生工作以城镇医疗卫生体制改革为重点，整顿和规范医疗卫生市场秩序，重点作好疾病的预防和控制工作，为保护人民健康做出了积极贡献。全区卫生机构1499个，床位15728万张；卫生技术人员23105人，其中，执业医师、执业助理医师10650人，注册护士7272人。卫生防疫、防治机构39个，卫生技术人员1307人；妇幼保健机构25个，卫生技术人员 1147 人；农村卫生院 279 个，卫生技术人员 3326 人。创建卫生城市、卫生县城工作卓有成效。

努力实施《全民健身计划》，开展全民健身活动，特别是成功举办的第七届少数民族运动会，让全国人民进一步了解宁夏的同时，大大促进了全区城乡群众体育活动的深入开展。在亚洲青年锦标赛上我区运动员获得自行车比赛银牌 1 枚；全国比赛获金牌 5 枚，银牌 10 枚，铜牌 13 枚；在全区单项运动会上获金牌 107 枚，银牌 96 枚，铜牌 89 枚。

十一、环境保护

全区进一步加大生态环境保护和建设力度，继续巩固工业污染源达标排放成果，围绕"大银川"和城镇化建设，城市环境综合整治取得新的成效。全区环境保护系统人员 670 人，各级环境监测站 14 个，环境监测人员 257 人。环境污染限期治理项目 59 个，完成投资 9479.5 万元，竣工绿色工程规划项目 1 项，完成投资 10791 万元。全区烟尘控制区 30 个，面积 150.3 平方公里，噪声达标区 30 个，面积 108.1 平方公里。全区自然保护区 12 个，面积 53.3 万公顷；国家级自然保护区 5 个，生态示范区单位 2 个。

十二、人口与就业

据人口变动情况抽样调查，2003 年全区出生人口 9.03 万人，人口出生率为 15.68‰，比上年下降 0.74 个千分点；死亡人口 2.72 万人，人口死亡率为 4.73‰；人口自然增长率 10.95‰，全年净增人口 6.31 万人，年末总人口 580.3 万人。

2003 年末，全区城乡就业人员 291.4 万人，比上年末增加 8.97 万人，增长 3.2%。城镇单位在岗职工 60.2 万人，比上年末减少 0.4 万人，下降 0.7%，其中，国有单位减少 4.6 万人，集体单位减少 1.1 万人。城镇私营企业和个体从业人员 20.6 万人，比上年末增加 3.2 万人。乡村从业人员 208.5 万人，比上年末增加 5.2 万人。2003 年全区通过各种渠道实现就业和再就业的失业人员 4.5 万人，年末城镇登记失业人数 3.8 万人，登记失业率 4.4%。

十三、人民生活

城镇居民收入稳步增加，生活水平进一步提高。2003 年，全区在岗职工工资总额 80.8 亿元，增长 11.7%；在岗职工平均工资 13056 元，增长 11.4%。城镇居民人均可支配收入 6530 元，增长 7.6%；人均消费性支出 5330 元，增长 4.4%，其中，城镇居民用于交通与通讯、医疗保健、教育、文化娱乐等方面的费用增加较多，居民消费结构进一步优化。全年食品消费占总消费支出比重为 36%，比上年提高 1.2 个百分点；衣着消费占 11.0%，下降 0.3 个百分点；交通和通讯消费占 11.0%，提高 0.1 个百分点；教育消费占 6.0%，下降 1.6 个百分点；居住消费占 10.5%，提高了 1.0 个百分点。

全区农民人均纯收入突破 2000 元，达到 2043.3 元，增收 125.9元，增长 6.6%。农民从非农产业获得的收入 888.9 元，增长 10.7%，其中，工资性收入达到 592.3 元，增长 12.5%。由于政策性扶持收入增加较多，农民人均转移性收入 126.3 元，增长 81.6%。农民人均生活消费支出 1637.1 元，增长 15.4%。其中，人均食品消费支出 680.2 元，比上年增长 7.4%，恩格尔系数由上年的 44.6%下降为 41.5%，下降 3.1 个百分点，是近年来下降幅度最大的一年。

2003 年末，城乡居民储蓄存款余额 377.7 亿元，比年初增长 23.1%。其中，活期储蓄存款余额 134.2 亿元，比年初增长 26.1%；定期储蓄存款余额 243.5 亿元，增长 21.5%。

注：1、本公报中统计数据为初步统计数，正式数据以《宁夏统计年鉴－2004》为准。

2、国内生产总值及各产业增加值和行业总产值指标绝对数按现价计算，增长速度按可比价格计算。

统 计 资 料

一、综　　合

1－1　全区行政区划、土地面积

(2003 年)

地市名称	所辖市县(区)名称	乡数(个)	镇数(个)	街道办事处(个)	居委会(个)	村委会(个)	土地面积(平方千米)
合计	**8 区 2 市 14 县**	**96**	**92**	**39**	**435**	**2 627**	**66 401.9**
银川市	**3 区 2 县 1 市**	**5**	**21**	**21**	**188**	**327**	**9 170.3**
	兴庆区	–	2	11	81	29	359.8
	金凤区	–	2	5	26	31	289.8
	西夏区	–	2	5	50	16	987.2
	永宁县	1	5	–	11	90	1 294.9
	贺兰县	1	4	–	7	77	1 599.5
	灵武市	2	6	–	13	84	4 639.1
石嘴山市	**2 区 3 县**	**11**	**10**	**14**	**131**	**243**	**5 630.2**
	大武口区	1	–	8	60	3	1 007.5
	石嘴山区	–	–	6	45	–	156.2
	惠农县	3	3	–	5	42	1 097.8
	平罗县	4	6	–	19	128	2 332.4
	陶乐县	3	1	–	2	40	1 036.3
吴忠市	**2 区 1 市 2 县**	**15**	**23**	**3**	**53**	**571**	**21 436.5**
	利通区	5	4	2	18	104	1 313.1
	红寺堡开发区	3	1	–	1	75	1 774.5
	青铜峡市	–	7	1	17	104	2 424.0
	盐池县	4	4	–	11	99	8 661.3
	同心县	3	7	–	6	189	7 263.6
中卫市	**3 县**	**20**	**18**	**–**	**34**	**440**	**15 742.8**
	中卫县	1	9	–	21	149	5 922.4
	中宁县	5	5	–	7	126	2 841.2
	海原县	14	4	–	6	165	6 979.2
固原市	**1 区 4 县**	**45**	**20**	**1**	**29**	**1 046**	**14 422.1**
	原州区	6	8	1	15	229	4 965.1
	西吉县	16	3	–	5	306	3 985.4
	隆德县	10	3	–	3	241	1 269.4
	泾源县	4	3	–	2	114	961.1
	彭阳县	9	3	–	4	156	3 241.1

1-2 自然资源状况

指　　标	单　位	2003年
一、自然状况		
1.国土面积	平方公里	66401.90　(约9960万亩)
#山　地	平方公里	8179.00
平　原	平方公里	13897.00
丘　陵	平方公里	19679.00
2.气　候		
全年平均气温	摄氏度	8.84
年降水量	毫　米	329.21
二、自然资源		
1.耕　地		
小　计	万公顷	114.52　(约1717.75万亩)
灌溉水田	万公顷	4.72　(约70.76万亩)
水浇地	万公顷	34.70　(约520.47万亩)
旱　地	万公顷	74.78　(约1121.69万亩)
菜　地	万公顷	0.32　(约4.83万亩)
2.园　地		
小　计	万公顷	3.38　(约50..68万亩)
果　园	万公顷	3.02　(约45.28万亩)
桑　园	万公顷	0.14　(约2.13万亩)
其它园地	万公顷	0.22　(约3.27万亩)
3.林　地		
小　计	万公顷	53.16　(约797.18万亩)
有林地	万公顷	12.24　(约183.54万亩)
灌木林	万公顷	8.72　(约130.77万亩)
疏木林	万公顷	1.15　(约17.18万亩)
未造成林林地	万公顷	30.67　(约460.06万亩)
迹　地	万公顷	0.11　(约1.64万亩)
苗　圃	万公顷	0.27　(约4.00万亩)
4.牧草地		
小　计	万公顷	233.39　(约3500.82万亩)
天然草地	万公顷	225.51　(约3382.63万亩)
改良草地	万公顷	0.21　(约3.09万亩)
人工草地	万公顷	7.67　(约115.09万亩)
5.其他农用地		
小　计	万公顷	16.29　(约244.43万亩)
蓄禽饲养地	万公顷	0.12　(约1.79万亩)
设施农业用地	万公顷	…　(约0.05万亩)
农村道路	万公顷	2.30　(约34.48万亩)
坑塘水面	万公顷	0.67　(约9.98万亩)
养殖水面	万公顷	0.57　(约8.59万亩)
农田水利用地	万公顷	5.11　(约76.67万亩)

1－2表续

指　　标	单　　位	2003年
田坎	万公顷	7.07　（约106.07万亩）
晒谷场等用地	万公顷	0.45　（约6.8万亩）
6.居民及工矿用地		
小　计	万公顷	16.66　（约249.90万亩）
城　市	万公顷	1.19　（约17.87万亩）
建制镇	万公顷	0.79　（约11.80万亩）
村　庄	万公顷	10.84　（约162.65万亩）
独立工矿	万公顷	1.89　（约28.29万亩）
盐　田	万公顷	0.09　（约1.37万亩）
特殊用地	万公顷	1.86　（约27.92万亩）
7.交通用地		
小　计	万公顷	1.52　（约22.85万亩）
铁　路	万公顷	0.32　（约4.84万亩）
公　路	万公顷	1.15　（约17.27万亩）
民用机场	万公顷	0.05　（约0.73万亩）
其他交通用地	万公顷	…
8.水利设施用地		
小　计	万公顷	0.51　（约7.65万亩）
水库水面	万公顷	0.39　（约5.92万亩）
水工建筑物	万公顷	0.12　（约1.73万亩）
9.其他土地		
小　计	万公顷	8.07　（约121.11万亩）
河流水面	万公顷	3.85　（约57.81万亩）
湖泊水面	万公顷	0.85　（约12.68万亩）
苇　地	万公顷	0.56　（约8.42万亩）
滩　涂	万公顷	2.81　（约42.20万亩）
8.未利用土地		
小　计	万公顷	72.05　（约1080.79万亩）
荒草地	万公顷	7.06　（约105.88万亩）
盐碱地	万公顷	6.64　（约99.67万亩）
沼泽地	万公顷	0.42　（约6.31万亩）
沙　地	万公顷	15.10　（约226.45万亩）
裸土地	万公顷	0.11　（约1.63万亩）
裸岩石砾地	万公顷	10.30　（约154.53万亩）
其　他	万公顷	32.42　（约486.32万亩）
2.矿产资源		
煤保有储量	万　吨	3083961.20
铁(矿石)	万　吨	94.90
水泥用灰岩	万　吨	49852.00
石　膏	万　吨	253098.20
玻璃用砂岩石	万　吨	1402.00

1-3 主要年份气象资料

年份	降水量(毫米)		无霜期(天)		初霜日(日/月)	
	引黄灌区	干旱山区	引黄灌区	干旱山区	引黄灌区	干旱山区
1952	214.4		164		26/9	
1957	122.3	160.3	166	152	25/9	25/9
1965	115.9	178.7	123	189	6/9	14/10
1970	208.0	260.0	158	199	29/9	29/9
1975	172.4	188.6	166	177	4/10	29/10
1978	283.6	384.6	164	188	18/9	27/10
1980	77.9	164.4	166	181	4/10	1/11
1981	163.6	264.6	166	181	8/10	23/10
1982	92.9	128.4	171	186	26/9	27/9
1983	177.6	311.7	171	186	11/10	25/10
1984	196.9	274.9	155	164	4/10	5/10
1985	252.5	477.8	180	208	1/10	20/10
1986	156.8	224.1	199	208	20/9	29/10
1987	172.8	160.7	179	169	19/10	19/10
1988	162.4	315.0	165	191	5/10	5/10
1989	224.8	257.3	149	187	11/10	19/10
1990	252.8	386.7	161	173	13/10	24/10
1991	165.2	296.0	154	184	4/10	20/10
1992	295.4	241.6	179	179	6/10	6/10
1993	152.4	252.1	148	192	28/9	15/10
1994	122.4	241.4	130	168	28/9	15/10
1995	203.7	317.8	142	212	24/9	25/9
1996	211.0	357.2	148	170	7/10	7/10
1997	110.0	209.7	148	173	20/9	25/9
1998	195.1	356.0	173	187	15/10	20/9
1999	143.3	231.4	241	225	15/10	20/9
2000	110.0	214.0	181	181	15/10	1/11
2001	202.1	298.0	165	180	4/10	9/10
2002	259.3	280.0	169	223	5/10	23/10
2003	203.0	281.7	197	185	14/10	5/10

注:引黄灌区以永宁为代表,干旱山区以同心为代表。

1－4　各市县主要气象资料

（2003年）

地　　区	全年平均气温（℃）	降水量（毫米）	日照时数（小时）	风速（米/秒）	
				平　均	最　大
银川市	9.8	194.8	2 568.7	2.6	14.6
永宁县	9.6	203.0	2 764.5	2.8	14.3
贺兰县	9.9	225.0	2 992.1	2.1	11.8
灵武市	9.4	206.9	2 893.9	3.1	15.2
石嘴山市	9.8	212.8	2 664.3	2.3	17.3
平罗县	10.0	180.0	3 042.2	2.2	11.4
陶乐县	9.3	154.7	2 929.5	2.7	12.2
惠农县	9.5	179.8	3 002.0	3.3	16.7
利通区	10.4	192.7	3 127.4	2.8	15.5
青铜峡市	10.6	197.5	2 978.7	2.3	13.0
中卫县	9.4	283.4	2 981.8	3.0	18.3
中宁县	10.1	221.2	3 014.4	3.2	13.8
盐池县	8.1	293.9	2 613.9	3.0	14.6
同心县	9.4	281.7	2 834.3	3.6	17.4
固原县	7.2	605.1	2 474.8	2.6	10.1
海原县	7.8	453.0	2 832.4	3.0	15.6
西吉县	6.3	433.2	2 077.1	2.3	12.7
隆德县	5.8	670.0	2 297.3	2.7	13.5
泾源县	6.4	850.6	2 296.4	3.4	12.9
彭阳县	7.9	544.9	2 397.0	1.7	11.0

1－5　各部门机构单位数

2003年　　　　单位:个

指　　标	法人单位数	产业活动单位数
合　　计	**24 837**	**9 126**
一、按登记注册类型分组		
国　有	7 049	7 722
集　体	2 632	601
股份合作	103	25
国有联营	4	1
集体联营	7	－
国有与集体联营	2	3
其他联营	13	2
国有独资公司	72	25
其他有限责任公司	1 016	254
股份有限公司	125	144
私营独资	2 557	64
私营合伙	404	3
私营有限责任公司	4 456	155
私营股份有限公司	54	9
其他内资	6 235	98
与港澳台商合资经营	37	1
与港澳台商合作经营	2	－
港澳台商独资	10	7
港澳台商投资股份有限公司	2	1
中外合资经营	45	9
中外合作经营	1	－
外资企业	10	2
外商投资股份有限公司	1	－
二、按国民经济行业分组		
农、林、牧、渔业	**799**	**786**
农　业	170	59
林　业	92	43
畜牧业	171	19
渔　业	24	3
农、林、牧、渔服务业	342	662
采掘业	**352**	**38**
煤炭开采和洗选业	221	29
石油和天然气开采业	8	1
黑色金属矿采选业		
有色金属矿采选业	4	－
非金属矿采选业	116	7
其他采矿业	3	1
制造业	**3 389**	**269**
农副食品加工业	426	17
食品制造业	182	7
饮料制造业	69	5

1－5 表续 1　　2003 年　　单位:个

指　　标	法人单位数	产业活动单位数
烟草制品业	2	－
纺织业	44	6
纺织服装、鞋、帽制造业	36	12
皮革、毛皮、羽毛(绒)及其制品业	97	3
木材加工及木、竹、藤、棕、草制品业	39	4
家具制造业	65	4
造纸及纸制品业	80	7
印刷业和记录媒介的复制业	134	16
文教体育用品制造业	7	－
石油加工、炼焦及核燃料加工业	26	1
化学原料及化学制品制造业	203	26
医药制造业	41	－
化学纤维制造业	5	－
橡胶制品业	20	1
塑料制品业	116	6
非金属矿物制品业	915	45
黑色金属冶炼及压延加工业	101	3
有色金属冶炼及压延加工业	57	2
金属制品业	153	10
通用设备制造业	166	21
专用设备制造业	96	19
交通运输设备制造业	149	18
电气机械及器材制造业	85	2
通信设备、计算机及其他电子设备制造业	9	1
仪器仪表及文化、办公用机械制造业	18	7
工艺品及其他制造业	46	3
废弃资源和废旧材料回收加工业	2	23
电力、煤气及水的生产和供应业	**80**	**141**
电力、热力的生产和供应业	54	128
燃气生产和供应业	4	3
水的生产和供应业	22	10
建筑业	**918**	**159**
房屋和土木工程建筑业	686	137
建筑安装业	78	9
建筑装饰业	145	8
其他建筑业	9	5
交通运输、仓储和邮政业	**289**	**354**
铁路运输业	12	17
道路运输业	182	119
城市公共交通业	26	10
水上运输业	4	1
航空运输业	1	2
管道运输业	－	－

1－5 表续 2　　2003 年　　单位:个

指　　标	法人单位数	产业活动单位数
装卸搬运和其他运输服务业	26	6
邮政业	27	190
信息传输、计算机服务和软件业	**145**	**60**
电信和其他信息传输服务业	93	54
计算机服务业	31	2
软件业	21	4
批发和零售业	**4 662**	**925**
批发业	1 866	299
零售业	2 796	626
住宿和餐饮业	**465**	**125**
住宿业	168	69
餐饮业	297	56
金融业	**331**	**825**
银行业	258	787
证券业	3	13
保险业	47	18
其他金融活动	23	7
房地产业	**305**	**69**
房地产业	305	69
租赁和商务服务业	**667**	**198**
租赁业	42	5
商务服务业	625	193
科学研究、技术服务和地质勘查业	**364**	**84**
研究与试验发展	62	8
专业技术服务业	240	51
科技交流和推广服务业	49	18
地质勘查业	13	7
水利、环境和公共设施管理业	**351**	**229**
水利管理业	223	203
环境管理业	71	14
公共设施管理业	57	12
居民服务和其他服务业	**167**	**45**
居民服务业	132	32
其他服务业	35	13
教　育	**1 146**	**2 503**
教　育	1 146	2 503
卫生、社会保障和社会福利业	**696**	**264**
卫　生	613	200
社会保障业	37	8
文化、体育和娱乐业	**574**	**217**
新闻出版业	18	39
广播、电视、电影和音像业	80	83

指　　标	法人单位数	产业活动单位数
文化艺术业	422	81
体　育	14	12
娱乐业	40	2
公共管理和社会组织	**9 137**	**1 835**
中国共产党机关	419	36
国家机构	1 515	1 672
#国家权力机构	163	67
国家行政机构	1 264	1 506
人民法院和人民检察院	56	62
人民政协和民主党派	50	14
群众团体、社会团体和宗教组织	4 104	82
#工　会	27	2
妇　联	28	15
共青团	26	15
三、按地区分组		
银　川　市	**9 063**	**2 909**
兴　庆　区	4 595	906
西　夏　区	1 430	532
金　凤　区	1 122	466
永　宁　县	559	390
贺　兰　县	628	392
灵　武　市	729	223
石嘴山市	**3 482**	**1 362**
大武口区	1 177	371
石嘴山区	485	189
平　罗　县	1 077	396
陶　乐　县	305	182
惠　农　县	438	224
吴　忠　市	**6 132**	**1 924**
利　通　区	1 778	261
中　卫　县	1 066	312
中　宁　县	859	348
盐　池　县	497	83
同　心　县	1 111	618
青铜峡市	821	302
固　原　市	**6 160**	**2 931**
原　州　区	1 605	571
海　原　县	1 191	552
西　吉　县	1 198	627
隆　德　县	964	484
泾　源　县	532	388
彭　阳　县	670	309

1-6 平均每天主要社会经济活动

指　　标	1978 年	1985 年	1990 年	1995 年	2000 年	2003 年
每天创造的财富						
国内生产总值(万元)	356.16	829.32	1 776.44	4 650.68	7 275.89	10 557.26
第一产业	83.84	243.84	461.37	969.59	1 368.49	1 520.55
第二产业	180.82	334.25	694.25	2 031.23	3 288.77	5 260.27
#工　业	153.15	255.34	583.29	1 710.96	2 547.95	3 926.30
建筑业	27.67	76.71	111.23	320.27	740.82	1 333.97
第三产业	91.51	253.42	620.82	1 649.86	2 728.22	3 776.44
#交通运输仓储和邮电通信业	18.08	47.95	95.62	229.86	529.04	762.74
批发、零售贸易和餐饮业	26.30	51.23	145.75	391.23	591.78	766.03
地方财政收入(万元)	86.58	79.73	170.68	246.03	570.41	822.74
地方财政支出(万元)	158.36	269.86	396.44	630.14	1 666.85	2 898.08
粮　食(吨)	3 204.93	3 822.74	5 252.05	5 568.49	6 924.38	7 401.10
油　料(吨)	70.41	146.30	170.96	153.15	191.51	361.10
肉　类(吨)	33.70	95.62	185.21	330.41	520.55	640.55
水产品(吨)	0.55	5.75	27.95	51.23	101.37	141.10
原　煤(吨)	27 369.86	33 251.78	39 536.99	40 556.16	43 315.07	60 131.51
发电量(万千瓦小时)	452.33	661.37	1 533.15	2 952.60	3 742.74	5 647.40
原　油(吨)	1 083.29	1 090.41	706.03	1 069.59	3 808.49	6 055.62
钢　材(吨)	76.16	106.30	130.14	207.67	153.15	347.40
铝(吨)	50.14	80.00	164.66	277.53	320.27	736.71
水　泥(吨)	757.81	1 688.22	2 623.01	3 838.63	7 678.08	14 015.62
每天消费量						
最终消费(万元)	270.41	704.93	1 311.51	3 104.38	5 113.15	7 590.41
居民消费	208.49	484.11	928.22	2 296.16	3 443.56	4 617.81
农　民	133.15	290.41	490.68	1 123.56	1 494.25	1 821.37
非农业居民	75.34	193.70	437.53	1 172.60	1 949.32	2 796.44
政府消费	61.92	220.82	383.29	808.22	1 669.59	2 972.60
能源消耗量(万吨标准煤)		1.15	1.94	2.12	2.40	4.19
社会消费品零售总额(万元)	136.99	361.64	693.15	1 542.47	2 471.23	3 308.22
每天其他经济活动						
资本形成总额(万元)	247.67	523.84	1 019.73	2 258.90	4 591.51	8 778.90
固定资产形成	217.81	467.12	697.81	1 921.10	4 406.03	8 718.08
存货增加	29.86	56.71	321.92	337.81	185.48	60.82
客运周转量(万人公里)	121.16	331.51	526.12	764.90	1 576.98	1 511.75
货运周转量(万吨公里)	15.40	16.98	20.49	31.51	60.78	72.94
邮电业务总量(万元)	3.19	5.23	11.94	62.63	392.88	7 911.72
进出口总额(万美元)	8.12	14.87	23.26	76.19	121.35	178.97
出口总额	6.22	9.36	21.04	65.79	89.69	140.26
进口总额	1.89	5.51	2.22	10.41	31.66	38.71
实际利用外资(万美元)	0.27	2.95	18.40	24.91	24.91	19.69
接待海外旅游人数(人)			5.34	10.01	21.39	8.35
居民新增储蓄额(万元)		51.17	244.78	808.52	486.25	1 944.03
每天人口变动和婚姻						
出　生(人)	273.95	193.29	310.88	268.40	247.95	247.39
死　亡(人)	52.52	43.65	70.57	76.43	68.74	74.62
结　婚(对)		94.45	100.39	99.53	97.84	97.74
离　婚(对)		5.93	9.68	14.13	16.88	18.05

注:1.本表价值指标除邮电业务总量按 1990 年不变价格计算外,其余均按当年价格计算。

1－7　国民经济与社会发展总量指标

指　　标	单　位	1978 年	1985 年	1990 年	1995 年	2000 年	2002 年	2003 年
人 口 与 就 业								
人　口								
年末总人口	万　人	355.58	414.62	465.68	512.38	554.32	571.54	580.19
#回族人口	万　人	109.47	133.76	153.89	172.41	191.01	198.71	202.47
城镇人口	万　人	73.03	146.45	192.40	251.60	293.57	308.47	214.23
乡村人口	万　人	282.55	268.17	273.28	260.78	260.75	263.07	365.96
男性人口	万　人	184.17	213.73	239.69	263.26	283.96	292.81	297.64
女性人口	万　人	171.41	200.89	225.99	249.12	270.36	278.73	282.55
出生率	‰	28.48	17.18	24.34	19.28	16.49	16.42	15.68
死亡率	‰	5.46	3.88	5.52	5.49	4.57	4.86	4.73
自然增长率	‰	23.02	13.30	18.82	13.79	11.92	11.56	10.95
就　业								
年末就业人员数	万　人	135.63	177.40	211.10	240.60	275.50	282.40	291.40
#　职工人数	万　人	43.28	55.80	67.40	73.40	63.80	60.60	60.20
城镇登记失业率	%	4.94	3.10	5.44	5.47	4.60	4.40	4.40
宏 观 经 济								
国民经济核算								
国内生产总值	亿　元	13.00	30.27	64.84	169.75	265.57	329.28	385.34
第一产业	亿　元	3.06	8.90	16.84	35.39	45.95	52.84	55.50
第二产业	亿　元	6.60	12.20	25.34	74.14	120.04	151.16	192.00
第三产业	亿　元	3.34	9.25	22.66	60.22	99.58	125.28	137.84
人均生产总值	元/人	370	737	1 393	3 328	4 839	5 804	6 691
固定资产投资								
全社会固定资产投资总额	亿　元	4.27	13.63	21.96	70.12	160.82	230.83	318.21
国有单位投资	亿　元	4.23	11.29	17.51	51.40	101.17	133.59	154.58
#基本建设投资	亿　元	4.23	7.94	11.33	33.11	80.55	116.05	137.21
更新改造投资	亿　元	-	2.65	5.21	14.96	15.58	14.15	14.18
集体经济单位投资	亿　元	0.05	1.00	1.26	4.17	5.70	10.16	13.10
#城　镇	亿　元	0.05	0.60	0.51	1.55	0.69	0.65	0.32
农　村	亿　元	-	0.39	0.75	2.19	3.30	7.05	9.04
财政、金融								
地方财政收入	亿　元	3.16	2.91	6.23	8.98	20.82	26.47	30.03
地方财政支出	亿　元	5.78	9.85	14.47	23.00	60.84	114.57	105.78
全区金融机构存款余额	亿　元	5.49	19.12	55.78	180.19	396.49	578.16	746.35
全区金融机构贷款余额	亿　元	7.18	22.59	76.66	199.01	383.23	524.56	681.61
保险公司保险金额	亿　元							
保险公司保费	亿　元		0.08	0.41	1.59	5.05	8.67	10.71
保险公司赔款及给付	亿　元		0.02	0.13	0.58	1.02	2.29	2.39

1－7 表续 1

指　　标	单　位	1978 年	1985 年	1990 年	1995 年	2000 年	2002 年	2003 年
物价总指数(以上年为 100)								
全社会商品零售价格指数	%	100.00	107.80	104.20	115.30	97.60	98.60	99.50
居民消费价格指数	%	100.60	108.60	107.10	117.10	99.60	99.40	101.70
利用外资								
签订利用外资协议额	万美元		344	268	5 202	11 067	14 717	32 632
实际利用外资额	万美元		99	1 077	6 715	9 091	3 166	7 186
能源生产与消耗								
能源生产总量	万吨标准煤	806.40	973.10	1 115.20	1 132.10	1 362.70	1 594.90	1 924.10
能源消耗总量	万吨标准煤		420.40	707.30	775.20	875.00	1 041.50	1 530.00
产　业								
农　业								
耕地面积	万公顷	89.10	79.50	79.60	80.70	129.30	121.20	111.90
农林牧渔业劳动力	万　人	92.36	120.48	140.93	162.53	197.91	203.23	208.48
农林牧渔业总产值	亿　元	4.81	12.02	24.69	56.55	77.75	92.49	100.53
农林牧渔业增加值	亿　元	3.06	8.90	16.84	35.39	45.95	52.84	55.50
主要农产品产量								
粮　食	万　吨	116.98	139.53	191.70	203.25	252.74	301.91	270.14
油　料	万　吨	2.57	5.34	6.24	5.59	6.99	10.88	13.18
肉类总产量	万　吨	1.23	3.49	6.76	12.06	19.00	22.79	23.38
#猪牛羊肉	万　吨	1.23	3.36	6.28	10.28	15.94	19.08	19.92
羊　毛	吨	2 106	3 443	4 070	3 917	5 418	7 592	8 235
羊　绒	吨	129	88	158	165	364	426	444
水产品产量	万　吨	0.02	0.21	1.02	1.87	3.70	4.86	5.15
水果	万　吨	1.83	3.54	5.52	11.64	19.32	16.90	18.34
工　业								
工业总产值	亿　元	13.85	24.30	64.74	173.49	293.94	372.02	471.43
轻工业	亿　元	3.45	7.27	17.96	36.14	68.37	90.57	110.66
重工业	亿　元	10.40	17.03	46.79	137.34	225.57	281.45	310.77
工业企业增加值	亿　元	5.59	9.32	21.29	62.45	93.00	114.80	143.31
主要工业产品产量								
原　煤	万　吨	999.00	1 213.69	1 443.10	1 480.30	1 581.00	1 818.19	2 194.80
发电量	亿千瓦小时	16.51	24.14	55.96	107.77	136.61	171.02	206.13
原　油	万　吨	39.54	39.80	25.77	39.04	139.01	197.68	221.03
钢　材	万　吨	2.78	3.88	4.75	7.58	5.59	1.24	12.68
铝	万　吨	1.83	2.92	6.01	10.13	11.69	26.09	26.89
轮胎外胎	万　条	30.09	34.34	63.50	164.67	193.32	224.31	241.53
农用化肥(折纯)	万　吨	5.30	6.71	27.74	41.49	59.52	76.16	76.30
水　泥	万　吨	27.66	61.62	95.74	140.11	280.25	377.24	511.57

1－7 表续 2

指　　标	单　位	1978 年	1985 年	1990 年	1995 年	2000 年	2002 年	2003 年
建筑业								
建筑业总产值	亿　元	1.32	3.94	7.16	21.15	56.23	84.00	108.14
施工房屋面积	万平方米	116.90	222.30	174.10	302.90	563.20	834.70	1 119.85
竣工房屋面积	万平方米	57.30	69.00	114.00	171.80	340.70	430.90	578.68
交通运输业								
货运周转量	百万吨公里	5 622.21	6 197.00	7 479.00	11 500.00	22 186.00	26 234.00	26 623.45
铁　路	百万吨公里	5 349.01	5 192.00	5 980.00	9 383.00	15 945.00	19 323.00	19 683.96
公　路	百万吨公里	273.00	796.00	1 259.00	2 015.00	5 686.00	6 146.00	6 309.23
旅客周转量	万人公里	44 223	121 000	192 033	279 190	575 597	568 049	551 788
铁　路	万人公里	23 208	45 392	46 810	55 559	244 662	196 539	195 534
公　路	万人公里	21 015	75 608	145 223	215 721	313 768	355 306	335 109
邮电通讯业								
邮电业务总量	万　元	1 165	1 908	4 358	22 860	143 401	218 810	288 776
函　件	万　件	1 169	1 792	2 054	2 271	2 021	3 052	2 642
报刊期发数	万　件	45.00	125.10	85.40	70.30	61.70	45.00	42.80
本地电话年末用户	万　户	0.68	2.73	5.11	22.33	90.45	158.19	223.87
# 移动电话用户	万　户				0.69	20.44	73.68	123.54
国际互联网络用户	万　户					3.44	17.45	22.23
批发零售贸易餐饮业								
社会消费品零售总额	亿　元	5.00	13.20	25.30	56.30	90.20	108.80	120.75
对外贸易								
进出口总额	万美元	2 962	5 426	8 491	27 810	44 292	44 285	65 323
出口额	万美元	2 271	3 416	7 679	24 012	32 736	32 808	51 195
进口额	万美元	691	2 010	812	3 798	11 556	11 477	14 128
旅游业								
接待海外旅游人数	人			1 950	3 655	7 807	6 018	3 049
旅游外汇总收入	万　元			175	938	2 252	1 336	702
教育、科技、文化、卫生								
教　育								
高等学校在校学生数	人	2 890	6 425	7 992	10 686	17 163	29 301	35 134
中等专业学校在校学生数	人	5 198	25 577	33 021	34 883	41 719	43 194	48 951
普通中学在校学生数	万　人	23.30	23.79	28.44	27.23	31.83	35.85	37.64
小学在校学生数	万　人	61.30	65.42	66.74	61.75	65.74	66.35	66.95
科　技								
科学家、工程师数	万　人		0.09	0.19	0.19	0.77	0.84	0.67
研究与试验发展经费支出	万　元					17 335	19 505	23 828
文　化								
图书出版数量	万　册	1 136	2 206	1 890	2 310	1 649	234	1 482

1－7 表续 3

指 标	单 位	1978 年	1985 年	1990 年	1995 年	2000 年	2002 年	2003 年
报纸出版数	万 份		3 855	4 561	4 699	6 136	7 672	7 549
卫 生								
医疗卫生机构数	个	828	1 057	1 163	1 026	1 357	1 393	1 499
医院病床数	张	6 962	8 640	10 045	12 144	13 229	13 768	13 143
专业卫生技术人员	人	10 913	15 528	19 175	21 223	19 171	19 792	23 105
家庭、生活、环境								
家 庭								
家庭总户数	万 户	66.80	80.83	100.91	119.51	140.60	147.47	152.19
平均每户家庭人口	人	5.32	5.13	4.61	4.29	3.94	3.88	3.81
婚 姻								
结婚登记总数	对		34 476	36 644	36 327	35 711	32 749	35 675
离婚总数	对		2 166	3 533	5 159	6 161	4 929	6 588
生 活								
城镇职工年工资总额	亿 元	3.08	6.56	14.66	37.18	56.33	72.35	80.84
城镇职工年平均工资	元	726	1 206	2 206	5 079	8 681	11 723	13 056
城镇居民人均可支配收入	元	346.10	734.90	1 421.20	3 382.80	4 912.40	6 067.40	6 530.48
城镇居民人均消费支出	元	300.00	645.10	1 211.80	2 865.70	4 200.50	5 104.90	5 330.34
农民人均纯收入	元	115.90	325.90	594.30	1 037.00	1 724.30	1 917.40	2 043.30
农民家庭人均生活消费支出	元	90.70	264.50	486.30	1 057.80	1 417.10	1 418.10	1 637.13
城乡居民储蓄存款余额	亿 元	0.90	8.04	32.80	115.19	229.35	306.75	377.70
居 住								
城镇人均居住面积	平方米	4.50	9.48	10.29	11.28	13.80		
农村人均居住面积	平方米	7.80	11.80	13.60	19.80	18.00	19.20	21.10
市政建设								
自来水供应量	万 吨				26 644	25 471	25 978	25 868
下水道长度	公 里				315	480	834	956
城市液化气供应量	万 吨				1.26	1.82	2.39	2.75
城市天燃气供应量	万立方米					56	47 926	50 564
公共汽车总数	辆				531	719	1 033	1 178
铺装道路面积	万平方米				688	911	1 850	2 355
绿地面积	公 顷				3 370	3 316	4 831	6 088
环境、灾害								
当年施工污染治理项目数	个				178	112	70	65
污染治理项目本年完成投资额	万 元			1 774	3 178	18 541	22 890	11 747
火灾发生数	起			276	399	2 893	3 324	2 993
火灾损失	万 元			179.7	582.2	688	634.00	778.78
交通事故发生数	起			2 072	1 835	11 200	11 525	5 249
交通事故损失	万 元			331.7	705	2 083.3	1 748.35	1 426.13

注：市政建设部分统计数据来源于宁夏回族自治区建设厅。

1－8　国民经济与社会发展总量指标发展速度

指　　标	2003 年为以下各年％								平均每年增长％	
	1957 年	1978 年	1980 年	1985 年	1990 年	1995 年	2000 年	2002 年	1958－2002 年	1979－2003 年
人　口										
年末总人口	323.4	163.1	155.2	139.9	124.5	113.2	104.6	101.5	2.6	2.1
# 回族人口	341.4	184.9	173.4	151.4	131.6	117.5	106.0	101.9	2.8	2.6
从业人数										
年底从业人数	378.5	214.9	198.9	164.3	138.0	121.2	105.8	103.2	3.0	3.2
# 职工人数	505.6	139.0	126.5	107.8	89.3	81.9	94.3	99.3	3.7	1.4
国内生产总值		894.1	778.2	453.4	309.7	209.6	136.1	112.2	－	9.6
固定资产投资										
全社会固定资产投资总额	207 233.2	7 451.3	8 006.2	2 334.5	1 449.5	454.0	197.9	137.9	18.5	19.7
国有单位固定资产投资	100 628.2	3 658.7	3 931.7	1 368.5	882.6	300.7	152.7	115.7	16.6	16.2
集体单位固定资产投资		27 687.7	29 363.4	1 313.0	1 038.3	313.9	229.7	128.9		26.4
财　政										
地方财政收入	8 112.7	950.0	1 471.4	1 031.5	481.8	334.3	144.1	113.4	10.3	9.8
地方财政支出	28 580.6	1 829.6	1 832.7	1 073.5	730.8	459.7	173.8	92.3	13.4	12.9
农　业										
年底耕地面积	89.7	90.3	89.7	101.2	101.0	99.6	62.2	92.3	－0.2	－0.4
农林牧渔业总产值	764.4	450.7	414.3	273.1	218.3	186.4	126.5	108.7	4.6	6.5
主要农产品产量										
粮　食	482.1	231.0	224.5	193.7	141.0	132.9	107.0	89.5	3.6	3.6
油　料	378.6	512.6	366.0	246.7	211.2	235.7	188.6	121.1	3.0	7.0
猪牛羊肉		1 619.5	1 048.4	592.9	317.2	193.8	125.0	104.4		12.3
水产品		25 758.0	17 172.0	2 453.2	505.1	275.5	139.3	106.0		26.0
工　业										
全部工业总产值	43 352.7	1 206.0	1 218.2	798.6	431.2	251.5	154.5	119.5	14.5	10.9
主要工业产品产量										
原　　煤	6 454.6	219.7	226.0	180.8	152.1	148.2	138.8	120.7	9.7	3.3
发电量	412 158.2	1 248.3	1 060.6	853.7	368.2	191.2	150.9	120.5	20.3	11.1
原　油		558.9	391.4	555.3	857.6	566.2	159.0	111.8		7.4
钢　材		456.1	307.8	327.2	266.9	1 677.1	227.0	1 022.6		6.5

1-8 表续

指　　标	2003 年为以下各年%								平均每年增长%	
	1957 年	1978 年	1980 年	1985 年	1990 年	1995 年	2000 年	2002 年	1958－2002 年	1979－2003 年
铝		1 469.9	1 190.2	921.2	447.6	265.6	230.1	103.1		11.9
水　泥		1 849.3	1 747.6	830.1	534.3	365.0	182.5	135.6		12.9
运输、邮电										
货物周转量	43 997.9	473.6	580.3	429.6	356.1	231.5	120.0	101.5	14.5	6.7
旅客周转量	8 143.0	1 247.2	901.3	455.9	287.2	197.6	95.8	97.1	10.3	11.1
批发零售贸易餐饮业										
社会消费品零售总额	10 976.9	2 395.7	1 791.4	918.2	477.3	211.1	133.9	111.0	11.0	14.2
对外贸易										
进出口总额		2 332.4	1 478.1	1 273.3	813.7	248.4	156.0	156.0		14.0
出口额		1 778.3	928.1	1 182.3	525.9	168.2	123.3	123.1		12.7
进口额		2 044.6	4 387.7	666.0	1 739.9	372.0	122.2	123.1		13.4
文化、教育、卫生										
高等院校在校学生数		1 215.7	845.3	546.7	439.6	328.8	204.7	119.9		11.0
中等学校在校学生数	1 076.6	560.6	356.6	325.7	250.5	233.9	146.6	113.3	5.4	7.4
普通中学在校学生数	3 654.6	161.6	168.3	158.2	132.4	138.3	118.2	105.0	8.3	2.0
小学在校学生数	476.1	109.2	114.7	102.3	100.3	108.4	101.8	100.9	3.5	0.4
报纸出版数			331.2	195.8	165.5	160.7	123.0	98.4		
医疗卫生机构数	458.4	181.0	163.6	141.8	128.9	146.1	110.5	107.6	3.4	2.5
医院病床数	2 184.1	188.9	183.0	152.2	130.9	108.3	99.4	95.5	7.1	2.7
专业卫生技术人员	990.4	211.7	181.7	148.8	120.4	108.9	120.4	116.7	16.6	3.2
人民生活										
农民人均纯收入	2 009.7	1 763.6	1 167.3	627.1	343.9	197.1	118.5	106.6	6.9	12.7
农民家庭人均生活消费支出		1 804.3	1 207.8	618.7	336.5	154.8	115.5	115.4		12.8
城镇居民人均可支配收入		1 886.4	1 406.4	888.3	459.3	193.0	132.9	107.6		13.0
城镇居民人均消费支出		1 776.5	1 321.5	826.1	439.8	185.9	126.8	104.4		12.7
职工年工资总额	20 674.1	2 621.7	2 002.9	1 232.7	551.1	217.4	143.4	111.7	12.6	14.6
职工年平均工资	1 860.3	1 798.8	1 513.3	1 082.9	592.0	257.1	150.4	111.4	6.7	12.8
居民储蓄存款余额	467 913.4	5 077.6	9 728.3	4 699.3	1 151.2	327.8	164.6	123.1	20.7	17.8

1-9 国民经济主要比例关系

单位：%

指 标	1957年	1978年	1980年	1985年	1990年	1995年	2000年	2002年	2003年
国内生产总值中三次产业比例	**100**	**100**	**100**	**100**	**100**	**100**	**100**	**100**	**100**
第一产业	69.8	23.5	26.7	29.4	26.0	20.8	17.3	16.0	14.4
第二产业	8.5	50.8	45.6	40.0	39.1	43.7	45.2	45.9	49.8
第三产业	21.7	25.7	27.7	30.6	34.9	35.5	37.5	38.1	35.8
从业人员中三次产业比例	**100**	**100**	**100**	**100**	**100**	**100**	**100**	**100**	**100**
第一产业	84.4	69.5	70.0	65.3	62.2	59.7	57.6	55.2	51.7
第二产业	9.4	18.6	17.7	17.9	18.2	19.4	18.1	19.5	21.8
第三产业	6.2	11.9	12.3	16.8	19.6	20.9	24.3	25.3	26.5
农业总产值中农、林、牧、渔业比例	**100**	**100**	**100**	**100**	**100**	**100**	**100**	**100**	**100**
农 业	84.5	78.7	82.5	73.7	70.9	67.4	60.5	57.2	53.8
林 业		3.1	3.8	6.7	5.3	1.7	4.0	5.6	7.4
牧 业		18.1	13.6	19.1	21.9	28.8	33.1	34.6	36.2
渔 业		0.1	0.1	0.5	1.9	2.1	2.4	2.6	2.6
工业总产值中轻、重工业比例	**100**	**100**	**100**	**100**	**100**	**100**	**100**	**100**	**100**
轻工业	81.6	24.9	27	29.9	27.7	20.8	23.3	24.3	23.5
重工业	18.4	75.1	73	70.1	72.3	79.2	76.7	75.7	76.5
工业总产值中大中小型企业比例	**100**	**100**	**100**	**100**	**100**	**100**	**100**	**100**	**100**
大型企业		21.9	23.2	30.2	31.6	39.5	43.4	51.7	33.5
中型企业		27.6	29.6	20.5	19.5	19.4	16.4	7.9	28.0
小型企业		50.5	47.2	49.3	48.9	41.1	40.2	40.4	38.5
财政收入占国内生产总值的比例		**24.3**	**12.8**	**9.6**	**9.6**	**5.3**	**7.8**	**8.0**	**7.8**
基建拨款支出占财政支出的比例		**38.1**	**29.0**	**22.4**	**10.1**	**13.7**	**15.4**	**22.3**	**19.2**
科教文卫支出占财政支出的比例		**13.5**	**13.1**	**17.5**	**22.5**	**28.4**	**20.9**	**17.5**	**20.8**

1－10　按人口平均的主要经济指标

指　　标	单　位	1957年	1978年	1980年	1985年	1990年	2000年	2002年	2003年
国内生产总值	**元**	147	370	433	737	1 393	4 839	5 804	6 691
工农业总产值	**元**	145	531	551	884	1 921	6 773	8 187	9 858
工业总产值	元	26	414	377	592	1 391	5 356	6 557	8 125
农业总产值	元	119	160	174	293	530	1 417	1 630	1 746
农业生产									
耕地面积	亩	5.1	2.5	2.4	1.9	1.7	3.5	3.2	2.9
粮食产量	千　克	319.0	333.2	326.3	339.7	415.3	460.5	532.1	469.2
油料产量	千　克	19.8	7.3	9.8	13.0	13.4	12.7	19.2	22.9
猪牛羊肉产量	千　克		3.5	5.2	8.2	13.5	29.0	33.6	34.6
水产品产量	千　克		0.1	0.1	0.5	2.2	6.7	8.6	9.0
主要工业产品产量									
原　煤	千　克	193.5	2 845.3	2 631.9	2 954.9	3 099.8	3 372.8	3 204.5	3 782.9
发电量	千瓦时	2.8	471.7	525.1	588.7	1 216.5	2 489.2	3 014.2	3 552.8
原　油	千　克		112.6	153	96.8	55.4	253.3	348.4	381.0
钢　材	千　克		7.9	11.2	9.4	10.2	10.2	2.2	21.9
铝	千　克		5.2	6.1	7.1	12.9	21.3	16	46.3
农用化肥	千　克		15.1	15.1	16.3	59.6	108.5	134.2	131.5
水　泥	千　克		78.8	79.3	150	205.7	510.7	664.9	881.7
财　政									
地方财政收入	元		105.3	68	72.7	155.7	379.4	466.6	521.5
地方财政支出	元		192.6	191.7	246.2	361.7	1 108.6	2 019.3	1 836.9
国有固定资产投资	**元**		427	132.7	340.7	549	2 930.3	2 354.5	2 664.3
社会消费品零售额	**元**		168	224.6	328.7	632.5	1 644	1 917.2	2 096.9
人民生活									
职工平均工资	元	702	726	863	1 206	2 202	8 681	11 723	13 056
农民家庭纯收入	元	101.7	115.9	175.1	325.9	594.3	1 724.3	1 917.4	2 043.3
农民家庭生活消费支出	元		90.7	135.5			1 417.1	1 418.1	1 637.1
城镇居民可支配收入	元		346.1	464.2	734.9	1 421.2	4 912.5	6 067.4	6 530.5
城镇居民消费支出	元		300	403.3			4 200.5	5 104.9	5 330.3

注:本表价值指标均按当年价格计算。

1-11 主要年份国内生产总值

（按当年价格计算） 单位:亿元

年份	国内生产总值	第一产业	第二产业			第三产业			人均国内生产总值（元/人）
				工业	建筑业		运输邮电业	商业	
1978	13.00	3.06	6.60	5.59	1.01	3.34	0.66	0.96	370
1979	14.35	3.41	7.36	6.37	0.99	3.58	0.65	0.97	399
1980	15.96	4.26	7.27	6.17	1.10	4.43	0.82	1.12	433
1981	17.42	5.47	6.97	5.64	1.33	4.98	0.85	1.13	460
1982	18.22	5.66	7.02	5.69	1.33	5.54	1.05	1.19	469
1983	20.79	6.62	7.87	6.35	1.52	6.30	1.20	1.33	525
1984	24.78	7.82	9.46	7.46	2.00	7.50	1.38	1.61	615
1985	30.27	8.90	12.12	9.32	2.80	9.25	1.75	1.87	737
1986	34.54	10.36	12.97	9.99	2.98	11.21	1.96	2.22	823
1987	39.63	10.44	15.77	12.44	3.33	13.42	2.46	2.83	922
1988	50.29	13.39	19.74	16.14	3.60	17.16	2.65	4.41	1 143
1989	59.21	14.80	24.39	20.91	3.48	20.02	3.33	4.90	1 317
1990	64.84	16.84	25.34	21.29	4.05	22.66	3.49	5.32	1 393
1991	71.78	17.90	27.77	23.12	4.65	26.11	4.20	6.45	1 511
1992	83.14	18.31	34.05	27.74	6.31	30.78	4.76	7.60	1 718
1993	103.82	20.84	45.52	37.15	8.37	37.46	5.19	9.45	2 123
1994	133.97	29.93	55.78	45.89	9.89	48.26	6.14	11.72	2 685
1995	169.75	35.39	74.14	62.45	11.69	60.22	8.39	14.28	3 328
1996	193.62	43.24	79.74	67.64	12.10	70.64	11.69	17.03	3 731
1997	210.92	44.82	87.65	73.18	14.47	78.45	14.33	18.48	4 025
1998	227.46	48.69	94.01	76.07	17.94	84.76	16.11	19.64	4 270
1999	241.49	48.01	102.68	80.70	21.98	90.80	18.03	20.52	4 473
2000	265.57	45.95	120.04	93.00	27.04	99.58	19.31	21.60	4 839
2001	298.38	49.57	134.37	102.23	32.14	114.44	22.95	23.45	5 340
2002	329.28	52.84	151.16	114.80	36.36	125.28	25.58	25.29	5 804
2003	385.34	55.50	192.00	143.31	48.69	137.84	27.84	27.96	6 691

1－12　主要年份国内生产总值指数

（以1952年为100）　　单位：%

年份	国内生产总值	第一产业	第二产业	工业	建筑业	第三产业	运输邮电业	商业
1978	934.5	209.6	8 704.7	8 601.0	9 323.9	1 407.8	1 194.4	1 071.5
1980	1 073.6	225.3	10 054.0	9 965.5	10 587.0	1 696.4	1 462.8	1 157.8
1981	1 094.8	276.7	8 938.0	8 447.2	11 866.6	1 803.3	1 512.8	1 179.1
1982	1 192.7	278.1	9 608.4	9 092.8	12 684.8	2 172.9	1 899.5	1 216.3
1983	1 376.8	333.2	10 703.7	10 080.8	14 420.5	2 542.3	2 163.3	1 334.0
1984	1 564.7	383.8	12 138.1	11 170.6	17 910.7	2 860.2	2 481.6	1 527.1
1985	1 842.8	414.5	14 881.3	13 358.4	23 967.9	3 455.1	3 145.5	1 701.4
1986	1 995.6	440.3	15 833.7	14 232.6	25 386.2	3 891.7	3 533.2	1 943.7
1987	2 153.9	406.8	17 235.0	15 883.1	25 300.7	4 646.7	4 423.4	2 364.1
1988	2 415.2	443.8	19 510.0	18 627.3	24 777.2	5 241.5	4 768.4	3 149.0
1989	2 602.3	470.7	21 794.0	21 823.1	21 621.7	5 459.9	4 711.1	3 498.5
1990	2 697.9	486.8	22 334.7	21 909.6	24 871.4	5 750.5	4 595.8	3 800.1
1991	2 826.7	499.8	23 047.7	22 408.0	26 865.0	6 234.7	5 203.1	4 608.3
1992	3 069.0	478.5	25 938.5	24 674.8	33 478.5	7 092.6	5 695.8	5 431.5
1993	3 380.5	509.6	29 336.3	27 955.3	37 577.1	7 737.8	6 362.3	6 116.0
1994	3 657.7	520.3	31 829.9	30 611.1	38 554.1	8 650.9	6 960.0	6 372.9
1995	3 986.9	526.0	35 967.8	34 835.4	41 599.9	9 420.8	8 036.0	6 742.5
1996	4 405.5	621.2	39 168.9	38 527.9	40 601.5	10 221.5	9 852.1	7 538.1
1997	4 740.3	641.7	42 341.6	41 340.4	46 326.3	11 182.3	11 664.9	8 088.4
1998	5 143.2	704.6	45 601.9	43 820.8	55 406.2	12 177.5	13 461.3	8 816.4
1999	5 590.7	734.9	50 025.3	47 238.8	67 152.3	13 407.4	15 978.6	9 442.4
2000	6 137.8	720.2	57 278.9	53 757.7	79 441.2	14 788.3	13 882.3	10 207.2
2001	6 757.7	765.6	63 694.1	58 972.2	92 549.0	16 341.1	15 437.1	11 085.0
2002	7 446.9	812.3	71 655.8	66 638.6	102 544.3	17 877.2	17 474.8	12 127.0
2003	8 355.4	831.8	85 127.1	77 500.7	130 333.8	19 378.9	19 204.8	13 351.8

1－13 主要年份国内生产总值指数

（比上年增长％）

单位：％

年份	国内生产总值	第一产业	第二产业	工业	建筑业	第三产业	运输邮电业	商业
1978	8.9	6.0	10.1	8.8	18.2	9.0	9.3	3.1
1980	7.9	17.7	2.4	0.5	14.5	12.6	17.1	5.8
1981	2.0	22.8	－11.1	－15.2	12.1	6.3	3.4	1.8
1982	8.9	0.5	7.5	7.6	6.9	20.5	25.6	3.2
1983	15.4	19.8	11.4	10.9	13.7	17.0	13.9	9.7
1984	13.6	15.2	13.4	10.8	24.2	12.5	14.7	14.5
1985	17.8	8.0	22.6	19.6	33.8	20.8	26.8	11.4
1986	8.3	6.2	6.4	6.5	5.9	12.6	12.3	14.2
1987	7.9	－7.6	8.9	11.6	－0.3	19.4	25.2	21.6
1988	12.1	9.1	13.2	17.3	－2.1	12.8	7.8	33.2
1989	7.7	6.1	11.7	17.2	－12.7	4.2	－1.2	11.1
1990	3.7	3.4	2.5	0.4	15.0	5.3	－2.4	8.6
1991	4.8	2.7	3.2	2.3	8.0	8.4	13.2	21.3
1992	8.6	－4.3	12.5	10.1	24.6	13.8	9.5	17.9
1993	10.1	6.5	13.1	13.3	12.2	9.1	11.7	12.6
1994	8.2	2.1	8.5	9.5	2.6	11.8	9.4	4.2
1995	9.0	1.1	13.0	13.8	7.9	8.9	15.5	5.8
1996	10.5	18.1	8.9	10.6	－2.4	8.5	22.6	11.8
1997	7.6	3.3	8.1	7.3	14.1	9.4	18.4	7.3
1998	8.5	9.8	7.7	6.0	19.6	8.9	15.4	9.0
1999	8.7	4.3	9.7	7.8	21.2	10.1	18.7	7.1
2000	9.8	－2.0	14.5	13.8	18.3	10.3	15.1	8.1
2001	10.1	6.3	11.2	9.7	16.5	10.5	11.2	8.6
2002	10.2	6.1	12.5	13.0	10.8	9.4	13.2	9.4
2003	12.2	2.4	18.8	16.3	27.1	8.4	9.9	10.1

1-14 主要年份支出法国内生产总值

年份	支出法国内生产总值（亿元）	最终消费	资本形成总额	货物和服务净出口	最终消费率（消费率）（%）	资本形成率（投资率）（%）
1978	13.00	9.87	9.04	-5.91	75.9	69.5
1979	14.35	10.9	9.37	-5.92	76.0	65.3
1980	15.96	12.81	8.07	-4.92	80.3	50.6
1981	17.42	14.38	6.81	-3.77	82.5	39.1
1982	18.22	16.75	8.28	-6.81	91.9	45.4
1983	20.79	18.78	9.74	-7.73	90.3	46.8
1984	24.78	22.1	12.84	-10.16	89.2	51.8
1985	30.27	25.73	19.12	-14.58	85.0	63.2
1986	34.54	29.85	22.34	-17.65	86.4	64.7
1987	39.63	33.34	25.27	-18.98	84.1	63.8
1988	50.29	38.82	31.2	-19.73	77.2	62.0
1989	59.21	44.44	33.59	-18.82	75.1	56.7
1990	64.84	47.87	37.22	-20.25	73.8	57.4
1991	71.78	53.85	40.55	-22.62	75.0	56.5
1992	83.14	59.54	46.71	-23.11	71.6	56.2
1993	103.82	72.16	61.64	-29.98	69.5	59.4
1994	133.97	95.17	69.12	-30.32	71.0	51.6
1995	169.75	113.31	82.45	-26.01	66.8	48.6
1996	193.62	124.59	96.86	-27.83	64.3	50.0
1997	210.92	130.72	103.91	-23.71	62.0	49.3
1998	227.46	141.45	127.51	-41.5	62.2	56.1
1999	241.49	153.97	142.39	-54.87	63.8	59.0
2000	265.57	186.63	167.59	-88.65	70.3	63.1
2001	298.38	223.52	207.69	-132.83	74.9	69.6
2002	329.28	249.26	245.22	-165.2	75.7	74.5
2003	385.34	277.05	320.43	-212.14	71.9	83.2

注:本表按当年价格计算

1－23 表续 1

地　区	国内生产总值增长速度		人均国内生产总值(元)		人均农业总产值(元)			
	2003年比上年增长(%)	位次	2003年比上年增长(%)	位次	2002 年	位次	2003 年	位次
全区总计	**12.20**	**－**	**15.28**	**－**	**1 630.2**	**－**	**1 745.63**	**－**
银 川 市	14.30	3	13.90	16	1 134.6	13	1 122.95	16
永 宁 县	14.08	6	14.05	15	2 965.7	4	3 140.90	4
贺 兰 县	14.21	4	11.90	19	2 971.4	3	3 152.62	3
灵 武 市	13.63	7	26.52	3	2 502.4	7	2 097.04	10
石嘴山市	14.20	5	13.27	18	146.9	20	173.26	20
平 罗 县	13.03	10	18.87	9	2 611.8	6	2 630.68	6
陶 乐 县	12.72	11	23.65	5	3 355	2	3 433.50	2
惠 农 县	19.61	1	22.05	7	4 583.2	1	4 819.10	1
利 通 区	13.62	8	23.37	6	2 252.2	9	2 584.79	7
青铜峡市	13.08	9	16.84	11	2 924.1	5	2 979.95	5
中 卫 县	12.40	12	16.28	12	2 274.7	8	2 438.59	8
中 宁 县	9.74	18	24.00	4	1 877.1	11	1 859.46	11
盐 池 县	10.11	16	34.73	1	2 188.1	10	2 384.16	9
同 心 县	8.57	20	19.01	8	1 128.6	14	1 266.21	14
原 州 区	14.32	2	31.67	2	910.7	18	1 086.52	18
海 原 县	9.24	19	10.49	20	1 015.4	15	1 093.18	17
西 吉 县	10.84	14	17.74	10	758	19	957.46	19
隆 德 县	10.01	17	13.46	17	970.9	16	1 155.91	15
泾 源 县	10.88	13	15.38	13	915.7	17	1 282.45	13
彭 阳 县	10.15	15	14.93	14	1 343.9	12	1 539.50	12

1－23 表续 2

地　区	人均耕地面积(亩)				人均粮食产量(千克)			
	2002 年	位次	2003 年	位次	2002 年	位次	2003 年	位次
全区总计	**3.20**	**–**	**2.91**	**–**	**532.12**	**–**	**469.16**	**–**
银川市	0.83	19	0.74	19	172.87	19	154.79	19
永宁县	2.63	13	2.57	12	1 066.64	3	1 012.27	1
贺兰县	2.96	9	2.98	9	1 113.94	1	980.52	2
灵武市	1.95	14	1.68	15	713.70	7	512.23	7
石嘴山市	0.08	20	0.07	20	17.37	20	19.51	20
平罗县	2.85	12	2.76	11	852.51	6	791.76	6
陶乐县	3.82	7	3.56	7	1 093.47	2	859.01	4
惠农县	3.37	8	3.36	8	989.24	4	834.39	5
利通区	1.25	17	1.26	17	499.82	8	496.24	8
青铜峡市	1.89	15	1.88	14	965.10	5	933.85	3
中卫县	1.71	16	1.64	16	445.09	12	411.74	11
中宁县	0.95	18	0.85	18	449.60	11	404.88	12
盐池县	8.18	1	7.45	1	411.50	14	368.86	14
同心县	7.04	2	6.75	2	485.14	10	358.62	15
原州区	4.65	5	3.61	6	356.62	16	319.21	17
海原县	6.40	3	6.37	3	417.23	13	306.77	18
西吉县	4.38	6	3.96	5	350.38	17	334.26	16
隆德县	2.89	11	2.87	10	402.47	15	412.16	10
泾源县	2.96	10	2.16	13	325.62	18	396.90	13
彭阳县	5.94	4	5.14	4	497.00	9	490.84	9

1－23 表续 3

地　　区	人均油料产量(千克)				人均猪牛羊肉产量(千克)				人均水产品产量(千克)			
	2002 年	位次	2003 年	位次	2002 年	位次	2003 年	位次	2002 年	位次	2003 年	位次
全区总计	**19.18**	**－**	**22.88**	**－**	**33.62**	**－**	**34.59**	**－**	**8.56**	**－**	**8.95**	**－**
银 川 市	0.34	20	0.59	19	17.05	16	15.95	19	13.62	4	11.72	5
永 宁 县	3.12	15	1.57	16	39.43	11	48.90	8	33.28	2	34.81	2
贺 兰 县	2.30	17	4.13	15	41.15	9	41.35	9	65.54	1	85.79	1
灵 武 市	2.35	16	1.41	17	59.10	5	29.60	14	7.64	7	8.13	8
石嘴山市	1.23	18	1.10	18	2.27	20	2.13	20	6.91	8	8.31	7
平 罗 县	30.75	6	31.59	7	64.53	3	55.78	6	13.02	5	12.36	4
陶 乐 县	67.29	2	110.66	1	59.31	4	67.28	2	5.23	9	4.87	10
惠 农 县	123.52	1	76.44	2	69.66	2	64.59	3	4.99	10	6.26	9
利 通 区	0.39	19	0.30	20	41.22	10	35.61	11	1.85	12	3.88	11
青铜峡市	7.63	12	4.55	14	73.19	1	76.34	1	9.84	6	10.90	6
中 卫 县	5.86	14	7.65	13	55.45	7	59.23	4	15.24	3	14.30	3
中 宁 县	15.66	11	14.13	11	57.01	6	56.50	5	4.47	11	3.61	12
盐 池 县	58.07	3	60.62	3	49.32	8	54.87	6	0.13	14	0.46	14
同 心 县	20.18	9	21.45	10	25.87	15	27.89	15	－	－	－	－
原 州 区	44.56	4	59.39	4	12.29	18	17.77	17	－	－	－	－
海 原 县	27.47	8	24.53	9	12.63	17	24.10	16	0.09	15	0.09	16
西 吉 县	17.82	10	34.76	6	12.29	19	16.58	18	0.60	13	0.63	13
隆 德 县	28.56	7	26.03	8	26.78	13	29.62	13	0.05	16	－	－
泾 源 县	7.40	13	8.39	12	29.20	12	40.01	10	－	－	0.16	15
彭 阳 县	32.27	5	35.79	5	25.98	14	29.70	12	0.08	17	0.06	17

1－23 表续 4

地　　区	人均财政收入(元)				人均财政支出(元)			
	2002 年	位次	2003 年	位次	2002 年	位次	2003 年	位次
全区总计	**466.6**	–	**521.5**	–	**2 019.3**	–	**1 836.9**	–
银 川 市	1 400.2	1	1 494.8	1	1 977.8	2	1 991.2	2
永 宁 县	274.4	6	286.1	8	795.0	11	827.5	10
贺 兰 县	272.2	7	294.5	6	720.2	16	818.0	11
灵 武 市	262.5	8	293.5	7	829.9	9	814.5	12
石嘴山市	704.3	2	820.5	2	1 362.9	4	1 280.3	4
平 罗 县	291.1	5	307.0	5	756.8	13	841.2	9
陶 乐 县	162.6	13	194.8	13	2 118.4	1	2 026.9	1
惠 农 县	429.7	4	517.3	4	1 248.2	5	1 640.7	3
利 通 区	236.1	10	229.6	10	630.9	18	667.3	17
青铜峡市	534.5	3	597.9	3	1 226.5	6	1 128.2	6
中 卫 县	239.4	9	270.8	9	791	12	759.2	14
中 宁 县	180.6	11	223.6	11	534.2	20	519.4	20
盐 池 县	176.7	12	197.3	12	1 461.1	3	1 188.3	5
同 心 县	62.7	16	81.0	15	746.8	14	695.6	16
原 州 区	82.1	15	62.8	16	722.2	15	590.8	19
海 原 县	34.1	19	36.3	19	680.3	17	702.5	15
西 吉 县	33	20	36.2	20	627.6	19	594.7	18
隆 德 县	113.3	14	111.5	14	853.4	8	996.0	7
泾 源 县	47.6	17	53.5	17	1 188.5	7	907.0	8
彭 阳 县	40.8	18	46.1	18	827.9	10	809.6	13

1－23表续5

地　区	人均国有固定资产投资(元)				人均社会消费品零售额(元)				职工平均工资(元)			
	2002年	位次	2003年	位次	2002年	位次	2003年	位次	2002年	位次	2003年	位次
全区总计	**2 354.53**	**－**	**2 684.30**	**－**	**1 917.18**	**－**	**2 096.91**	**－**	**11 723**	**－**	**13 056**	**－**
银川市	4 027.79	2	6 237.75	2	6 952.85	1	7 650.23	1	12 601	4	14 123	3
永宁县	815.07	12	1 223.42	9	1 240.27	8	1 302.48	8	9 425	16	9 795	19
贺兰县	1 218.90	9	1 158.53	10	1 096.05	11	1 209.98	11	9 228	18	10 909	12
灵武市	900.72	11	2 447.64	4	1 148.30	10	1 270.27	9	10 155	12	10 274	16
石嘴山市	6 202.08	1	6 433.88	1	3 970.31	2	4 235.75	2	11 896	6	13 031	5
平罗县	555.25	14	426.59	17	1 717.77	5	1 857.52	5	10 149	13	10 793	13
陶乐县	1 067.74	10	2 152.42	5	1 163.95	9	1 265.59	10	9 811	14	10 710	14
惠农县	1 282.71	7	978.54	12	2 102.26	4	2 409.98	4	8 956	19	9 316	20
利通区	1 305.18	6	2 896.14	3	3 296.32	3	3 429.93	3	8 695	20	10 176	17
青铜峡市	1 774.78	4	1 438.01	8	1 578.00	7	1 695.66	7	12 647	3	14 059	4
中卫县	1 505.84	5	2 078.05	6	1 672.34	6	1 795.08	6	9 790	15	10 587	15
中宁县	229.81	20	1 533.52	7	814.09	13	830.24	15	9 247	17	9 835	18
盐池县	1 254.01	8	1 076.69	11	748.23	15	871.01	14	11 557	8	12 887	8
同心县	391.06	18	503.82	16	409.94	17	511.35	19	11 356	9	12 461	9
原州区	1 946.44	3	834.79	14	910.84	12	1 129.88	12	13 462	1	14 308	2
海原县	395.20	17	393.29	19	334.13	20	400.33	20	12 855	2	14 651	1
西吉县	265.65	19	303.35	20	338.59	19	530.88	17	11 830	7	12 979	7
隆德县	463.85	16	946.12	13	416.34	16	512.83	18	10 317	11	11 892	11
泾源县	578.72	13	396.70	18	768.54	14	928.66	13	11 166	10	12 406	10
彭阳县	539.30	15	699.89	15	362.66	18	751.11	16	12 339	5	13 021	6

1－23 表续 6

地　区	农民家庭人均纯收入(元)				农民家庭人均生活消费支出(元)			
	2002 年	位次	2003 年	位次	2002 年	位次	2003 年	位次
全区总计	**1 917.36**	**－**	**2 043.30**	**－**	**1 418.12**	**－**	**1 637.13**	**－**
银 川 市	3 406.64	1	3 583.79	1	2 049.94	9	2 560.75	1
永 宁 县	2 831.10	8	2 975.49	8	2 284.39	3	2 128.77	7
贺 兰 县	2 777.66	12	2 938.76	11	1 866.74	10	1 967.15	9
灵 武 市	2 862.74	7	3 008.74	5	1 533.04	12	2 322.41	2
石嘴山市	2 904.94	6	2 994.13	7	2 129.98	6	1 918.35	10
平 罗 县	2 815.12	10	3 002.63	6	2 046.05	7	1 789.81	12
陶 乐 县	3 147.15	3	2 668.84	12	2 474.93	2	2 097.84	8
惠 农 县	2 979.92	5	3 103.59	4	2 134.12	5	2 312.75	3
利 通 区	3 150.05	2	3 366.77	2	2 520.98	1	2 135.77	6
青铜峡市	3 101.00	4	3 260.40	3	2 182.84	4	2 175.49	5
中 卫 县	2 805.67	11	2 940.34	10	1 635.73	11	1 909.17	11
中 宁 县	2 812.05	9	2 961.09	9	1 987.02	8	2 244.79	7
盐 池 县	1 428.86	13	1 567.30	13	1 273.64	13	1 463.06	13
同 心 县	1 315.59	14	1 374.00	14	1 102.03	14	1 215.08	15
原 州 区	1 210.86	17	1 335.58	15	969.67	18	1 244.73	14
海 原 县	1 096.61	19	1 153.60	19	791.86	20	1 084.66	17
西 吉 县	1 140.84	18	1 264.04	18	990.14	16	1 147.26	16
隆 德 县	1 230.10	16	1 300.36	17	972.41	17	1 073.26	18
泾 源 县	1 075.41	20	1 147.49	20	877.36	19	1 040.19	19
彭 阳 县	1 233.26	15	1 325.81	16	1 033.98	15	1 007.61	20

主要统计指标解释

【国内生产总值】 国内生产总值代表一国或一个地区所有常住单位和个人在一定时期内全部生产活动(包括产品和劳务)的最终成果,是社会总产品价值扣除了中间投入价值后的余额,也就是当期新创造财富的价值总量。GDP是国内生产总值英文 Gross Domestic Products 的缩写,中文译名对国家来说叫做国内生产总值,对地区的中文名称用行政区的名字作定语,如"宁夏生产总值",简称为"宁夏GDP",依此类推"银川市生产总值",简称为"银川市GDP"等等。

国内生产总值核算有三种方法:

一是生产法,是从生产的角度衡量经济单位和个人在核算时期内新创造的价值。按三次产业划分,第一、二、三产业增加值的总和代表国内生产总值,各产业增加值的计算方法是各产业总产值减去中间消耗。计算公式为:增加值 = 总产出 - 中间消耗。

二是收入法,是根据生产要素(资本、劳动力)在生产过程中应得的收入份额来反映最终成果的一种计算方法。从劳动者报酬、国家税收(含规费)、企业利润和固定资产折旧四者的总和进行核算。计算公式为:增加值 = 劳动者报酬 + 生产税净额 + 固定资产折旧 + 营业盈余。

三是支出法,是从使用的角度衡量核算期内生产的所有货物和服务的最终去向。由居民消费、政府消费、固定资本形成总额、存货增加、货物和服务的净出口(出口 - 进口)五项组成。计算公式为:国内生产总值 = 居民消费 + 政府消费 + 固定资本形成总额 + 存货增加 + 货物和服务的净出口。

从理论上讲,上述三种方法计算得到的国内生产总值应该是一致的,但在实际操作中,因为资料来源的不同以及基础数据质量上的差异,三种方法计算的国内生产总值之间存在着一定的计算误差。我国目前对外公布的国内生产总值是以生产法为准。

【当年价格】 指报告期的实际价格,如工厂的出厂价格,农产品的收购价格,商业的零售价格等。使用当年价格计算的数字,是为了使国民经济各项指标互相衔接,便于考察当年社会经济效益,便于对生产和流通、生产和分配、生产和消费进行经济核算和综合平衡。

按当年价格计算的价值指标,在不同年份之间进行对比时,因为包含有各年间价格变动的因素,不能确切地反映实物且的增减变动。必须消除价格变动因素后,才能真实反映经济发展动态。因此,在计算增长速度时都使用按可比价格计算。

【可比价格】 指在不同时期的价值指标对比时,扣除了价格变动的因素,以确切反映物量的变化。按可比价格计算有两种方法:一种是直接用产品产量乘某一年的不变价格计算;另一种是用价格指数换算。

【三次产业】 根据社会生产活动历史发展的顺序对产业结构的划分,产品直接取自自然界的部门称为第一产业,对初级产品进行再加工的部门称为第二产业,为生产和消费提供各种服务的部门称为第三产业。它是世界上通用的产业结构分类,但各国的划分不尽一致。我国的三次产业划分是:

第一产业:农业(包括种植业、林业、牧业和渔业)。

第二产业:工业(包括采掘工业、制造业、自来水、电力、燃气、热水、煤气)和建筑业。

第三产业:除第一、第二产业以外的其他各业。

【劳动者报酬】 指劳动者因从事生产活动所获得的全部报酬。包括劳动者获得的各种形式的工资、奖金和津贴,既包括货币形式的,也包括实物形式的,还包括劳动者所享受的公费医疗和医药卫生费、上下班交通补贴·单位支付的社会保险费、住房公积金等。对于个体经济来说,其所有者获得的劳动报酬和经营利润不易区分,这两部分统一作为劳动报酬处理。

【生产税净额】 指生产税减生产补贴后的余额。生产税指政府对生产单位从事生产、销售和经营活动以及因从事生产活动使用某些生产要素(如固定资产、土地、劳动力)所征收的各种税、附加费和规费。生产补贴与生产税相反,指政府对生产单位的单方面转移支出,因此视为负生产税,包括政策亏损补贴、价格补贴等。

【固定资产折旧】 指一定时期内为弥补固定资产损耗按定的固定资产折旧率提取的固定资产折旧,或按国民经济核算统一规定的折旧率虚拟计算的固定资产折旧。它反映了固定资产在当期生产中的转移价值。各类企业和企业化管理的事业单位的固定资产折旧是指实际计提的折旧费;不计提折旧的政府机关、非企业化管理的事业单位和居民住房的固定资产折旧是按照统一规定的折旧率和固定资产原值计算的虚拟折旧。原则上,固定资产折旧应按固定资产的重置价值计算,但是目前我国尚不具备对全社会固定资产进行重估价的基础,所以暂时只能采用上述办法。

【营业盈余】 指常住单位创造的增加值扣除劳动者报酬、生产税净额和固定资产折旧后的余额。它相当于企业的营业利润加上生产补贴,但要扣除从利润中开支的工资和福利等。

【最终消费】 指常住单位为满足物质、文化和精神生活的需要,从本国经济领土和国外购买的货物和服务的支出。它不包括非常住单位在本国经济领土内的消费支出。最终消费分为居民消费和政府消费。

【居民消费】 指常住住户在一定时期内对于货物和服务的全部最终消费支出。居民消费除了直接以货币形式购买的货物和服务的消费支出外,还包括以其他方式获得的货物和服务的消费支出,即所谓的虚拟消费支出。居民虚拟消费支出包括如下几种类型:单位以实物报酬及实物转移的形式提供给劳动者的货物和服务;住户生产并由本住户消费了的货物和服务,其中的服务仅指住户的自有住房服务和付酬的家庭雇员提供的家庭和个人服务;金融机构提供的金融媒介服务;保险公司提供的保险服务。

【政府消费】 指政府部门为全社会提供的公共服务的消费支出和免费或以较低的价格向居民住户提供的货物和服务的净支出,前者等于政府服务的产出价值减去政府单位所获得的经营收人的价值,后者等于政府部门免费或以较低价格向居民住户提供的货物和服务的市场价值减去向住户收取的价值。

【资本形成总额】 指常住单位在一定时期内获得减去处置的固定资产和存货的净额,包括固定资本形成总额和存货增加两部分。

【固定资本形成总额】 指生产者在一定时期内获得的固定资产减处置的固定资产的价值总额。固定资产是通过生产活动生产出来的,且其使用年限在一年以上、单位价值在规定标准以上的资产,不包括自然资产。可分为有形固定资本形成总额和无形固定资本形成总额。有形固定资本形成总额包括一定时期内完成的建筑工捏、安装工程和设备工器具购置(减处置)价值,以及土地改良、新增役、种、奶、毛、娱乐用牲畜和新增经济林木价值。无形固定资本形成总额包括矿藏的勘探、计算机软件等获得减处置。

【存货增加】 指常住单位在一定时期内存货实物量变动的市场价值,即期末价值减期初价值的差额,再扣除当期由于价格变动而产生的持有收益。存货增加可以是正值,也可以是负值,正值表示存货上升,负值表示存货下降。存货包括生产单位购进的原材料·燃料和储备物资等存货,以及生产单位生产的产成品、在制品和半成品等存货。

【货物和服务净出口】 指货物和服务出口减货物和服务进口的差额。出口包括常住单位向非常住单位出售或无偿转让的各种货物和服务的价值;进口包括常住单位从非常住单位购买或无偿得到的各种货物和服务的价值。由于服务活动的提供与使用同时发生,一般把常住单位从非常住单位得到的服务作为进口,非常住单位从常住单位得到的服务作为出口。货物的出口和进口都按离岸价格计算。

二、人　　口

2-1 主要年份全区户数和人口数

年份	总户数(户)	总人口数(人)					平均每户人数(人/户)	性别比(女=100)
		合计	男		女			
			人数	比重(%)	人数	比重(%)		
1950	224 904	1 259 619	663 298	52.66	596 321	47.34	5.60	111.23
1953	279 719	1 510 483	802 139	53.10	709 344	46.96	5.40	113.24
1955	305 763	1 651 118	874 400	52.96	776 718	47.04	5.40	112.58
1957	338 454	1 793 807	953 602	53.16	840 205	46.84	5.30	113.50
1958	334 349	1 935 163	1 034 493	53.46	900 670	46.54	5.90	114.86
1960	399 445	2 130 316	1 153 050	54.13	977 266	45.87	5.33	117.99
1964	429 194	2 148 981	1 129 112	52.54	1 019 869	47.46	5.01	110.71
1965	441 086	2 267 851	1 191 628	52.54	1 076 223	47.46	5.14	110.72
1970	519 067	2 773 480	1 442 033	51.99	1 331 447	48.01	5.34	108.31
1975	613 969	3 279 228	1 703 021	51.93	1 576 207	48.07	5.34	108.05
1978	667 996	3 555 828	1 841 668	51.79	1 714 160	48.21	5.32	107.44
1980	699 614	3 737 169	1 930 280	51.65	1 806 889	48.35	5.33	106.83
1981	722 885	3 833 771	1 978 482	51.61	1 855 289	48.39	5.30	106.64
1982	744 505	3 930 404	2 028 026	51.60	1 902 378	48.40	5.28	106.60
1983	759 001	3 990 540	2 060 293	51.63	1 930 247	48.37	5.26	106.74
1984	787 191	4 068 670	2 099 895	51.61	1 968 775	49.39	5.17	106.66
1985	808 315	4 146 215	2 137 278	51.55	2 008 937	48.45	5.13	106.39
1986	839 798	4 243 331	2 188 013	51.56	2 055 318	48.44	5.10	106.46
1987	879 620	4 351 553	2 245 877	51.61	2 105 676	48.39	4.95	106.66
1988	922 640	4 445 316	2 292 221	51.56	2 153 095	48.44	4.82	106.46
1989	959 209	4 548 081	2 344 052	51.54	2 204 029	48.46	4.74	106.35
1990	1 009 078	4 656 774	2 396 934	51.47	2 259 840	48.53	4.61	106.07
1991	1 034 681	4 738 791	2 439 762	51.48	2 299 029	48.52	4.58	106.12
1992	1 071 292	4 822 697	2 483 462	51.50	2 339 235	48.50	4.50	106.17
1993	1 099 661	4 908 582	2 525 650	51.45	2 382 932	48.55	4.46	105.99
1994	1 169 474	5 038 682	2 591 720	51.44	2 446 962	48.56	4.31	105.92
1995	1 195 094	5 123 845	2 632 599	51.38	2 491 246	48.62	4.29	105.67
1996	1 235 188	5 212 099	2 679 993	51.42	2 532 106	48.58	4.22	105.84
1997	1 271 075	5 289 401	2 717 756	51.38	2 571 645	48.62	4.16	105.68
1998	1 320 085	5 365 666	2 754 769	51.34	2 610 897	48.66	4.06	105.51
1999	1 354 786	5 432 891	2 784 706	51.26	2 648 185	48.74	4.01	105.16
2000	1 406 024	5 543 214	2 839 607	51.23	2 703 607	48.77	3.94	105.10
2001	1 442 585	5 632 211	2 889 481	51.30	2 742 730	48.70	3.90	105.35
2002	1 474 654	5 715 376	2 928 132	51.23	2 787 244	48.77	3.88	105.05
2003	1 521 845	5 801 912	2 976 411	51.30	2 825 501	48.70	3.81	105.34

注:根据公安部门户籍统计资料整理。

2－2 主要年份农业、非农业和市、镇、乡村人口

单位:人

年　份	农业人口	非农业人口	市、镇人口数	乡村人口数
1950	1 165 106	94 513		
1953	1 375 430	135 053	120 385	1 390 098
1955	1 515 637	135 481		
1957	1 617 146	176 661		
1958	1 698 952	236 211		
1960	1 721 839	408 477		
1964	1 829 191	319 790	251 001	1 897 980
1965	1 921 985	345 866		
1970	2 323 964	449 516		
1975	2 729 220	550 008		
1978	2 945 095	610 733		
1980	3 059 028	678 141		
1981	3 123 798	709 973		
1982	3 200 614	729 790	562 048	3 368 356
1983	3 233 112	757 428		
1984	3 286 487	782 183		
1985	3 313 764	832 451		
1986	3 332 573	910 758		
1987	3 377 850	973 703		
1988	3 420 526	1 024 790		
1989	3 473 892	1 074 189		
1990	3 542 939	1 113 835	1 196 791	3 459 983
1991	3 599 853	1 138 938		
1992	3 656 949	1 165 748		
1993	3 713 037	1 195 545		
1994	3 695 492	1 343 190		
1995	3 744 295	1 379 550		
1996	3 804 257	1 407 842		
1997	3 822 377	1 467 024		
1998	3 843 507	1 522 159		
1999	3 878 930	1 553 961		
2000	3 950 946	1 592 268	1 803 855	3 739 359
2001	3 992 902	1 639 309	1 876 653	3 755 558
2002	4 027 547	1 687 829	1 954 659	3 760 717
2003	3 817 164	1 984 748	2 142 337	3 659 575

注:1、2003 年城乡人口按人口变动抽样调查数据推算。

2-3 主要年份民族人口和构成

年　份	汉　族		回　族		其他少数民族	
	人口数（人）	比　重（%）	人口数（人）	比　重（%）	人口数（人）	比　重（%）
1950	876 725	69.60	381 806	30.31	1 088	0.09
1953	1 009 963	66.86	498 783	33.02	1 737	0.12
1955	1 106 765	67.03	542 598	32.86	1 755	0.11
1957	1 198 649	66.82	593 135	33.07	2 023	0.11
1958	1 303 335	67.35	629 797	32.54	2 031	0.11
1960	1 515 958	71.16	612 379	28.75	1 979	0.09
1964	1 486 939	69.19	658 629	30.65	3 413	0.16
1965	1 569 719	69.22	695 061	30.65	3 071	0.13
1970	1 931 177	69.63	839 353	30.26	2 950	0.11
1975	2 280 396	69.54	995 202	30.35	3 630	0.11
1978	2 457 551	69.11	1 094 660	30.78	3 617	0.11
1980	2 565 593	68.65	1 167 257	31.23	4 319	0.12
1981	2 622 484	68.40	1 205 368	31.44	5 919	0.16
1982	2 675 620	68.07	1 247 375	31.74	7 409	0.19
1983	2 706 220	67.82	1 276 388	31.98	7 932	0.20
1984	2 749 431	67.58	1 309 094	32.17	10 145	0.25
1985	2 797 427	67.47	1 337 561	32.26	11 227	0.27
1986	2 856 089	67.31	1 373 102	32.36	14 140	0.33
1987	2 918 472	67.07	1 416 085	32.54	16 996	0.39
1988	2 973 478	66.89	1 454 353	32.72	17 485	0.39
1989	3 032 565	66.68	1 496 939	32.91	18 577	0.41
1990	3 098 093	66.53	1 538 925	33.05	19 756	0.42
1991	3 145 793	66.38	1 572 370	33.18	20 628	0.44
1992	3 194 363	66.24	1 606 934	33.32	21 400	0.44
1993	3 247 349	66.16	1 639 100	33.39	22 133	0.45
1994	3 323 330	65.96	1 691 572	33.57	23 780	0.47
1995	3 374 813	65.86	1 724 148	33.65	24 884	0.49
1996	3 424 762	65.71	1 761 876	33.80	25 461	0.49
1997	3 465 287	65.51	1 797 247	33.98	26 867	0.51
1998	3 507 446	65.37	1 829 700	34.10	28 520	0.53
1999	3 537 134	65.11	1 865 903	34.34	29 854	0.55
2000	3 633 113	65.54	1 910 101	34.46	31 009	0.56
2001	3 649 994	64.81	1 950 424	34.63	31 793	0.56
2002	3 694 928	64.65	1 987 129	34.77	33 319	0.58
2003	3 741 161	64.48	2 024 723	34.90	36 028	0.62

2-4 主要年份人口自然变动情况

年份	年平均人口(人)	出生		死亡		自然增长	
		人数(人)	出生率(‰)	人数(人)	死亡率(‰)	人数(人)	自然增长率(‰)
1950	1 228 560	49 536	40.32	25 284	20.58	24 252	19.74
1953	1 467 318	58 707	40.01	28 437	19.38	30 270	20.63
1955	1 617 587	56 450	34.90	16 565	10.24	39 885	24.66
1957	1 757 014	75 973	43.24	19 433	11.06	56 540	32.18
1958	1 864 485	73 316	39.33	27 936	14.98	45 380	24.34
1960	2 109 436	34 970	16.58	29 331	13.90	5 639	2.68
1964	2 108 025	104 065	49.37	28 326	13.44	75 739	35.93
1965	2 208 416	106 191	48.08	20 509	9.29	85 682	38.79
1970	2 711 573	109 191	40.27	17 168	6.33	92 023	33.94
1975	3 225 840	117 747	36.50	25 073	7.77	92 674	28.73
1978	3 511 449	99 991	28.48	19 169	5.46	80 822	23.02
1980	3 689 265	92 069	24.96	17 430	4.72	74 639	20.24
1981	3 785 470	112 251	29.65	23 034	6.08	89 217	23.57
1982	3 882 088	112 387	28.95	22 594	5.82	89 793	23.13
1983	3 960 472	72 451	18.29	16 084	4.06	56 367	14.23
1984	4 029 605	74 855	18.58	15 196	3.77	59 659	14.81
1985	4 107 443	70 552	17.18	15 934	3.88	54 618	13.30
1986	4 194 773	106 925	25.49	19 044	4.54	87 881	20.95
1987	4 297 422	108 038	25.14	21 659	5.04	86 379	20.10
1988	4 398 435	109 037	24.79	23 048	5.24	85 989	19.55
1989	4 496 699	106 107	23.60	19 707	4.38	86 400	19.21
1990	4 655 451	113 470	24.34	25 759	5.52	87 711	18.82
1991	4 749 749	104 328	21.96	24 366	5.13	79 962	16.83
1992	4 839 980	97 332	20.11	25 942	5.36	71 390	14.75
1993	4 912 506	95 450	19.43	26 331	5.36	69 119	14.07
1994	4 995 500	98 261	19.67	30 073	6.02	68 188	13.65
1995	5 081 264	97 967	19.28	27 896	5.49	70 071	13.79
1996	5 167 972	98 347	19.03	27 132	5.25	71 215	13.78
1997	5 250 750	99 239	18.90	28 511	5.43	70 728	13.47
1998	5 327 534	96 908	18.19	27 224	5.11	69 684	13.08
1999	5 399 279	97 025	17.97	30 506	5.65	66 519	12.32
2000	5 488 053	90 501	16.49	25 090	4.57	65 411	11.92
2001	5 587 713	92 476	16.55	27 044	4.84	65 432	11.71
2002	5 673 794	93 164	16.42	27 575	4.86	65 589	11.56
2003	5 758 644	90 296	15.68	27 238	4.73	63 057	10.95

2－5　建国后历次普查总人口及性别构成

单位:万人、%

普查年份	总户数(万户)			总人口(万人)			构　成(%)		性别比(女＝100)
	合　计	家庭户	集体户	合　计	男	女	男	女	
第一次人口普查(1953.7.1)	29.80			150.62	80.74	69.88	53.61	46.39	115.55
第二次人口普查(1964.7.1)	42.34			210.75	110.84	99.91	52.59	47.41	110.95
第三次人口普查(1982.7.1)	74.23			389.56	200.68	188.87	51.51	48.49	106.25
第四次人口普查(1990.7.1)	99.94	99.22	0.72	465.54	238.95	226.60	51.23	48.67	105.45
第五次人口普查(2000.11.1)	142.37	139.69	2.68	561.55	288.00	273.55	51.29	48.71	105.28

注:2000年人口数据按实际普查数整理

2－6　建国后历次普查总人口增长状况

单位:万人、%

	增加人数	年均增长人　数	增长速度	年均增长速　度
1964年比1953年增长	60.13	5.47	39.92	3.10
1982年比1964年增长	178.81	9.93	84.84	3.47
1990年比1982年增长	75.99	9.50	19.51	2.25
2000年比1990年增长	96.00	9.29	20.62	1.82
2000年比1953年增长	398.02	8.47	264.25	2.78

注:2000年人口数据按实际普查数整理。

2－7 建国后历次普查人口年龄类型和抚养比

单位:万人、%

	1953.7.1	1954.7.1	1982.7.1	1990.7.1	2000.11.1
总 计	**150.61**	**210.75**	**389.56**	**465.54**	**548.64**
0－4岁	27.09	34.33	51.03	53.39	45.25
0－14岁	61.27	91.39	160.71	157.07	155.67
15－64岁	84.84	114.56	216.39	292.13	368.42
65岁及以上	4.51	4.80	12.45	16.34	24.55
少年人口系数	40.68	43.37	41.26	33.74	28.37
成年人口系数	56.32	54.35	55.54	62.75	67.15
老年人口系数	3.00	2.28	3.20	3.51	4.47
年龄中位数(岁)	19.77	18.50	18.39	21.71	26.70
总抚养系数	77.54	83.98	80.02	59.33	48.92
老年人口系数	5.32	4.19	5.75	5.58	6.66
少年人口系数	72.22	79.79	74.27	53.75	42.25

2－8 建国后历次普查民族人口的变化及构成

单位:万人、%

	普查年份	总人口	汉 族	回 族	其他少数民 族
人数	1 953.7.1	150.62	100.07	50.32	0.17
	1 964.7.1	210.75	145.71	64.70	0.34
	1 982.7.1	389.56	265.13	123.52	0.91
	1 990.7.1	465.54	310.74	152.44	2.36
	2 000.11. 1	548.64	359.06	186.24	3.34
构成	1 953.7.1	100.00	66.43	33.44	0.13
	1 964.7.1	100.00	69.14	30.70	0.16
	1 982.7.1	100.00	68.06	31.71	0.23
	1 990.7.1	100.00	66.75	32.75	0.50
	2 000.11. 1	100.00	65.45	33.95	0.60
2000年比1953年增加	总 增 加	398.02	259.05	135.92	3.17
	年均增加	8.47	5.51	2.89	0.07
2000年比1953年增长	总 增 长	264.25	258.81	270.11	1 864.71
	年均增长	2.78	2.76	2.82	6.54

2-9 建国后历次普查各种文化程度人口状况

单位:万人

普查年份		大学本科	大学专科	高 中	初 中	小 学	附:文盲、半文盲
1964.7.1		0.81		2.63	8.60	39.48	90.78
1982.7.1		2.58		20.62	60.52	100.09	112.85
1990.7.1		2.86	4.64	37.25	94.38	136.80	103.27
2000.11.1		6.56	13.70	59.99	152.84	174.71	61.76
每十万人口	1 964.7.1	380		1 250	4 080	18 730	93 010
中各种文化	1 982.7.1	659		5 294	15 542	25 686	52 819
程度人口数	1 990.7.1	615	995	8 010	20 272	29 424	22 184
(人)	2 000.11. 1	1 195	2 496	10 934	27 859	31 845	11 258

2-10 建国后历次普查城乡人口的分布状况

单位;万人、%

普查年份	总人口	城镇人口		乡村人口	
		合 计	占总人口比 重	合 计	占总人口比 重
1964.7.1	210.75	24.94	11.84	185.81	88.16
1982.7.1	389.56	75.58	19.40	313.98	80.60
1990.7.1	465.54	119.75	25.72	345.79	74.28
2000.11.1	548.64	180.39	32.88	368.25	67.12

2－11　主要年份计划生育状况

单位：人、%

年　份	已婚育龄妇女人数		采取各种节育措施人数		节育率		领取独生子女证人数	
	合　计	#少数民族	合　计	#少数民族	合　计	#少数民族	合　计	#少数民族
1979	508 985	－	235 560	－	46.28	－	－	－
1980	522 377	－	274 823	－	52.61	－	3 249	－
1985	642 996	202 714	502 048	134 011	78.08	66.11	34 961	6 204
1990	854 353	273 182	695 877	200 383	81.45	73.35	79 400	6 995
1991	883 417	290 211	742 963	216 052	84.1	74.45	89 369	8 531
1992	901 002	299 179	767 046	235 212	85.13	78.62	98 439	9 651
1993	927 515	307 513	814 040	248 875	87.77	80.93	107 344	12 163
1994	951 613	315 043	843 318	263 897	88.62	83.77	115 513	10 154
1995	986 322	324 715	890 234	284 327	90.26	89.56	124 105	11 128
1996	1 019 995	338 682	933 088	303 927	91.48	89.74	129 738	11 294
1997	1 045 379	351 026	952 531	313 232	91.12	89.23	130 714	11 732
1998	1 059 757	－	960 021	－	90.59	－	134 407	－
1999	1 090 681	371 306	979 795	323 070	89.83	87.01	135 864	11 514
2000	1 101 214	369 538	993 341	327 596	90.20	88.65	135 866	11 867
2001	1 119 278	363 471	1 011 630	334 608	90.38	92.06	138 694	10 990
2002	1 137 026	344 071	1 022 832	330 093	89.96	95.94	141 848	11 814
2003	1 151 773	396 789	1 039 803	349 116	90.28	87.99	139 662	12 563

注：本资料根据计划生育部门统计数据整理。

2－12　主要年份婚姻登记情况

单位：人

年　份	全区总计		市		县	
	结　婚	离　婚	结　婚	离　婚	结　婚	离　婚
1979	52 686	1 366	8 362	182	44 324	1 184
1980	66 872	3 062	10 292	980	56 580	2 082
1985	68 952	4 332	25 266	2 060	43 686	2 272
1990	73 288	7 066	23 376	3 676	49 912	3 390
1991	74 146	7 650	23 866	4 112	50 280	3 538
1992	73 360	8 552	28 068	－	45 292	－
1993	70 860	5 602	23 348	－	47 512	－
1994	70 580	10 042	24 048	－	46 532	－
1995	72 654	10 318	23 360	－	49 294	－
1996	71 260	11 174	25 850	－	45 410	－
1997	70 198	11 924	27 934	－	42 264	－
1998	75 712	11 154	28 502	－	47 210	－
1999	71 368	11 882	37 418	－	33 950	－
2000	71 422	12 322	19 950	－	51 482	－
2001	67 418	12 208	－	－	－	－
2002	65 498	9 858	－	－	－	－
2003	71 350	13 166	－	－	－	－

注：本资料根据民政部门和法院提供资料整理。

2－13　各市县主要年份人口总数

单位：人

地　　区	1958 年	1978 年	1980 年	1985 年	1990 年	1995 年	2000 年	2002 年	2003 年
全区总计	**1 935 163**	**3 555 828**	**3 737 169**	**4 146 215**	**4 656 774**	**5 123 845**	**5 543 214**	**5 715 376**	**5 801 912**
银 川 市	**326 333**	**623 560**	**648 189**	**718 918**	**814 932**	**893 791**	**1 009 436**	**1 329 575**	**1 330 128**
银 川 市	148 237	325 177	344 540	396 869	480 184	544 851	641 723	675 438	718 157
永 宁 县	81 971	146 243	149 157	160 062	168 325	177 132	185 213	204 024	202 509
贺 兰 县	96 125	152 140	154 492	161 987	166 423	171 808	182 500	186 707	176 407
灵 武 市	74 702	163 183	174 353	191 643	219 588	241 483	255 152	263 406	233 055
石嘴山市	**220 670**	**506 569**	**529 873**	**575 891**	**613 753**	**660 416**	**691 677**	**700 362**	**727 788**
石嘴山市	21 777	202 227	220 572	246 842	275 021	314 133	328 515	332 173	361 806
平 罗 县	135 562	219 145	224 699	239 267	245 070	253 209	261 481	265 573	265 620
陶 乐 县	17 490	17 788	18 583	19 182	21 928	23 046	30 509	31 141	32 118
惠 农 县	45 841	67 409	66 019	70 600	71 734	70 028	71 172	71 475	68 244
吴 忠 市	**614 418**	**1 059 687**	**1 108 954**	**1 225 479**	**1 387 834**	**1 513 676**	**1 718 421**	**1 794 055**	**1 865 733**
利 通 区	115 189	196 266	205 838	224 364	257 959	285 136	306 379	316 328	354 350
青铜峡市	114 878	172 748	178 773	194 556	215 247	232 398	245 021	249 633	251 046
中 卫 县	132 403	234 374	239 966	261 746	289 527	312 734	335 374	339 369	345 725
中 宁 县	111 175	164 986	172 219	186 570	205 960	219 796	315 900	393 843	408 818
盐 池 县	52 637	108 157	114 378	124 935	140 038	148 621	152 117	154 653	157 767
同 心 县	88 136	183 156	197 780	233 308	279 103	314 991	363 630	340 229	348 027
固 原 市	**699 040**	**1 202 829**	**1 275 800**	**1 434 284**	**1 620 667**	**1 814 479**	**1 868 528**	**1 891 384**	**1 878 263**
原 州 区	187 682	328 542	350 155	392 951	442 190	492 993	507 874	518 651	485 580
海 原 县	110 141	211 802	227 873	263 202	303 833	344 024	364 240	373 333	376 806
西 吉 县	157 564	274 186	291 842	331 416	377 333	426 991	452 477	453 324	456 858
隆 德 县	104 585	151 025	155 523	166 810	185 327	204 826	216 954	216 715	188 179
泾 源 县	46 564	73 414	77 114	84 680	93 538	105 831	81 888	82 497	122 595
彭 阳 县	92 504	163 860	173 293	195 225	218 446	239 814	245 095	246 864	248 245

注：2001－2003 年中宁县人口 中含红寺堡管委会人口。

2-14 各市县户数、人口数

（2003年） 单位：人

地区	总户数	年末人口	#女性	城乡人口 城镇	城乡人口 乡村	平均家庭户人数
全区总计	**1 521 845**	**5 801 912**	**2 825 501**	**2 142 337**	**3 659 575**	**3.81**
灌　区	**998 673**	**3 417 855**	**1 668 721**	**1 826 465**	**1 591 390**	**3.42**
山　区	**523 172**	**2 384 057**	**1 156 780**	**315 871**	**2 068 186**	**4.56**
银川市	**407 714**	**1 330 128**	**655 563**	**869 726**	**460 402**	**3.26**
银川市	223 421	718 157	359 389	667 958	50 199	3.21
永宁县	56 758	202 509	98 623	48 359	154 150	3.57
贺兰县	54 303	176 407	86 509	50 982	125 425	3.25
灵武市	73 232	233 055	111 042	102 428	130 627	3.18
石嘴山市	**220 199**	**727 788**	**352 782**	**457 037**	**270 751**	**3.31**
石嘴山市	111 548	361 806	174 958	354 823	6 983	3.24
平罗县	77 977	265 620	129 492	77 216	188 404	3.41
陶乐县	8 839	32 118	15 425	7 153	24 965	3.63
惠农县	21 835	68 244	32 907	17 846	50 398	3.13
吴忠市	**493 950**	**1 865 733**	**908 198**	**601 370**	**1 264 363**	**3.78**
利通区	101 123	354 350	173 744	164 489	189 861	3.50
青铜峡市	74 917	251 046	120 999	110 209	140 837	3.35
中卫县	93 329	345 725	166 247	116 544	229 181	3.70
中宁县	101 391	408 818	199 386	108 459	300 359	4.03
盐池县	42 132	157 767	75 259	49 255	108 512	3.74
同心县	81 058	348 027	172 563	52 413	295 614	4.29
固原市	**399 982**	**1 878 263**	**908 958**	**214 204**	**1 664 059**	**4.70**
原州区	117 147	485 580	236 539	89 492	396 088	4.15
海原县	74 941	376 806	183 868	33 875	342 931	5.03
西吉县	88 809	456 858	222 153	36 320	420 538	5.14
隆德县	45 197	188 179	89 637	23 334	164 845	4.16
泾源县	29 208	122 595	59 221	11 769	110 826	4.20
彭阳县	44 680	248 245	117 540	19 413	228 832	5.56

注：1、2003年人口变动抽样调查推算2003年底宁夏常住人口为5802979人；城乡人口按调查数据推算。

2、表中总人口数根据公安部门提供数据整理，其中：中宁县人口中含红寺堡人口。

2－15　各市县主要年份非农业人口总数

单位:人

地　区	1958 年	1978 年	1980 年	1985 年	1990 年	1995 年	2000 年	2002 年	2003 年
全区总计	**226 346**	**581 964**	**645 065**	**796 449**	**1 055 941**	**1 308 857**	**1 505 890**	**1 687 829**	**1 984 748**
银 川 市	**96 683**	**219 889**	**245 222**	**300 721**	**395 489**	**476 341**	**564 367**	**700 565**	**792 032**
银 川 市	83 852	198 439	219 720	268 233	356 652	424 657	493 842	535 743	603 203
永 宁 县	4 153	10 103	12 516	16 856	20 877	25 630	35 143	38 058	45 379
贺 兰 县	8 678	11 347	12 986	15 632	17 960	26 054	35 382	36 801	42 345
灵 武 市	9 865	28 769	33 076	36 002	57 894	70 693	86 378	89 963	101 105
石嘴山市	**31 016**	**199 624**	**216 366**	**264 306**	**311 832**	**370 576**	**400 076**	**406 419**	**412 059**
石嘴山市	20 846	167 754	180 613	221 250	257 862	303 490	318 321	322 211	326 622
平 罗 县	9 363	28 017	31 418	36 146	41 853	50 216	59 946	61 953	63 655
陶 乐 县	592	1 642	1 999	2 660	3 986	5 350	6 114	6 280	6 380
惠 农 县	215	2 211	2 336	4 250	8 131	11 520	15 695	15 975	15 402
吴 忠 市	**69 002**	**114 442**	**126 833**	**157 325**	**237 498**	**298 825**	**366 148**	**394 000**	**590 646**
利 通 区	15 274	38 752	42 293	48 579	69 103	82 467	104 018	112 468	160 259
青铜峡市	29 755	24 801	26 307	31 918	48 717	63 581	80 945	82 751	83 383
中 卫 县	10 504	26 962	29 212	34 693	45 747	59 286	69 242	71 317	121 489
中 宁 县	6 750	10 100	12 100	17 101	27 875	33 216	48 146	61 591	102 704
盐 池 县	3 015	8 680	9 964	12 279	21 449	25 113	26 855	28 498	47 169
同 心 县	3 704	5 147	6 957	12 755	24 607	35 162	36 942	37 375	75 642
固 原 市	**29 645**	**48 009**	**56 644**	**74 097**	**111 122**	**163 115**	**175 299**	**186 845**	**190 011**
原 州 区	16 600	27 605	31 578	37 441	49 517	74 502	83 731	89 996	91 702
海 原 县	5 381	4 956	6 904	9 692	18 343	24 394	23 732	26 125	27 124
西 吉 县	3 298	6 674	7 893	10 053	16 410	23 532	25 746	25 734	25 962
隆 德 县	2 665	4 109	5 163	7 296	11 260	16 820	18 022	19 019	17 083
泾 源 县	823	2 511	2 906	4 610	6 500	9 101	7 092	7 754	9 282
彭 阳 县	878	2 154	2 200	5 005	9 092	14 766	16 976	18 217	18 858

注:2001－2003 年数据中宁县人口中含红寺堡管委会人口。

2－16 各市县民族人口和构成

(2003年)

地区	汉族		回族		其他少数民族	
	人口数(人)	比重(%)	人口数(人)	比重(%)	人口数(人)	比重(%)
全区总计	**3 741 161**	**64.48**	**2 024 723**	**34.90**	**36 028**	**0.62**
灌区	**2 555 709**	**74.78**	**830 083**	**24.29**	**32 063**	**0.94**
山区	**1 185 452**	**49.72**	**1 194 640**	**50.11**	**3 965**	**0.17**
银川市	**965 661**	**72.60**	**343 834**	**25.85**	**20 633**	**1.55**
银川市	544 581	75.83	155 135	21.60	18 441	2.57
永宁县	122 792	52.69	109 717	47.08	546	0.23
贺兰县	165 230	81.59	36 381	17.97	898	0.44
灵武市	133 058	75.43	42 601	24.15	748	0.42
石嘴山市	**574 112**	**78.88**	**146 667**	**20.15**	**7 009**	**0.96**
石嘴山市	316 302	87.42	39 237	10.84	6 267	1.73
平罗县	177 982	67.01	87 101	32.79	537	0.20
陶乐县	23 639	73.60	8 411	26.19	68	0.21
惠农县	56 189	82.34	11 918	17.46	137	0.20
吴忠市	**1 229 250**	**65.89**	**631 832**	**33.87**	**4 651**	**0.25**
利通区	162 150	45.76	190 498	53.76	1 702	0.48
青铜峡市	214 192	85.32	35 299	14.06	1 555	0.62
中卫县	339 858	98.30	5 113	1.48	754	0.22
中宁县	299 736	73.32	108 672	26.58	410	0.10
盐池县	153 866	97.53	3 749	2.38	152	0.10
同心县	59 448	17.08	288 501	82.90	78	0.02
固原市	**972 138**	**51.76**	**902 390**	**48.04**	**3 735**	**0.20**
原州区	267 692	55.13	217 379	44.77	509	0.10
海原县	108 965	28.92	264 678	70.24	3 163	0.84
西吉县	215 669	47.21	241 154	52.79	35	0.01
隆德县	170 203	90.45	17 967	9.55	9	0.00
泾源县	33 653	27.45	88 928	72.54	14	0.01
彭阳县	175 956	70.88	72 284	29.12	5	0.00

注:中宁县人口中含红寺堡管委会人口。

2－17　各市县主要年份回族人口数

单位：人

地　　区	1958年	1978年	1980年	1985年	1990年	1995年	2000年	2002年	2003年
全区总计	**584 881**	**1 017 698**	**1 132 914**	**1 245 652**	**1 431 517**	**1 607 237**	**1 785 651**	**1 987 129**	**2 024 723**
银 川 市	**71 207**	**114 242**	**118 702**	**132 456**	**146 579**	**163 159**	**207 258**	**357 560**	**343 834**
银 川 市	32 040	60 144	63 495	73 463	85 885	98 627	137 059	146 916	155 135
永 宁 县	16 694	18 484	18 788	21 070	22 343	23 433	24 970	36 719	109 717
贺 兰 县	22 473	35 614	36 419	37 923	38 351	41 099	45 229	46 618	36 381
灵 武 市	44 916	76 962	82 008	91 909	107 408	116 911	124 450	127 307	42 601
石嘴山市	**46 253**	**94 450**	**99 837**	**109 802**	**118 499**	**128 176**	**139 678**	**141 715**	**146 667**
石嘴山市	2 178	16 936	18 818	21 949	24 421	31 255	33 092	34 297	39 237
平 罗 县	21 362	64 193	67 293	73 266	78 645	81 471	84 633	85 362	87 101
陶 乐 县	992	1 834	1 839	1 858	2 087	2 216	7 924	8 003	8 411
惠 农 县	21 721	11 487	11 887	12 729	13 346	13 234	14 029	14 053	11 918
吴 忠 市	**153 508**	**279 733**	**299 289**	**346 787**	**409 822**	**459 767**	**557 959**	**595 986**	**631 832**
利 通 区	68 593	106 376	112 225	123 871	141 700	159 760	165 635	171 546	190 498
青铜峡市	10 946	22 564	23 755	27 286	30 464	31 658	34 831	35 475	35 299
中 卫 县	1 022	1 681	1 695	2 296	3 492	3 925	4 640	4 936	5 113
中 宁 县	2 635	4 022	4 281	4 510	4 946	5 202	51 588	94 952	108 672
盐 池 县	1 348	2 971	3 170	3 219	3 743	4 010	3 825	3 852	3 749
同 心 县	68 964	142 119	154 163	185 605	225 477	255 212	297 440	285 225	288 501
固 原 市	**313 913**	**529 273**	**615 086**	**656 607**	**756 617**	**856 135**	**880 756**	**891 868**	**902 390**
原 州 区	76 490	128 357	185 670	160 774	184 838	207 190	215 932	217 900	217 379
海 原 县	73 169	140 705	153 415	178 794	209 593	238 443	254 982	262 296	264 678
西 吉 县	84 055	132 627	141 828	165 906	192 304	219 810	239 145	239 038	241 154
隆 德 县	8 314	11 525	12 057	13 706	15 741	17 877	20 015	19 880	17 967
泾 源 县	45 243	70 745	74 451	82 060	90 719	102 074	79 461	80 341	88 928
彭 阳 县	26 642	45 314	47 665	55 367	63 422	70 741	71 221	72 413	72 284

注：2001－2003年数据中宁县人口 中含红寺堡管委会人口。

2-18 各市县人口自然变动情况

(2003年)

地区	年平均人口(人)	自然变动人数(人)			自然变动率(‰)		
		出生人数	死亡人数	自然增长人数	出生率	死亡率	自然增长率
全区总计	**5 758 644**	**90 296**	**27 238**	**63 057**	**15.68**	**4.73**	**10.95**
灌　区	**3 373 483**	**41 966**	**15 383**	**26 583**	**12.44**	**4.56**	**7.88**
山　区	**2 385 162**	**48 323**	**11 854**	**36 469**	**20.26**	**4.97**	**15.29**
银川市	**1 329 852**	**15 479**	**5 865**	**9 615**	**11.64**	**4.41**	**7.23**
银川市	696 798	6 850	2 460	4 390	9.83	3.53	6.30
永宁县	203 267	2 675	1 063	1 612	13.16	5.23	7.93
贺兰县	181 557	2 362	1 275	1 088	13.01	7.02	5.99
灵武市	248 231	3 830	1 157	2 673	15.43	4.66	10.77
石嘴山市	**714 075**	**8 276**	**3 556**	**4 720**	**11.59**	**4.98**	**6.61**
石嘴山市	346 990	3 342	1 593	1 749	9.63	4.59	5.04
平罗县	265 597	3 453	1 562	1 891	13.00	5.88	7.12
陶乐县	31 630	446	120	326	14.10	3.80	10.30
惠农县	69 860	928	344	585	13.29	4.92	8.37
吴忠市	**1 829 894**	**29 516**	**9 296**	**20 220**	**16.13**	**5.08**	**11.05**
利通区	335 339	5 691	1 647	4 044	16.97	4.91	12.06
青铜峡市	250 340	3 415	1 414	2 000	13.64	5.65	7.99
中卫县	342 547	4 628	2 158	2 470	13.51	6.30	7.21
中宁县	401 331	5 932	2 259	3 672	14.78	5.63	9.15
盐池县	156 210	2 560	720	1 840	16.39	4.61	11.78
同心县	344 128	7 161	1 487	5 675	20.81	4.32	16.49
固原市	**1 884 824**	**38 563**	**9 650**	**28 913**	**20.46**	**5.12**	**15.34**
原州区	502 116	9 575	3 203	6 372	19.07	6.38	12.69
海原县	375 070	8 274	1 647	6 627	22.06	4.39	17.67
西吉县	455 091	10 417	2 107	8 310	22.89	4.63	18.26
隆德县	202 447	3 302	1 247	2 055	16.31	6.16	10.15
泾源县	102 546	2 256	564	1 692	22.00	5.50	16.50
彭阳县	247 555	4 694	931	3 763	18.96	3.76	15.20

注:根据2003年人口变动情况抽样调查资料整理,因受样本构成影响,各市县数据加总后不等于总计数。其中,中宁县人口中含红寺堡管委会人口。

主要统计指标解释

【总人口】 指在一定时点，一定地区范围内有生命的个人总和，包括有常住户口和未落常住户口的人，以及被注销户口的在押犯、劳改、劳教人员，但不包括军人及人民武装警察。

【总户数】 包括家庭户和集体户。

【市镇人口数】 指居住在市(包括县级市)、镇辖区内的全部人口。

【乡村人口数】 指县辖乡(不含县辖镇)的全部人口。

【性别比】 男性人数与女性人数之比(女 = 100)

$$性别比 = \frac{男性人数}{女性人数} \times 100\%$$

【年平均人口数】 指一年之中各个时点的平均生存人数。

$$年平均人口数 = \frac{年初人口数 + 年末人口数}{2}$$

【出生人数】 指在一定时期内(通常为一年内)出生有生命现象(即有心跳和呼吸)婴儿数的总和。

【出生率】 指某个地区一定时期内的出生人数与同期平均人数之比。

$$出生率 = \frac{年出生人数}{年平均人数} \times 1000‰$$

【死亡率】 指某个地区一定时期内的死亡人数与同期平均人数之比。

$$死亡率 = \frac{年死亡人数}{年平均人数} \times 1000‰$$

三、劳动力和工资

3－1　就业基本情况

指　　标	1995年	1996年	1997年	1998年	1999年	2000年	2002年	2003年
就业人员合计(万人)	**240.6**	**245.4**	**260.5**	**254.8**	**272.3**	**275.5**	**282.4**	**291.4**
第一产业	143.5	144.2	151.3	152.4	158.5	158.6	155.8	150.6
第二产业	46.7	48.0	49.2	45.9	47.2	50.0	55.1	63.6
第三产业	50.4	53.2	60.0	56.5	66.6	66.9	71.5	77.2
就业人员构成(合计=100)								
第一产业	59.7	58.8	58.1	59.8	58.2	57.6	55.2	51.7
第二产业	19.4	19.5	18.9	18.0	17.3	18.1	19.5	21.8
第三产业	20.9	21.7	23.0	22.2	24.5	24.3	25.3	26.5
城镇从业人员	**81.1**	**81.5**	**83.9**	**78.3**	**80.3**	**77.6**	**79.2**	**82.9**
国有单位	62.9	63.1	63.0	54.5	53.8	52.0	45.0	40.8
城镇集体单位	9.9	8.8	8.7	6.1	5.4	5.0	3.4	2.3
股份合作单位				1.3	1.1	1.1	1.2	1.2
联营单位	0.2	0.2	0.2	0.1	0.1	0.1	0.2	1.2
有限责任公司				3.0	3.6	4.0	9.0	12.9
股份有限公司	0.5	0.9	2.0	2.0	1.7	1.7	2.0	3.5
私营企业	1.9	2.7	3.5	4.3	5.3	4.8	9.3	12.3
港澳台商投资单位	0.5	0.3	0.3	0.4	0.3	0.3	0.2	0.1
外商投资单位	0.9	1.0	1.1	1.0	1.0	1.0	0.8	0.9
个　体	4.3	4.5	5.1	5.6	8.0	7.7	8.1	8.2
职工人数(万人)	**73.4**	**72.7**	**73.9**	**67.4**	**65.6**	**63.8**	**60.6**	**60.2**
国有单位	61.5	61.6	61.7	53.7	52.6	51.0	44.1	39.5
城镇集体单位	9.9	8.7	8.6	6.0	5.3	4.8	3.3	2.2
其他单位	2.0	2.4	3.6	7.7	7.7	8.0	13.2	18.5
女性就业人员数(万人)	**26.4**	**26.6**	**26.8**	**24.5**	**24.6**	**23.9**	**22.3**	**22.1**
城镇登记失业人数(万人)	**4.4**	**3.4**	**4.0**	**3.9**	**3.7**	**3.8**	**3.5**	**3.8**
城镇登记失业率(%)	**5.47**	**4.35**	**4.79**	**4.71**	**4.50**	**4.60**	**4.40**	**4.40**

3-2 主要年份劳动力资源和从业人员数

单位:人、%

年份	劳动力资源		从业人员		
	人数	占总人口比重	人数	占总人口比重	占劳动力资源比重
1950	57.6	45.7	47.2	37.50	82.07
1955	77.6	47.0	67.7	41.00	87.30
1957	84.6	47.2	77.0	42.92	91.04
1958	90.7	46.9	82.3	42.53	90.25
1960	99.5	46.8	96.6	45.32	94.17
1965	107.1	47.2	98.6	43.52	92.18
1970	130.2	46.9	112.5	40.56	86.43
1971	134.8	47.0	116.3	40.56	86.24
1972	139.6	47.0	117.9	39.66	84.45
1973	144.3	46.9	119.2	38.72	82.59
1974	150.6	47.5	121.6	38.34	80.77
1975	158.1	48.2	125.6	38.30	79.49
1976	165.1	48.9	127.6	37.77	77.30
1977	173.2	50.0	131.5	37.93	75.93
1978	178.5	50.2	135.6	38.13	75.93
1979	185.6	51.0	139.5	38.31	75.16
1980	194.3	51.2	146.5	39.20	75.40
1981	197.3	51.5	149.7	39.05	75.89
1982	202.9	51.6	155.6	39.59	76.69
1983	204.1	51.2	162.6	40.74	79.67
1984	212.5	52.2	169.8	41.73	79.89
1985	221.8	53.5	177.4	42.79	82.01
1986	226.0	53.3	183.0	43.15	81.01
1987	234.5	53.9	190.8	43.86	81.40
1988	242.0	54.5	197.4	44.41	81.52
1989	250.7	55.1	203.5	44.74	81.17
1990	259.6	55.7	211.1	45.35	81.36
1991	268.6	56.7	219.2	46.25	81.60
1992	277.1	57.5	225.9	46.84	81.52
1993	314.0	64.0	229.4	46.73	73.06
1994	318.2	63.2	232.7	46.18	73.13
1995	324.8	63.4	240.6	46.96	74.08
1996	337.4	64.7	245.4	47.08	72.73
1997	346.3	65.5	256.8	48.55	74.16
1998	355.5	66.3	254.8	49.49	71.69
1999	363.3	66.9	272.3	50.13	74.95
2000	380.9	68.7	275.5	49.70	72.13
2001	393.4	69.9	279.0	49.54	70.92
2002	399.9	70.0	282.4	49.40	70.62
2003	406.0	70.0	291.4	50.22	71.77

3－3　主要年份全社会从业人员数

单位:万人

年　份	就业人员合　计	职　工				城镇私营企业及个体劳动者	乡　村劳动者	其　他
			国有单位	集体单位	其他单位			
1950	47.2	0.8	0.8	–	–	3.7	42.7	–
1955	67.7	7.5	3.5	4.0	–	1.7	58.5	–
1957	77.0	11.9	5.2	6.7	–	0.2	64.9	–
1958	82.3	15.2	11.0	4.2	–	–	67.1	–
1960	96.5	28.0	25.7	2.3	–	–	68.5	–
1965	98.6	18.8	17.1	1.7	–	–	79.8	–
1970	112.5	26.6	24.5	2.1	–	–	85.9	–
1971	116.3	29.0	26.8	2.2	–	–	87.3	–
1972	117.9	30.4	28.1	2.3	–	–	87.5	–
1973	119.2	30.5	28.2	2.3	–	–	88.7	–
1974	121.6	31.6	28.9	2.7	–	–	90.0	–
1975	125.6	33.7	30.8	2.9	–	–	91.9	–
1976	127.6	36.1	32.8	3.3	–	–	91.5	–
1977	131.5	39.3	33.9	5.4	–	–	92.2	–
1978	135.6	43.3	38.0	5.3	–	–	92.3	–
1979	139.5	45.7	39.7	6.0	–	–	93.8	–
1980	146.5	47.6	41.3	6.3	–	0.1	98.8	–
1981	149.7	48.8	42.5	6.3	–	0.1	100.8	–
1982	155.6	50.1	43.5	6.6	–	0.3	105.2	–
1983	162.6	51.7	44.5	7.2	–	0.7	110.2	–
1984	169.8	53.3	45.0	8.3	–	0.9	115.6	–
1985	177.4	55.8	46.8	9.0	–	1.1	120.5	–
1986	183.0	58.1	49.0	9.1	–	1.1	123.8	–
1987	190.8	60.6	51.2	9.4	–	1.4	128.8	–
1988	197.4	62.7	53.0	9.7	–	2.1	132.6	–
1989	203.5	65.5	54.9	10.5	0.1	2.2	135.8	–
1990	211.1	67.4	56.4	10.9	0.1	2.8	140.9	–
1991	219.2	70.1	58.6	11.3	0.2	3.1	145.5	0.5
1992	225.9	71.9	60.1	11.3	0.5	3.3	147.2	3.5
1993	229.4	71.9	60.7	10.6	0.6	4.0	153.5	–
1994	232.7	72.3	60.4	10.3	1.6	4.7	154.2	1.5
1995	240.6	73.4	61.5	9.9	2.0	6.2	159.5	1.5
1996	245.4	72.7	61.6	8.7	2.4	7.2	163.9	1.6
1997	256.8	73.9	61.7	8.6	3.6	8.6	172.9	1.4
1998	254.8	67.4	53.7	6.0	7.7	9.9	176.6	0.9
1999	272.3	65.6	52.6	5.3	7.7	13.3	192.0	1.4
2000	275.5	63.8	51.0	4.8	8.0	12.5	197.9	1.4
2001	279.0	61.3	48.9	3.9	8.5	16.1	200.4	1.1
2002	282.4	60.6	44.1	3.3	13.2	17.4	203.2	1.2
2003	291.4	60.2	39.5	2.2	18.5	20.6	208.5	2.2

注:1998－2003年劳动统计口径调整,职工不再包括“离开本单位仍保留劳动关系的职工。

3－4　按经济类型分的各行业从业人员数

（2003 年末数）　　单位:人

指　　标	合　计	国有经济单位从业人　员	城镇集体单位从业人　员	其他经济单位从业人　员	城镇个体经济从业人　员	城镇私营经济从业人　员	乡　村从　业人　员
全 区 总 计	**2 914 261**	**407 520**	**23 301**	**193 084**	**82 572**	**122 938**	**2 084 846**
按国民经济行业分组							
农、林、牧、渔业	1 505 843	43 946	49	273	28	3 319	1 458 228
采掘业	194 303	10 217	260	54 837	151	717	128 121
制造业	157 244	26 412	7 373	86 626	7 117	29 716	－
电力、煤气及水的生产和供应业	31 450	26 541	－	4 909	－	－	－
建筑业	252 913	18 861	6 043	18 917	120	12 481	196 491
交通运输、仓储业	135 093	29 144	67	2 844	4 262	2 930	95 846
信息运输、计算机服务和软件业	6 019	5 579	20	420	－	－	－
批发和零售业	243 502	14 024	3 326	7 345	57 417	55 110	106 280
住宿和餐饮业	8 063	3 138	840	4 085	－	－	－
金融业	23 027	14 307	3 308	5 412	－	－	－
房地产业	6 485	1 757	235	4 493	－	－	－
租赁和商务服务业	6 232	4 776	870	586	－	－	－
科学研究、技术服务和地质勘察业	15 676	14 603	252	821	－	－	－
水利、环境和公共设施管理业	16 782	15 622	112	1 048	－	－	－
居民服务和其他服务业	132 465	256	40	147	13 477	18 665	99 880
教育	75 448	75 238	9	201	－	－	－
卫生、社会保障和社会福利业	25 533	25 150	363	20	－	－	－
文化、体育和娱乐业	7 932	7 873	59	－	－	－	－
公共管理与社会组织	70 151	70 076	75	－	－	－	－
国际组织	－	－	－	－	－	－	－
按三次产业分组							
第一产业	1 505 843	43 946	49	273	28	3 319	1 458 228
第二产业	635 910	82 031	13 676	165 289	7 388	42 914	324 612
第三产业	772 508	281 543	9 576	27 522	75 156	76 705	302 006

3－5　国有单位从业人员数

（2003年末数）　　单位：人

指　　标	单位数（个）	单位从业人员合计	在岗职工	长期职工	其他从业人员	离开本单位仍保留劳动关系的职工
全　区　总　计	**7 626**	**407 520**	**394 642**	**378 547**	**12 878**	**20 091**
按隶属关系分组						
中　央	625	82 932	78 982	74 968	3 950	4 423
省、自治区、直辖市	883	116 655	113 384	105 990	3 271	9 908
地　区	776	47 082	44 878	43 007	2 204	2 406
县及县以下	5 342	160 851	157 398	154 582	3 453	3 354
按企业、事业、机关分组						
企　业	1 346	184 438	175 766	163 836	8 672	18 250
# 地　方	878	111 528	106 732	98 430	4 796	14 110
事　业	4 219	158 734	156 254	152 899	2 480	908
# 地　方	4 133	152 456	150 029	147 039	2 427	746
机　关	2 061	64 348	62 622	61 812	1 726	933
# 地　方	1 990	60 604	58 899	58 110	1 705	812
按国民经济行业分组						
农、林、牧、渔业	528	43 946	43 665	42 167	281	1 441
采掘业	16	10 217	9 998	9 516	219	200
制造业	82	26 412	26 162	24 063	250	5 890
电力、煤气及水的生产和供应业	51	26 541	26 434	23 601	107	217
建筑业	78	18 861	15 580	13 059	3 281	4 132
交通运输、仓储业	167	29 144	28 187	27 380	957	2 136
信息运输、计算机服务和软件业	66	5 579	5 214	5 122	365	212
批发和零售业	390	14 024	13 482	13 060	542	2 366
住宿和餐饮业	43	3 138	3 097	2 755	41	311
金融业	328	14 307	12 532	12 075	1 775	995
房地产业	44	1 757	1 747	1 200	10	3
租赁和商务服务业	128	4 776	3 757	3 731	1 019	349
科学研究、技术服务和地质勘察业	239	14 603	14 431	13 835	172	236
水利、环境和公共设施管理业	206	15 622	15 423	14 892	199	76
居民服务和其他服务业	10	256	245	245	11	－
教育	2 347	75 238	74 141	73 364	1 097	175
卫生、社会保障和社会福利业	474	25 150	24 595	23 585	555	196
文化、体育和娱乐业	213	7 873	7 760	7 496	113	170
公共管理与社会组织	2 216	70 076	68 192	67 401	1 884	986
国际组织	－	－	－	－	－	－

3-6 集体单位从业人员数

(2003年末数)　　单位:人

指　　标	单位数(个)	单位从业人员合计	在岗职工	长期职工	其他从业人员	离开本单位仍保留劳动关系的职工
全区总计	**536**	**23 301**	**21 627**	**18 309**	**1 674**	**2 378**
按企业、事业、机关分组						
企　业	509	22 573	20 910	17 594	1 663	2 364
事　业	26	710	699	697	11	14
机　关	1	18	18	18	–	–
按国民经济行业分组						
农、林、牧、渔业	2	49	49	49	–	–
采掘业	2	260	212	112	48	50
制造业	99	7 373	7 323	6 433	50	1 062
电力、煤气及水的生产和供应业	–	–	–	–	–	–
建筑业	31	6 043	4 795	3 249	1 248	46
交通运输、仓储业	16	67	67	67	–	30
信息运输、计算机服务和软件业	1	20	20	20	–	–
批发和零售业	179	3 326	3 277	3 161	49	1 049
住宿和餐饮业	15	840	840	784	–	68
金融业	145	3 308	3 066	2 942	242	51
房地产业	2	235	235	46	–	–
租赁和商务服务业	13	870	869	574	1	3
科学研究、技术服务和地质勘察业	4	252	252	250	–	–
水利、环境和公共设施管理业	2	112	87	87	25	11
居民服务和其他服务业	5	40	39	39	1	2
教　育	1	9	9	9	–	–
卫生、社会保障和社会福利业	13	363	354	354	9	4
文化、体育和娱乐业	2	59	59	59	–	–
公共管理与社会组织	4	75	74	74	1	2
国际组织	–	–	–	–	–	–

3－7 全部城镇女性从业人员数

（2003年末数） 单位：人

指 标	全部城镇女性从业人员数	国有单位	城镇集体单位	其他单位
全区总计	**221 150**	**150 782**	**8 523**	**61 845**
按企业、事业、机关分组				
企 业	134 614	64 651	8 146	61 817
事 业	68 641	68 244	369	28
机 关	17 895	17 887	8	－
按国民经济行业分组				
农、林、牧、渔业	18 835	18 723	19	93
采掘业	16 653	1 973	109	14 571
制造业	41 989	9 393	3 543	29 053
电力、煤气及水的生产和供应业	9 574	8 462	－	1 112
建筑业	6 637	3 360	729	2 548
交通运输、仓储业	9 662	8 598	20	1 044
信息运输、计算机服务和软件业	2 399	2 231	6	162
批发和零售业	13 466	7 408	1 592	4 466
住宿和餐饮业	4 973	1 968	454	2 551
金融业	10 466	5 700	1 483	3 283
房地产业	2 215	512	21	1 682
租赁和商务服务业	1 660	1 349	79	232
科学研究、技术服务和地质勘察业	4 451	4 100	105	246
水利、环境和公共设施管理业	6 810	6 156	55	599
居民服务和其他服务业	198	89	24	85
教育	32 270	32 154	9	107
卫生、社会保障和社会福利业	15 184	14 951	222	11
文化、体育和娱乐业	3 448	3 422	26	－
公共管理与社会组织	20 260	20 233	27	－
国际组织	－	－	－	－

3－8　全区个体从业人员数

（2003年末数）　　　　单位：户、人

指　　标	合　计		城　镇		乡　村	
	户　数	从业人员	户　数	从业人员	户　数	从业人员
合　　计	**88 374**	**154 888**	**50 049**	**82 572**	**38 325**	**72 316**
农、林、牧、渔业	37	114	12	28	25	86
采掘业	157	664	60	151	97	513
制造业	8 600	16 693	3 834	7 117	4 766	9 576
建筑业	95	607	40	120	55	487
交通运输、仓储及邮电通信业	6 645	9 780	2 856	4 262	3 789	5 518
批发和零售贸易、餐饮业	58 300	102 613	34 889	57 417	23 411	45 196
社会服务业	13 995	23 501	8 102	13 046	5 893	10 455
其他行业	545	916	256	431	289	485

注：本资料根据工商部门统计数据整理。

3－9　全区私营企业从业人员数

（2003年末数）　　　　单位：户、人

指　　标	合　计			城　镇		乡　村	
	户　数	从业人员	#投资者	户　数	从业人员	户　数	从业人员
合　　计	**14 591**	**186 069**	**40 963**	**10 440**	**122 938**	**4 151**	**63 131**
农、林、牧、渔业	660	9 248	1 768	292	3 319	368	5 929
采掘业	107	1 609	261	51	717	56	892
制造业	2 883	52 174	8 741	1 711	29 716	1 172	22 458
建筑业	563	16 928	2 699	467	12 481	96	4 447
交通运输、仓储及邮电通信业	323	4 624	1 199	251	2 930	72	1 694
批发和零售贸易、餐饮业	7 656	79 137	19 769	5 750	55 110	1 906	24 027
社会服务业	1 831	16 376	4 627	1 435	13 410	396	2 966
其他行业	568	5 973	1 899	483	5 255	85	718

3－10　主要年份城镇就业及失业人数

单位:万人

年　份	本年登记失业人员总　数	本年登记失业人员就 业 数	年末尚有失业人员数	#失业青年	#女　性	登记失业率（%）
1978						
1979	5.93	3.56	2.38	1.55	－	4.94
1980	4.83	3.02	1.80	0.92	－	3.64
1981	5.25	2.14	3.11	2.64	－	6.00
1982	4.83	2.09	2.73	2.14	－	5.14
1983	4.76	2.32	2.28	1.83	1.16	4.17
1984	4.56	2.69	1.72	1.53	0.89	3.16
1985	4.89	2.86	1.82	1.11	0.86	3.10
1986	4.67	2.37	2.18	1.91	1.38	3.53
1987	5.17	2.40	2.78	2.46	1.78	4.30
1988	6.25	2.71	3.39	3.24	2.16	4.98
1989	6.25	2.41	3.83	3.72	2.48	5.35
1990	7.29	2.96	4.04	3.92	2.38	5.44
1991	7.08	2.98	3.75	3.57	2.18	4.87
1992	6.70	3.27	3.26	2.97	1.81	4.10
1993	6.02	2.66	2.98	2.79	1.65	4.00
1994	6.74	2.37	4.23	4.10	2.47	5.17
1995	6.28	2.07	4.48	4.26	2.45	5.47
1996	6.12	1.99	3.42	2.65	1.46	4.35
1997	7.10	2.74	3.95	2.70	1.89	4.79
1998	7.60	3.65	3.91	2.48	1.80	4.71
1999	7.75	4.00	3.70			4.50
2000	7.37	3.64	3.80			4.60
2001	7.78	3.19	3.66			4.40
2002	7.19	3.65	3.54			4.40
2003	8.26	4.50	3.75			4.40

注:本数据由自治区劳动服务就业局提供。

3-11 主要年份职工工资总额及指数

年　　份	绝对数(万元)				指数(以上年为100)			
	全部工资总　　额	国有单位工资总额	城镇集体单位工资总额	其他单位工资总额	全部工资总　　额	国有单位工资总额	城镇集体单位工资总额	其他单位工资总额
1950	–	236.8	–	–	–	549.4	–	–
1955	–	1 997.7	–	–	–	128.2		
1957	–	3 768.8	–	–	–	120.9	–	–
1958	–	4 309.4	–	–	–	114.3	–	–
1960	–	13 031.0	–	–	–	137.8	–	–
1965	–	10 832.0	–	–	–	110.4	–	–
1970	–	16 283.5	–	–	–	109.0	–	–
1971	–	17 831.8	–	–	–	109.9	–	–
1972	–	19 900.2	–	–	–	111.6	–	–
1973	–	20 278.7	–	–	–	101.9	–	–
1974	–	20 742.8	–	–	–	102.3	–	–
1975	23 117.1	21 650.5	1 406.6	–	–	104.4	–	–
1976	24 633.6	22 904.6	1 729.0	–	106.6	105.8	117.9	–
1977	26 591.0	23 775.6	2 815.4	–	107.9	103.8	162.8	–
1978	30 825.8	27 980.2	2 845.6	–	115.9	117.7	101.1	–
1979	34 501.3	31 577.6	2 923.7	–	111.9	112.9	102.7	–
1980	40 350.0	36 258.1	4 091.9	–	117.0	114.8	140.0	–
1981	41 793.7	37 815.2	3 978.5	–	103.6	104.3	97.2	–
1982	44 141.9	39 860.9	4 281.0	–	105.6	105.4	107.6	–
1983	47 676.9	42 720.9	4 956.0	–	108.0	107.2	115.8	–
1984	55 916.0	19 031.0	6 885.0	21.7	117.2	114.8	138.9	–
1985	65 560.0	57 209.9	8 290.4	59.7	117.2	116.7	120.4	175.1
1986	80 253.8	70 609.2	9 587.5	57.1	122.4	123.4	115.7	95.6
1987	88 942.4	78 323.3	10 549.6	69.5	110.8	110.9	110.0	121.7
1988	106 478.6	93 845.9	12 558.1	74.6	119.7	119.8	119.0	107.3
1989	125 571.4	110 095.1	15 382.5	93.8	117.9	117.3	122.5	125.7
1990	146 646.4	128 897.9	17 545.7	202.8	116.8	117.1	114.1	216.2
1991	162 592.6	142 701.1	19 530.5	361.0	110.9	110.7	111.3	178.0
1992	190 450.4	166 670.4	22 990.8	789.2	117.1	116.8	117.7	218.6
1993	224 690.1	195 728.8	27 266.9	1 694.4	118.0	117.4	118.6	214.7
1994	306 731.6	267 637.0	32 029.5	7 065.1	136.5	136.7	117.5	417.0
1995	371 794.7	321 097.4	38 910.5	11 786.8	121.2	119.9	121.5	166.8
1996	410 323.2	357 400.2	39 093.0	13 830.0	110.4	111.3	100.5	117.3
1997	449 072.4	379 507.9	44 221.1	25 343.4	109.4	106.2	113.1	183.2
1998	467 398.5	378 709.2	34 207.3	54 482.0	104.1	99.8	77.4	215.0
1999	502 394.1	413 666.4	31 812.0	56 915.7	107.5	109.2	92.9	104.5
2000	563 326.8	463 588.1	34 906.7	64 832.0	112.1	112.1	109.7	113.9
2001	657 761.1	550 966.8	32 744.2	74 050.1	116.8	118.8	93.8	114.2
2002	723 503.4	555 429.6	27 774.4	140 299.4	110.0	100.8	84.8	189.5
2003	808 405.5	548 730.2	20 937.2	238 738.4	111.7	98.8	75.4	170.2

注:1998-2003年为在岗职工工资总额、平均工资

3-12 主要年份职工工资总额、平均工资及指数

指 标	1978年	1980年	1985年	1990年	1995年	1999年	2000年	2002年	2003年
全部职工工资总额(万元)	**30 826**	**40 350**	**65 560**	**146 646**	**371 795**	**502 394**	**563 327**	**723 503**	**808 406**
国有单位工资总额	27 980	36 258	57 210	128 898	321 097	413 666	463 588	555 430	548 730
城镇集体单位工资总额	2 846	4 092	8 290	17 546	38 911	31 812	34 907	27 774	20 937
其他经济单位工资总额	-	-	60	203	11 787	56 916	64 832	140 299	238 738
全部职工平均工资(元)	**726**	**863**	**1 206**	**2 202**	**5 079**	**7 550**	**8 681**	**11 723**	**13 056**
国有单位平均工资	753	892	1 252	2 313	5 273	7 847	9 022	12 465	13 825
城镇集体单位平均工资	536	666	963	1 631	3 782	5 568	6 538	7 572	8 924
其他经济单位平均工资	-	-	1 152	1 814	5 832	7 018	7 943	10 400	12 009
全部职工平均工资指数(以1978年为100)									
货币工资	100.0	118.9	166.1	303.3	699.6	1 039.9	1 195.7	1 114.2	1 798.3
实际工资	100.0	108.3	126.3	137.6	162.0	196.5	249.0	231.6	382.5
#国有单位平均工资									
货币工资	100.0	118.5	166.3	307.2	700.2	1 042.1	1 198.1	1 655.4	1 835.9
实际工资	100.0	107.9	126.4	139.3	162.1	195.0	249.5	344.1	390.5
#城镇集体单位平均工资									
货币工资	100.0	124.3	179.7	304.3	705.6	1 038.8	1 219.8	1 412.7	1 664.9
实际工资	100.0	113.2	136.6	138.0	163.3	209.6	254.1	293.6	354.1

注:1998-2003年为在岗职工工资总额、平均工资

3－13　主要年份职工平均工资及指数

年　份	平均工资				指　数(以上年为 100)			
	全部职工	国有单位职　工	城镇集体单位职工	其他单位职　工	全部职工	国有单位职　工	城镇集体单位职工	其他单位职　工
1950	–	343	–	–	–	100.9	–	
1955	–	586	–	–	–	103.5	–	–
1957	–	709	–	–	–	104.7	–	–
1958	–	611	–	–	–	86.2	–	–
1960	–	552	–	–	–	96.2	–	–
1965	–	696	–	–	–	99.0	–	–
1970	–	684	–	–	–	101.9	–	–
1971	–	696	–	–	–	101.8	–	–
1972	–	714	–	–	–	102.6	–	–
1973	–	721	–	–	–	101.1	–	–
1974	–	727	–	–	–	100.8	–	–
1975	708	725	532	–	–	99.7	–	–
1976	699	713	514	–	98.7	98.3	96.6	–
1977	709	718	642	–	101.4	100.7	124.9	–
1978	726	753	536	–	102.4	104.9	83.5	–
1979	777	815	517	–	107.0	108.2	96.5	–
1980	863	892	666	–	111.1	109.4	128.8	–
1981	874	910	633	–	101.3	102.0	95.0	–
1982	895	934	646	–	102.4	102.6	102.1	–
1983	934	970	706	–	104.4	103.9	109.3	–
1984	1 072	1 111	855	960	114.8	114.5	121.1	–
1985	1 206	1 252	963	1 152	112.5	112.7	112.6	120.0
1986	1 420	1 470	1 135	1 569	117.7	117.4	117.9	136.2
1987	1 500	1 569	1 130	1 376	105.6	106.7	99.6	87.7
1988	1 728	1 808	1 297	1 629	115.2	115.2	114.8	118.4
1989	1 943	2 037	1 457	1 737	112.4	112.7	112.3	106.6
1990	2 202	2 313	1 631	1 814	113.3	113.5	111.9	104.4
1991	2 366	2 478	1 785	1 892	107.4	107.1	109.4	104.3
1992	2 674	2 808	2 006	1 958	113.0	113.3	112.4	103.5
1993	3 128	3 264	2 425	2 728	117.0	116.2	120.9	139.3
1994	4 270	4 476	3 062	4 464	136.5	137.1	126.3	163.6
1995	5 079	5 273	3 782	5 832	118.9	117.8	123.5	130.6
1996	5 635	5 819	4 320	5 888	101.0	101.0	114.2	101.0
1997	6 073	6 206	4 831	6 962	118.2	106.7	111.8	118.2
1998	6 822	7 020	5 373	6 643	112.3	113.1	111.2	95.4
1999	7 550	7 847	5 568	7 018	110.7	111.8	103.6	105.6
2000	8 681	9 022	6 538	7 943	115.0	115.0	117.4	113.2
2001	10 521	11 198	7 166	8 464	121.2	124.1	109.6	106.6
2002	11 723	12 465	7 572	10 400	111.4	111.3	105.7	122.9
2003	13 056	13 825	8 924	12 009	111.4	110.9	117.9	115.5

注:1998－2003 年职工平均工资为在岗职工平均工资。

3-14 国有单位职工工资总额和平均工资

指标	2000年		2002年		2003年	
	工资总额（万元）	平均工资（元）	工资总额（万元）	平均工资（元）	工资总额（万元）	平均工资（元）
全区总计	**463 588.1**	**9 022**	**555 429.7**	**12 465**	**548 730.2**	**13 825**
按隶属关系分组						
中央	121 965.2	14 041	137 627.0	17 198	148 831.9	18 622
省、自治区、直辖市	171 950.6	8 496	173 755.8	11 763	144 553.1	12 699
地区	40 326.5	8 522	56 846.5	12 007	59 715.2	13 350
县及县以下	129 345.7	7 295	187 200.7	10 979	195 629.6	12 347
按企业、事业、机关分组						
企业	275 096.0	9 319	268 937.7	11 957	243 078.2	13 614
# 地方	164 568.5	7 522	146 663.4	9 437	109 182.3	10 053
事业	135 828.5	8 583	204 824.8	13 010	219 658.3	14 051
# 地方	128 300.9	8 479	195 630.8	12 978	211 007.2	14 061
机关	57 663.6	8 714	81 667.6	12 912	85 993.6	13 859
# 地方	48 753.5	8 568	75 509.0	12 709	79 709.0	13 664
按国民经济行业分组						
农、林、牧、渔业	24 521.5	4 604	33 251.6	6 670	36 737.4	8 269
采掘业	56 273.4	9 911	23 853.7	13 089	14 027.3	14 331
制造业	58 223.3	8 597	40 698.2	9 935	27 827.9	10 386
电力、煤气及水的生产和供应业	28 469.3	15 541	44 908.9	16 705	52 655.7	19 462
建筑业	21 737.5	7 876	31 947.9	11 236	19 956.4	11 677
地质勘查业、水利管理业	18 897.5	11 250	23 002.8	13 897	21 335.1	14 448
交通运输、仓储及邮电通信业	40 231.0	12 281	56 413.7	16 709	57 211.7	17 685
批发和零售贸易、餐饮业	18 488.9	7 159	15 476.6	8 288	14 190.4	9 747
金融、保险业	21 961.1	13 690	22 805.5	18 262	25 304.5	19 933
房地产业	1 949.2	8 545	2 762.9	10 886	1 544.9	9 273
社会服务业	1 158.7	7 567	15 631.3	9 901	2 675.0	4 023
卫生、体育和社会福利业	22 597.7	9 368	35 505.0	14 309	35 572.0	14 191
教育、文化艺术及广播电影电视业	71 327.5	8 642	109 395.6	13 580	122 008.9	15 056
科学研究和综合技术服务业	7 100.7	10 590	9 952.9	15 642	10 845.2	15 434
国家机关、政党机关和社会团体	53 419.0	8 691	81 196.9	12 879	92 883.5	13 753
其他行业	6 804.8	10 743	8 626.8	12 947	13 954.3	16 583

注：1998-2003年为在岗职工工资总额、平均工资

3－15　城镇集体单位职工工资总额和平均工资

指　标	2000年		2002年		2003年	
	工资总额（万元）	平均工资（元）	工资总额（万元）	平均工资（元）	工资总额（万元）	平均工资（元）
全区总计	**34 906.7**	**6 538**	**27 774.4**	**7 572**	**20 937.2**	**8 924**
按企业、事业、机关分组						
企　业	34 153.8	6 530	26 957.2	7 516	20 132.4	8 856
事　业	752.9	6 920	817.1	10 050	780.3	10 975
机　关	–	–	–	–	24.3	12 789
按国民经济行业分组						
农、林、牧、渔业	58.9	5 120	98.5	9 657	43.4	8 857
采掘业	46 381.1	6 474	1 343.3	5 094	161.5	6 212
制造业	9 199.4	5 778	6 750.1	6 159	5 160.5	7 073
电力、煤气及水的生产和供应业	1 229.7	18 436	1 726.8	8 358	–	–
建筑业	10 772.1	7 463	8 695.4	8 234	6 146.1	9 022
地质勘查业、水利管理业	–	–	–	–	–	–
交通运输、仓储及邮电通信业	20.4	8 889	–	10 769	40.7	4 678
批发和零售贸易、餐饮业	4 984.0	5 008	2 857.8	5 472	2 622	6 996
金融、保险业	2 327.5	8 688	–	16 194	5 069.2	17 230
房地产业	29.8	4 971	44.6	10 136	103.6	4 177
社会服务业	545.6	6 942	754.1	5 985	845.8	6 826
卫生、体育和社会福利业	212.5	5 935	291.6	7 946	311.2	8 914
教育、文化艺术及广播电影电视业	167.1	7 774	183.1	10 645	53.0	7 794
科学研究和综合技术服务业	74.8	5 986	–	8 411	249.7	9 909
国家机关、政党机关和社会团体	–	–	–	–	130.2	17 360
其他行业	646.7	7 218	248.6	10 856	–	–

注：1998－2003年为在岗职工工资总额、平均工资

3－16 新行业职工工资总额和平均工资

2003 年

指 标	合 计		国有单位		城镇集体单位		其 他	
	工资总额（万元）	平均工资（元）	工资总额（万元）	平均工资（元）	工资总额（万元）	平均工资（元）	工资总额（万元）	平均工资（元）
全 区 总 计	**808 405.5**	**13 056**	**548 730.2**	**13 825**	**20 937.2**	**8 924**	**238 738.4**	**12 009**
农、林、牧、渔业	37 124.8	8 297	36 737.3	8 269	43.4	8 857	344.1	12 936
采掘业	94 324.6	14 789	14 027.3	14 331	161.5	6 212	80 135.8	14 914
制造业	124 983.1	10 424	27 827.8	10 386	5 160.4	7 037	91 995	10 725
电力、煤气及水的生产和供应业	59 800.6	18 793	52 655.8	19 462	－	－	7 144.9	14 998
建筑业	59 403.7	10 893	19 956.4	11 677	6 146.2	9 023	33 301.2	10 871
交通传输、仓储业	46 581.3	15 341	43 459.0	15 842	27.7	4 134	3 094.6	10 805
信息传输、计算机服务和软件业	14 311.7	26 866	13 920.1	27 885	13.0	6 500	378.7	12 022
批发和零售业	22 802.3	9 268	13 960.4	9 886	2 290.7	6 977	6 551.5	9 101
住宿和餐饮业	6 344.8	7 918	2 627.5	8 276	529.5	6 823	3 187.8	7 848
金融业	35 396.5	19 532	25 304.5	19 933	5 069.2	17 230	5 022.8	20 212
房地产业	6 395.2	10 678	1 544.9	9 273	103.6	4 177	4 746.7	11 648
租赁和商务服务业	5 796.5	11 282	4 665.9	12 331	486.0	6 098	644.6	11 573
科学研究、技术服务和地质勘察业	23 809.7	15 215	22 553.8	15 422	249.7	9 909	1 006.1	13 016
水利、环境和公共设施管理业	19 737.7	12 007	18 645.3	12 156	135.4	14 717	956.9	9 484
居民服务和其他服务业	433.0	10 561	323.9	13 552	26.3	6 744	83.0	6 288
教育	112 300.1	15 145	112 165.8	15 158	2.4	2 667	131.9	9 355
卫生、社会保障和社会福利业	35 056.9	14 119	34 732.5	14 196	311.1	8 914	13.2	8 800
文化、体育和娱乐业	10 788.9	13 910	10 738.1	13 951	50.6	8 576	－	－
公共管理与社会组织	93 013.7	13 757	92 883.5	13 753	130.2	17 360	－	－
国际组织	－	－	－	－	－	－	－	－

3－17 各市县从业人员数

2003年　　　　单位:人

地　　区	从业人员合计	城镇从业人员	国有单位	集体单位	其他单位	私营和个体	乡村劳动力
全区总计	**2 914 261**	**829 415**	**407 520**	**23 301**	**193 084**	**205 510**	**2 084 846**
银川市	430 156	342 120	117 241	6 348	120 588	97 943	88 036
永宁县	117 292	19 721	9 701	780	4 314	4 926	97 571
贺兰县	99 951	17 596	8 377	603	3 776	4 840	82 355
灵武市	84 690	22 472	15 234	1 034	–	6 204	62 218
石嘴山市	91 332	86 927	34 774	3 105	22 348	26 700	4 405
平罗县	133 001	24 150	15 233	573	5 193	3 151	108 851
陶乐县	15 855	3 122	2 462	159	361	140	12 733
惠农县	45 932	11 410	4 616	147	4 055	2 592	34 522
利通区	157 696	47 551	33 514	2 504	2 330	9 203	110 145
红寺堡开发区	66 482	2 894	1 683	–	–	1 211	63 588
青铜峡市	127 824	41 324	19 337	693	14 075	7 219	86 500
中卫县	175 417	32 665	11 547	1 415	10 539	9 164	142 752
中宁县	144 209	20 825	15 904	887	1 490	2 544	123 384
盐池县	75 070	12 322	6 848	297	586	4 591	62 748
同心县	172 366	16 388	11 398	2 284	388	2 318	155 978
原州区	226 485	36 610	24 947	768	1 411	9 484	189 875
海原县	189 126	15 846	9 898	239	–	5 709	173 280
西吉县	222 187	17 174	14 654	551	481	1 488	205 013
隆德县	112 462	13 249	10 011	430	888	1 920	99 213
泾源县	68 841	6 699	4 270	178	261	1 990	62 142
彭阳县	130 201	10 664	8 185	306	–	2 173	119 537

3-18 各市县按经济类型和三次产业分的在岗职工人数

（2003年） 单位：人

地区	合计	按经济类型分			按三次产业分		
		国有经济单位	城镇集体经济单位	其他各种经济类型单位	第一产业	第二产业	第三产业
全区总计	**601 690**	**394 642**	**21 627**	**185 421**	**43 983**	**251 562**	**306 145**
银川市	236 633	113 415	6 266	116 952	10 210	127 593	98 830
永宁县	14 575	9 521	761	4 293	2 976	5 307	6 292
贺兰县	12 488	8 261	601	3 626	5 719	1 406	9 143
灵武市	16 268	15 234	1 034	-	2 712	4 210	5 566
石嘴山市	59 332	34 033	3 066	22 233	415	41 396	17 521
平罗县	20 468	14 864	507	5 097	2 040	8 950	9 478
陶乐县	2 977	2 461	155	361	518	489	1 970
惠农县	6 895	4 569	99	2 227	1 057	2 325	3 513
利通区	38 072	33 264	2 479	2 329	4 514	13 212	20 346
红寺堡开发区	1 683	1 683	-	-	111	118	1 454
青铜峡市	33 182	19 057	650	13 475	3 139	18 574	11 469
中卫县	23 310	11 409	1 410	10 491	905	10 646	11 759
中宁县	17 351	14 978	884	1 489	4 738	2 724	9 889
盐池县	7 663	6 809	268	586	696	796	6 171
同心县	12 128	10 621	1 119	388	522	1 919	9 687
原州区	23 649	22 331	687	631	1 071	3 589	18 989
海原县	9 950	9 732	218	-	890	85	8 975
西吉县	15 686	14 654	551	481	872	1 419	13 395
隆德县	10 751	9 852	398	501	338	1 580	8 833
泾源县	4 569	4 140	168	261	165	557	3 847
彭阳县	7 991	7 685	306	-	375	1 005	6 611

注：全区总计中包括银川铁路分局、长庆油田宁夏部分和总后宁夏分部。

3-19 各市县主要年份职工人数

单位:人

地 区	1978年	1980年	1985年	1990年	1995年	2000年	2002年	2003年
全区总计	**432 755**	**475 706**	**558 090**	**674 115**	**734 278**	**637 611**	**605 961**	**601 690**
银川市	109 514	139 033	182 362	214 303	232 416	194 850	180 662	236 633
永宁县	6 814	11 984	13 440	15 203	16 268	15 886	15 538	14 575
贺兰县	9 564	12 736	12 967	16 037	16 344	14 758	13 188	12 488
灵武市	9 702	15 809	19 253	27 727	32 055	28 721	26 422	16 268
石嘴山市	102 688	113 338	120 510	137 976	134 359	102 296	96 304	59 332
平罗县	17 540	22 844	26 648	25 147	25 136	22 960	22 246	20 468
陶乐县	1 802	2 063	2 310	2 908	2 993	3 006	2 898	2 977
惠农县	1 283	1 361	1 855	5 759	8 440	7 879	7 071	6 895
利通区	21 187	27 885	30 530	39 167	45 700	41 976	45 157	38 072
红寺堡开发区	-	-	-	-	-	374	1 077	1 683
青铜峡市	16 748	20 068	22 981	33 922	40 707	37 033	35 203	33 182
中卫县	9 873	17 073	18 121	24 485	25 681	22 408	22 539	23 310
中宁县	12 784	13 526	16 455	21 551	24 247	20 986	17 171	17 351
盐池县	5 081	6 384	7 093	9 544	10 315	9 360	7 984	7 663
同心县	3 997	5 090	7 376	10 046	12 751	12 333	12 189	12 128
原州区	15 006	18 326	21 510	22 712	27 774	24 472	24 695	23 649
海原县	4 314	5 833	7 196	9 396	10 789	11 440	10 801	9 950
西吉县	4 995	5 808	7 767	10 091	13 131	15 894	14 742	15 686
隆德县	3 664	4 330	5 548	7 916	9 163	9 519	9 304	10 751
泾源县	2 587	2 977	3 652	4 105	4 491	4 032	3 877	4 569
彭阳县	1 422	2 012	4 225	6 988	7 535	8 020	7 981	7 991

注:1、1998-2003年为在岗职工人数(不包括"离开本单位仍保留劳动关系的职工")。

2、全区总计中包括银川铁路分局、长庆油田宁夏部分和总后宁夏分部。

3－20　各市县分行业在岗职工人数

（2003 年）　　单位：人

地　　区	合　计	农、林、牧、渔业	采掘业	制造业	电力、煤气及水的生产和供应业	建筑业	交通运输、仓储业
全区总计	**601 690**	**43 983**	**65 047**	**116 733**	**31 280**	**38 502**	**31 066**
银 川 市	236 633	10 210	54 311	39 290	8 589	25 403	7 229
永 宁 县	14 575	2 976	–	4 486	71	750	147
贺 兰 县	12 488	2 712	450	3 547	73	140	122
灵 武 市	16 268	5 719	610	341	102	353	626
石嘴山市	59 332	415	200	26 639	9 234	5 323	1 563
平 罗 县	20 468	2 040	3 436	5 221	253	40	129
陶 乐 县	2 977	518	41	91	25	332	31
惠 农 县	6 895	1 057	12	2 197	40	76	116
利 通 区	38 072	4 514	–	6 921	5 208	1 083	776
红寺堡开发区	1 683	111	–	–	118	–	12
青铜峡市	33 182	3 139	–	13 003	5 303	268	392
中 卫 县	23 310	905	–	9 249	151	1 246	359
中 宁 县	17 351	4 738	545	1 367	163	649	713
盐 池 县	7 663	696	411	96	179	110	322
同 心 县	12 128	522	233	512	78	1 096	262
原 州 区	23 649	1 071	284	1 061	1 290	954	1 567
海 原 县	9 950	890	–	–	85	–	332
西 吉 县	15 686	872	–	846	150	423	656
隆 德 县	10 751	338	–	1 262	87	231	383
泾 源 县	4 569	165	–	501	31	25	119
彭 阳 县	7 991	375	852	103	50	–	195

注：全区总计包括银川铁路分局、长庆油田宁夏分部和总后宁夏分部。

3－20表续1　　(2003年)　　单位:人

地　　区	信息运输、计算机服务和软件业	批发和零售业	住宿和餐饮业	金融业	房地产业	租赁和商务服务业	科学研究、技术服务和地质勘察业
全区总计	**5 544**	**23 971**	**8 007**	**18 330**	**6 220**	**5 188**	**15 503**
银川市	2 838	9 742	4 848	8 239	3 991	1 683	9 666
永宁县	–	331	–	400	13	87	172
贺兰县	37	326	–	385	–	26	161
灵武市	121	847	–	705	–	87	191
石嘴山市	702	2 015	302	1 696	698	603	522
平罗县	–	719	88	472	22	58	131
陶乐县	–	126	53	88	–	41	50
惠农县	–	69	–	158	–	–	17
利通区	846	2 486	954	1 460	1 050	264	277
红寺堡开发区	12	38	–	41	–	–	–
青铜峡市	–	549	348	784	110	164	35
中卫县	–	1 266	583	800	146	353	66
中宁县	–	976	–	598	38	5	19
盐池县	70	198	158	276	26	57	104
同心县	100	640	39	257	47	69	179
原州区	519	904	286	878	55	98	348
海原县	58	741	52	232	–	21	22
西吉县	133	735	125	297	15	49	55
隆德县	66	634	57	227	–	26	60
泾源县	–	124	45	157	–	60	52
彭阳县	–	505	37	180	9	34	10

注:全区总计包括银川铁路分局、长庆油田宁夏分部和总后宁夏分部。

3－20 表续 2　　(2003 年)　　单位:人

地　　区	水利、环境和公共设施管理业	居民服务和其他服务业	教　育	卫生、社会保障和社会福利业	文化、体育和娱乐业	公共管理与社会组织	国际组织
全区总计	**16 526**	**418**	**74 323**	**24 964**	**7 819**	**68 266**	**–**
银 川 市	5 196	252	15 872	7 808	4 203	17 263	–
永 宁 县	339	7	2 289	635	106	1 766	–
贺 兰 县	262	–	2 159	424	59	1 605	–
灵 武 市	338	–	2 154	814	144	3 116	–
石嘴山市	854	3	2 681	1 382	373	4 127	–
平 罗 县	946	12	2 822	1 130	140	2 809	–
陶 乐 县	111	–	562	151	74	683	–
惠 农 县	–	–	–	281	568	2 304	–
利 通 区	1 564	–	3 805	1 623	254	4 987	–
红寺堡开发区	–	–	784	40	–	527	–
青铜峡市	664	–	3 760	1 433	339	2 891	–
中 卫 县	540	5	3 782	1 477	96	2 286	–
中 宁 县	1 666	–	2 802	794	185	2 093	–
盐 池 县	301	–	2 478	485	100	1 596	–
同 心 县	781	23	3 530	577	216	2 967	–
原 州 区	502	115	6 763	1 578	369	5 007	–
海 原 县	458	–	3 619	662	91	2 687	–
西 吉 县	804	1	6 021	1 727	163	2 614	–
隆 德 县	318	–	3 518	697	167	2 680	–
泾 源 县	684	–	1 221	256	57	1 072	–
彭 阳 县	198	–	3 037	469	115	1 822	–

注:全区总计包括银川铁路分局、长庆油田宁夏分部和总后宁夏分部。

3-21 各市县职工工资总额和指数

2003年

地　　区	工资总额(万元)				指　数(以上年为100)			
	合　计	国有单位工资总额	城镇集体单位工资总额	其他单位工资总额	合　计	国有单位工资总额	城镇集体单位工资总额	其他单位工资总额
全区总计	**808 405.5**	**548 730.1**	**20 936.8**	**238 738.1**	**111.7**	**98.8**	**75.4**	**170.2**
银川市	345 295.6	176 163.4	5 247.2	163 885.0	145.8	97.2	41.8	380.8
永宁县	15 089.9	9 592.8	701.8	4 795.3	99.6	93.7	72.5	121.7
贺兰县	15 519.7	9 828.8	596.3	5 094.6	121.1	81.9	82.5	5 654.4
灵武市	17 571.6	15 541.3	2 030.3	-	63.3	59.6	122.2	-
石嘴山市	77 451.4	52 760.6	2 359.2	22 331.6	67.7	106.5	66.1	36.4
平罗县	22 224.2	17 020.4	754.2	4 449.6	98.1	95.4	65.8	121.5
陶乐县	3 116.5	2 699.2	200.5	216.8	112.4	107.9	113.3	234.1
惠农县	7 907.0	4 853.2	146.5	2 907.3	124.9	106.0	106.5	180.1
利通区	40 712.0	35 408.4	3 447.0	1 856.6	102.3	98.6	164.4	103.0
红寺堡开发区	1 714.0	1 714.0	-	-	141.7	141.7	-	-
青铜峡市	50 027.6	28 913.8	542.2	20 571.6	110.2	98.1	139.1	132.3
中卫县	24 926.3	14 151.6	1 395.3	9 379.4	112.6	102.7	110.4	132.4
中宁县	17 237.7	15 368.4	646.5	1 222.8	105.4	104.2	91.9	134.6
盐池县	9 892.4	9 084.0	347.0	461.4	104.2	102.0	139.8	135.7
同心县	14 301.7	13 478.1	711.6	112.0	105.3	102.2	237.5	118.4
原州区	34 227.3	33 128.3	674.2	424.8	103.4	103.3	107.5	105.7
海原县	15 141.4	14 923.0	218.4	0.0	108.3	108.1	127.4	0.0
西吉县	20 544.6	19 963.2	312.3	269.1	117.2	117.5	71.4	258.8
隆德县	12 868.8	12 114.7	216.5	537.6	133.4	133.8	68.9	197.4
泾源县	5 671.8	5 287.5	161.4	222.9	131.9	126.5	172.1	850.8
彭阳县	10 472.7	10 243.9	228.8	-	106.5	106.1	127.2	-

3－22　各市县主要年份职工工资总额

单位:万元

地　　区	1978 年	1980 年	1985 年	1990 年	1995 年	2000 年	2002 年	2003 年
全区总计	**30 825.8**	**40 350.0**	**65 560.0**	**146 646.4**	**371 794.7**	**563 326.8**	**723 503.5**	**808 405.5**
银 川 市	8 054.5	11 902.2	20 380.8	43 866.7	117 695.4	186 211.9	236 806.4	345 295.6
永 宁 县	405.1	818.8	1 293.8	2 513.5	6 853.9	11 781.6	15 148.1	15 089.9
贺 兰 县	634.8	909.9	1 295.2	2 908.6	6 641.2	10 338.5	12 816.2	15 519.7
灵 武 市	620.0	1 188.0	2 035.8	5 204.1	15 113.4	19 249.4	27 744.3	17 571.6
石嘴山市	8 370.5	10 874.9	15 949.0	36 501.2	78 702.1	99 029.6	114 416.3	77 451.4
平 罗 县	1 249.1	1 741.7	3 019.8	5 195.9	11 841.8	17 594.5	22 656.7	22 224.2
陶 乐 县	98.0	130.7	230.5	501.8	1 182.0	2 087.6	2 771.6	3 116.5
惠 农 县	86.5	88.9	255.7	1 083.6	3 489.1	5 692.3	6 331.7	7 907.0
利 通 区	1 364.6	2 061.7	3 149.2	7 573.5	18 182.9	30 476.1	39 803	40 712.0
红寺堡开发区	–	–	–	–	–	344.6	1 209.9	1 714.0
青铜峡市	1 051.4	1 547.5	2 609.1	7 237.4	22 918.4	36 605.7	45 396.3	50 027.6
中 卫 县	885.8	1 145.1	1 815.4	4 652.7	9 562.7	15 076.1	22 131.3	24 926.3
中 宁 县	512.6	1 021.5	1 546.0	3 992.9	10 493.5	13 760.5	16 359.3	17 237.7
盐 池 县	309.0	451.9	807.2	1 836.9	4 136.0	7 211.7	9 494.9	9 892.4
同 心 县	256.5	364.8	863.8	1 870.5	4 211.7	8 464.6	13 581.8	14 301.7
原 州 区	992.1	1 426.2	2 465.6	4 587.2	10 947.7	20 018.5	33 103.3	34 227.3
海 原 县	268.6	429.6	788.2	1 697.4	4 368.5	8 905.5	13 977.3	15 141.4
西 吉 县	313.9	444.8	953.7	2 039.4	5 394.0	11 751.1	17 526.8	20 544.6
隆 德 县	223.3	321.1	644.4	1 483.3	3 972.0	7 279.8	9 643.2	12 868.8
泾 源 县	157.4	222.6	419.5	834.2	1 874.6	3 063.2	4 301.2	5 671.8
彭 阳 县	109.8	162.4	442.8	1 324.2	3 109.6	6 348.9	9 831.9	10 472.7

注:1、1998－2003 年为在岗职工工资总额。

2、全区总计中包括银川铁路分局、长庆油田宁夏部分和总后宁夏分部。

3－23 各市县职工平均工资和指数

地区	平均工资(万元)				指数(以上年为100)			
	合计	国有单位工资总额	城镇集体单位工资总额	其他单位工资总额	合计	国有单位工资总额	城镇集体单位工资总额	其他单位工资总额
全区总计	**13 056**	**13 825**	**8 924**	**12 009**	**111.4**	**110.9**	**117.9**	**115.5**
银川市	14 123	15 479	9 281	13 108	112.1	113.2	103.7	126.1
永宁县	9 795	9 909	9 680	9 593	103.9	101.9	107.5	108.7
贺兰县	10 909	11 816	9 938	9 598	118.2	126.3	124.4	158.7
灵武市	10 274	10 270	10 306	0	101.2	98.5	142.3	0.0
石嘴山市	13 031	15 188	7 605	10 342	109.5	109.0	117.7	93.0
平罗县	10 793	11 316	15 487	8 788	106.3	103.3	160.5	116.1
陶乐县	10 710	11 031	13 019	7 016	109.2	110.0	114.8	132.6
惠农县	9 316	10 553	9 966	7 769	104.0	107.3	106.5	109.1
利通区	10 176	10 545	8 124	8 497	117.0	116.0	160.9	100.6
红寺堡开发区	11 225	11 225	–	–	96.8	96.8	–	–
青铜峡市	14 059	14 849	9 348	13 246	111.2	115.0	132.4	106.7
中卫县	10 587	12 537	9 066	8 752	108.1	113.0	108.0	107.1
中宁县	9 835	10 273	7 020	7 429	106.4	106.7	109.7	104.6
盐池县	12 887	13 316	12 996	7 860	111.5	107.9	245.6	122.0
同心县	12 461	12 704	10 496	5 895	109.7	109.1	151.7	125.9
原州区	14 308	14 649	9 944	6 764	106.3	104.4	171.4	108.2
海原县	14 651	14 758	9 794	0	114.0	113.6	141.1	0.0
西吉县	12 979	13 616	4 593	5 526	109.7	110.9	91.8	59.5
隆德县	11 892	12 177	6 221	10 260	115.3	113.8	104.6	134.1
泾源县	12 406	12 738	10 088	8 540	111.1	111.7	128.0	211.9
彭阳县	13 021	13 240	7 477	0	105.5	105.3	120.5	0.0

3-24　各市县主要年份职工平均工资

单位:元

地　　区	1978年	1980年	1985年	1990年	1995年	2000年	2002年	2003年
全区总计	**726**	**863**	**1 206**	**2 202**	**5 079**	**8 681**	**11 723**	**13 056**
银川市	741	880	1 167	2 092	5 021	9 275	12 601	14 123
永宁县	608	705	984	1 684	4 222	7 427	9 425	9 795
贺兰县	664	725	1 003	1 804	4 184	6 470	9 228	10 909
灵武市	657	767	1 089	1 964	4 629	6 839	10 155	10 274
石嘴山市	828	949	1 352	2 653	5 836	9 403	11 896	13 031
平罗县	716	787	1 176	2 056	4 741	7 706	10 149	10 793
陶乐县	583	690	961	1 685	4 120	7 137	9 811	10 710
惠农县	674	653	1 378	1 741	4 331	7 166	8 956	9 316
利通区	651	739	1 063	1 977	3 997	7 062	8 695	10 176
红寺堡开发区	-	-	-	-	-	9 213	11 600	11 225
青铜峡市	645	783	1 167	2 161	5 757	9 868	12 647	14 059
中卫县	652	783	1 038	1 965	3 864	6 730	9 790	10 587
中宁县	641	670	933	1 814	4 401	6 460	9 247	9 835
盐池县	624	722	1 129	1 879	3 888	7 436	11 557	12 887
同心县	653	755	1 197	1 802	3 423	6 892	11 356	12 461
原州区	679	804	1 171	2 005	3 925	8 196	13 462	14 308
海原县	632	794	1 095	1 847	4 044	7 745	12 855	14 651
西吉县	633	814	1 256	2 028	4 163	7 443	11 830	12 979
隆德县	646	772	1 166	1 960	4 349	7 746	10 317	11 892
泾源县	626	795	1 120	1 854	4 154	7 704	11 166	12 406
彭阳县	772	807	1 091	1 962	4 119	7 920	12 339	13 021

注:1998-2003年为在岗职工平均工资。

3－25　各市县按行业分在岗职工工资总额

（2003年）　　单位：千元

地　　区	合　计	农、林、牧、渔业	采掘业	制造业	电力、煤气及水的生产和供应业	建筑业	交通运输、仓储业
全区总计	**8 084 055**	**371 248**	**943 246**	**1 249 831**	**598 006**	**594 037**	**465 813**
银 川 市	3 452 956	114 822	796 414	445 120	154 890	433 329	81 061
永 宁 县	150 899	17 082	－	41 685	784	11 072	2 072
贺 兰 县	155 197	25 921	4 332	26 636	568	23 760	1 668
灵 武 市	175 716	42 747	5 929	2 373	795	13 628	8 562
石嘴山市	774 514	3 916	1 018	291 790	196 259	35 444	17 600
平 罗 县	222 242	14 149	46 908	44 859	1 631	1 200	1 577
陶 乐 县	31 165	3 506	644	866	260	2 054	248
惠 农 县	79 070	6 552	597	28 903	396	278	1 321
利 通 区	407 120	21 223	－	59 528	65 788	28 529	10 228
红寺堡开发区	17 140	861	－	－	952	－	97
青铜峡市	500 276	23 111	－	192 476	134 092	5 286	7 052
中 卫 县	249 263	8 518	－	81 936	1 541	12 561	5 243
中 宁 县	172 377	26 661	4 547	10 720	1 616	5 377	10 177
盐 池 县	98 924	9 150	3 469	997	1 723	1 000	3 869
同 心 县	143 017	4 140	1 865	1 531	795	6 160	3 293
原 州 区	342 273	12 642	2 188	6 859	31 194	8 727	20 940
海 原 县	151 414	14 266	－	－	441	－	5 039
西 吉 县	205 446	11 812	－	2 310	2 247	2 430	9 633
隆 德 县	128 688	4 139	－	6 588	1 201	3 067	3 621
泾 源 县	56 718	1 831	－	3 812	255	136	1 509
彭 阳 县	104 727	4 199	10 289	843	579	－	2 250

注：全区总计包括银川铁路分局、长庆油田宁夏分部和总后宁夏分部。

3－26 表续 2　　(2003 年)　　单位:元

地　　区	水利、环境和公共设施管理业	居民服务和其他服务业	教　育	卫生、社会保障和社会福利业	文化、体育和娱乐业	公共管理与社会组织	国际组织
全区总计	**12 007**	**10 561**	**15 145**	**14 119**	**13 910**	**13 757**	**–**
银川市	11 216	9 926	17 646	17 272	14 895	15 396	–
永宁县	14 305	9 143	12 644	12 528	10 528	12 499	–
贺兰县	11 000	–	12 195	11 652	12 492	15 796	–
灵武市	11 499	–	13 453	12 536	9 724	11 540	–
石嘴山市	8 893	19 333	16 113	16 591	13 146	15 431	–
平罗县	9 278	5 000	12 474	8 275	15 522	12 814	–
陶乐县	10 225	–	1 356	12 513	10 514	12 256	–
惠农县	–	–	–	13 251	14 103	11 888	–
利通区	12 505	–	12 246	9 109	13 505	12 705	–
红寺堡开发区	–	–	12 939	9 625	–	11 070	–
青铜峡市	11 890		13 361	11 936	10 643	12 109	–
中卫县	11 725	14 600	13 495	11 832	11 448	13 217	–
中宁县	14 686	–	13 535	12 257	9 832	11 794	–
盐池县	12 721	–	14 169	15 087	14 940	13 308	–
同心县	11 940	3 609	15 022	13 524	12 634	12 916	–
原州区	11 522	13 643	16 288	13 125	14 489	13 696	–
海原县	14 348	–	17 526	12 994	15 698	14 367	–
西吉县	13 614	6 500	15 364	16 273	13 181	13 843	–
隆德县	12 301	–	14 464	12 387	11 850	12 726	–
泾源县	14 009	–	13 416	12 903	11 772	13 454	–
彭阳县	12 884	–	14 736	11 675	12 172	13 627	–

主要统计指标解释

【从业人员】 指从事一定社会劳动并取得劳动报酬或经营收人的全部劳动力,包括:全部职工、城镇私营企业从业人员、城镇个体劳动者、农村社会劳动者、其它社会劳动者。

这一指标取带了现行制度中的社会劳动者,它反映了一定时期内的全部劳动力资源的实际利用情况,是研究我国基本国情国力的重要指标。

各单位的从业人员是指在各级国家机关、政党机关、社会团体及企业、事业单位中工作,并取得劳动报酬的全部人员。包括职工、再就业的离退休人员、民办教师以及在备单位中工作的外方人员和港、澳、台方人员。

各单位的从业人员反映了各单位实际参加生产或工作的全部劳动力。

【在岗职工】 指在国有经济、城镇集体经济、联营经济、股份制经济、外商和港、澳、台投资经济、其它经济单位及其附属机构工作,并由其支付工资的各类在岗人员。不包括城镇私营企业、个体工商户和乡镇企业从业人员。

【长期职工】 指用工期限在一年以上(含一年)的职工:包括原固定职工、合同制职工、长期临时工以及国有单位使用的城镇集体单位的人员和其它使用期限在一年以上的原计划外用工。

【其它从业人员】 指劳动统计制度规定不做职工统计,但实际参加社会劳动并取得劳动报酬的人员。

各单位的其它从业人员是指职工以外的全部参加本单位生产或工作并取得劳动报酬的人员。包括再就业离退休人员、民办教师以及在各单位中工作的外方人员和港、澳、台方人员及兼职人员(不包括在单位中工作并领取劳动报酬在校学生)。

【在岗职工工资总额】 指各单位在一定时期内直接支付给本单位全部在岗职工的劳动报酣总板。包括:计时工资、计件工资、奖金、津贴和补姑、加班加点工资和其他工资。

职工工资总额是计算国内生产总值的基础指标,也是研究分配政策,居民购买力的主要依据。

四、固定资产投资

4－1 全社会固定资产投资额

单位:万元

指标	1978年	1980年	1985年	1990年	1995年	2000年	2002年	2003年
投资总额	**42 719**	**39 758**	**136 346**	**219 603**	**701 237**	**1 608 204**	**2 308 269**	**3 182 100**
按隶属关系分								
中　央	26 243	9 104	42 497	78 568	240 347	281 567	448 330	393 749
地　方	16 476	30 654	93 849	141 035	460 980	1 326 637	1 859 939	2 788 351
按资金来源分								
国家预算内投资	37 977	24 497	39 457	40 947	27 830	185 722	359 667	312 900
国内贷款	168	2 080	28 133	52 510	204 064	490 678	539 403	895 749
利用外资	–	–	4 005	4 697	28 265	22 497	39 509	16 781
自筹投资					310 001	492 953	907 744	1 396 627
其他投资	4 574	13 181	64 751	121 422	131 077	416 354	380 418	419 476
按经济类型分								
国有经济	42 246	39 312	122 944	175 126	514 041	1 011 732	1 335 911	1 545 791
基本建设	42 246	30 409	79 413	113 336	331 107	805 530	1 160 543	1 372 117
更新改造	–	8 903	26 493	52 045	149 584	155 822	141 495	141 791
其　它	–	–	7 038	6 911	5 483	2 909	6 502	2 170
房地产	–	–	–	2 834	27 867	47 471	27 371	29 713
集体经济	473	446	9 975	12 614	41 719	57 002	101 601	130 980
城　镇	473	446	6 037	5 088	15 481	6 686	6 454	3 230
乡　村	–	–	3 938	7 256	21 925	32 968	70 492	90 390
房地产	–	–	–	–	4 313	17 348	18 057	16 956
个体经济	–	–	13 427	31 863	106 927	226 346	235 099	235 031
城　镇	–	–	1 231	1 046	6 859	9 008	10 527	10 396
乡　村	–	–	12 196	30 817	100 068	217 338	224 572	223 653
其他经济	–	–	–	–	38 550	279 970	370 315	805 387
# 房地产	–	–	–	–	16 880	90 872	214 047	244 401
按构成分								
建筑工程	24 971	24 591	78 360	118 868	436 889	952 440	1 387 234	2 003 104
安装工程	6 336	5 897	6 560	18 513	44 453	159 861	209 501	197 559

4－1表续　　单位:万元

指　　标	1978年	1980年	1985年	1990年	1995年	2000年	2002年	2003年
设备、工器具购置	9 865	7 289	38 815	63 526	162 404	309 988	417 157	617 778
其他费用	1 547	1 981	12 611	18 696	57 491	185 915	294 377	363 659
按行业分								
农、林、牧、渔业	1 842	1 980	4 442	11 395	10 934	84 487	163 708	222 365
采掘业	19 536	9 170	14 018	38 687	71 481	51 379	71 921	86 474
制造业	6 168	7 568	45 070	44 658	128 817	298 405	287 550	659 606
电力、煤气及水的生产和供应业	4 655	2 247	12 423	43 350	64 497	171 363	341 892	346 255
建筑业	511	1 179	1 247	1 162	2 427	5 161	11 454	13 122
地质勘查业、水利管理业	3 965	3 233	4 709	467	9 776	85 717	105 264	133 320
交通运输、仓储及邮电通信业	989	1 369	7 396	22 874	169 104	370 553	425 090	390 489
批发和零售贸易、餐饮业	908	3 061	6 381	4 775	10 220	41 762	48 839	73 219
金融、保险业	3	441	1 372	1 248	11 023	3 600	7 726	5 476
房地产业	–	–	–	–	50 177	157 554	318 318	752 477
社会服务业	998	1 954	8 540	4 037	19 564	67 737	186 149	326 775
卫生、体育和社会福利业	391	658	2 627	1 580	4 924	9 855	35 295	27 998
教育、文化艺术及广播电影电视业	1 002	2 736	7 717	5 665	14 756	32 499	68 313	61 579
科学研究和综合技术服务业	64	690	1 465	409	1 021	6 956	4 252	5 536
国家机关、政党机关和社会团体	–	–	3 848	3 743	19 095	39 297	78 933	72 090
其他行业	714	1 848	1 664	3 690	6 494	172 871	143 036	5 319
新增固定资产	**31 196**	**26 258**	**97 540**	**193 282**	**717 528**	**1 357 643**	**1 579 542**	**2 321 732**
交付使用率(%)	**73.8**	**86.4**	**71.5**	**91.2**	**102.3**	**84.42**	**68.4**	**73.0**
建筑施工面积(万平方米)	**116**	**212**	**764**	**538.6**	**767.7**	**1 018.9**	**1 488.3**	**1 990.5**
# 住 宅	38.2	48.9	489.7	380.5	495.5	688.73	878.12	1 173.27
竣工面积(万平方米)	**67**	**132**	**577**	**459**	**598.5**	**1 069**	**1 036.4**	**1 281.47**
施工项目(个)	**804**	**609**	**1 725**	**934**	**1 244**	**1 069**	**1 460**	**1 680**
# 新开工	502	263	969	499	920	774	1 151	1 297
投 产	423	301	930	576	824	688	918	1 040

4-2 主要年份全社会固定资产投资额

单位:万元

年份	全社会固定资产投资额	#基本建设投资	#地方投资	#更新改造投资	#国有经济固定资产投资额	#基本建设投资	#地方投资	#更新改造投资
1952	502	502	464	–	502	502	464	–
1955	1 314	1 314	1 211	–	1 314	1 314	1 211	–
1957	1 536	1 536	826	–	1 536	1 536	826	–
1958	9 287	9 287	5 445	–	9 287	9 287	5 445	–
1960	24 446	24 446	16 153	–	24 446	24 446	16 153	–
1965	14 002	14 002	4 081	–	14 002	14 002	4 081	–
1970	24 659	24 659	15 116	–	24 659	24 659	15 116	–
1971	24 944	24 944	10 214	–	24 944	24 944	10 214	–
1972	23 241	23 241	12 651	–	23 241	23 241	12 651	–
1973	22 770	22 770	18 211	–	22 770	22 770	18 211	–
1974	24 360	24 360	19 645	–	24 360	24 360	19 645	–
1975	24 957	24 957	19 820	–	24 957	24 957	19 820	–
1976	22 770	22 770	18 809	–	22 770	22 770	18 809	–
1977	31 704	31 704	17 732	–	31 704	31 704	17 732	–
1978	42 719	42 246	16 003	–	42 246	42 246	16 003	–
1979	41 704	38 486	21 181	2 892	41 378	38 486	21 181	2 892
1980	39 758	30 409	22 198	8 903	39 312	30 409	22 198	8 903
1981	36 618	20 143	13 448	14 341	34 484	20 143	13 448	14 341
1982	48 041	27 348	19 988	15 421	42 769	27 348	19 988	15 421
1983	56 159	32 992	20 710	16 352	50 949	32 992	20 710	16 352
1984	83 565	45 500	26 497	17 595	68 014	45 500	26 497	17 595
1985	136 346	79 413	42 590	26 493	112 944	79 413	42 590	26 493
1986	173 469	93 164	39 095	39 982	143 003	93 164	39 095	39 982
1987	193 748	108 563	36 354	39 422	155 511	108 563	36 354	39 422
1988	187 891	87 760	45 153	44 476	139 535	87 760	45 153	44 476
1989	175 757	80 681	41 869	46 943	133 687	80 681	41 869	46 943
1990	219 603	113 336	52 612	52 045	175 126	113 336	52 612	52 045
1991	288 134	158 334	63 802	54 523	237 723	158 334	63 802	54 523
1992	380 942	196 743	106 031	79 569	306 485	196 743	106 031	79 569
1993	526 673	253 662	143 163	113 741	413 669	253 662	143 163	113 741
1994	609 780	328 750	195 913	144 188	488 725	317 832	184 995	133 907
1995	701 237	336 000	169 677	158 960	514 041	331 107	164 784	149 584
1996	773 191	418 094	201 893	177 760	603 634	409 016	192 815	154 881
1997	881 027	480 045	251 407	181 646	683 450	469 280	240 642	164 396
1998	1 086 536	595 030	406 973	185 925	778 335	548 276	360 219	168 155
1999	1 306 062	702 842	532 056	192 453	810 959	614 776	443 990	141 248
2000	1 608 204	888 744	675 838	233 621	1 011 732	805 530	606 558	155 822
2001	1 958 118	1 053 095	771 446	260 815	1 241 374	1 014 378	732 729	167 519
2002	2 308 269	1 243 615	869 348	263 571	1 335 911	1 160 543	786 276	141 495
2003	3 182 100	1 646 006	1 334 638	410 646	1 545 791	1 372 117	1 060 869	141 791

注:本资料产业分组按新的规定做了调整,即第一产业不含水利投资。

4-3 主要年份各种分组基本建设投资

指 标	1978 年	1980 年	1985 年	1990 年	1995 年	2000 年	2002 年	2003 年
基本建设投资额(万元)	**42 246**	**30 409**	**79 413**	**113 336**	**336 000**	**888 744**	**1 189 086**	**1 646 006**
按资金来源分								
国家预算内投资	37 906	22 982	37 762	33 197	22 907	161 737	372 401	258 586
国内贷款		783	14 793	25 941	109 297	355 218	356 034	577 508
利用外资		89	4 005	2 368	24 421	19 667	29 517	10 364
自筹投资			21 056	43 413	91 233	234 305	163 522	461 814
其他投资			1 797	2 234	65 951	93 924	172 287	173 516
按构成分								
建筑安装工程	30 834	24 428	52 482	73 705	240 626	676 693	971 168	1 264 796
设备、工器具购置	9 865	4 370	16 410	28 677	63 682	122 593	143 995	221 712
其他费用	1 547	1 611	10 521	10 954	31 692	89 458	128 452	159 498
按产业分								
第一产业	5 503	4 929	7 294	9 369	15 697	111 293	52 743	78 989
第二产业	31 370	12 846	43 133	70 676	116 253	306 337	380 055	486 213
第三产业	5 373	12 634	28 986	33 291	204 050	471 114	810 817	1 080 804
按建设性质分								
新 建	14 944	22 017	44 641	83 426	171 358	477 062	575 111	915 815
扩 建	27 302	8 392	22 875	15 901	107 214	194 930	287 841	403 241
改 建			3 264	9 586	32 344	169 117	328 419	220 179
按行业分								
# 工业投资	30 859	12 004	42 348	70 379	115 694	302 318	373 851	476 949
农业投资	1 842	1 871	3 013	2 400	7 778	27 018	52 743	78 989
新增固定资产(万元)	**31 197**	**26 258**	**51 947**	**101 373**	**374 811**	**766 616**	**693 898**	**1 067 565**
房屋建筑面积(万平方米)								
施工面积	114.8	170.2	265.0	123.5	182.7	254.2	361.1	623.3
# 住 宅	38.2	74.1	96.6	52.9	75.3	110.4	141.4	276.6
竣工面积	65.8	105.4	129.5	81.0	89.2	163.2	200.6	312.5
# 住 宅	22.4	47.9	57.3	35.7	45.5	85.7	84.7	162.5

4-4　主要年份各种分组国有单位基本建设投资

指　　标	1978年	1980年	1985年	1990年	1995年	2000年	2002年	2003年
基本建设投资额(万元)	**42 246**	**30 409**	**79 413**	**113 336**	**331 107**	**805 530**	**1 160 543**	**1 372 117**
按资金来源分								
国家预算内投资	37 906	22 982	37 762	40 010	24 336	164 772	332 000	254 514
国内贷款		873	14 793	24 683	113 596	342 565	356 034	499 165
利用外资		89	4 005	2 841	24 883	19 230	29 517	5 852
自筹投资			21 056	42 832	95 467	220 466	163 522	326 437
其他投资			1 797	2 970	72 825	58 497	172 287	129 300
按构成分								
建筑安装工程	30 834	24 428	52 482	73 705	237 501	627 313	910 744	1 083 767
设备、工器具购置	9 865	4 370	16 410	28 677	62 437	105 544	135 380	163 743
其他费用	1 547	1 611	10 521	10 954	31 169	72 673	114 419	124 607
按产业分								
第一产业	1 852	1 935	3 013	2 400	7 778	24 406	48 021	68 096
第二产业	31 370	13 130	42 745	70 676	111 360	244 324	352 699	338 326
第三产业	9 024	15 344	33 655	40 260	211 969	536 800	759 823	965 695
按建设性质分								
新　建	14 944	22 017	44 641	83 426	169 308	419 210	520 435	701 440
扩　建	27 302	8 392	22 875	15 091	105 651	174 783	270 000	353 816
改　建			3 264	9 586	32 344	167 179	322 877	213 598
按行业分								
# 工业投资	30 859	12 004	42 348	70 379	110 801	242 368	348 753	331 921
农业投资	1 852	1 935	3 013	2 400	7 778	24 406	48 021	68 096
新增固定资产(万元)	**31 197**	**26 258**	**51 947**	**101 373**	**372 362**	**580 965**	**649 021**	**906 183**
房屋建筑面积(万平方米)								
施工面积	114.8	170.2	265.0	123.5	179.7	222.0	303.8	487.0
# 住　宅	38.2	74.1	96.6	48.9	73.9	107.0	121.3	245.8
竣工面积	65.8	105.4	129.5	81.0	88.2	144.6	179.3	236.8
# 住　宅	22.4	47.9	50.6	36.0	44.7	82.3	75.0	139.2

注：本资料产业分组按新的规定做了调整，即第一产业不含水利投资。

4－5　按国民经济行业分基本建设投资额

（2003年）　　单位:万元

行　　业	投资额	#地方项目	按建设性质分		
			#新　建	#扩　建	#改　建
总　　计	**1 646 006**	**1 334 638**	**915 815**	**403 241**	**220 179**
农、林、牧、渔业	**78 989**	**78 989**	**65 966**	**10 027**	**2 196**
农　业	29 951	29 951	25 406	2 305	1 700
林　业	30 260	30 260	25 872	4 128	－
畜牧业	7 557	7 557	7 457	100	－
渔　业	1 478	1 478	－	1 478	－
农、林、牧、渔服务业	9 743	9 743	7 231	2 016	496
采矿业	**30 083**	**10 754**	**15 814**	**14 089**	**180**
煤炭开采和洗选业	10 624	10 624	9 844	600	180
石油和天然气开采业	19 329	－	5 840	13 489	－
非金属矿采选业	130	130	130	－	－
制造业	**116 349**	**116 349**	**104 673**	**10 022**	**88**
农副食品加工业	4 926	4 926	4 546	260	－
食品制造业	5 011	5 011	1 380	3 111	－
饮料制造业	7 305	7 305	5 005	2 300	－
烟草制品业	1 000	1 000	1 000	－	－
纺织业	3 700	3 700	3 500	200	－
纺织服装、鞋、帽制造业	870	870	700	－	－
皮革、毛皮、羽毛(绒)及其制品业	5 620	5 620	5 620	－	－
木材加工及木、竹、藤、棕、草制品业	1 060	1 060	1 060	－	－
家具制造业	2 976	2 976	1 096	1 600	－
造纸及纸制品业	9 255	9 255	9 255	－	－
印刷业和记录媒介的复制	498	498	498	－	－
石油加工、炼焦及核燃料加工业	20 156	20 156	19 003	1 153	－
化学原料及化学制品制造业	7 863	7 863	7 863	－	－
医药制造业	4 435	4 435	3 537	898	－
塑料制品业	2 350	2 350	2 350	－	－
非金属矿物制品业	8 457	8 457	8 457	－	－
黑色金属冶炼及压延加工业	13 970	13 970	13 970	－	－
有色金属冶炼及压延加工业	900	900	900	－	－
金属制品业	6 296	6 296	6 296	－	－
通用设备制造业	1 631	1 631	1 631	－	－
专用设备制造业	1 515	1 515	1 142	－	88
电气机械及器材制造业	1 460	1 460	960	500	－
通信设备、计算机及其他电子设备	700	700	700	－	－
仪器仪表及文化、办公用机械制造	3 595	3 595	3 404	－	－
工艺品及其他制造业	800	800	800	－	－
电力、燃气及水的生产和供应业	**330 517**	**87 356**	**117 960**	**197 026**	**15 531**
电力、热力的生产和供应业	285 367	42 326	77 166	192 670	15 531
燃气生产和供应业	7 470	7 350	7 270	200	－
水的生产和供应业	37 680	37 680	33 524	4 156	－
建筑业	**9 264**	**9 264**	**7 523**	**510**	**260**

4－5表续　　(2003年)　　单位：万元

行　业	投资额	#地方项目	按建设性质分 #新　建	#扩　建	#改　建
房屋和土木工程建筑业	8 864	8 864	7 123	510	260
建筑装饰业	400	400	400	–	–
交通运输、仓储和邮政业	**258 086**	**257 775**	**115 033**	**2 082**	**140 376**
道路运输业	255 166	255 166	112 764	2 026	140 376
仓储业	1 751	1 518	1 539	–	–
邮政业	78	–	–	–	–
信息传输、计算机服务和软件业	**29 101**	**1 042**	**26 332**	**2 600**	**–**
电信和其他信息传输服务业	28 378	319	25 609	2 600	–
#固定电信服务	10 265	169	7 496	2 600	–
移动电信服务	11 883	–	11 883	–	–
计算机服务业	723	723	723	–	–
批发和零售业	**61 477**	**61 477**	**45 163**	**14 134**	**1 800**
批发业	19 452	19 452	16 367	2 424	446
零售业	42 025	42 025	28 796	11 710	1 354
住宿和餐饮业	**34 947**	**34 947**	**25 807**	**4 495**	**4 645**
住宿业	33 787	33 787	24 647	4 495	4 645
餐饮业	1 160	1 160	1 160	–	–
金融业	**5 476**	**1 613**	**270**	**3 693**	**253**
房地产业	**124 353**	**124 353**	**44 103**	**–**	**8 742**
房地产开发经营	55 400	55 400	44 103	–	8 742
其他房地产活动	68 953	68 953	–	–	–
租赁和商务服务业	**1 065**	**1 065**	**375**	**400**	**–**
科学研究、技术服务和地质勘查业	**5 536**	**3 286**	**410**	**2 536**	**1 610**
水利、环境和公共设施管理业	**398 269**	**398 269**	**268 732**	**86 974**	**42 103**
水利管理业	133 320	133 320	105 974	23 236	3 650
环境管理业	22 246	22 246	20 435	1 741	70
公共设施管理业	242 703	242 703	142 323	61 997	38 383
居民服务和其他服务业	**3 755**	**3 755**	**3 033**	**114**	**–**
教育	**54 739**	**46 136**	**22 216**	**26 565**	**1 232**
#初等教育	4 560	4 560	1 311	2 111	610
高中教育	14 099	14 099	12 255	1 409	60
普通高等教育	21 186	12 583	430	17 376	–
卫生、社会保障和社会福利业	**17 196**	**17 196**	**7 538**	**7 584**	**366**
卫生	14 727	14 727	5 069	7 584	366
社会福利业	2 469	2 469	2 469	–	–
文化、体育和娱乐业	**15 139**	**15 139**	**8 447**	**6 692**	**–**
新闻出版业	1 493	1 493	–	1 493	–
广播、电视、电影和音像业	2 345	2 345	2 345	–	–
文化艺术业	1 386	1 386	1 386	–	–
体　育	8 259	8 259	3 060	5 199	–
娱乐业	1 656	1 656	1 656	–	–
公共管理和社会组织	**71 665**	**65 873**	**36 420**	**13 698**	**767**

4－6　按国民经济行业分的国有单位基本建设投资

（2003 年）　　单位：万元

行　业	投资额		按建设性质分		
		# 地方项目	# 新　建	# 扩　建	# 改　建
总　计	**1 372 117**	**1 060 869**	**701 440**	**353 816**	**213 598**
农、林、牧、渔业	**68 096**	**68 096**	**55 686**	**9 954**	**2 196**
农　业	29 218	29 218	25 286	2 232	1 700
林　业	26 760	26 760	22 372	4 128	－
畜牧业	897	897	797	100	－
渔　业	1 478	1 478	－	1 478	－
农、林、牧、渔服务业	9 743	9 743	7 231	2 016	496
采矿业	**29 187**	**9 858**	**14 918**	**14 089**	**180**
煤炭开采和洗选业	9 858	9 858	9 078	600	180
石油和天然气开采业	19 329	－	5 840	13 489	－
制造业	**7 476**	**7 476**	**5 894**	**898**	**88**
农副食品加工业	1 070	1 070	950	－	－
饮料制造业	203	203	203	－	－
酒的制造	203	203	203	－	－
其他酒制造	203	203	203	－	－
木材加工及木、竹、藤、棕、草制品业	500	500	500	－	－
医药制造业	1 735	1 735	837	898	－
专用设备制造业	373	373	－	－	88
仪器仪表及文化、办公用机械制造	3 595	3 595	3 404	－	－
电力、燃气及水的生产和供应业	**295 258**	**52 217**	**107 294**	**172 844**	**15 120**
电力、热力的生产和供应业	252 388	9 347	68 780	168 488	15 120
# 电力生产	162 988		1 353	161 635	－
燃气生产和供应业	5 190	5 190	4 990	200	－
水的生产和供应业	37 680	37 680	33 524	4 156	－
建筑业	**6 405**	**6 405**	**5 984**	**－**	**－**
房屋和土木工程建筑业	6 405	6 405	5 984	－	－
交通运输、仓储和邮政业	**256 592**	**256 281**	**113 595**	**2 026**	**140 376**
道路运输业	255 166	255 166	112 764	2 026	140 376
仓储业	1 043	810	831	－	－
邮政业	78	－	－	－	－
信息传输、计算机服务和软件业	**28 378**	**319**	**25 609**	**2 600**	**－**
电信和其他信息传输服务业	28 378	319	25 609	2 600	－
# 固定电信服务	10 265	169	7 496	2 600	－
移动电信服务	11 883	－	11 883	－	－
互联网信息服务	1 350	150	1 350	－	－
批发和零售业	**10 385**	**10 385**	**5 687**	**3 750**	**678**

4－6 表续　　（2003 年）　　单位:万元

行　　业	投资额		按建设性质分		
		#地方项目	#新　建	#扩　建	#改　建
批发业	4 560	4 560	1 475	2 424	446
零售业	5 825	5 825	4 212	1 326	232
住宿和餐饮业	**6 095**	**6 095**	**5 700**	**395**	
# 住宿业	6 095	6 095	5 700	395	
金融业	**4 633**	**770**	**270**	**3 693**	**110**
# 银行业	4 263	400	270	3 693	110
房地产业	**114 442**	**114 442**	**34 192**		**8 742**
房地产开发经营	45 489	45 489	34 192		8 742
其他房地产活动	68 953	68 953			
租赁和商务服务业	**730**	**730**	**40**	**400**	
科学研究、技术服务和地质勘查业	**5 536**	**3 286**	**410**	**2 536**	**1 640**
水利、环境和公共设施管理业	**381 890**	**381 890**	**252 353**	**86 974**	**42 103**
水利管理业	133 320	133 320	105 974	23 236	3 650
环境管理业	22 226	22 226	20 415	1 741	70
公共设施管理业	226 344	226 344	125 964	61 997	38 383
居民服务和其他服务业	**963**	**963**	**963**		
教　育	**53 061**	**44 458**	**20 538**	**26 565**	**1 232**
初等教育	4 560	4 560	1 311	2 111	610
中等教育	22 404	22 404	16 042	5 192	622
高等教育	20 756	12 153		17 376	
卫生、社会保障和社会福利业	**17 196**	**17 196**	**7 538**	**7 584**	**366**
卫　生	14 727	14 727	5 069	7 584	366
社会福利业	2 469	2 469	2 469		
文化、体育和娱乐业	**15 045**	**15 045**	**8 447**	**6 598**	
新闻出版业	1 493	1 493		1 493	
广播、电视、电影和音像业	2 345	2 345	2 345		
文化艺术业	1 386	1 386	1 386		
体　育	8 165	8 165	3 060	5 105	
娱乐业	1 656	1 656	1 656		
公共管理和社会组织	**70 749**	**64 957**	**36 322**	**12 910**	**767**
#中国共产党机关	919	919	300		
国家机构	67 739	61 947	35 527	11 314	767
人民政协和民主党派	1 691	1 691	95	1 596	
群众团体、社会团体和宗教组织	200	200	200		
基层群众自治组织	200	200	200		

4－7　固定资产投资新增生产能力

名　　称	总　计	基本建设	更新改造	其他投资
原煤开采(万吨/年)	60	－	60	－
洗　煤(万吨/年)	74	74	－	－
焦　炭(万吨/年)	38	－	－	38
生　铁(万吨/年)	11	－	－	11
铁合金(万吨/年)	16	－	－	16
铅冶炼(吨/年)	－	－	－	－
电解铝(吨/年)	－	－	－	－
铝加工(吨/年)	1 000	－	1 000	－
火力发电(万千瓦)	66	66	－	－
输电线路长度(11 万伏及以上)(公里)	173.81	173.81	－	－
变电设备能力(11 万伏及以上)(万千伏安)	50	50	－	－
水　泥(万吨/年)	51	－	51	－
石墨及炭素制品(吨/年)	89 000	－	－	89 000
电　石(吨/年)	11 000	－	－	11 000
氮　肥(吨/年)	10 000	－	－	10 000
轮胎外胎(万条/年)	50	－	50	－
中成药(吨/年)	283	283	－	－
建筑机械制造(台/年)	160	－	－	160
饼　干(吨/年)	284	－	284	－
其他酒(万吨/年)	0.18	－	0.18	－
服　装(万件/年)	55	55	－	－
新建公路(公里)	164	164	－	－
#高速公路(公里)	156	156	－	－
二级公路(公里)	8	8	－	－
改建公路(公里)	366.4	366.4	－	－
#二级公路(公里)	108	108	－	－
新建独立公路桥梁(延长米)	－	－	－	－
新建独立公路桥梁(座)	－	－	－	－
长途电缆线路长度(公里)	170	－	170	－
新建微波电路(路)	45	－	45	－
耕地面积(万亩)	5.56	5.56	－	－
造林面积(万亩)	180.51	180.51	－	－
水库容量(总库容)(亿立方米)	4.84	4.84	－	－
有效灌溉面积(万亩)	13.35	13.35	－	－
除涝面积(万亩)	0.14	0.14	－	－

4－7表续

名　　称	总　计	基本建设	更新改造	其他投资
高等院校:学生席位(个)	3 540	3 540	–	–
建筑面积(平方米)	41 400	41 400	–	–
中等学校:学生席位(个)	6 390	6 390	–	–
建筑面积(平方米)	43 502	43 502	–	–
小学校:学生席位(个)	5 145	5 145	–	–
建筑面积(平方米)	33 336	33 336	–	–
其他学校:学生席位(个)	416	416	–	–
建筑面积(平方米)	4 934	4 934	–	–
影剧院:座席(个)	–	–	–	–
影剧院:座席(平方米)	–	–	–	–
文化馆(平方米)	3 400	3 400	–	–
医院病床(张)	550	550	–	–
宾馆、旅馆、招待所客房数(间)	60	60	–	–
宾馆、旅馆、招待所客房数(平方米)	5 200	5 200	–	–
城市自来水供水能力(万吨/日)	4.36	4.36	–	–
城市自来水管道长度(公里)	59.07	59.07	–	–
城市天然气储气能力(万立方米/日)	11	11	–	–
城市供热能力:蒸汽(吨/小时)	80	80	–	–
热　水(兆瓦/小时)	127	127	–	–
城市公共交通车辆购置(辆)	30	–	30	–
城市道路扩建长度(公里)	77.72	77.72	–	–
城市道路扩建面积(万平方米)	280.47	280.47	–	–
城市排水管道铺设长度(公里)	77.25	77.25	–	–
城市污水处理能力(万吨/日)	10.5	10.5	–	–
城市永久性桥梁(座)	5	5	–	–
润滑油(综合能力)(万吨/年)	8	8	–	–
家　具(万件/年)	8.3	–	–	8.3
注射液(万支/年)	5 000	–	5 000	–
片剂(万片/年)	50 000	–	50 000	–
胶囊剂(万粒/年)	–	–	–	–
电力电缆(公里)	2 000	–	2 000	–
软饮料(吨/年)	450	–	–	450
方便主食品(吨/年)	280	–	280	–
移动通信基站设备(指安装能力)(个/年)	202	–	202	–
程控交换机 (指安装能力)(万线/年)	119	–	119	–

4－8　主要年份更新改造投资主要指标

指　　标	1980 年	1985 年	1990 年	1995 年	2000 年	2002 年	2003 年
投资总额(万元)	**8 903**	**26 493**	**52 045**	**158 960**	**233 621**	**263 571**	**410 646**
按资金来源分							
预算内投资	1 516	1 468	317	1 089	8 782	3 369	13 065
国内贷款	1 022	8 155	12 551	38 938	67 408	41 765	129 880
利用外资			831	841	1 989	600	4 690
自筹投资	6 365	16 870	35 617	95 114	147 594	207 451	267 985
其他投资			1 908	12 416	12 437	8 599	9 008
按构成分							
建筑安装工程	5 757	14 129	25 639	70 773	80 624	73 688	215 917
设备、工器具购置	2 919	10 486	21 676	68 383	128 916	174 118	159 053
其他费用	227	1 878	4 730	10 428	24 081	15 765	35 676
按建设性质分							
#新　建	690	895	4 147	2 422	23 630	38 442	98 140
扩　建	2 676	10 435	25 138	89 896	115 391	113 270	206 429
改　建	5 056	11 233	20 208	64 491	90 511	105 624	89 417
按用途分							
增　产	5 853	6 358	18 136	66 107	56 796	93 265	185 505
节约能源	228	1 124	1 052	6 117	5 105	1 572	3 375
其他节约		11		478	820	3 820	5 293
增加品种		3 170	4 761	12 974	60 148	31 369	92 787
提高产品质量	243	948	3 488	10 324	9 173	12 399	15 977
三废治理	29	47	448	150	7 869	9 880	9 591
其　他	2 550	14 835	24 160	53 434	93 710	111 266	98 118
新增固定资产(万元)			**39 147**	**141 060**	**145 848**	**225 479**	**269 045**
房屋建筑面积(万平方米)							
施工面积		87.6	64.5	66.2	43.8	39.8	77.9
#住　宅		40.4	29	39.5	17	2.3	3.8
竣工面积		47.3	45.3	39.5	22.8	25.8	41.4
#住　宅		20.8	21.7	26.6	13.9	1.4	3.6

4－9 主要年份国有单位更新改造投资主要指标

指　　标	1980年	1985年	1990年	1995年	2000年	2002年	2003年
投资总额(万元)	**8 903**	**26 493**	**52 045**	**149 584**	**155 822**	**144 305**	**141 791**
按资金来源分							
预算内投资	1 516	1 468	317	1 189	5 374	3 311	9 828
国内贷款	1 022	8 155	11 289	34 280	39 328	19 590	21 671
利用外资	–	–	1 743	917	–		
自筹投资	6 365	16 870	36 187	99 823	105 558	116 086	112 722
其他投资			2 509	13 375	5 563	3 012	2 174
按构成分							
建筑安装工程	5 757	14 129	25 639	70 773	52 570	33 116	79 968
设备、工器具购置	2 919	10 486	21 676	68 383	86 519	100 555	55 088
其他费用	227	1 878	4 730	10 428	16 733	7 824	6 735
按建设性质分							
#新　建	690	895	4 174	1 139	85	10 529	34 225
扩　建	2 476	10 435	25 138	81 949	83 311	49 100	55 591
改　建	5 056	11 233	20 208	64 345	69 841	78 171	46 435
按用途分							
增　产	5 853	6 358	18 136	66 107	18 541	34 991	45 307
节约能源	228	1 124	866	6 117	817	306	838
其他节约	21	11	–	478	817	10	552
增加品种		3 170	4 761	12 974	45 945	4 744	10 043
提高产品质量	243	948	3 488	10 324	5 450	6 416	8 127
三废治理	29	47	488	150	1 199	237	1 023
其　他	2 529	14 835	24 306	53 434	83 053	94 791	75 901
新增固定资产(万元)	**6 683**	**17 880**	**39 147**	**141 060**	**96 364**	**118 443**	**118 364**
房屋建筑面积(万平方米)							
施工面积	–	87.56	64.54	66.25	27.37	9.8	13.2
#住　宅	–	40.45	28.97	39.48	15.34	1.3	2.3
竣工面积	–	47.28	45.34	39.47	17.69	4.1	7.8
#住　宅	–	20.83	21.68	26.58	13.51	1.0	2.3

4－10　宁夏重点项目建设情况

（2003年）

项　目　名　称	计划总投资（万元）	累计完成投资（万元）	本年计划投资（万元）	本年完成投资（万元）
合　　计	**4 041 296**	**1 802 396**	**689 670**	**673 656**
沙坡头水利枢纽工程	119 700	82 060	38 400	40 060
宁夏扶贫扬黄灌溉一期工程	296 600	235 069	22 000	32 236
灌区续建配套及节水改造	354 300	42 179	12 300	16 949
盐环定扬水宁夏专用工程	26 204	27 255	2 100	2 505
山区水资源综合开发整治	36 520	21 575	13 000	11 064
农村饮水解困二期工程（生命工程）	29 100	16 440	9 400	7 540
固原东山坡引水工程	4 400	4 205	3 000	2 594
隆德桃山引水工程	3 020	930	600	930
退耕还林还草工程	925 000	38 328	14 000	19 028
宁夏国家异地扶贫搬迁试点工程	70 000	6 089	10 000	6 089
宁夏重点风沙区生态环境综合治理工程	70 913	9 382	13 510	9 132
石嘴山电厂扩建	556 965	376 077	169 320	159 276
电厂部分	454 938	332 092	136 000	128 080
宁夏220kv电网工程（送出部分）	102 027	43 985	33 320	31 196
中宁电厂扩建	225 809	33 555	30 000	33 555
农村电网建设与改造工程（第二批）	145 000	143 496	14 500	14 710
灵武矿区羊场湾煤矿	100 320	13 207	20 000	9 078
青铜峡铝厂一、二期节能环保技术改造	98 000	66 500	45 000	66 500
高速公路建设	633 988	518 000	145 000	121 000
叶盛至中宁高速公路	228 883	192 000	15 000	1 000
中宁至郝家集高速公路	195 000	161 000	40 000	40 000
银川至古窑子高速公路	149 315	120 000	75 000	65 000
西部干线桃山至同心段	60 790	45 000	15 000	15 000
美利纸业林纸一体化项目（一期工程）	36 100	10 835	15 000	8 835
宁夏启元药业2000吨红霉素1500吨盐酸四环素系列产品技改项目	48 000	15 000	25 000	15 000
夏进乳品饮料公司液体奶项目.	14 500	3 111	7 000	3 111
工业高技术产业化示范项目	25 476	15 672	18 000	15 343
多维泰瑞制药公司沙利霉素兽药高技术产业化示范工程	18 460	14 300	13 000	14 300
西北稀有金属材料研究院镁合金产业化示范项目	7 016	1 372	5 000	1 043
重点城市环保设施（推进城市化进程项目）	156 563	106 289	55 302	66 352
重点城市集污及处理工程	83 915	49 448	19 900	28 121
重点城市集中供热工程	52 075	43 278	24 402	25 961
重点城市垃圾处理处置工程	20 573	13 563	11 000	12 270
宁夏迎宾馆	20 000	5 071	4 000	5 071
民运会体育场馆建设	25 000	22 856	4 900	11 336
宁夏大学教学综合楼	8 638	8 638	3 938	5 274
示范性高中建设	47 700	2 152	7 400	2 152

4－11 房地产开发投资及财务主要指标

指　　标	1997年	1998年	1999年	2000年	2001年	2002年	2003年
企业个数(个)	**80**	**95**	**119**	**139**	**151**	**176**	**217**
内　资	73	88	112	132	144	172	213
#国　有	40	42	39	33	33	21	11
集　体	12	24	23	17	15	11	12
私营个体	2	4	13	17	22	40	70
联　营	1	1	1	1			
股份制经济	18	17	36	64	74	100	120
港澳台投资	2	4	5	4	3	2	2
外商投资	5	3	2	3	4	2	2
年末从业人数(人)	**4 086**	**3 692**	**5 054**	**5 190**	**5 511**	**6 829**	**6 627**
内　资	3 810	3 463	4 770	4 915	5 268	6 689	6 498
#国　有	1 989	1 655	1 887	1 714	1 322	733	270
集　体	1 149	930	798	610	710	486	304
私营个体	63	78	391	484	718	1 402	2 378
联　营	8	7	9	21			
股份制经济	601	793	1 685	2 086	2 518	4 068	3 546
港澳台投资	48	145	174	100	107	107	55
外商投资	228	84	110	175	136	33	74
土地开发及购置(万平方米)							
本年土地开发面积	0.80	1.80	1.07	8.42	20.47	26.72	94.80
本年土地购置面积	26.86	31.77	27.84	71.69	150.62	146.68	295.15
本年完成投资额(万元)	**60 497**	**112 982**	**130 178**	**155 691**	**231 799**	**308 634**	**509 065**
#住　宅	39 647	74 840	74 809	91 735	132 080	207 236	347 630
#经济适用房屋	5 637	12 696	13 483	22 987	17 490	27 014	38 878
资金来源小计(万元)	**72 474**	**123 092**	**133 303**	**158 495**	**237 681**	**325 060**	**520 710**
国内贷款	23 911	27 422	32 708	36 332	64 858	95 248	124 552
利用外资							1 327
自筹资金	15 184	34 181	30 720	42 419	62 028	72 228	171 280
定金和预收款	26 069	55 712	47 041	51 761	86 900	118 079	198 768
房屋建筑面积(万平方米)							
施工面积	126.61	207.91	209.65	258.60	327.55	451.48	754.91
竣工面积	68.80	124.60	124.24	155.46	190.70	219.65	407.28
本年新开工面积	89.45	148.20	135.28	171.98	202.60	307.30	532.55
#住　宅	73.56	118.95	105.59	126.03	139.14	231.93	419.46

4－11 表续

指　　标	1997 年	1998 年	1999 年	2000 年	2001 年	2002 年	2003 年
竣工房屋价值(万元)	45 023	84 846	86 290	107 651	146 742	196 170	344 124
竣工房屋造价(元/平方米)	654	681	695	692	769	893	845
商品房屋销售面积(万平方米)	35.82	63.77	76.68	104.49	126.49	118.36	232.38
#住　宅	30.18	53.49	63.98	90.61	103.26	98.49	187.81
#经济适用房屋	1.56	8.28	8.89	20.72	19.16	15.33	34.98
商品房屋销售价格(元/平方米)	1 294	1 212	1 404	1 352	1 596	1 865	1 868
#住　宅	1 115	1 052	1 201	1 145	1 309	1 594	1 515
#经济适用房屋	553	759	959	925	936	1 050	992
实收资本合计(万元)	32 139	34 871	58 022	89 467	136 806	155 792	255 150
#国有资本金	5 083	1 791	6 041	17 378	26 588	19 789	22 949
资产负债率(%)	87.05	85.24	80.06	76.9	76.0	78.7	76.5
年末资产负债情况(万元)							
资产总计	183 733	245 196	357 703	448 079	594 959	853 025	1 214 750
固定资产累计折旧	2 629	5 894	7 283	7 881	11 551	11 493	20 320
#本年折旧	677	1 121	1 893	2 057	3 369	2 890	4 328
负债总计	159 932	209 012	286 382	344 569	452 145	671 710	929 885
所有者权益合计	23 801	36 184	71 321	103 510	142 814	181 315	284 865
损益情况(万元)							
经营总收入	46 418	71 836	83 442	143 568	191 318	206 837	414 250
土地转让收入	256	46		250	2 382	3 171	319
商品房屋销售收入	40 579	67 441	78 848	138 608	182 485	195 522	377 835
#销售给个人	25 899	46 117	54 684	113 348	157 290	172 485	356 102
住宅销售收入	31 463	51 788	62 348	95 580	124 678	144 080	285 983
#销售给个人	21 905	36 126	41 354	81 719	120 150	137 458	282 441
房屋出租收入	349	618	534	747	1 084	807	960
其他收入	5 234	3 731	4 060	3 981	5 367	7 337	35 136
经营成本	35 301	58 384	65 844	114 263	140 172	166 489	350 296
销售费用	443	796	776	1 141	2 510	3 344	5 011
经营税金及附加	2 390	3 422	3 886	7 268	14 239	11 114	20 466
其他业务利润	370	156	1 081	2 112	1 763	938	1 870
管理费用及财务费用	7 350	8 507	9 753	14 627	19 703	20 444	29 025
投资收益及营业外收入	543	403	549	－298	998	1 832	5
营业外支出	128	254	560	1 392	947	4 429	2 323
利润总额	1 719	1 032	4 253	6 709	16 508	3 787	9 004

4－12　房地产开发企业(单位)的土地开发及其购置

单位:万平方米

年　　份	本年完成开发土地面积	正在开发的土地面积	待开发的土地面积	本年购置土地面积
1997	0.80	－	－	26.86
1998	1.80	0.15	0.51	31.77
1999	1.07	－	17.74	27.84
2000	8.42	11.11	6.51	71.69
2001	20.47	2.36	16.03	150.62
2002	26.72	－	32.93	146.68
2003	94.80	－	110.40	295.15

4－12 表续

单位:万元

年　　份	土地购置费	实际需要总投资	自开始建设至本年底累计完成投资	#本年完成投资
1997	3 777	109 306	76 588	60 497
1998	7 652	191 425	133 488	112 982
1999	11 847	206 013	157 969	130 178
2000	20 238	265 244	194 506	155 691
2001	44 002	359 979	270 607	231 799
2002	50 112	508 077	381 820	308 634
2003	64 365	833 120	636 304	509 065

4－13　按用途分的房地产开发企业(单位)完成投资额

单位:万元

年　　份	本年完成投资额	住　宅	#别墅、高档公寓	#经济适用房	办公楼	商业营业用房	其　他
1997	60 497	39 647	858	5 637	5 133	10 285	5 432
1998	112 982	74 840	1 309	12 696	6 982	20 363	10 797
1999	130 178	74 809	1 734	13 483	8 260	26 000	21 109
2000	155 691	91 735	1 585	22 987	10 725	26 544	26 687
2001	231 799	132 080	242	17 490	21 375	39 588	38 756
2002	308 634	207 236	8 592	27 014	23 636	50 614	27 148
2003	509 065	347 630	5 501	38 878	21 652	96 866	42 917

4－14　商品房屋竣工面积、价值及平均造价

指　　标	1997年	1998年	1999年	2000年	2001年	2002年	2003年
房屋竣工面积(万平方米)	**68.80**	**124.60**	**124.24**	**155.46**	**190.70**	**219.65**	**407.28**
住　宅	54.02	101.97	93.82	122.71	140.75	161.26	322.88
# 经济适用房	6.08	17.85	18.06	43.78	30.38	25.19	45.14
办公楼	4.34	4.85	8.21	8.29	11.76	14.91	14.95
商业营业用房	8.56	14.79	19.87	21.52	32.11	35.91	58.14
其　他	1.88	2.99	2.33	2.94	6.08	7.56	11.31
房屋竣工价值(万元)	**45 023**	**84 846**	**86 290**	**107 651**	**146 742**	**196 170**	**344 124**
住　宅	31 436	64 587	57 241	80 314	99 811	132 761	249 221
# 经济适用房	3 442	10 876	9 742	26 381	18 965	17 550	31 278
办公楼	3 175	3 784	10 268	7 122	11 130	15 281	19 087
商业营业用房	9 256	13 770	17 132	17 362	30 303	36 753	58 701
其　他	1 156	2 705	1 649	2 853	5 498	11 375	17 115
房屋竣工平均造价(元/平方米)	**654**	**681**	**695**	**692**	**770**	**893**	**845**
住　宅	582	633	610	655	709	823	772
# 经济适用房	566	609	539	603	624	697	693
办公楼	731	780	1 251	860	946	1 025	1 277
商业营业用房	1 081	931	862	807	944	1 023	1 010
其　他	616	905	706	696	905	1 504	1 513

4－15　商品房屋销售面积、销售额及平均销售价格

指　　标	1997年	1998年	1999年	2000年	2001年	2002年	2003年
商品房实际销售面积(万平方米)	**35.82**	**63.77**	**76.68**	**104.50**	**126.49**	**118.36**	**232.38**
住　宅	30.18	53.49	63.98	90.61	103.26	98.49	187.81
# 经济适用房	1.56	8.28	8.89	20.72	19.16	15.33	34.98
办公楼	1.24	1.90	1.65	2.23	5.61	3.88	7.24
商业营业用房	4.10	8.14	10.36	11.12	16.55	15.45	35.16
其　他	0.31	0.23	0.70	0.54	1.08	0.55	2.17
商品房实际销售额(万元)	**46 372**	**77 272**	**107 690**	**141 306**	**201 895**	**220 736**	**434 150**
住　宅	33 636	56 271	76 806	103 746	135 147	157 019	284 466
# 经济适用房	863	6 284	8 529	19 159	17 925	16 097	34 690
办公楼	1 741	2 562	2 773	4 357	11 039	11 463	19 565
商业营业用房	10 463	18 097	26 575	32 626	53 338	50 687	126 943
其　他	532	342	1 536	577	2 371	1 567	3 176
商品房平均销售价格(元/平方米)	**1 294**	**1 212**	**1 404**	**1 352**	**1 596**	**1 865**	**1 868**
住　宅	1 115	1 052	1 201	1 145	1 309	1 594	1 515
# 经济适用房	553	759	959	925	936	1 050	992
办公楼	1 408	1 345	1 684	1 958	1 969	2 953	2 701
商业营业用房	2 554	2 222	2 566	2 934	3 224	3 282	3 610
其　他	1 690	1 472	2 199	1 074	2 204	2 867	1 466

4－16 商品房预售、空置、出租面积

单位:平方米

指　　标	1997年	1998年	1999年	2000年	2001年	2002年	2003年
商品房预售面积	**117 770**	**168 923**	**108 170**	**54 233**	**103 974**	**503 523**	**466 773**
住　宅	97 556	146 950	93 730	40 006	70 684	399 103	409 791
#别墅、高档公寓			3 341			6 311	8 013
经济适用房	37 750	53 285	9 524	10 594	10 355	28 413	42 135
办公楼	9 752	640	1 480		10 739	23 399	879
商业营业用房	6 332	21 333	12 960	14 227	22 551	77 577	54 322
其　他	4 130					3 444	1 781
商品房空置面积	**262 345**	**450 487**	**530 334**	**620 209**	**750 864**	**1 177 326**	**1 793 279**
住　宅	191 666	346 336	383 326	430 438	477 671	786 042	1 284 351
#别墅、高档公寓	5 150	4 133	8 083	2 537	936	33 959	44 140
经济适用房		400	23 643	41 616	5 058	51 351	83 021
办公楼	21 556	20 861	29 016	34 636	53 746	94 398	88 906
商业营业用房	25 389	56 173	92 170	130 838	193 324	261 702	371 233
其　他	23 734	27 117	25 822	24 297	26 123	35 184	48 789
商品房空置一年至三年面积							**391 308**
住　宅							246 968
#别墅、高档公寓							7 032
经济适用房							754
办公楼							22 264
商业营业用房							117 028
其　他							5 048
商品房空置三年以上面积							**62 299**
住　宅							28 262
#别墅、高档公寓							4 741
经济适用房							－
办公楼							5 869
商业营业用房							14 881
其　他							13 287
商品房出租面积	**838 475**	**107 107**	**95 219**	**58 330**	**64 762**	**99 644**	**116 642**
住　宅	67 781	79 743	50 901	12 659	4 126	25 370	30 284
办公楼	605	4 300	9 112	5 347	3 883	8 616	11 765
商业营业用房	14 530	22 412	32 751	39 708	54 456	63 159	68 037
其　他	659	652	2 455	616	2 297	2 499	6 556

4－17　各市县固定资产投资

（不含农村投资）

（2003 年）

单位:万元

地　区	合　计	#国有经济	基本建设	#国有经济	更新改造	#国有经济
全区总计	**2 653 700**	**1 545 791**	**1 646 006**	**1 372 117**	**410 646**	**141 791**
银 川 市	**1 214 703**	**541 305**	**620 045**	**466 631**	**186 981**	**54 654**
银 川 市	925 877	434 645	473 828	386 300	75 715	28 325
永 宁 县	95 302	24 868	40 308	24 868	48 391	–
贺 兰 县	84 639	21 034	46 754	21 034	24 165	–
灵 武 市	108 885	60 758	59 155	34 429	38 710	26 329
石嘴山市	**410 377**	**248 223**	**235 893**	**212 018**	**70 158**	**26 222**
石嘴山市	325 173	223 249	205 592	189 885	63 096	25 272
平 罗 县	62 953	11 330	14 653	10 380	4 400	950
陶 乐 县	10 603	6 808	8 712	4 917	–	–
惠 农 县	11 648	6 836	6 936	6 836	2 662	–
吴 忠 市	**552 407**	**308 575**	**372 183**	**286 358**	**112 852**	**21 717**
利 通 区	141 531	97 119	107 364	84 046	13 199	13 073
红寺堡管委会	10 235	8 572	8 572	8 572	–	–
青铜峡市	138 680	35 999	47 801	27 355	85 156	8 644
中 卫 县	108 732	71 183	92 978	71 183	5 228	–
中 宁 县	92 963	61 545	67 095	61 545	9 269	–
盐 池 县	30 093	16 819	26 249	16 819	–	–
同 心 县	30 173	17 338	22 124	16 838	–	–
固 原 市	**139 545**	**111 020**	**114 563**	**103 788**	**7 309**	**5 852**
原 州 区	55 157	41 916	40 533	39 053	4 063	2 863
海 原 县	17 719	14 751	14 500	12 791	677	580
西 吉 县	17 005	13 805	16 485	13 805	–	–
隆 德 县	21 056	19 154	19 207	17 634	1 520	1 520
泾 源 县	7 477	4 068	5 982	3 179	1 049	889
彭 阳 县	21 131	17 326	17 856	17 326	–	–
不分地区	**336 668**	**336 668**	**303 322**	**303 322**	**33 346**	**33 346**

4－17 表续

地　　区	其他投资	#国有经济	房地产业	#国有经济	工矿区私人建房
全区总计	**77 587**	**2 170**	**509 065**	**29 713**	**10 396**
银 川 市	**14 000**	**－**	**393 550**	**20 020**	**127**
银 川 市	2 680	－	373 654	20 020	－
永 宁 县	－	－	6 603	－	－
贺 兰 县	11 320	－	2 400	－	－
灵 武 市	－	－	10 893	－	127
石嘴山市	**54 867**	**980**	**49 459**	**9 003**	
石嘴山市	16 817	980	39 668	7 112	－
平 罗 县	36 000	－	7 900	－	－
陶 乐 县	－	－	1 891	1 891	－
惠 农 县	2 050	－	－	－	－
吴 忠 市	**8 030**	**500**	**53 265**	**－**	**6 077**
利 通 区	3 120	－	17 848	－	－
红寺堡管委会	－	－	－	－	1 663
青铜峡市	350	－	5 193	－	180
中 卫 县	320	－	9 426	－	780
中 宁 县	－	－	14 319	－	2 280
盐 池 县	3 100		470	－	274
同 心 县	1 140	500	6 009	－	900
固 原 市	**690**	**690**	**12 791**	**690**	**4 192**
原 州 区	－	－	8 911	－	1 650
海 原 县	690	690	690	690	1 162
西 吉 县	－	－	90	－	430
隆 德 县	－	－	－	－	329
泾 源 县	－	－	－	－	446
彭 阳 县	－	－	3 100	－	175
不分地区	**－**	**－**	**－**	**－**	**－**

4－18　各市县基本建设投资

2003 年　　　　单位：万元、平方米、个

地　　区	计划总投资	本年新开工项目计划投资	实际需要的总投资	本年计划投资	本年完成投资	住　宅
全区总计	**5 257 398**	**932 413**	**5 278 703**	**1 746 371**	**1 646 006**	**163 088**
银 川 市	**1 101 019**	**442 041**	**1 114 508**	**582 350**	**620 045**	**81 909**
市 辖 区	809 512	409 626	829 710	409 570	473 826	71 417
永 宁 县	48 053	－	40 308	48 053	40 306	1 600
贺 兰 县	80 435	19 887	80 435	63 960	46 754	8 440
灵 武 市	163 019	12 528	164 055	60 767	59 155	452
石嘴山市	**780 391**	**55 725**	**780 263**	**273 106**	**235 893**	**4 914**
市 辖 区	731 065	38 595	730 253	233 275	205 592	1 505
平 罗 县	26 564	8 005	26 564	24 007	14 653	2 824
陶 乐 县	11 232	2 653	11 912	8 626	8 712	585
惠 农 县	11 530	6 472	11 534	7 198	6 936	
吴 忠 市	**1 027 421**	**143 247**	**1 034 951**	**462 379**	**372 183**	**53 869**
利 通 区	208 487	11 534	212 093	154 597	107 364	26 210
红寺堡管委会	13 498	10 390	13 498	9 313	8 572	4 502
青铜峡市	80 203	24 749	81 491	49 884	47 801	660
中 卫 县	320 320	75 789	319 705	148 037	92 978	7 739
中 宁 县	282 787	1 070	283 651	37 528	67 095	9 297
盐 池 县	82 018	70	82 018	34 226	26 249	1 888
同 心 县	40 108	19 645	42 495	28 794	22 124	3 573
固 原 市	**247 024**	**85 841**	**247 438**	**131 759**	**387 563**	**15 696**
原 州 区	122 332	69 213	122 732	48 139	40 533	3 303
海 原 县	23 040	3 145	23 054	15 903	14 500	1 519
西 吉 县	30 327	2 305	30 327	18 585	16 485	3 174
隆 德 县	26 552	7 215	26 552	19 924	19 207	5 232
泾 源 县	9 652	1 796	9 652	7 964	5 962	2 468
彭 阳 县	35 121	2 167	35 121	21 244	17 856	－
不分地区	**2 101 543**	**205 559**	**2 101 543**	**296 777**	**303 322**	**6 700**

4－18 表续 1

地　　区	按构成分				本年新增固定资产	本年施工房屋面积
	建筑工程	安装工程	设备工器具购置	其他费用		
全区总计	**1 167 601**	**97 195**	**221 712**	**159 498**	**1 067 565**	**6 232 811**
银 川 市	**466 392**	**23 694**	**63 567**	**66 392**	**467 195**	**2 794 443**
市 辖 区	365 262	15 977	41 472	51 117	342 687	2 080 861
永 宁 县	34 404	590	3 660	1 654	40 308	118 171
贺 兰 县	41 151	295	2 792	2 516	54 914	487 373
灵 武 市	25 575	6 832	15 643	11 105	29 286	108 038
石嘴山市	**99 426**	**42 132**	**75 174**	**19 161**	**165 894**	**330 658**
市 辖 区	70 947	41 773	75 051	17 821	142 087	240 879
平 罗 县	14 099	339	15	200	13 253	66 929
陶 乐 县	8 442	–	–	270	3 828	15 500
惠 农 县	5 938	20	108	870	6 726	7 350
吴 忠 市	**256 990**	**14 736**	**52 999**	**47 458**	**138 997**	**2 139 212**
利 通 区	76 759	4 029	12 089	14 487	34 509	974 877
红寺堡管委会	8 572	–	–	–	5 655	177 700
青铜峡市	29 899	1 872	12 866	3 164	22 661	116 638
中 卫 县	55 325	1 400	16 890	19 363	12 104	295 947
中 宁 县	51 646	2 193	4 567	8 689	22 071	282 342
盐 池 县	14 354	5 242	4 958	1 695	17 314	87 281
同 心 县	20 435	–	1 629	60	24 683	204 427
固 原 市	**491 956**	**2 444**	**1 941**	**18 222**	**126 292**	**803 496**
原 州 区	34 358	1 440	516	4 219	58 022	145 309
海 原 县	8 889	–	85	5 526	13 894	154 572
西 吉 县	13 110	–	152	3 223	12 257	167 431
隆 德 县	15 545	597	471	2 594	17 165	178 614
泾 源 县	5 481	37	421	43	5 002	90 155
彭 阳 县	14 573	370	296	2 617	19 952	67 415
不分地区	**252 837**	**14 189**	**28 031**	**8 265**	**169 187**	**165 002**

4-18 表续 2

地　　区	本年竣工房屋面积	本年竣工房屋产值	施工项目个　数	本年新开工	本年投产项目个数
全区总计	**3 124 880**	**274 417**	**1 181**	**892**	**666**
银 川 市	**1 703 198**	**161 515**	**304**	**216**	**200**
市 辖 区	1 228 286	123 574	184	114	109
永 宁 县	118 169	11 812	24	24	24
贺 兰 县	309 705	20 634	55	46	43
灵 武 市	47 038	5 495	41	32	24
石嘴山市	**169 052**	**25 255**	**160**	**116**	**97**
市 辖 区	127 773	22 187	70	50	44
平 罗 县	23 929	1 958	26	19	24
陶 乐 县	10 000	677	53	41	19
惠 农 县	7 350	433	11	6	10
吴 忠 市	**812 120**	**54 775**	**335**	**263**	**166**
利 通 区	120 039	8 520	46	31	18
红寺堡管委会	175 250	4 912	7	4	3
青铜峡市	51 590	3 654	40	31	21
中 卫 县	52 360	4 428	71	56	14
中 宁 县	210 314	16 516	70	66	61
盐 池 县	58 163	4 979	56	54	37
同 心 县	144 404	11 766	45	21	12
固 原 市	**408 633**	**29 884**	**329**	**256**	**194**
原 州 区	60 479	4 204	63	47	8
海 原 县	69 403	5 237	51	37	34
西 吉 县	94 099	5 829	72	59	47
隆 德 县	108 320	8 523	71	59	55
泾 源 县	51 475	4 156	31	21	22
彭 阳 县	24 857	1 935	41	33	28
不分地区	**31 877**	**2 988**	**53**	**41**	**9**

4－19 市县按登记注册类型划分的基本建设投资

单位:万元

地　区	本年完成投　资	内　资	国　有	集　体	股份合作	其他联营
全区总计	**1 646 006**	**1 621 400**	**1 289 466**	**18 802**	**972**	**14 400**
银 川 市	**620 045**	**600 709**	**384 980**	**10 900**	**252**	**10 900**
市 辖 区	473 828	454 492	314 564	900	252	10 900
永 宁 县	40 308	40 308	24 868	－	－	－
贺 兰 县	46 754	46 754	20 197	10 000	－	－
灵 武 市	59 155	59 155	25 351	－	－	－
石嘴山市	**235 893**	**235 893**	**212 018**	**－**	**－**	**－**
市 辖 区	205 592	205 592	189 885	－	－	－
平 罗 县	14 653	14 653	10 380	－	－	－
陶 乐 县	8 712	8 712	4 917	－	－	－
惠 农 县	6 936	6 936	6 836	－	－	－
吴 忠 市	**372 183**	**366 913**	**286 358**	**4 465**	**－**	**3 500**
利 通 区	107 364	106 044	84 046	1 786	－	－
红寺堡管委会	8 572	8 572	8 572	－	－	－
青铜峡市	47 801	43 851	27 355	260	－	－
中 卫 县	92 978	92 978	71 183	483	－	－
中 宁 县	67 095	67 095	61 545	－	－	－
盐 池 县	26 249	26 249	16 819	1 470	－	－
同 心 县	22 124	22 124	16 838	466	－	3 500
固 原 市	**114 563**	**114 563**	**102 788**	**3 437**	**720**	**－**
原 州 区	40 533	40 533	38 053	－	600	－
海 原 县	14 500	14 500	12 791	135	120	－
西 吉 县	16 485	16 485	13 805	1 802	－	－
隆 德 县	19 207	19 207	17 634	1 500	－	－
泾 源 县	5 982	5 982	3 179	－	－	－
彭 阳 县	17 856	17 856	17 326	－	－	－
不分地区	**303 322**	**303 322**	**303 322**	**－**	**－**	**－**

4－19 表续

地　　区	内　资					港澳台商投　资	外商投资
	国有独资公　司	其他有限责任公司	股份有限公　司	私营个体	其　他		
全区总计	**82 651**	**116 971**	**42 108**	**48 445**	**6 678**	**15 280**	**9 326**
银 川 市	**81 651**	**73 898**	**19 886**	**18 242**	**－**	**15 260**	**4 076**
市 辖 区	71 736	48 678	1 183	6 279	－	15 260	4 076
永 宁 县	－	12 960	－	2 480	－	－	－
贺 兰 县	837	10 200	－	5 520	－	－	－
灵 武 市	9 078	2 060	18 703	3 963	－	－	－
石嘴山市	**－**	**9 374**	**4 273**	**9 798**	**430**	**－**	**－**
市 辖 区	－	9 374	－	5 903	430	－	－
平 罗 县	－	－	4 273	－	－	－	－
陶 乐 县	－	－	－	3 795	－	－	－
惠 农 县	－	－	－	100	－	－	－
吴 忠 市	**－**	**32 919**	**15 576**	**17 667**	**5 898**	**20**	**5 250**
利 通 区	－	16 195	3 131	886	－	20	1 300
红寺堡管委会	－	－	－	－	－	－	－
青铜峡市	－	7 186	－	2 820	5 800	－	3 950
中 卫 县	－	8 518	9 005	3 789	－	－	－
中 宁 县	－	－	－	5 452	98	－	－
盐 池 县	－	1 020	3 440	3 500	－	－	－
同 心 县	－	－	－	1 220	－	－	－
固 原 市	**1 000**	**780**	**2 373**	**2 738**	**350**	**－**	**－**
原 州 区	1 000	300	580	－	－	－	－
海 原 县	－	480	404	570	－	－	－
西 吉 县	－	－	－	878	－	－	－
隆 德 县	－	－	－	73	－	－	－
泾 源 县	－	－	1 389	687	350	－	－
彭 阳 县	－	－	－	530	－	－	－
不分地区	－	－	－	－	－	－	－

4-20 各市县主要年份国有单位基本建设投资

单位:万元

地 区	1958年	1978年	1980年	1985年	1990年	1995年	2000年	2002年	2003年
全区总计	**9 209**	**41 882**	**29 934**	**78 289**	**95 692**	**288 578**	**792 274**	**1 160 543**	**1 372 117**
银川市	**2 145**	**8 087**	**13 198**	**33 548**	**30 725**	**80 018**	**154 570**	**278 831**	**466 631**
银川市	2 019	7 143	12 069	31 746	29 311	76 454	147 941	221 958	386 300
永宁县	41	338	770	1 010	498	1 813	3 452	16 474	24 868
贺兰县	85	606	359	792	916	1 751	3 177	22 593	21 034
灵武市	178	364	475	1 124	10 027	42 438	13 256	17 806	34 429
石嘴山市	**2 176**	**8 950**	**5 573**	**16 668**	**9 809**	**30 055**	**65 633**	**182 177**	**212 018**
石嘴山市	1 915	7 723	5 013	14 438	7 970	18 499	52 238	160 815	189 885
平罗县	231	1 142	374	2 036	1 240	8 367	5 285	8 992	10 380
陶乐县	30	85	186	194	144	342	5 921	3 307	4 917
惠农县	-	-	-	-	455	2 847	2 189	9 063	6 836
吴忠市	**2 357**	**3 976**	**4 298**	**14 647**	**41 464**	**79 541**	**156 798**	**158 775**	**286 358**
利通区	280	536	694	2 778	1 601	4 728	40 896	30 769	84 046
红寺堡管委会	-	-	-	-	-	-	-	8 618	8 572
青铜峡市	1 150	2 418	1 166	5 942	35 203	39 154	88 318	32 632	27 355
中卫县	422	402	668	1 744	1 740	19 636	8 785	46 600	71 183
中宁县	248	340	419	1 943	867	3 264	2 423	7 593	61 545
盐池县	106	134	575	805	1 037	11 530	13 127	19 302	16 819
同心县	151	146	776	1 435	1 016	1 229	3 249	13 261	16 838
固原市	**773**	**2 007**	**2 319**	**5 398**	**4 635**	**24 853**	**29 620**	**128 222**	**103 788**
原州区	277	1 266	1 081	1 871	1 461	13 003	8 854	78 542	39 053
海原县	148	286	456	273	121	1 022	4 081	13 378	12 791
西吉县	152	226	350	829	947	1 417	4 005	11 865	13 805
隆德县	161	47	273	589	537	7 299	6 494	8 435	17 634
泾源县	35	182	159	477	321	110	2 049	2 690	3 179
彭阳县	-	-	-	1 359	1 248	2 002	4 137	13 312	17 326
不分地区	**1 758**	**18 862**	**4 546**	**8 028**	**9 059**	**74 111**	**385 653**	**412 538**	**303 322**

4－21　各市县按国民经济行业分的国有单位基本建设投资额

（2003 年）

单位：万元

地　　区	合　计	农、林、牧、渔业	采掘业	制造业	电力、煤气及水的生产和供应业	建筑业	交通运输、仓储和邮政业
全区总计	**1 372 117**	**68 096**	**29 187**	**7 476**	**295 258**	**6 405**	**256 592**
银 川 市	**466 631**	**14 853**	**9 078**	**2 426**	**29 724**	**3 575**	**65 000**
银 川 市	386 300	6 163	–	1 089	27 284	3 575	65 000
永 宁 县	24 868	–	–	–	–	–	–
贺 兰 县	21 034	3 254	–	1 337	2 440	–	–
灵 武 市	34 429	5 436	9 078	–	–	–	–
石嘴山市	**212 018**	**2 043**	**–**	**–**	**164 345**	**2 300**	**1 818**
石嘴山市	189 885	–	–	–	163 786	2 300	418
平 罗 县	10 380	599	–	–	–	–	1 400
陶 乐 县	4 917	1 444	–	–	149	–	–
惠 农 县	6 836	–	–	–	410	–	–
吴 忠 市	**286 358**	**34 440**	**–**	**3 607**	**65 021**	**530**	**3 225**
利 通 区	84 046	–	–	3 404	11 214	–	–
红寺堡管委会	8 572	5 584	–	–	–	–	–
青铜峡市	27 333	5 300	–	–	9 018	–	
中 卫 县	71 183	7 017	–	–	5 569	–	–
中 宁 县	61 545	6 341	–	203	35 135	–	625
盐 池 县	16 819	5 685	–	–	1 390	70	2 600
同 心 县	16 838	4 313	–	–	2 695	460	–
固 原 市	**103 788**	**16 760**	**780**	**1 443**	**6 564**	**–**	**1 309**
原 州 区	39 053	3 493	–	70	5 214	–	–
海 原 县	12 791	5 502	–	–	–	–	–
西 吉 县	13 805	2 720	–	880	200	–	1 001
隆 德 县	17 634	2 650	–	120	792	–	78
泾 源 县	3 179	–	–	373	–	–	–
彭 阳 县	17 326	2 395	780	–	358	–	230
不分地区	**303 322**	**–**	**19 329**	**–**	**29 604**	**–**	**185 240**

地　　区	信息运输、计算机服务和软件业	批发和零售业	住宿和餐饮业	金融业	房地产业	租赁和商务服务业	科学研究、技术服务和地质勘察业
全区总计	**28 378**	**10 385**	**6 095**	**4 633**	**114 442**	**730**	**5 536**
银 川 市	**9 095**	**4 572**	**5 071**	**3 593**	**78 655**	**400**	**2 840**
银 川 市	9 095	2 656	5 071	3 593	68 953	－	2 840
永 宁 县	－	166	－	－	8 662	400	－
贺 兰 县	－	1 600	－	－	1 040	－	－
灵 武 市	－	150	－	－	－	－	－
石嘴山市	**－**	**324**	**－**	**－**	**316**	**－**	**－**
石嘴山市	－	284	－	－	80	－	－
平 罗 县	－	－	－	－	－	－	－
陶 乐 县	－	40	－	－	236	－	－
惠 农 县	－	－	－	－	－	－	－
吴 忠 市	**－**	**2 690**	**629**	**270**	**34 396**	**－**	**－**
利 通 区	－	610	－	－	26 916	－	－
红寺堡管委会	－	－	－	－	－	－	－
青铜峡市	－	280	－	270	－	－	－
中 卫 县	－	800	160	－	7 000	－	－
中 宁 县	－	290	－	－	480	－	－
盐 池 县	－	255	340	－	－	－	－
同 心 县	－	455	129	－	－	－	－
固 原 市	**319**	**2 799**	**395**	**770**	**1 075**	**330**	**2 696**
原 州 区	－	－	－	－	－	－	－
海 原 县	－	60	－	110	－	40	1 740
西 吉 县	150	961	－	－	－	－	646
隆 德 县	169	170	－	660	1 075	290	310
泾 源 县	－	545	30	－	－	－	－
彭 阳 县	－	1 063	365	－	－	－	－
不分地区	**18 964**	**－**	**－**	**－**	**－**	**－**	**－**

4－21 表续 2　　（2003 年）　　单位：万元

地　　区	水利、环境和公共设施管理业	居民服务和其他服务业	教　育	卫生、社会保障和社会福利业	文化、体育和娱乐业	公共管理与社会组织	国际组织
全区总计	**381 890**	**963**	**53 061**	**17 196**	**15 045**	**70 749**	**－**
银 川 市	**163 395**	**－**	**32 280**	**4 981**	**10 128**	**26 965**	**－**
银 川 市	123 346	－	29 694	4 575	8 528	24 838	－
永 宁 县	14 330	－	740	－	－	570	－
贺 兰 县	8 397	－	1 380	406	800	380	－
灵 武 市	17 322	－	466	－	800	1 177	－
石嘴山市	**25 681**	**500**	**4 367**	**3 022**	**2 083**	**5 219**	**－**
石嘴山市	11 363	－	3 467	2 242	1 686	4 259	－
平 罗 县	6 352	－	245	680	337	767	－
陶 乐 县	1 981	500	327	100	60	80	－
惠 农 县	5 985	－	328	－	－	113	－
吴 忠 市	**93 110**	**463**	**8 846**	**7 613**	**2 039**	**29 479**	**－**
利 通 区	24 674	－	2 340	3 798	－	11 090	－
红寺堡管委会	2 528	－	180	－	－	280	－
青铜峡市	6 507	80	1 810	1 500	250	2 140	－
中 卫 县	47 421	113	278	1 460	755	610	－
中 宁 县	4 560	180	1 561	520	860	10 790	－
盐 池 县	3 407	90	663	335	－	1 984	－
同 心 县	4 013	－	2 014	－	174	2 585	－
固 原 市	**49 519**	**－**	**7 568**	**1 580**	**795**	**9 086**	**－**
原 州 区	25 987	－	1 892	－	－	2 397	－
海 原 县	2 607	－	1 286	326	395	725	－
西 吉 县	4 023	－	1 420	910	－	894	－
隆 德 县	5 818	－	1 845	124	－	3 533	－
泾 源 县	339	－	335	100	－	1 457	－
彭 阳 县	10 745	－	790	120	400	80	－
不分地区	**50 185**	**－**	**－**	**－**	**－**	**－**	**－**

4－22　各市县城镇和工矿区个人建房

（2003年）

地　　区	建房户数（户）	竣工房屋建筑面积（平方米）	#住　宅	竣工房屋价　值（万元）	#住　宅
全区总计	**1 971**	**224 688**	**192 787**	**10 396**	**8 632**
银 川 市	**7**	**2 300**	**2 300**	**127**	**127**
银 川 市	－	－	－	－	－
永 宁 县	－	－	－	－	－
贺 兰 县	－	－	－	－	－
灵 武 市	7	2 300	2 300	127	127
石嘴山市	**－**	**－**	**－**	**－**	**－**
石嘴山市	－	－	－	－	－
平 罗 县	－	－	－	－	－
陶 乐 县	－	－	－	－	－
惠 农 县	－	－	－	－	－
吴 忠 市	**1 367**	**135 130**	**120 206**	**6 077**	**5 331**
利 通 区	－	－	－	－	－
红寺堡管委会	1 002	56 705	51 423	1 663	1 518
青铜峡市	48	3 050	1 350	180	76
中 卫 县	12	13 000	11 000	780	660
中 宁 县	112	32 286	28 329	2 280	1 983
盐 池 县	13	7 689	7 689	274	274
同 心 县	180	22 400	20 415	900	820
固 原 市	**597**	**87 258**	**70 281**	**4 192**	**3 174**
原 州 区	187	32 352	32 352	1 650	1 650
海 原 县	227	29 027	19 781	1 162	591
西 吉 县	87	12 285	8 500	430	323
隆 德 县	22	3 294	1 198	329	115
泾 源 县	42	6 800	4 950	446	320
彭 阳 县	32	3 500	3 500	175	175

4－23 各市县房地产开发企业基本情况

（2003年）

地 区	开发公司（个）	国有经济	集体经济	私营和个体经济	股份制经济	外商投资经济	港澳台投资经济	年末从业人员数（人）
全区总计	**217**	**11**	**12**	**70**	**120**	**2**	**2**	**6 627**
银川市	**145**	**5**	**1**	**47**	**88**	**2**	**2**	**4 933**
银川市	133	5	－	43	81	2	2	4 733
永宁县	4	－	－	2	2	－	－	71
贺兰县	1	－	－	1	－	－	－	13
灵武市	7	－	1	1	5	－	－	116
石嘴山市	**24**	**5**	**3**	**6**	**10**	**－**	**－**	**634**
石嘴山市	20	4	1	5	10	－	－	555
平罗县	3	－	2	1	－	－	－	66
陶乐县	1	1	－	－	－	－	－	13
惠农县	－	－	－	－	－	－	－	－
吴忠市	**39**	**－**	**8**	**13**	**18**	**－**	**－**	**931**
利通区	15	－	4	6	5	－	－	336
青铜峡市	4	－	－	－	4	－	－	134
中卫县	8	－	2	－	6	－	－	201
中宁县	7	－	1	5	1	－	－	136
盐池县	1	－	－	－	1	－	－	18
同心县	4	－	1	2	1	－	－	106
固原市	**9**	**1**	**－**	**4**	**4**	**－**	**－**	**129**
原州区	6	－	－	4	2	－	－	109
海原县	1	1	－	－	－	－	－	5
西吉县	1	－	－	－	1	－	－	10
隆德县	－	－	－	－	－	－	－	－
泾源县	－	－	－	－	－	－	－	－
彭阳县	1	－	－	－	1	－	－	5

4－24　各市县房地产开发经营情况

（2003 年）　　　　单位：万元

地　　区	经营总收　入	土地转让收　　入	商品房屋销售收入	商品房出租收　　入	其他收入	经营税金及 附 加	利润总额
全区总计	**414 237**	**319**	**377 835**	**960**	**35 123**	**20 465**	**9 027**
银 川 市	**349 186**	**54**	**317 419**	**737**	**30 976**	**17 625**	**8 601**
银 川 市	340 484	54	308 717	737	30 976	17 181	9 309
永 宁 县	2 332	－	2 332	－	－	121	48
贺 兰 县	760	－	760	－	－	88	2
灵 武 市	5 610	－	5 610	－	－	235	－758
石嘴山市	**30 286**	**－**	**29 431**	**163**	**692**	**1 290**	**141**
石嘴山市	25 644	－	24 789	163	692	1 075	83
平 罗 县	4 642	－	4 642	－	－	215	58
陶 乐 县	－	－	－	－	－	－	－
惠 农 县	－	－	－	－	－	－	－
吴 忠 市	**26 225**	**263**	**25 483**	**60**	**419**	**1 265**	**－378**
利 通 区	8 397	－	8 377	3	17	373	－403
青铜峡市	4 959	－	4 959	－	－	217	－24
中 卫 县	8 005	263	7 291	49	402	426	94
中 宁 县	4 464	－	4 456	8	－	236	91
盐 池 县	400	－	400	－	－	13	35
同 心 县	－	－	－	－	－	－	－171
固 原 市	**8 540**	**2**	**5 502**	**－**	**3 036**	**285**	**663**
原 州 区	6 263	－	3 773	－	2 490	250	535
海 原 县	1 688	－	1 142	－	546	28	136
西 吉 县	89	2	87	－	－	5	9
隆 德 县	－	－	－	－	－	－	－
泾 源 县	－	－	－	－	－	－	－
彭 阳 县	500	－	500	－	－	2	－17

4－25　各市县商品房屋销售情况

（2003年）

地　　区	实际销售商品房屋面积（平方米）	#住　宅	#经济适用房	个人购买商品住宅（平方米）	商品房屋销售额（万元）	#住　宅	#经济适用房
全区总计	**2 323 780**	**1 878 060**	**349 837**	**1 875 857**	**434 150**	**284 466**	**34 690**
银 川 市	**1 703 037**	**1 359 171**	**284 717**	**1 357 435**	**364 274**	**234 830**	**30 644**
银 川 市	1 597 010	1 272 680	284 717	1 270 944	354 119	226 820	30 644
永 宁 县	26 248	22 703	－	22 703	2 537	2 043	－
贺 兰 县	7 000	4 700	－	4 700	760	429	－
灵 武 市	72 779	59 088	－	59 088	6 858	5 538	－
石嘴山市	**312 283**	**281 372**	**59 154**	**280 905**	**34 888**	**27 871**	**3 549**
石嘴山市	229 156	206 267	39 453	206 267	26 253	20 849	2 131
平 罗 县	61 946	55 404	－	54 937	7 039	5 604	－
陶 乐 县	21 181	19 701	19 701	19 701	1 596	1 418	1 418
惠 农 县	－	－	－	－	－	－	－
吴 忠 市	**253 776**	**197 304**	**5 000**	**197 304**	**29 121**	**17 856**	**410**
利 通 区	81 997	57 348	－	57 348	8 944	4 831	－
青铜峡市	70 940	67 306	－	67 306	6 303	5 900	－
中 卫 县	63 546	53 913	－	53 913	7 194	5 410	－
中 宁 县	37 293	18 737	5 000	18 737	6 678	1 715	410
盐 池 县	－	－	－	－	－	－	－
同 心 县	－	－	－	－	－	－	－
固 原 市	**54 684**	**40 213**	**966**	**40 213**	**5 867**	**3 909**	**87**
原 州 区	37 066	27 909	－	27 909	4 138	2 792	－
海 原 县	11 552	6 238	－	6 238	1 142	530	－
西 吉 县	966	966	966	966	87	87	87
隆 德 县	－	－	－	－	－	－	－
泾 源 县	－	－	－	－	－	－	－
彭 阳 县	5 100	5 100	－	5 100	500	500	－

主要统计指标解释

【全社会固定资产投资】 固定资产投资额是以货币表现的在一定时期内建造和购置固定资产的工作量以及与此有关的费用的总称,它是反映固定资产投资规模、结构、和发展速度的综合性指标。

现行国家统计制度规定,全社会固定资产投资统计包括:基本建设投资、更新改造投资、其他固定资产投资、城镇私人建房投资以及各种经济类型的房地产开发投资和农村投资。

【施工项目】 是指报告期内进行过建筑或安装施工活动的项目。凡是报告期内施过工的建设项目,不论施工时间长短,均作为施工项目统计。施工项目个数可以反映一定时期固定资产投资实际规模,与同期建成投产的建设项目个数相比,可以从建设速度的角度反映固定资产投资的效果。施工项目按建设阶段分为:本年正式施工项目、本年收尾项目和以前年度全部停缓建项目。

【建成投产项目】 是指报告期内按设计文件规定建成主体工程和相应配套的辅助设施,形成生产能力或工程效益,经过验收合格,并且已正式投入生产或交付使用的建设项目。建成投产项目个数是反映报告期建设成果和考核投资效果的重要依据。建成投产项目分为全部建成投入生产项目和部分建成投入生产项目。

【房屋施工面积】 是指报告期内施工的全部房屋建筑面积。包括本期新开工的面积和上期开工跨入本期继续施工的房屋面积,以及上期已停建在本期恢复施工的房屋面积。本期竣工和本期施工后又停续建的房屋,其建筑面积仍计入本期房屋施工面积中。

【房屋竣工面积】 是指在报告期内房屋建筑按照设计要求已全部完工。达到住人和使用条件,经验收鉴定合格(或达到竣工验收标准),正式移交给使用单位的各栋房屋建筑面积的总和。

【新增固定资产】 新增固定资产(又称交付使用的固定资产),是指已经完成建造和购置过程,并已交付生产或使用单位的固定资产价值。新增固定资产是反映固定资产投资活动成果的价值量指标,只有已经完成建造和购置过程,并正式移交生产、使用单位的固定资产才能计算新增固定资产。没有安装的需要安装的设备、正在施工的建设工程等都不能计算新增固定资产。

【房地产开发投资】 指各种登记注册类型的房地产开发公司在一定时期内用于房屋建造、土地开发以及配套服务设施的投资,是全社会固定资产投资的重要组成部分。

【本年资金来源】 指固定资产投资单位在报告期内收到的,用于固定资产投资的各种货币资金。包括国家预算内资金、国内贷款、债券、利用外资、自筹资金和其他资金。

五、能　　源

5-1 主要年份能源生产、消费总量和构成

年份	能源生产总量（折万吨标准煤）	占能源生产总量(%)				能源消费总量（折万吨标准煤）	占能源生产总量(%)			
		煤炭	原油	天然气	水电		煤炭	原油	天然气	水电
1952	5.1	100.0								
1957	24.3	100.0								
1958	86.4	100.0								
1965	219.9	100.0								
1970	348.3	97.0			3.0					
1975	580.4	92.1	1.3		6.6					
1977	688.2	92.4	2.2		5.4					
1978	806.4	88.5	7.0		4.5					
1979	864.6	86.0	9.4		4.6					
1980	810.8	85.5	10.0		4.5	320.0	73.4	3.8		22.8
1985	973.1	89.6	5.9		4.5	420.4	65.6	7.6	0.3	26.4
1986	960.4	90.7	5.1	0.1	4.1	451.0	62.9	7.5	0.3	29.4
1987	997.6	92.3	4.4	0.1	3.2	509.0	61.6	6.8	0.2	31.4
1988	1 031.8	92.1	4.5	0.1	3.3	549.6	58.5	7.2	0.3	34.1
1989	1 051.0	91.2	3.9	0.1	4.8	614.9	55.8	8.8	0.2	35.3
1990	1 115.2	92.4	3.3	0.1	4.2	707.3	57.6	9.2	0.1	33.1
1991	1 070.6	93.6	3.1	0.1	3.2	694.4	54.1	9.8	0.1	36.0
1992	1 049.8	93.8	2.8	0.1	3.2	705.0	50.8	11.0	0.2	38.0
1993	1 024.5	95.6	2.9	0.2	1.3	715.8	47.7	11.8	0.2	40.3
1994	1 052.6	94.2	4.1	0.5	1.2	740.8	75.0	10.5	0.7	13.8
1995	1 132.1	93.4	4.9	0.7	1.0	775.2	75.0	10.2	0.2	14.6
1996	1 251.6	92.2	6.4	0.6	0.8	808.8	74.8	9.7	0.2	15.3
1997	1 319.0	90.4	8.7	0.2	0.7	814.0	73.9	10.5	0.1	15.5
1998	1 300.5	86.9	12.2	0.1	0.8	816.9	70.9	12.8	0.2	16.1
1999	1 290.5	84.7	14.2	0.1	0.9	823.1	69.6	13.0	0.2	17.2
2000	1 362.7	84.5	14.6	0.1	0.8	875.0	68.5	13.2	0.2	18.1
2001	1 409.0	82.9	16.3	0.1	0.7	915.6	70.9	13.1	0.2	15.8
2002	1 594.9	81.4	17.7	0.3	0.6	1 041.5	72.5	12.8	0.3	14.4
2003	1 924.1	81.4	16.4	0.6	1.5	1 530.0	82.7	8.6	6.8	1.9

注：1993-2003年电力折标系数采用当量热值折算，即1.229吨煤/万千瓦时。

5-2 主要年份每亿元工业总产值能源、电力消费量

年 份	能源消费量(万吨标准煤)			电力消费量(万千瓦小时)		
	工 业	重工业	轻工业	工 业	重工业	轻工业
1985	11.99	15.25	4.14	8 935	11 751	2 154
1986	12.19	15.91	4.11	9 989	13 514	2 331
1987	12.10	15.17	5.59	10 914	13 658	5 089
1988	11.55	15.24	3.41	11 070	15 157	2 053
1989	11.80	15.55	3.17	11 175	15 136	2 054
1990	12.17	15.63	4.28	10 858	14 765	1 945
1991	6.87	8.20	2.85	6 677	8 368	1 543
1992	6.14	7.31	2.43	6 488	8 038	1 603
1993	6.12	7.29	2.39	7 015	8 532	1 591
1994	5.64	6.68	1.79	6 128	7 368	1 525
1995	5.20	6.04	1.83	5 992	7 097	1 541
1996	5.14	6.02	1.40	6 403	7 525	1 639
1997	4.95	5.76	1.57	6 249	7 385	1 517
1998	4.86	5.67	1.46	6 413	7 559	1 582
1999	4.78	5.55	1.64	6 776	7 958	1 924
2000	4.21	4.91	1.35	6 201	7 310	1 598
2001	3.99	4.86	1.53	5 786	7 181	1 992
2002	3.87	4.71	1.48	6 835	8 482	2 359
2003	3.88			4 567		

注:1991-2003年工业总产值按1990年不变价计算。

5－3　主要年份单位能源、电力消费实现的工业总产值

单位:万元

年　份	每吨能源消费实现的工业总产值			每千瓦小时电力消费实现的工业总产值		
	工　业	重工业	轻工业	工　业	重工业	轻工业
1985	834.00	656.00	2 415.00	1.21	0.85	4.64
1986	820.25	628.48	2 433.56	1.00	0.74	4.29
1987	826.41	659.27	1 789.77	0.92	0.73	1.96
1988	865.70	656.08	2 934.74	0.90	0.66	4.87
1989	847.42	643.14	3 191.75	0.89	0.66	4.87
1990	821.67	639.77	2 337.33	0.92	0.68	5.14
1991	1 454.63	1 219.36	3 511.16	1.50	1.19	6.48
1992	1 629.49	1 367.21	4 121.30	1.54	1.24	6.24
1993	1 634.00	1 371.73	4 183.80	1.42	1.17	6.29
1994	1 772.66	1 497.25	5 595.94	1.63	1.36	6.56
1995	1 922.36	1 655.68	5 475.75	1.67	1.41	6.49
1996	1 946.82	1 662.42	7 128.62	1.56	1.33	6.10
1997	2 019.29	1 735.07	6 366.07	1.60	1.35	6.59
1998	2 055.69	1 763.30	6 827.96	1.56	1.32	6.32
1999	2 090.27	1 800.47	6 092.94	1.48	1.26	5.20
2000	2 375.20	2 035.24	7 402.35	1.61	1.37	6.26
2001	2 506.26	2 057.61	6 535.95	1.73	1.39	5.02
2002	2 651.65	2 179.97	6 915.11	1.46	1.17	4.24
2003	2 575.00			1.89		

注:1991－2003年工业总产值按1990年不变价计算。

5－4　工业企业能源购进、消费及库存

（2003 年）

能源名称	计量单位	年初库存	购进量		消费量			年末库存
			实物量	金　额（万元）	合　计	工业生产消　费	非工业生产消费	
原煤	吨	1 451 242	18 024 967	182 550.13	17 578 575	17 453 718	124 857	1 567 634
洗精煤	吨	47 702	807 679	17 061.12	816 216	816 166	50	43 092
其他洗煤	吨	12 271	464 687	4 739.72	507 627	493 332	14 295	458 998
型煤	吨	－	143	3.43	77	－	77	66
焦炭	吨	27 772	525 346	14 306.91	518 703	518 411	292	34 508
其他焦化产品	吨	166	400	34.00	420	420	－	146
焦炉煤气	万立方米	－	1 080	86.00	1 080	1 080	－	－
天然气	万立方米	－	104 441	39 001.36	100 728	100 426	302	－
原油	吨	26 937	832 512	187 799.74	843 695	843 681	14	19 884
汽油	吨	5 570	6 232	2 030.53	6 821	3 741	3 080	6 466
柴油	吨	5 137	18 091	6 061.10	18 847	16 435	2 412	6 062
燃料油	吨	11 366	113 260	17 384.10	117 218	117 176	42	8 108
液化石油气	吨	435	226	65.00	410	184	226	360
炼厂干气	吨	－	－	－	28 286	28 286	－	－
其他石油制品	吨	37 400	141 987	1 729.27	130 853	130 658	195	48 534
热力	百万千焦	－	1 961 724	1 256.89	2 809 460	2 551 057	258 403	－
电力	万千瓦时	－	1 775 650	431 006.77	1 799 539	1 773 677	25 862	－
其他燃料	吨标准煤	464	1 500	14.00	1 150	1 150	－	814
能源合计	吨标准煤	1 239 084	23 449 171	2 731 313.29	23 568 508	23 226 683	225 671	1 640 552

5-5 主要能源按工业行业分组消费量

（2003年） 单位:吨

	原 煤	洗精煤	其他洗煤	型 煤	焦 炭	其他焦化产品
总 计	**17 578 575**	**816 216**	**507 627**	**77**	**518 703**	**420**
采掘业	**5 483 188**	**199 854**	**56 234**	**0**	**26 388**	**–**
煤炭开采和洗选业	5 483 188	199 854	56 234	0	26 388	–
制造业	**4 473 794**	**586 099**	**160 553**	**77**	**489 838**	**420**
农副食品加工业	29 210	–	–	–	–	–
食品制造业	96 780	–	–	–	–	–
饮料制造业	61 005	–	–	–	–	–
烟草制品业	6 917	–	–	–	–	–
纺织业	685	–	–	–	–	–
纺织服装、鞋、帽制造业	3 499	–	–	–	–	–
皮革、毛皮、羽毛(绒)及其制品业	2 595	–	–	–	–	–
家具制造业	542	–	–	–	–	–
造纸及纸制品业	585 744	381	–	–	15 006	–
印刷业和记录媒介的复制	452	50	–	–	–	–
石油加工、炼焦及核燃料加工业	254 751	376 799	–	–	–	–
化学原料及化学制品制造业	1 492 732	47 082	31 657	–	114 380	420
医药制造业	33 973	–	–	–	–	–
化学纤维制造业	4 765	–	–	–	–	–
橡胶制品业	106 384	–	–	–	–	–
塑料制品业	5 433	–	–	–	–	–
非金属矿物制品业	930 926	60 636	122 750	–	600	–
黑色金属冶炼及压延加工业	311 612	101 140	–	–	358 493	–
有色金属冶炼及压延加工业	362 762	–	6 130	77	18	–
金属制品业	2 567	–	–	–	–	–
通用设备制造业	94 765	11	–	–	791	–
专用设备制造业	48 971	–	16	–	177	–
交通运输设备制造业	660	–	–	–	–	–
电气机械及器材制造业	17 219	–	–	–	373	–
仪器仪表及文化、办公用机械制造业	18 665	–	–	–	–	–
工艺品及其他制造业	180	–	–	–	–	–
电力、煤气及水的生产和供应业	**7 621 593**	**30 263**	**290 840**	**–**	**2 477**	**–**
电力、热力的生产和供应业	7 617 319	30 263	290 840	–	2 477	–
水的生产和供应业	4 274	–	–	–	–	–

5－5表续1　　　　　　　　　　　　　　　　(2003年)

	天燃气(万立方米)	原　油(吨)	汽　油(吨)	煤　油(吨)	柴　油(吨)	燃料油(吨)
总　　计	**100 728**	**843 695**	**6 821**	**572**	**18 847**	**117 218**
采掘业	**－**	**－**	**1 627**	**24**	**9 666**	**－**
煤炭开采和洗选业	－	－	1 627	24	9 666	－
制造业	**51 481**	**840 263**	**4 881**	**539**	**7 666**	**116 936**
农副食品加工业	－	－	207	8	61	－
食品制造业	－	14	347	－	391	－
饮料制造业	－	－	358	－	477	－
纺织业	－	－	31	－	3	－
纺织服装、鞋、帽制造业	－	－	40	－	61	－
皮革、毛皮、羽毛(绒)及其制品业	－	－	69	－	0	－
家具制造业	－	－	16	－	33	－
造纸及纸制品业	136	17	206	3	69	－
印刷业和记录媒介的复制	－	－	44	－	－	－
石油加工、炼焦及核燃料加工业	－	840 232	269	－	274	2 814
化学原料及化学制品制造业	49 246	－	574	2	2 327	113 780
医药制造业	－	－	103	－	232	－
化学纤维制造业	－	－	16	－	1	－
橡胶制品业	－	－	479	5	41	－
塑料制品业	－	－	50	－	12	42
非金属矿物制品业	195	－	344	348	1 479	－
黑色金属冶炼及压延加工业	－	－	259	1	326	－
有色金属冶炼及压延加工业	1 647	－	586	－	1 181	300
金属制品业	－	－	50	－	3	－
通用设备制造业	257	－	332	148	332	－
专用设备制造业	－	－	127	15	97	－
交通运输设备制造业	－	－	58	－	8	－
电气机械及器材制造业	－	－	148	3	229	－
通信设备、计算机及其他电子设备制造业	－	－	16	－	－	－
仪器仪表及文化、办公用机械制造业	－	－	150	6	29	－
工艺品及其他制造业	－	－	2	－	－	－
电力、煤气及水的生产和供应业	**49 247**	**3 432**	**313**	**9**	**1 515**	**282**
电力、热力的生产和供应业	－	3 432	112	9	1 491	282
燃气生产和供应业	49 247	－	－	－	－	－
水的生产和供应业	－	－	201	－	24	－

5－5 表续 2　　　　　　　　　　　　　（2003 年）

	液化石油气（吨）	炼厂干气（吨）	其他油制品（吨）	热力（百万千焦）	电力（万千瓦时）	其他燃料（吨标准煤）
总　　计	**410**	**28 286**	**130 853**	**2 809 460**	**1 799 539**	**1 150**
采掘业	**–**	**–**	**35**	**–**	**73 764**	**–**
煤炭开采和洗选业	–	–	35	–	73 764	–
制造业	**410**	**28 286**	**130 818**	**1 759 860**	**1 271 109**	**1 150**
农副食品加工业	–	–	–	–	3 834	–
食品制造业	–	–	–	3 980	5 535	–
饮料制造业	–	–	–	–	4 162	–
烟草制品业	–	–	–	–	234	–
纺织业	–	–	–	–	1 582	–
纺织服装、鞋、帽制造业	–	–	–	–	432	–
皮革、毛皮、羽毛(绒)及其制品业	–	–	–	–	341	–
家具制造业	–	–	–	–	99	–
造纸及纸制品业	–	–	–	–	30 633	–
印刷业和记录媒介的复制	–				463	–
石油加工、炼焦及核燃料加工业	184	28 286	–	–	52 622	–
化学原料及化学制品制造业	–	–	671	302 149	261 741	1 150
医药制造业	–	–	–	–	22 730	–
化学纤维制造业	–	–	–	–	1 064	–
橡胶制品业	–	–	–	–	9 581	–
塑料制品业	–	–	–	–	2 028	–
非金属矿物制品业	–	–	11	–	83 937	–
黑色金属冶炼及压延加工业	–	–	3	–	459 797	–
有色金属冶炼及压延加工业	226	–	130 072	1 427 650	472 354	–
金属制品业	–	–	–	–	316	–
通用设备制造业	–	–	55	26 081	10 545	–
专用设备制造业	–	–	–	–	4 541	–
交通运输设备制造业	–	–	–	–	15	–
电气机械及器材制造业	–	–	–	–	1 284	–
通信设备、计算机及其他电子设备制造业	–	–	–	–	8	–
仪器仪表及文化、办公用机械制造业	–	–	–	–	1 229	–
工艺品及其他制造业	–	–	–	–	4	–
电力、煤气及水的生产和供应业	**–**	**–**	**–**	**1 049 600**	**223 504**	**–**
电力、热力的生产和供应业	–	–	–	1 049 600	219 476	–
水的生产和供应业	–	–	–	–	4 029	–

主要统计指标解释

【能源生产总量】 指一定时期内一次能源生产量的总和,是观察能源生产水平、规模、构成和发展速度的总量指标。一次能源生产量包括原煤、原油、天然气、水电及其他动力能(如风能、地热能等)发电量。不包括低热值燃料生产量、生物质能、太阳能等利用和由一次能源加工转换而成的二次能源产量。

【能源消费总量】 指一定时期内物质生产部门,非物质生产部门和生活消费的各种能源的总和,是观察能源消费水平、构成和增长速度的总量指标。能源消费总量包括原煤及其制品、天然气、电力。不包括低热值燃料、生物质能和太阳能等的利用。能源消费总量分为三部分。即终端能源消费量、能源加工转换损失量和损失量。

六、财政、金融、保险

6－1　主要年份财政收入

单位:万元

年　　份	地方财政收　　入	工商税收	农牧业税	企业所得税	国有企业上缴利润	国有企业亏损补贴	企业所得税退　　税
1950	1 087	294	766		1		
1955	2 891	1 028	1 155		473		
1957	3 670	1 154	1 065		1 124		
1958	5 774	1 683	1 680		2 081		
1960	10 469	2 763	887		6 430		
1965	6 359	2 835	969		1 825		
1970	9 894	5 006	1 049		3 382		
1975	22 324	10 172	963		10 970		
1978	31 603	13 163	995		15 106		
1980	20 353	13 514	827		4 808		
1981	14 362	12 252	775		161		
1982	15 170	14 160	774		－1 000		
1983	17 794	15 685	774		22		
1984	22 144	17 844	845		3 250		
1985	29 075	25 655	1 092	8 900	2 193	－9 999	
1986	36 613	29 190	1 114	8 152	2 392	－6 392	
1987	41 135	34 060	1 257	8 392	2 514	－7 152	
1988	50 863	41 110	1 553	10 116	1 894	－10 116	－1 810
1989	63 322	51 246	2 589	10 249	1 833	－11 196	－3 034
1990	62 314	56 481	2 649	8 805	2 420	－12 266	－1 668
1991	68 122	60 549	2 738	9 935	1 586	－11 548	－1 541
1992	77 265	64 856	3 452	9 760	2 684	－9 730	－1 607
1993	108 522	99 071	3 916	8 962	373	－8 945	－1 509
1994	71 728	57 054	5 123	6 080	2 203	－6 358	－678
1995	89 792	67 672	4 901	7 690	651	－1 817	－532
1996	126 807	84 079	9 948	11 033	325	－1 588	－465
1997	140 738	97 673	11 832	15 071	323	－1 955	－2 309
1998	177 525	114 752	13 587	12 845	－	－1 888	－4 673
1999	188 393	126 165	12 796	18 775	－	－2 153	－5 062
2000	208 244	148 958	9 318	26 147	－	－967	－2 464
2001	275 745	163 307	10 797	60 084	－	－557	－852
2002	264 714	192 083	8 757	18 412	－	－241	－
2003	300 310	219 847	7 480	16 846	－	－11	－

6－2　主要年份财政支出

单位:万元

年　份	地方财政支出	基本建设	企业技术改造	支援农业	工交商事业	科教卫生	城市维护	社会抚恤救济	行政管理
1950	461				103	94		4	259
1955	3 802				2 505	411		111	773
1957	3 742				1 967	683		72	994
1958	12 434	6 254		621	2 796	888	6	88	1 012
1960	30 270	17 851		3 709	1 388	2 060	17	427	1 540
1965	11 171	3 708	78	1 722	185	1 988	286	284	1 368
1970	16 855	8 226		1 299	163	2 500	365	240	1 692
1975	37 050	13 840		5 553	442	4 990	543	579	2 467
1978	57 755	21 982	2 979	9 574	653	7 569	592	1 082	2 923
1980	57 526	16 719	3 582	13 489	800	10 052	1 230	1 554	4 770
1981	46 104	9 015	1 691	9 833	774	11 075	1 022	1 208	4 729
1982	57 113	10 470	2 449	11 432	1 070	14 376	1 549	2 185	5 003
1983	69 481	14 844	3 727	11 787	1 414	15 692	2 121	2 448	6 250
1984	87 889	18 739	5 546	13 895	1 675	19 921	3 605	1 652	9 157
1985	98 526	22 024	4 067	15 027	1 987	22 183	3 375	1 900	7 118
1986	120 214	23 351	6 294	16 490	1 916	25 680	4 998	1 899	8 293
1987	118 441	20 223	6 729	15 717	1 496	27 561	4 150	1 825	8 234
1988	138 154	17 617	6 411	17 438	1 895	31 777	4 516	2 744	9 697
1989	146 622	14 959	5 601	18 355	1 861	32 731	4 353	1 995	10 992
1990	149 616	14 610	5 322	20 015	2 177	36 659	4 714	2 099	12 660
1991	160 496	15 313	6 969	21 585	2 026	38 592	5 020	2 658	14 102
1992	158 636	14 392	7 740	22 399	2 446	43 395	5 497	2 543	16 777
1993	193 959	14 724	19 627	25 375	2 690	48 159	5 648	2 539	20 566
1994	193 754	11 794	6 850	29 956	3 422	60 118	5 474	3 220	25 049
1995	229 963	15 941	7 021	28 698	3 390	65 413	7 408	3 473	27 619
1996	295 196	26 209	15 355	35 463	3 955	73 312	9 499	4 205	27 890
1997	336 300	27 550	15 508	39 252	4 043	78 182	12 658	5 010	31 519
1998	451 239	61 890	13 575	45 505	4 313	97 678	14 217	7 066	37 233
1999	495 346	60 595	22 373	45 080	5 202	109 454	15 859	7 304	39 588
2000	608 380	93 938	32 790	48 034	5 708	127 026	17 710	8 843	45 521
2001	935 787	379 901	51 947	69 084	11 489	188 948	19 515	20 464	60 843
2002	1 145 650	255 018	32 809	82 093	11 109	199 973	24 797	21 318	69 594
2003	1 057 793	203 563	39 719	86 025	13 276	220 032	27 957	26 717	77 326

6-3　财政收入占国内生产总值比重

年　份	财政收入（万元）	国内生产总　值（万元）	财政收入占国内生产总值比重（%）
1978	3.16	13.00	24.31
1979	3.05	14.36	21.24
1980	2.04	15.96	12.78
1981	1.44	17.42	8.27
1982	1.52	18.22	8.34
1983	1.78	20.79	8.56
1984	2.31	24.78	9.32
1985	2.91	30.27	9.61
1986	3.66	34.54	10.60
1987	4.11	39.63	10.37
1988	5.09	50.29	10.12
1989	6.33	59.21	10.69
1990	6.23	64.84	9.61
1991	6.81	71.78	9.49
1992	7.73	83.14	9.30
1993	10.85	103.82	10.45
1994	7.17	133.97	5.35
1995	8.98	169.75	5.29
1996	12.68	193.62	6.55
1997	14.07	210.92	6.67
1998	17.75	227.46	7.80
1999	18.84	241.49	7.80
2000	20.82	265.57	7.84
2001	27.57	298.38	9.24
2002	26.47	329.28	8.04
2003	30.03	385.34	7.79

6－4　金融机构信贷资金平衡表(资金来源)

(年末余额)　　单位:万元

指　　标	2001 年	2002 年	2003 年
资金来源合计	**4 792 738**	**5 825 794**	**7 820 521**
各项存款	**4 688 689**	**5 781 590**	**7 463 529**
企业存款	1 527 334	1 932 680	2 476 601
财政存款	301 744	298 092	246 546
机关团体存款	78 543	102 595	117 834
农业存款	75 961	160 043	249 113
信托类存款	1 568	93 488	189 499
其他类存款	88 509	129 946	401 946
金融债券	**2**	**2**	**－139 655**
其　他	**5 341**	**－137 505**	**72 732**

6－5　金融机构信贷资金平衡表(资金运用)

(年末余额)　　单位:万元

指　　标	2001 年	2002 年	2003 年
资金运用合计	**4 792 738.0**	**5 825 794.0**	**7 820 521.0**
各项贷款	**4 413 945.0**	**5 245 597.0**	**6 816 068.0**
短期贷款	2 021 204.0	2 306 900.0	2 880 225.0
工业贷款	790 297.0	869 514.0	992 021.0
商业贷款	541 605.0	492 943.0	489 630.0
建筑业贷款	58 166.0	62 948.0	76 505.0
农业贷款	203 500.0	332 156.0	520 121.0
乡镇企业贷款	91 210.0	113 115.0	120 846.0
私营企业及个体贷款	40 422.0	67 875.0	72 964.0
三资企业贷款	51 776.0	30 122.0	20 379.0
其他短期贷款	244 228.0	338 227.0	587 759.0
中长期贷款	1 993 743.0	2 471 104.0	3 279 607.0
信托类贷款	17 614.0	16 998.0	23 848.0
有价证券及投资	**229 496.0**	**442 705.0**	**610 702.0**
金银占款	**2 219.0**	**63.0**	**63.0**
外汇占款	**558.0**	**25.0**	**5 099.0**
财政借款	**－**	**－**	**－**

注:金融机构包括人民银行、政策性银行、国有独资商业银行、邮政储蓄机构、其他商业银行、城市合作银行、农村信用社、城市信用社、信托投资公司、租赁公司、财务公司等。

6－6　主要年份国家银行存、贷款余额

单位:万元

年　份	存款余额		贷款余额	
	年末数	比上年增(＋)减(—)数	年末数	比上年增(＋)减(—)数
1951	701	382	257	200
1952	1 077	376	527	270
1957	3 012	620	6 915	158
1958	8 925	5 913	8 125	1 210
1965	17 023	1 990	16 927	3 304
1970	23 280	1 478	40 439	8 014
1975	42 379	7 240	54 571	4 106
1978	54 335	8 999	71 803	5 319
1980	70 248	18 545	86 245	12 947
1981	85 457	15 209	89 993	3 748
1982	97 871	12 414	91 943	1 950
1983	117 206	19 335	101 387	9 444
1984	173 820	18 739	163 385	61 998
1985	186 917	13 117	219 494	56 109
1986	228 219	41 302	294 407	74 913
1987	293 141	64 922	376 018	81 611
1988	321 584	35 804	467 319	97 641
1989	382 715	61 131	550 073	82 754
1990	484 932	102 217	695 426	145 353
1991	597 891	112 959	839 101	143 675
1992	733 018	135 127	989 684	150 583
1993	887 330	154 489	1 208 471	218 787
1994	1 166 130	308 508	1 466 794	259 913
1995	1 520 185	369 448	1 792 135	319 317
1996	1 921 059	400 095	2 124 545	329 956
1997	2 321 606	372 289	2 478 404	311 448
1998	2 610 504	284 282	2 833 427	350 134
1999	2 950 133	339 629	3 047 344	213 917
2000	3 371 493	421 359	3 386 365	477 575
2001	3 887 842	516 347	3 798 221	411 862
2002	4 443 593	556 138	4 175 681	360 316
2003	5 162 983	719 294	4 914 989	738 209

6－7　主要年份国家银行各项存、贷款余额

单位:万元

年　　份	各项存款余额合计	#企业存款	各项贷款余额合计	#工业贷款	#商业贷款	#农业贷款
1978	54 335	16 211	71 803	23 658	39 379	5 591
1980	70 248	20 928	86 245	30 251	46 677	7 347
1981	85 457	22 007	89 993	29 614	51 689	6 784
1982	97 871	25 339	91 943	25 955	52 253	9 050
1983	117 206	30 575	101 387	28 367	55 738	10 401
1984	173 820	43 532	163 385	38 501	74 075	16 242
1985	186 917	42 815	219 494	53 164	79 533	21 158
1986	228 219	82 691	294 407	75 677	88 435	18 677
1987	293 141	99 366	376 018	95 862	104 979	16 798
1988	321 584	108 785	467 319	122 723	139 183	18 948
1989	382 715	111 736	550 073	161 316	160 059	23 316
1990	484 932	125 052	695 426	228 417	183 229	28 112
1991	597 891	158 992	839 101	274 696	200 431	33 716
1992	733 018	183 540	989 684	316 573	240 156	37 940
1993	887 330	226 198	1 208 471	385 895	288 850	47 696
1994	1 166 130	331 790	1 466 794	431 716	350 167	28 987
1995	1 520 185	440 416	1 792 135	534 194	434 697	33 913
1996	1 921 059	574 427	2 124 545	645 792	522 729	37 087
1997	2 321 606	725 577	2 478 404	726 092	627 622	39 822
1998	2 610 504	785 518	2 833 427	759 319	680 191	44 706
1999	2 950 133	894 784	3 047 344	781 921	703 207	44 927
2000	3 371 493	1 066 848	3 386 365	714 292	588 176	33 919
2001	3 887 842	1 221 125	3 798 221	750 694	487 427	43 448
2002	4 443 593	1 397 818	4 175 681	805 483	426 423	49 256
2003	5 162 983	1 659 048	4 914 989	912 358	416 857	37 411

6－8　主要年份金融机构现金收入

单位:万元

年　　份	现金收入总　　额	#商品销售收　　入	#服务事业收　　入	#储蓄存款收　　入	比　重(%)		
					#商品销售收　　入	#服务事业收　　入	#储蓄存款收　　入
1978	51 909	37 077	4 157	5 681	71.4	8.0	10.9
1980	75 468	50 885	5 241	13 064	67.4	6.9	17.3
1985	214 070	109 685	11 232	68 325	51.2	5.2	31.9
1986	262 639	129 706	13 238	89 466	49.4	5.0	34.1
1987	330 020	148 561	16 843	125 325	45.0	5.1	38.0
1988	490 747	212 798	21 997	191 824	43.4	4.5	39.1
1989	598 452	229 838	29 180	261 827	38.4	4.9	43.8
1990	677 405	237 943	37 546	309 567	35.1	5.5	45.7
1991	771 501	263 825	44 123	352 926	34.2	5.7	45.7
1990	1 081 981	320 078	55 359	524 961	29.6	5.1	48.5
1993	1 581 052	437 980	76 788	799 118	27.7	4.9	50.5
1994	2 169 368	522 775	105 243	1 197 969	24.1	4.9	55.2
1995	3 106 449	18 739	139 305	1 759 135	22.6	4.5	56.6
1996	3 816 130	799 025	196 357	2 150 755	20.9	5.1	56.4
1997	6 501 593	887 656	244 548	3 693 995	13.7	3.8	56.8
1998	7 428 914	1 004 508	348 327	4 846 276	13.5	4.7	65.2
1999	8 526 063	1 083 910	405 615	5 690 403	12.7	4.8	66.7
2000	9 997 165	1 285 906	467 225	6 541 629	12.9	4.7	65.4
2001	12 092 769	1 432 499	525 889	8 223 374	11.9	4.3	68.0
2002	12 985 180	1 753 551	656 907	8 306 827	13.5	5.1	64.0
2003	18 710 679	2 625 268	1 003 358	11 981 889	14.0	5.4	64.0

6－9　主要年份金融机构现金支出

单位:万元

年　　份	现金支出总　　额	#工资性支　出	#农副产品采购支出	#行政事业管理支出	比　重(%)		
					#工资性支　出	#农副产品采购支出	#行政事业管理支出
1978	56 189	33 329	2 876	4 282	59.3	5.1	7.6
1980	83 747	45 471	7 310	6 325	54.3	8.7	7.6
1985	236 189	91 453	29 178	17 443	38.7	12.4	7.4
1986	289 315	115 318	41 266	19 571	39.9	14.3	6.8
1987	353 904	132 064	43 205	23 271	37.3	12.2	6.6
1988	554 589	158 793	80 624	35 004	28.6	14.5	6.3
1989	635 474	181 658	76 390	41 635	28.6	12.0	6.6
1990	716 803	219 554	82 964	50 096	30.6	11.6	7.0
1991	826 803	247 701	81 228	60 154	30.0	9.8	7.3
1992	1 195 037	306 568	91 674	87 672	25.7	7.7	7.3
1993	1 693 363	366 798	81 974	148 349	21.7	4.8	8.8
1994	2 334 033	476 415	113 933	189 117	20.4	4.9	8.1
1995	3 252 280	568 121	137 763	238 908	17.5	4.2	7.3
1996	3 978 748	601 380	126 704	291 481	15.1	3.2	7.3
1997	6 661 463	625 038	165 024	355 779	9.4	2.5	5.3
1998	7 590 631	646 501	128 641	448 209	8.5	1.7	5.9
1999	8 699 756	672 029	170 075	495 303	7.7	2.0	5.7
2000	10 197 797	741 467	199 425	580 874	7.3	2.0	5.7
2001	12 231 180	804 173	169 594	607 242	6.6	1.4	5.0
2002	13 167 986	969 852	195 318	768 906	7.4	1.5	5.8
2003	18 932 336	1 307 964	470 479	1 087 429	6.9	2.5	5.7

6－10　金融机构现金收支情况

（2003 年）　　　　单位：万元

指　　标	金　额	指　　标	金　额
收 入 合 计	18 710 678.8	国家对个人其他支出	376 266.4
商品销售收入	2 625 267.7	特种存款支出	46 039.6
服务事业收入	1 003 357.5	其他单位工资性支出	186 975.9
税款收入	99 613.1	农副产品采购支出	470 478.9
城乡个体经营收入	1 200 804.9	工矿产品收购支出	420 249.9
储蓄存款收入	11 981 889.2	行政企业管理费支出	1 087 428.8
其他金融机构收入	111 355	城乡个体经营支出	1 624 197.5
居民归还贷款收入	753 530	储蓄存款支出	12 193 326.3
汇兑收入	106 275.2	汇兑支出	126 101.1
其他收入	794 609.9	其他金融机构支出	66 556.4
有价证券收入	33 976.3	其他支出	797 913.2
支 出 合 计	18 932 336	有价证券支出	34 502.1
工资性支出	1 307 963.9	居民提取贷款支出	803 617.9
#国家工资及奖金支出	698 682	货币投放（+）或加笼（-）	221 657.2

6－11　按定期活期分的居民储蓄存款余额

指　　标	1978 年	1980 年	1985 年	1990 年	1995 年	2000 年	2002 年	2003 年
居民储蓄存款余额(万元)	**8 989**	**17 134**	**80 353**	**327 998**	**1 151 902**	**2 293 503**	**3 067 474**	**3 777 044**
定期储蓄存款	6 227	13 650	64 283	273 103	966 998	1 605 935	2 003 616	2 435 013
活期储蓄存款	2 762	3 484	15 530	54 895	184 904	687 568	1 063 858	1 342 031
# 国家银行储蓄存款余额	7 234	13 796	63 414	272 645	979 309	1 954 945	2 533 923	2 929 834
定期储蓄存款	6 227	10 239	52 164	227 549	831 793	1 375 510	1 694 543	1 939 294
活期储蓄存款	1 007	3 557	11 250	45 096	147 516	579 435	839 380	990 540
全区人均储蓄存款余额(元)	**25.6**	**46.4**	**195.6**	**704.5**	**2 267.0**	**4 179.1**	**5 406.4**	**6 559.0**

6－12　金融机构法定存款利率

单位:年利率%

项　　目	1996年 8月23日	1997年 10月23日	1998年 3月25日	1998年 7月1日	1998年 12月7日	1999年 6月10日	2002年 2月21日
个人人民币							
储蓄存款							
活　期	**1.98**	**1.71**	**1.71**	**1.44**	**1.44**	**0.99**	**0.72**
定　期							
三个月	3.33	2.88	2.88	2.79	2.79	1.98	1.71
半　年	5.40	4.14	4.14	3.96	3.33	2.16	1.89
一　年	7.47	5.67	5.22	4.77	3.78	2.25	1.98
二　年	7.92	5.94	5.58	4.86	3.96	2.43	2.25
三　年	8.28	6.21	6.21	4.95	4.14	2.70	2.52
五　年	9.00	6.66	6.66	5.22	4.50	2.88	2.79
企业单位							
活　期	**1.98**	**1.71**	**1.71**	**1.44**	**1.44**	**0.99**	**0.72**
定　期							
三个月	3.33	2.88	2.88	2.79	2.79	1.98	1.71
半　年	5.40	4.14	4.14	3.96	3.33	2.16	1.89
一　年	7.47	5.67	5.22	4.77	3.78	2.25	1.98
二　年	7.92	5.94	5.58	4.86	3.96	2.43	2.25
三　年	8.28	6.21	6.21	4.95	4.14	2.70	2.52
五　年	9.00	6.66	6.66	5.22	4.50	2.88	2.79
大额可转让							
定期存单							
1个月	2.70						
3个月	3.33	2.88	2.88	2.79	2.79		
6个月	5.40	4.14	4.14	3.96	3.33		
9个月	6.66						
12个月	7.47	5.67	5.22	4.77	3.78		

6－13　金融机构法定贷款利率

单位:年利率%

项　　目	1996年 8月23日	1997年 10月23日	1998年 3月25日	1998年 7月1日	1998年 12月7日	1999年 6月10日	2002年 2月21日
流动资金贷款							
一般流动资金							
六个月	9.18	7.65	7.02	6.57	6.12	5.58	5.04
一年	10.08	8.64	7.92	6.93	6.39	5.85	5.31
个体工商户贷款							
固定资产投资贷款							
技术改造贷款							
基本建设贷款							
一年以内及一年	10.08	8.64	7.92	6.93	6.12－6.39	5.58－5.85	
一年以上至三年	10.98	9.36	9	7.11	6.66	5.94	5.49
三年以上至五年	11.7	9.9	9.72	7.65	7.2	6.03	5.58
五年以上	12.42	10.53	10.35	8.01	7.56	6.21	5.76

6－14　金融机构现金投放回笼总额

单位:万元

年　份	现金收入	现金支出	投　放
1978	51 909	56 189	4 280
1979	61 847	67 615	5 768
1980	75 468	83 747	8 279
1981	87 409	92 067	4 658
1982	106 945	111 628	4 683
1983	134 586	140 315	5 729
1984	162 631	180 260	17 629
1985	214 070	236 189	22 119
1986	262 639	289 315	26 676
1987	330 020	353 904	23 884
1988	490 747	554 589	63 842
1989	598 452	635 474	37 022
1990	677 405	716 803	39 398
1991	771 501	826 803	55 302
1992	1 081 981	1 195 037	113 056
1993	1 581 052	1 693 363	112 311
1994	2 169 368	2 334 033	164 665
1995	3 106 449	3 252 280	145 831
1996	3 816 130	3 978 748	162 618
1997	6 501 593	6 661 463	159 870
1998	7 428 914	7 590 631	161 717
1999	8 526 063	8 699 756	173 693
2000	9 997 165	10 197 797	200 632
2001	12 092 769	12 231 180	138 411
2002	12 985 180	13 167 986	182 806
2003	18 710 679	18 932 336	221 657

6－15　全区保险主要业务指标

单位:万元

指　　标	2001年	2002年	2003年
保费收入	**62 361.98**	**86 730.29**	**107 142.33**
财产险	19 916.61	23 347.7	29 429.11
#机动车辆保险	14 536.92	17 244.7	22 067.47
人身意外伤害险	3 342.92	4 161.09	5 085.62
健康险	1 349.94	3 348.71	13 608.53
寿　险	37 752.51	55 872.79	59 019.07
各项赔款和给付	**16 222.8**	**22 885.6**	**23 914.55**
财产险	9 198.88	11 730.43	13 155.32
#机动车辆保险	6 782.85	8 241.1	9 543.95
人身意外伤害险	1 158.02	1 413.01	1 726.28
健康险	886.27	1 557.82	2 324.34
寿　险	4 979.63	8 164.34	6 708.61
退保金	**1 926.22**	**3 658.86**	**2 705.81**
手续费支出	**1 544.38**	**2 168.82**	**2 857.26**
#人身保险业务手续费支出	253.43	379.23	532.17
佣金支出	**5 475.99**	**7 612.16**	**8 580.62**
营业费用	**8 284.21**	**9 850.16**	**10 657.27**
#人身保险业务营业费用	2 698.19	3 413.24	5 744.1
预计利润(税前)	**9 340.83**	**3 363.93**	**6 094.68**
银行存款	**18 049.73**	**11 931.54**	**16 646.94**
#活　期	7 552.97	6 886.79	11 642.26
定　期	10 496.76	5 044.75	5 004.68
应收保费	**109.08**	**103.85**	**937.68**
#人身保险业务应收保费			681.87
贷　款	**174.24**	**174.24**	**183.66**
投　资	**2 310.32**	**187**	**187**
#国　债	2 123.32		
三产投资	187	187	187
固定资产原值	**13 651.16**	**15 350.11**	**18 143.77**
减:累计折旧	4 751.6	5 206.27	4 029.5
固定资产净值	8 899.56	10 143.84	14 114.27
在建工程	**1 270**	**1 595**	
资产总额	**116 768**	**152 319.43**	**209 791.18**
所有者权益	**－3 260.42**	**－3 818.76**	**－4 975.65**

6－16　各地市县财政收入

单位:万元

地　区	1978 年	1980 年	1985 年	1990 年	1995 年	2000 年	2002 年	2003 年
全区总计	**30 578**	**19 644**	**27 666**	**60 842**	**87 605**	**201 987**	**264 714**	**300 310**
区　级	**14 502**	**10 237**	**6 228**	**17 293**	**37 174**	**50 592**	**61 953**	**67 011**
地市县级	**16 076**	**9 407**	**21 438**	**43 549**	**50 431**	**151 395**	**202 761**	**233 299**
银 川 市	**6 242**	**3 171**	**11 763**	**21 500**	**24 215**	**76 807**	**110 583**	**122 605**
银 川 市	5 466	2 396	10 545	19 173	20 868	68 290	93 129	104 156
永 宁 县	401	410	604	991	1 674	4 299	5 545	5 816
贺 兰 县	375	365	614	1 336	1 673	4 218	5 046	5 347
灵 武 市	1 025	709	1 409	1 465	2 187	6 257	6 863	7 286
石嘴山市	**4 173**	**2 172**	**5 004**	**10 527**	**9 555**	**29 192**	**34 618**	**40 855**
石嘴山市	3 141	1 413	3 651	7 065	6 472	19 846	23 341	28 472
平 罗 县	1 000	712	1 306	2 834	2 360	6 194	7 705	8 153
陶 乐 县	32	47	47	96	87	440	504	616
惠 农 县	–	–	–	532	636	2 712	3 068	3 614
吴 忠 市	**4 289**	**3 060**	**4 133**	**9 828**	**13 251**	**36 522**	**45 659**	**56 475**
吴 忠 市	6	4	7	198	171	4 031	5 234	9 688
利 通 区	1 592	779	1 497	3 328	3 230	5 413	7 407	7 699
青铜峡市	1 346	917	964	2 617	4 052	11 162	13 303	14 967
中 卫 县	516	564	462	1 671	2 892	7 425	8 099	9 276
中 宁 县	375	374	774	1 219	1 670	4 487	6 670	8 975
盐 池 县	213	224	290	447	539	2 549	2 720	3 082
同 心 县	241	198	139	348	697	1 455	2 226	2 788
固 原 市	**1 372**	**1 004**	**538**	**1 694**	**3 410**	**8 874**	**11 901**	**13 364**
固 原 市	149	47	35	14	309	822	1 073	3 259
原 州 区	602	479	308	974	1 274	3 017	4 230	3 151
海 原 县	190	171		79	202	1 000	1 268	1 360
西 吉 县	245	156	102	237	380	1 058	1 483	1 648
隆 德 县	123	106	6	171	603	1 781	2 450	2 257
泾 源 县	63	45	22	68	206	545	391	549
彭 阳 县	–	–	65	151	436	651	1 006	1 140

6－17　各地市县财政支出

地　区	1978 年	1980 年	1985 年	1995 年	2000 年	2002 年	2003 年
全区总计	**56 886**	**56 468**	**96 317**	**224 075**	**592 882**	**1 145 650**	**1 057 793**
区　级	**30 989**	**29 029**	**48 071**	**92 232**	**266 998**	**562 360**	**463 857**
地市县级	**25 897**	**27 439**	**48 246**	**131 843**	**325 884**	**583 290**	**593 936**
银 川 市	**5 923**	**5 609**	**10 015**	**37 065**	**95 241**	**182 655**	**190 634**
银 川 市	3 915	3 411	6 974	28 798	79 513	131 544	138 743
永 宁 县	935	898	1 454	4 190	7 910	16 069	16 820
贺 兰 县	1 073	1 300	1 587	4 077	7 818	13 352	14 852
灵 武 市	871	1 060	2 209	5 888	15 498	21 690	20 219
石嘴山市	**4 133**	**3 926**	**6 948**	**23 364**	**51 234**	**80 668**	**84 641**
石嘴山市	2 513	2 212	4 089	12 668	28 159	45 168	44 425
平 罗 县	1 348	1 349	2 144	6 982	11 589	20 032	22 343
陶 乐 县	272	365	715	1 219	5 082	6 561	6 411
惠 农 县	–	–	–	2 495	6 404	8 907	11 462
吴 忠 市	**7 662**	**8 626**	**14 782**	**40 069**	**87 225**	**167 391**	**165 900**
吴 忠 市	762	408	799	1 990	6 790	21 558	25 929
利 通 区	962	1 244	2 461	8 231	12 046	19 787	22 377
青铜峡市	1 098	1 036	1 911	7 522	15 805	30 529	28 244
中 卫 县	1 624	1 742	2 908	7 878	15 896	26 762	26 005
中 宁 县	1 074	1 054	1 736	5 170	9 608	19 731	20 844
盐 池 县	1 100	1 467	2 578	3 922	12 561	22 489	18 562
同 心 县	1 042	1 675	2 389	5 353	14 519	26 535	23 939
固 原 市	**8 179**	**9 278**	**16 501**	**31 345**	**92 184**	**152 576**	**152 761**
原 州 区	1 374	809	1 548	3 776	8 384	13 209	20 176
固 原 县	2 747	3 210	3 927	6 955	19 851	37 204	29 667
海 原 县	1 147	1 713	2 923	4 928	15 041	25 307	26 348
西 吉 县	1 471	1 959	3 191	6 129	16 873	28 217	27 062
隆 德 县	972	1 042	1 659	4 166	12 249	18 448	20 164
泾 源 县	468	545	1 228	1 997	7 181	9 755	9 301
彭 阳 县	–	–	2 025	3 394	12 605	20 436	20 043

主要统计指标解释

【财政收入】 ①企业收入,包括各部门所属国有企业、事业单位上交国家的利润和事业收入。②各项税收,包括工商税,工商所得税、盐税、关税、农牧业税、屠宰税、牲畜交易税、集市交易税以及有关罚款补税收人等。

【财政支出】 ①基本建设拨款,是指国家预算内的基本建设拨款。②增拨企业流动资金,是指国家预算增拨各部门所属国有企业的流动资金。③文教科学卫生事业费,包括科学、文化、教育、卫生、公费医疗、体育、通讯和广播、地震、海洋、文物、计划生育等方面的事业费。④行政管理费

【预算外资金】 指不纳人国家财政预算,由各地方、各部门、各企业、事业、行政单位,按国家规定范围自行筹集和使用的资金,它是国家财政预算内资金的补充财力、其收入来源,主要包括地方财政机关掌握使用的自筹基金,如工商税附加、农业税附加、城市公用事业附加等部门。企业单位管理的专用基金,如更新改造资金、企业利润留成、企业福利基金等;事业行政单位自收自支和以收抵支未纳入预算管理的各项资金,如养路费、学杂费等。这些资金一般都有特定用途,主要是基本建设或更新改造固定资产投资、增加流动资金、简易建筑费、大修理、科技三项费用、支付养路费、城市维护费、职工福利和奖励支出、补充事业、行政经费、上交财政能源交通重点建设基金、预算调节基金等。

【存款】 企业、机关、团体和居民根据可以收回的原则,把货币资金存人银行或其他信用机构保管并取得一定利息的一种信用活动形式。根据存款对象的不同可划分为:企业存款、财政存款、机关团体存款、城乡居民储蓄存款等。

【贷款】 银行或其他信用机构根据必须归还的原则,按一定利率,为企业、个人等提供资金的一种信用活动形式。我国银行贷款分流动资金贷款、中短期设备贷款以及农户贷款等科目。

【现金投放】 “现金回笼”的对称。中央银行在一定时期内,根据国家批准计划,而投入流动领域的现钞。它是国家银行据市场现金流通状况,有计划地通过工资发放、商品采购、贷款等渠道,将现金投入市场。

【现金回笼】 “现金投放”的对称。它是中央银行在一定时期内,吸回流通中的现钞。它是国家银行根据市场现金流通状况,有计划通过出售商品、提供劳务、吸收储蓄、收回贷款,向居民个人征收税款,组织市场多余现金,流回国家银行。

【保费收入】 ①保险费收入;指投保人或被保险人为获得保险保障而付给保险人的代价。②储金收入:指投保人为取得经济保障而存人保险公司的存款,保险期满,保险公司连同部分利息退还投保人。

【赔偿支出】 ①赔款,财产保险在被保险财产发生保险合同规定的损失后,保险公司按实际损失给予的经济补偿金额。②给付:人身保险在保险责任发生的意外伤害或事故及返还性保险期满,保险公司给保险人支付的款项。

【保险金额】 指的是保险对象的投保价值,也是保险承担经济补偿或给付的最高金额。

七、物　　价

7－1 主要年份各种物价总指数

（以上年价格为100）

年 份	居民消费价格总指数			商品零售价格总指数		
	全 区	城 市	农 村	全 区	城 市	农 村
1958	102.4	102.4		101.0	101.7	100.0
1960		104.3		103.0	104.4	101.0
1965		97.7		97.6	97.5	97.7
1970		100.8		100.5	100.8	100.0
1975		100.6		100.3	100.7	100.0
1978	100.6	100.6		100.0	100.7	99.7
1980	108.1	108.1		105.8	108.2	104.0
1981	102.1	102.1		102.0	102.0	101.8
1982	102.9	102.9		102.5	103.0	102.1
1983	101.6	101.6		101.1	101.5	100.7
1984	102.7	103.3	101.6	103.2	103.2	102.8
1985	108.6	108.6	108.3	107.8	108.5	106.8
1986	105.8	106.0	105.1	104.9	105.7	104.0
1987	107.3	109.9	105.3	108.0	110.6	106.2
1988	117.1	117.7	115.7	117.5	118.4	116.1
1989	117.2	116.2	118.5	117.8	116.6	118.9
1990	107.1	105.5	109.0	104.2	102.3	105.7
1991	106.3	106.9	105.3	105.9	106.6	104.9
1992	108.3	109.3	106.5	108.1	109.1	106.2
1993	114.3	115.2	113.8	112.1	112.4	111.9
1994	123.1	124.8	121.6	120.1	120.0	120.3
1995	117.1	117.3	116.4	115.3	114.7	115.9
1996	106.8	106.6	106.9	106.7	106.3	107.4
1997	103.8	103.9	103.5	102.2	102.2	102.1
1998	100.0	100.0	99.8	97.5	97.3	97.9
1999	98.7	99.1	98.1	97.9	98.4	97.0
2000	99.6	99.7	99.5	97.6	97.8	97.4
2001	101.6	101.3	102.2	100.0	100.3	99.6
2002	99.4	99.5	99.4	98.6	98.6	98.7
2003	101.7	101.5	102.0	99.5	99.2	100.1

7－2 各种物价总指数

年份	居民消费价格总指数			商品零售价格总指数			农业生产资料价格总指数
	全区	城市	农村	全区	城市	农村	
以1950年价格为100	753.5			506.6			
以1952年价格为100	664.0			447.1			
以1957年价格为100	588.0			429.5			
以1965年价格为100	567.9			404.0			
以1970年价格为100	539.4			392.9			
以1978年价格为100	483.5	487.8		364.9	389.6	337.7	
以1980年价格为100	440.5	444.0		340.4	354.0	321.3	
以1985年价格为100	367.8	370.7	333.6	289.4	296.5	279.6	316.0
以1990年价格为100	220.6	220.6	201.8	177.2	179.6	173.5	196.9
以1992年价格为100	184.5	188.8	179.8	154.7	154.5	155.8	181.1
以1994年价格为100	131.0	131.3	130.1	114.9	114.5	115.7	126.2
以1995年价格为100	111.9	112.0	111.7	99.7	99.8	99.9	96.7
以1996年价格为100	104.8	105.0	104.4	93.4	93.8	93.0	88.9
以1997年价格为100	101.0	101.1	100.9	91.4	91.8	91.0	90.4
以1998年价格为100	101.0	101.1	101.1	93.8	94.4	93.0	94.1
以1999年价格为100	102.3	102.0	103.1	95.8	96.0	95.8	100.7
以2000年价格为100	102.7	102.3	103.6	98.1	98.1	98.4	104.9
以2001年价格为100	101.1	101.0	101.4	98.1	97.8	98.8	102.9
以2002年价格为100	101.7	101.5	102.0	99.5	99.2	100.1	99.4

7－3　居民消费价格总指数

（以上年价格为100）

	全　区	城　市	农　村
居民消费价格总指数	**101.7**	**101.5**	**102.0**
食　品	**104.5**	**104.4**	**104.5**
粮　食	101.1	101.3	100.8
淀粉及薯类	97.4	98.1	96.2
干豆类及及制品	112.2	112.9	110.9
油脂类	106.2	108.9	102.9
肉禽及制品	102.5	102.6	102.0
蛋　类	98.2	98.6	97.1
水产品类	99.2	99.6	97.1
菜　类	124.7	122.6	129.2
# 鲜　菜	127.7	124.6	134.8
调味品	98.6	98.1	99.0
糖　类	94.9	94.9	94.6
茶和饮料	99.7	100.4	98.2
干鲜瓜果类	109.2	110.7	105.0
糕点饼干面包	100.1	100.1	100.2
奶及奶制品	99.6	100.2	97.6
在外用膳食品	100.0	99.7	101.1
其他食品及食品加工	100.0	100.1	99.9
烟酒及用品	**101.1**	**100.9**	**101.4**
烟　草	101.6	100.9	102.8
酒	99.3	99.8	98.3
吸烟饮酒用品	102.6	103.9	99.8
衣着类	**99.4**	**100.4**	**97.1**
服　装	98.6	99.4	96.5
衣着材料	98.0	99.4	96.1
鞋袜帽及其他衣着	101.9	103.4	98.8

7-3表续 （以上年价格为100）

	全区	城市	农村
衣着加工服务	99.2	101.1	94.2
家庭设备及用品	**95.7**	**95.5**	**96.2**
耐用消费品	92.6	92.3	93.3
室内装饰品	97.9	98.0	97.8
床上用品	91.6	89.9	96.6
家庭日用杂品	100.5	100.3	100.8
家庭服务及加工维修服务	103.0	102.6	104.6
医疗保健	**100.2**	**99.5**	**101.3**
医疗保健	99.3	98.2	101.1
个人用品及服务	103.2	103.5	102.2
交通和通讯工具	**98.1**	**97.9**	**98.6**
交通	100.6	100.5	100.8
通讯	96.1	96.2	96.0
娱乐、教育、文化用品	**105.6**	**103.2**	**111.0**
文娱用耐用消费品	89.8	89.6	90.4
教育	117.1	113.9	123.6
文化娱乐用品	99.1	99.5	98.4
旅游及外出	99.5	98.5	102.4
居住	**100.0**	**100.7**	**99.1**
建房及装修材料	94.3	95.1	93.4
租房	101.7	102.7	100.0
自有住房	101.3	98.5	102.9
水、电、燃料	106.0	105.4	106.5

7－4 商品零售及农业生产资料价格指数

（以上年价格为100）

	全 区	城 市	农 村
商品零售价格总指数	**99.5**	**99.2**	**100.1**
食品类	**104.3**	**104.4**	**104.0**
粮 食	101.1	101.4	100.4
淀粉及薯类	97.8	99.1	95.7
干豆类及豆制品	111.6	112.3	112.1
油 脂	106.1	107.8	103.8
肉禽及其制品	102.2	102.5	101.4
蛋	97.6	98.5	95.3
水产品	99.1	99.5	99.8
菜	122.8	120.8	126.8
调味品	98.2	97.8	98.6
糖	93.6	94.2	92.8
干鲜瓜果	109.8	111.5	106.8
糕点饼干面包	100.1	100.0	100.3
奶及奶制品	100.2	100.4	99.3
在外用膳食品	100.1	99.6	101.2
其它食品	99.0	100.1	96.4
饮料、烟酒	**100.2**	**100.3**	**100.1**
茶及饮料	98.6	100.4	95.9
烟 草	101.7	100.9	102.8
酒	99.0	99.5	98.2
服装、鞋帽类	**99.5**	**100.7**	**96.8**
服 装	98.7	99.8	96.2
鞋袜帽	101.4	103.2	98.1
其 它	99.3	100.8	95.5
纺织品类	**94.4**	**93.0**	**96.6**
衣着材料	98.0	99.1	96.1
床上用品	90.8	87.2	97.2
家用电器及音像器材	**91.3**	**90.9**	**92.2**
家庭设备	92.5	91.9	94.2
文娱用耐用消费品	88.4	87.3	90.5

7－4表续　　　　(以上年价格为100)

	全　区	城　市	农　村
音像器材类	98.7	99.6	93.2
文化办公用品	**94.3**	**93.7**	**95.8**
日用品	**98.0**	**97.1**	**99.5**
日用百货	97.3	96.4	98.6
日用杂品	101.9	99.8	105.0
洗涤用品	97.3	97.8	96.8
其它日用品	97.7	96.9	100.2
体育娱乐用品	**97.5**	**96.0**	**100.1**
体育用品	101.5	99.6	104.4
娱乐用品	93.8	92.9	95.3
交通、通信用品	**89.4**	**87.8**	**92.5**
交通运输机械	97.6	96.8	99.2
通讯器材类	79.9	77.7	84.3
家　具	**92.6**	**92.9**	**91.8**
化妆品类	**100.0**	**99.9**	**99.8**
金银珠宝类	**111.6**	**110.5**	**113.5**
中西药品及医疗保健用品类	**98.2**	**95.9**	**102.3**
医疗器具及用品	97.9	97.0	100.6
中药材及中成药	104.3	100.3	110.2
西　药	94.3	93.1	96.8
保健器具及用品	99.3	99.0	99.7
书报杂志及电子出版物类	**100.9**	**101.1**	**100.7**
教材及参考书	104.9	106.0	103.1
书报杂志	100.7	100.9	98.8
电子音像制品	94.4	93.5	97.3
燃料类	**106.3**	**105.0**	**108.0**
煤炭及制品类	103.1	101.6	104.5
石油及制品类	109.4	107.5	112.4
建筑材料及五金电料类	**97.8**	**96.9**	**98.8**
建筑装璜材料	96.2	96.3	96.1
五金电料类	100.3	97.8	103.6

7－5　各月居民消费价格指数

(以上年同月价格为 100)

月　份	居民消费价格总指数	食　品	烟酒及用品	衣着类	家庭设备用品及维修服务费	医疗保健和个人用品	交通和通信	娱乐教育文化用品及服务	居　住
一月	101.5	104.6	100.7	100.4	95.4	97.4	97.9	103.9	101.1
二月	101.6	104.2	100.7	101.4	95.6	98.3	98.2	104.5	100.6
三月	102.5	105.5	100.9	101.3	95.9	99.2	98.3	107.6	100.6
四月	101.9	103.9	100.7	100.6	95.5	100.1	97.8	107.3	100.7
五月	101.4	103.1	100.6	99.6	94.9	100.2	97.9	107.4	100.8
六月	100.7	101.1	100.3	98.4	95.5	99.9	98.0	108.0	100.5
七月	101.6	103.1	100.4	99.4	95.3	101.0	98.1	109.0	100.5
八月	101.6	103.4	100.9	99.1	95.5	101.4	98.0	109.3	99.5
九月	100.7	103.7	100.2	97.4	96.0	101.0	98.3	103.8	98.3
十月	100.4	102.1	100.1	98.6	96.2	101.9	98.2	102.3	98.5
十一月	102.7	108.4	103.0	99.3	96.3	101.2	98.3	102.3	99.2
十二月	103.2	110.0	104.0	97.3	96.4	100.9	98.5	102.3	99.9

7－6　各月商品零售及农业生产资料价格指数

(以上年同月价格为 100)

月　份	商品零售价格总指数	食品类	服装鞋帽类	中西药品类	化妆品类	文化体育用品	日用品类	家用电器类	燃料类	建筑装璜材料	农业生产资料价格总指数
一月	99.0	103.7	100.4	90.8	96.3	90.9	93.4	102.6	108.8	96.7	99.9
二月	99.4	103.9	101.5	90.9	96.6	91.0	94.6	102.6	113.1	96.1	99.8
三月	100.2	105.5	101.6	91.8	97.1	91.0	95.4	100.7	111.6	97.4	99.6
四月	99.5	103.9	100.9	90.6	97.8	89.9	97.1	100.7	108.6	97.6	99.8
五月	98.7	102.7	100.0	90.3	97.8	88.8	97.2	100.5	103.7	97.8	98.2
六月	97.9	100.6	99.0	90.9	98.6	88.5	96.9	100.1	103.7	97.7	97.8
七月	98.9	103.3	100.2	91.3	98.3	88.6	100.1	100.2	104.0	97.1	98.4
八月	99.0	103.5	99.6	91.6	98.2	87.7	101.3	100.7	103.9	97.5	98.8
九月	99.0	103.6	96.8	91.8	98.6	87.9	100.7	100.7	103.6	98.1	98.8
十月	98.8	102.1	98.2	91.8	98.7	88.6	101.8	100.8	102.2	98.4	99.4
十一月	101.5	108.6	99.1	91.9	99.0	89.5	100.6	100.8	105.4	99.3	100.8
十二月	102.2	110.1	96.9	92.3	99.1	89.9	100.6	100.9	107.5	99.6	101.7

7－7　工业品出厂价格分类指数

类　　别	1997 年	1998 年	1999 年	2000 年	2001 年	2002 年	2003 年
全部工业品	**100.9**	**97.7**	**98.4**	**103.6**	**100.3**	**99.68**	**105.6**
生产资料	**100.3**	**97.4**	**98.5**	**103.8**	**100.3**	**99.82**	**106.2**
采掘工业	111.2	102.3	100.3	100.1	100.9	108.4	114
原材料工业	100.0	97.5	99.3	109.5	100.4	97.6	105.9
加工工业	96.4	95.2	97.1	97.3	100.0	99.7	102.9
生活资料	**103.3**	**99.4**	**97.8**	**101.8**	**100.1**	**98.77**	**100.3**
食品类	103.7	98.7	100.1	99.2	99.6	98.7	99.6
衣着类	103.8	99.9	96.4	98.2	103.6	100.4	103.1
一般日用品	104.1	101.7	96.9	103.9	101.7	97.7	97.2
耐用消费品	98.3	95.2	96.4	106.8	100.5	92.5	97.1

7－8　主要工业原材料购进价格指数

项　　目	1997 年	1998 年	1999 年	2000 年	2001 年	2002 年	2003 年
原材料、燃料、动力购进价格总指数	**104.1**	**101.1**	**97.0**	**105.8**	**102.5**	**97.81**	**106.8**
燃料、动力	111.6	105.1	97.0	103.1	103.5	103.7	108
黑色金属材料	99.3	96.8	97.7	104.1	98.9	98.0	110.2
# 钢材	99.2	96.8	97.8	104.0	99.0	97.6	109.1
有色金属材料和电线	97.9	96.0	97.6	123.6	84.9	70.0	108.4
化工原料	91.1	98.9	94.4	107.5	98.5	98.6	103.1
木材及纸浆	105.1	93.4	102.2	75.0	103.1	100.5	100.6
建筑材料类及非金属矿	95.8	108.5	97.4	99.2	103.9	99.9	101.1
其它工业原材料类及半成品	103.2	103.6	95.2	111.6	110.6	98.4	99.5
农副产品类	89.8	95.0	97.6	109.6	123.7	97.4	115.1
纺织原料类	7.6	91.6	101.9	103.0	98.5	79.2	80.5

7－9　分行业工业品出厂价格指数

年　　份	总指数	冶金工业	电力工业	煤炭工业	石油工业	化学工业	机械工业	建筑材料工业
1997	100.9	96.1	107.0	111.2	107.7	98.1	97.6	94.6
1998	97.7	96.2	102.5	101.2	92.5	96.3	117.2	99.4
1999	98.4	99.1	100.0	100.0	101.2	96.0	98.3	101.9
2000	103.6	105.1	104.0	99.7	142.0	99.2	99.1	101.8
2001	100.3	96.1	106.1	102.0	99.4	98.8	100.8	99.8
2002	99.7	92.8	100.8	112.2	96.6	101.6	97.9	102.2
2003	105.6	103.2	103.3	103.1	120.9	104.5	99.0	100.8

7-10 全区分市县零售物价分类指数

(以上年价格为100)

	银 川	石嘴山	利通区	中 卫	固 原	平 罗
商品零售价格总指数	**99.8**	**99.4**	**98.2**	**100.0**	**100.0**	**99.9**
食品类	**103.9**	**104.3**	**104.6**	**104.2**	**103.4**	**105.2**
粮 食	101.7	101.1	100.6	99.3	99.5	102.9
淀粉及薯类	99.2	99.6	94.8	102.5	95.0	92.7
干豆类及豆制品	111.4	114.7	115.6	111.3	101.7	122.0
油 脂	108.0	110.3	107.4	106.5	102.0	100.5
肉禽及其制品	102.0	102.0	100.8	101.2	98.3	104.8
食用畜肉及副产品	100.0	101.0	100.1	101.8	98.2	104.7
禽	106.0	103.8	103.1	99.9	96.9	100.1
肉禽加工制品	110.2	107.5	102.3	99.7	103.7	106.1
蛋	98.6	99.1	96.6	96.4	98.0	97.5
水产品	99.2	100.2	96.6	97.3	93.6	102.6
鱼	101.0	101.1	95.7	96.7	93.4	103.0
其它水产品	95.0	97.3	98.7	102.8	95.4	97.7
菜	120.1	122.3	129.5	130.8	122.6	126.5
调味品	98.3	98.9	97.2	99.3	99.5	98.1
糖	94.4	94.6	95.3	95.9	92.0	94.3
干鲜瓜果	110.8	111.3	110.9	101.0	122.6	103.0
糕点饼干面包	99.8	100.6	99.5	104.4	98.9	98.6
奶及奶制品	100.4	99.6	100.4	99.5	100.8	93.0
在外用膳食品	99.3	100.1	100.9	99.2	101.6	101.9
其它食品	100.8	98.2	98.8	98.6	91.0	99.1
饮料、烟酒	**100.3**	**100.9**	**100.1**	**101.1**	**99.0**	**100.5**
茶及饮料	99.9	101.7	98.7	98.3	96.4	96.6
茶 叶	99.9	100.6	99.6	102.6	98.0	100.0
饮 料	99.9	102.1	98.4	94.1	94.5	95.2
烟 草	101.3	100.4	99.8	105.2	99.9	103.6
酒	99.2	101.1	99.4	98.3	98.5	98.3
服装、鞋帽类	**103.0**	**97.9**	**96.4**	**95.4**	**97.5**	**98.0**
服 装	102.2	95.9	95.5	94.7	98.5	95.8
男式服装	103.4	96.5	94.4	94.7	96.2	91.2
女式服装	101.7	96.1	94.4	94.6	97.8	98.0
儿童服装	100.3	93.7	106.3	95.1	111.1	99.7
鞋袜帽	104.7	102.8	98.7	97.0	95.3	102.5
鞋	104.7	103.0	98.9	96.9	95.7	102.4
袜 子	106.3	102.8	96.8	97.7	89.0	103.7
帽 子	91.5	96.4	93.5	97.6	100.0	98.5
其 它	100.0	101.4	99.9	96.8	91.5	98.3

7-10表续　　　　　　　　　　　　（以上年价格为100）

	银川	石嘴山	利通区	中卫	固原	平罗
纺织品类	**90.0**	**99.1**	**98.9**	**96.7**	**98.5**	**95.5**
衣着材料	97.4	101.0	99.0	96.0	97.7	95.4
床上用品	86.0	96.8	98.8	97.1	99.5	95.7
家用电器及音像器材	89.9	94.9	93.7	94.0	93.5	90.7
家庭设备	89.5	98.7	97.2	94.1	95.2	95.1
文娱用耐用消费品	86.5	91.3	89.7	93.0	89.1	87.8
音像器材类	100.0	97.1	90.0	100.0	100.0	80.3
文化办公用品	**93.1**	**94.2**	**93.3**	**94.8**	**94.8**	**93.6**
日用品	**97.9**	**98.1**	**92.0**	**102.7**	**96.0**	**97.7**
日用百货	96.4	99.0	90.6	101.6	97.6	98.2
日用杂品	101.3	99.6	89.5	112.6	92.3	99.6
洗涤用品	98.0	97.6	93.9	98.4	95.2	95.2
其它日用品	97.3	96.1	93.7	102.9	96.7	98.6
体育娱乐用品	**94.7**	**99.7**	**86.5**	**97.6**	**98.1**	**100.2**
体育用品	96.8	100.6	100.2	108.9	99.2	103.6
娱乐用品	93.3	99.2	75.5	90.0	97.1	96.2
交通、通信用品	**87.0**	**85.6**	**87.5**	**87.8**	**91.0**	**90.7**
交通运输机械	97.5	95.4	90.4	93.9	96.5	100.8
通讯器材类	74.2	77.7	85.3	83.7	85.0	81.2
家　具	**90.9**	**96.6**	**94.3**	**87.2**	**90.3**	**98.3**
化妆品类	**99.7**	**99.7**	**98.8**	**98.6**	**97.9**	**102.0**
金银珠宝类	**115.4**	**107.5**	**109.5**	**117.1**	**109.0**	**115.8**
中西药品及医疗保健用品类	**99.1**	**95.1**	**86.7**	**101.0**	**105.5**	**100.9**
医疗器具及用品	93.5	107.2	100.0	99.8	102.6	100.8
中药材及中成药	104.0	97.9	92.2	107.3	114.8	106.9
西　药	96.5	92.7	80.6	95.0	99.8	96.2
保健器具及用品	98.9	100.0	100.0	99.3	100.3	99.8
书报杂志及电子出版物类	**99.8**	**103.8**	**101.2**	**101.7**	**99.1**	**102.1**
教材及参考书	101.9	113.3	107.8	103.6	102.4	103.7
书报杂志	100.7	100.0	100.1	100.3	100.0	97.6
电子音像制品	92.5	94.1	92.3	93.5	86.9	105.3
燃料类	**105.2**	**105.1**	**108.8**	**108.8**	**109.2**	**108.5**
煤炭及制品类	98.2	102.4	108.6	103.7	102.5	107.1
石油及制品类	106.2	107.0	108.2	110.9	113.4	110.3
建筑材料及五金电料类	**94.4**	**96.2**	**96.8**	**98.4**	**95.9**	**102.2**
建筑装璜材料	93.1	94.8	96.2	96.3	92.0	98.8
五金电料类	97.2	98.3	99.5	100.9	101.9	109.0

7－11　全区分市县居民消费价格分类指数

（以上年价格为100）

	银　川	石嘴山	利通区	中　卫	固　原	平　罗
居民消费价格总指数	**101.7**	**101.1**	**101.4**	**102.1**	**102.8**	**101.8**
食　品	**104.1**	**104.5**	**104.6**	**105.8**	**103.7**	**104.8**
粮　食	101.9	101.1	100.5	100.3	99.6	102.8
淀粉及薯类	99.2	99.6	94.8	102.5	95.0	92.7
干豆类及豆制品	111.4	114.7	115.7	111.3	101.7	122.1
油脂类	107.9	110.6	107.5	106.6	100.3	100.6
肉禽及其制品	103.1	102.5	100.7	103.4	98.3	104.6
食用畜肉及副产品	101.7	101.5	100.1	104.5	98.3	104.8
禽	105.3	104.2	102.8	100.2	96.9	100.2
肉禽加工制品	110.3	107.6	102.1	98.1	101.7	106.0
蛋	98.6	99.0	96.7	96.0	97.9	97.5
水产品类	99.2	100.2	97.1	97.1	93.7	102.4
鱼	101.0	101.3	96.1	96.6	93.4	102.8
其它水产品	95.0	97.3	98.7	102.8	95.4	97.7
菜　类	121.1	123.1	131.0	135.4	125.3	128.1
调味品	98.0	99.1	97.4	97.3	100.2	98.4
糖　类	94.7	95.0	96.1	94.3	92.4	94.8
茶及饮料	100.2	101.6	98.8	101.1	96.4	98.7
茶　叶	99.9	100.6	99.6	102.6	98.0	100.0
饮　料	100.3	102.1	98.5	99.0	94.5	97.0
干鲜瓜果类	110.5	110.8	110.0	97.4	120.3	102.8
糕点饼干面包	100.0	100.6	99.5	102.4	98.9	98.6
奶及奶制品	100.5	99.6	100.3	99.4	100.9	92.5
在外用膳食品	99.3	99.9	100.9	99.8	101.8	102.0
其他食品	100.8	97.7	98.8	99.2	100.1	99.5
烟酒及用品	**101.3**	**100.6**	**99.7**	**102.5**	**99.5**	**102.3**
烟　草	101.4	100.4	99.7	104.2	99.9	103.6
酒	99.1	101.1	99.4	98.4	98.4	98.3
吸烟饮酒用品	106.9	100.0	100.0	95.8	100.0	100.0
衣着类	**102.0**	**98.1**	**97.0**	**95.1**	**98.1**	**97.7**
服　装	101.3	96.0	95.9	94.3	98.8	95.7
男式服装	103.0	96.5	94.5	92.4	96.6	91.1
女式服装	100.6	96.2	94.5	94.9	97.8	98.1
儿童服装	100.2	93.7	106.3	94.1	111.5	99.9
衣着材料	97.8	100.8	99.5	95.6	98.0	95.4
鞋袜帽	104.1	102.9	98.6	97.2	95.7	102.7
鞋	104.2	103.0	98.9	97.1	96.2	102.5
袜	106.3	102.8	96.7	97.7	89.0	103.1
帽	93.4	96.7	93.4	97.4	100.0	98.5
衣着加工服务	101.8	100.9	101.8	87.5	100.5	97.0
家庭设备用品及维修服务	**94.1**	**98.0**	**96.7**	**97.9**	**94.2**	**96.9**
耐用消费品	88.7	97.9	96.4	91.2	92.2	96.2

7－11 表续　　　　　　　　　　　　　　（以上年价格为 100）

	银　川	石嘴山	利通区	中　卫	固　原	平　罗
家　具	90.0	96.3	94.7	88.9	90.1	98.6
家庭设备	87.9	98.9	97.8	92.5	95.0	94.1
室内装饰品	99.2	95.1	94.0	103.3	91.4	94.6
床上用品	83.9	97.7	98.9	95.2	99.0	96.1
家庭日用杂品	101.4	97.9	94.6	106.2	96.2	97.7
家庭服务及加工维修服务	104.8	100.7	100.7	101.5	111.3	106.3
医疗保健及个人用品	**100.6**	**98.2**	**95.4**	**101.9**	**103.1**	**99.7**
医疗保健	100.0	96.3	91.3	101.0	103.6	99.6
医疗器具及保健用品	93.5	107.2	100.0	99.8	102.6	100.8
中药材及中成药	104.0	98.2	91.4	109.5	116.3	107.4
西　药	97.6	93.2	81.1	96.8	99.3	95.2
保健器具及用品	98.9	100.0	100.0	99.3	100.3	99.8
医疗保健服务	99.9	100.2	102.7	101.5	102.8	100.4
个人用品及服务	102.4	103.1	104.9	104.8	101.2	99.9
化妆美容用品	98.5	100.0	100.3	91.0	100.0	96.8
卫生用品	96.7	97.8	95.8	102.6	95.2	96.3
个人饰品	113.0	111.8	110.1	110.2	102.7	107.8
个人服务	104.2	100.0	137.7	107.3	107.2	99.4
交通和通讯工具	**97.9**	**97.7**	**98.6**	**98.2**	**101.1**	**98.5**
交　通	99.8	101.0	98.6	100.8	105.3	100.6
交通工具	96.8	96.7	92.2	96.0	96.8	97.4
车用燃料及零配件	103.2	106.6	110.6	106.9	107.1	110.3
车辆使用及维修	96.2	102.7	99.0	95.0	110.3	100.7
市区公共交通	100.0	100.0	100.0	96.0	100.0	99.6
城市间交通	104.0	106.2	100.7	102.3	116.0	107.5
通　信	96.7	95.3	98.6	95.4	96.1	96.0
通信工具	79.6	78.9	88.7	83.0	83.4	85.3
通信服务	100.0	99.6	100.0	99.9	99.8	98.9
娱乐教育文化用品	**103.9**	**102.6**	**107.5**	**106.0**	**118.0**	**108.1**
文娱用耐用消费品及服务	86.8	93.3	91.5	92.0	89.6	88.6
教　育	115.5	110.7	121.0	115.4	134.9	117.6
教材及参考书	102.2	110.3	107.6	103.6	102.7	103.0
学杂托幼费	117.0	110.6	125.5	118.8	141.9	119.7
文化娱乐用品	100.0	99.9	95.5	99.0	99.3	96.0
文化娱乐	97.9	98.9	94.6	98.1	97.7	96.1
书报杂志	100.5	100.0	100.2	101.2	100.0	97.4
文娱费	101.2	101.0	93.7	99.2	102.9	95.2
旅游及外出	99.5	95.7	100.5	99.8	107.9	102.5
居　住	**100.9**	**100.8**	**100.4**	**101.8**	**97.4**	**101.1**
建房及装修材料	94.5	96.1	96.9	95.5	90.8	97.6
租　房	104.6	100.0	100.0	100.0	100.0	100.0
自有住房	98.5	97.8	99.2	100.8	97.0	107.8
水、电、燃料	106.2	104.7	102.9	108.8	109.2	101.3

主要统计指标解释

【零售物价指数】 是反映工业、商业、餐饮业和其他零售企业向城乡居民、机关团体出售生活消费品和办公用品的价格变动趋势和变动程度的相对数。其目的在于掌握市场商品销售价格的变动状况,为国家制定经济政策提供依据。

【居民消费价格指数】 是反映居民支付所购买生活消费品和获得服务项目的价格变动趋势和变动程度的相对数。其目的在于全面观察居民消费价格变动对居民生活的影响,为各级党政领导掌握居民消费价格状况,研究和制定居民消费价格政策、工资政策以及为新国民经济核算体系中消除价格变动因素的不变价格核算提供科学依据。还是反映通货膨胀的重要指标。

八、人民生活

8－1　主要年份人民物质文化生活提高情况

指　　标	单　位	1978年	1980年	1985年	1990年	2000年	2002年	2003年
就　业								
每一农村劳动力负担人数	人	2.5	2.6	2.0	2.0	1.7	1.7	1.70
每一城镇就业者负担人数	人	2.5	2.1	1.9	2.0	2.1	2.2	2.2
城镇登记失业率	%		3.6	3.1	5.4	4.6	4.4	4.4
收　入								
农民家庭人均纯收入	元	115.9	175.1	325.9	594.3	1 724.3	1 917.36	2 043.3
农民家庭人均生活消费支出	元	90.7	135.5			1 417.1	1 418.12	1 637.1
城镇居民家庭人均可支配收入	元	346.1	464.2	734.9	1 421.2	4 912.4	6 067.4	6 530.5
城镇居民家庭人均消费支出	元	300.0	403.3	645.1	1 211.8	4 200.5	5 104.9	5 330.3
职工年平均工资	元	726.0	863.0	1 206.0	2 202.0	8 681.0	11 723	13 056
储　蓄								
居民年底储蓄存款余额	亿元	0.9	1.7	8.0	32.8	229.4	306.7	377.7
平均每人储蓄存款额	元	25.6	46.0	193.8	704.3	4 179.1	5 406.4	6 559.0
住　房								
农村平均每人生活用住房面积	平方米	7.8	8.8	11.8	13.6	18.0	19.2	21.1
交　通								
每百人拥有自行车	辆	16.7	17.2	26.1	38.6	30.8	41.8	59.8
文　化								
每百人拥有电视机	台			8.3	15.5	15.9	27.1	38.6
每百人每天有报纸	份	1.5	1.7	2.6	2.7	3.0	3.7	3.6
每人每年拥有图书杂志	册		3.8	5.3	4.2	3.3	2.1	2.8
教　育								
学龄儿童入学率	%	91.2	86.2	91.5	93.9	97.3	97.4	97.45
每万人口有大学生	人	8.2	11.3	15.6	17.2	31.0	51.0	61.0
卫　生								
每万人拥有医院病床数	张	19.6	19.2	20.8	22.6	23.5	20.9	22.8
每万人拥有医生数	人	14.4	15.2	16.5	20.2	18.0	16.0	15.7

8－2　城镇居民家庭生活调查主要指标

（2003年）

指　　标	单　位	全区平均	最低收入户	最高收入户
人口与就业				
户均家庭人口数	人	2.95	3.41	2.41
就业人口数	人	1.37	1.15	1.37
国有经济单位职工人数	人	0.85	0.40	1.10
集体经济单位职工人数	人	0.05	0.20	0.01
家庭总收入	**元**	**6 991.26**	**2 192.38**	**15 928.93**
#可支配收入	元	6 530.48	2 024.46	14 911.34
工薪收入	元	4 670.76	1 393.51	9 549.65
经营净收入	元	441.47	325.92	1 170.48
财产性收入	元	82.48	18.20	325.55
转移性收入	元	1 796.54	454.76	4 883.25
出售财物收入	**元**	**411.24**	**0.77**	**1 328.64**
借贷收入	**元**	**3 127.38**	**933.78**	**12 038.91**
家庭总支出	**元**	**7 911.79**	**2 752.78**	**21 133.88**
消费性支出	元	5 330.34	2 261.96	10 471.52
#服务性消费支出	元	1 300.50	528.85	2 813.41
食　品	元	1 919.42	1 024.52	3 008.82
衣　着	元	585.24	196.48	1 210.24
家庭设备用品及服务	元	363.09	84.29	988.40
医疗保健	元	450.70	132.80	832.75
交通和通信	元	585.42	169.58	1 329.14
教育文化娱乐服务	元	644.72	341.15	1 177.26
居　住	元	560.53	256.93	1 397.44
杂项商品和服务	元	221.23	56.21	527.48
借贷支出	**元**	**2 590.32**	**337.97**	**8 132.13**

8-2表续　　　　　　　　　　　　　　　（2003年）

指标	单　位	全区平均	最低收入户	最高收入户
消费性支出	元	**5 330.34**	**2 261.96**	**10 471.52**
食　品	元	**1 919.42**	**1 024.52**	**3 008.82**
#粮　食	元	204.07	174.32	218.14
油脂类	元	74.53	65.71	76.38
肉禽及其制品	元	332.8	176.55	457.56
蛋　类	元	40.12	28.02	45.11
水产品类	元	43.06	22.32	62.96
蔬菜类	元	203.69	133.95	287.98
烟草类	元	112.05	45.78	154.65
酒和饮料	元	78.80	32.46	152.65
干鲜瓜果类	元	171.87	82.10	279.76
奶及奶制品	元	103.70	39.64	156.68
衣着支出	元	**585.24**	**196.48**	**1 210.24**
#服　装	元	410.05	122.38	892.14
衣着材料	元	18.96	9.83	28.79
家庭设备用品及服务	元	**363.09**	**84.29**	**988.40**
#耐用品消费品	元	205.31	21.87	631.54
医疗保健	元	**450.70**	**132.80**	**832.75**
交通和通讯	元	**585.42**	**169.58**	**1 329.14**
教育、文化、娱乐服务	元	**644.72**	**341.15**	**1 177.26**
#文化娱乐用品	元	219.47	55.40	527.83
文化娱乐服务	元	104.69	25.13	254.36
教　育	元	320.56	260.62	395.07
居　住	元	**560.53**	**256.93**	**1 397.44**
住　房	元	196.73	46.02	783.26
#住房装潢支出	元	145.75	9.13	712.39
维修和建筑材料	元	32.04	18.95	42.45
燃料及其他	元	335.44	200.68	543.08
#水	元	29.07	18.41	41.53
电	元	107.97	60.55	159.81
燃　料	元	79.45	67.11	82.89
居住服务费	元	28.36	10.22	71.10
#物业管理费	元	12.24	6.30	23.59
维修服务费	元	10.86	1.73	40.65

8－3　城镇居民家庭生活基本情况

（2003 年，按收入等级分组）

指　　标	单　位	总平均	最　低收入户	#更　低收入户	低　收入　户	中　等偏下户	中　等收入户	中　等偏上户	高　收入　户	最　高收入户
平均每户家庭人口数	人	2.95	3.41	3.47	3.31	3.14	2.94	2.84	2.71	2.27
平均每户就业人口数	人	1.37	1.15	0.96	1.47	1.35	1.45	1.33	1.40	1.37
平均每户就业面	%	46.44	33.72	27.67	44.41	42.99	49.32	46.83	51.66	60.35
平均每一就业者负担人数	人	2.15	2.98	3.61	2.24	2.34	2.02	2.13	1.94	1.76
平均每年可支配收入	元	6 530.5	2 024.5	1 594.1	3 160.8	4 380.6	5 989.4	7 922.9	10 343.5	14 911.3
平均每人年消费性支出	元	5 330.3	2 262.0	1 914.7	3 091.6	3 929.4	4 996.1	6 286.2	8 147.2	10 471.5

8－4　主要年份城镇居民家庭生活基本情况

年　　份	每一城镇就业者负担人数（人）	城镇居民人均可支配收入（元）	城镇居民人均消费支出（元）	#食　品	人均居住面　积（平方米）
1978	2.48	346.08	300.00	172.08	4.50
1979	2.48	358.08	320.76	189.17	－
1980	2.09	464.16	403.32	220.80	5.00
1981	2.05	480.96	423.00	226.10	5.60
1982	2.05	492.72	479.04	234.24	5.86
1983	1.96	551.04	452.40	252.60	6.29
1984	1.88	635.52	532.68	298.92	7.93
1985	1.92	734.88	645.12	303.50	9.08
1986	1.96	884.00	745.32	348.72	8.67
1987	1.95	951.00	791.76	397.20	9.45
1988	1.97	1 084.00	1 013.64	474.00	9.33
1989	1.98	1 236.00	1 089.24	566.04	9.55
1990	1.96	1 421.20	1 211.79	639.48	10.29
1991	1.86	1 565.17	1 353.86	678.12	10.39
1992	1.77	1 820.16	1 505.64	703.20	10.66
1993	1.74	2 170.56	1 877.40	816.36	11.16
1994	1.72	2 985.86	2 477.76	1 127.40	11.02
1995	1.75	3 382.81	2 865.71	1 331.12	11.28
1996	1.81	3 612.12	3 038.95	1 377.25	11.27
1997	2.01	3 836.56	3 271.32	1 419.60	12.66
1998	2.08	4 112.41	3 379.82	1 411.60	13.31
1999	2.06	4 472.91	3 547.99	1 375.46	13.75
2000	2.05	4 912.40	4 200.50	1 500.85	13.80
2001	2.08	5 544.20	4 595.40	1 562.57	13.80
2002	2.16	6 067.44	5 104.90	1 774.32	－
2003	2.15	6 530.48	5 330.34	1 919.42	－

8－5　城镇居民家庭平均每人全年现金收支情况

（2003 年）　　　　单位:元

指　　标	全区平均	最低收入户	#更低收入户	低收入户	中等偏下户	中等收入户	中等偏上户	高收入户	最高收入户
家庭总收入	**6 991.26**	**2 192.38**	**1 689.99**	**3 420.61**	**4 704.00**	**6 409.33**	**8 449.52**	**11 078.58**	**15 928.93**
#可支配收入	6 530.48	2 024.46	1 594.14	3 160.76	4 380.57	5 989.41	7 922.86	10 343.52	14 911.34
工薪收入	4 670.76	1 393.51	954.58	2 513.22	3 338.59	4 568.01	5 544.09	7 370.21	9 549.65
工资及补贴收入	4 517.04	1 237.03	774.16	2 389.10	3 216.27	4 403.52	5 411.80	7 202.42	9 276.64
其他劳动收入	153.72	156.48	180.42	124.08	122.31	164.49	132.29	167.80	273.02
经营净收益	441.47	325.92	273.78	424.40	402.51	347.73	398.87	291.39	1 170.48
财产性收入	82.48	18.20	24.44	23.46	46.42	57.38	55.44	182.79	325.55
#出租房屋收入	38.96	11.30	16.12	20.94	37.48	24.17	29.83	29.86	160.98
转移性收入	1 796.54	454.76	437.19	459.55	916.48	1 436.21	2 451.13	3 234.18	4 883.25
#养老金或离退休	1 490.40	212.68	131.85	275.89	735.97	1 229.29	2 209.07	2 744.72	3 867.60
赡养收入	97.41	47.70	52.26	45.54	60.94	85.82	98.30	285.63	124.25
捐赠收入	70.54	32.25	27.76	35.90	33.43	59.58	87.39	108.81	193.02
提取住房公积金	22.63	–	–	0.78	2.78	0.49	0.61	–	250.84
出售财物收入	**411.24**	**0.77**	**1.58**	**2.76**	**157.85**	**241.20**	**320.01**	**1 566.67**	**1 328.64**
#出售住房收入	404.92	–	–	0.27	156.61	240.43	315.10	1 518.97	1 328.28
借贷收入	**3 127.38**	**933.78**	**844.19**	**1 104.56**	**1 486.41**	**2 505.91**	**3 028.83**	**4 729.74**	**12 038.91**
提取储蓄存款	2 322.70	712.47	600.92	933.58	1 140.06	2 082.40	2 448.99	2 906.85	8 388.84
借入款	287.08	114.63	98.45	154.54	152.37	149.86	302.70	530.33	993.91
收回借出款	47.33	46.74	68.19	8.38	8.16	71.79	18.93	78.73	165.71
收加储蓄性保险本	2.98	–	–	1.04	1.92	2.72	–	11.88	8.91
兑售有价证券	0.01	–	–	0.06	–	–	–	–	–
收回投资本金	3.79	8.67	–	1.11	–	–	0.48	–	31.62
住房贷款	433.55	–	–	–	166.29	170.46	229.00	1 114.18	2 441.81
汽车贷款	4.43	6.32	13.04	–	–	–	19.38	–	–
教育贷款	5.22	12.89	–	–	14.17	4.52	–	–	–
其他贷款	0.14	–	–	–	0.01	–	0.71	–	–
其他借贷收入	20.16	32.07	63.58	5.85	3.44	24.16	8.64	87.77	8.11
家庭总支出	**7 911.79**	**2 752.78**	**2 217.33**	**3 793.95**	**5 083.68**	**7 075.74**	**8 562.24**	**12 510.65**	**21 133.88**
消费性支出	5 330.34	2 261.96	1 914.68	3 091.63	3 929.41	4 996.06	6 286.17	8 147.15	10 471.52
#服务性消费支出	1 300.50	528.85	381.83	669.95	889.34	1 135.80	1 586.49	2 094.09	2 813.41

8-5表续 (2003年) 单位:元

指　　标	全区平均	最低收入户	#更低收入户	低收入户	中等偏下户	中等收入户	中等偏上户	高收入户	最高收入户
购房与建房支出	1 267.45	55.77	-	168.40	318.91	932.21	670.62	2 296.45	7 328.76
购　房	1 244.75	55.77	-	158.80	303.97	927.18	591.91	2 276.16	7 328.75
建　房	22.71	-	-	9.60	14.94	5.04	78.71	20.29	0.01
转移性支出	889.85	297.00	235.38	305.46	545.17	761.74	1 104.59	1 363.65	2 410.84
交纳的个人收入税	8.85	-	-	0.36	0.11	3.66	7.57	12.99	61.29
捐赠支出	385.39	99.95	83.07	147.41	244.20	303.17	486.15	673.27	991.24
购买彩票	18.10	5.54	4.41	8.81	15.78	16.08	22.43	28.96	32.16
赡养支出	444.51	185.49	140.92	134.18	264.75	402.57	548.18	591.53	1 259.78
#在外就学子女费用	288.87	169.03	129.87	68.41	147.94	265.27	359.27	405.36	808.86
各种非储蓄性保险支出	7.71	4.08	4.87	2.11	4.03	17.38	4.43	10.66	9.32
其他转移性支出	25.29	1.95	2.11	12.59	16.30	18.89	35.83	46.24	57.04
财产性支出	8.36	0.72	1.04	-	2.11	4.99	18.83	20.93	12.82
社会保障支出	415.79	137.34	66.24	228.46	288.09	380.74	482.04	682.47	909.94
个人交纳的养老基金	158.62	87.24	49.70	111.49	131.95	155.49	179.59	209.70	265.35
个人交纳的住房公积金	186.81	26.55	7.08	66.15	98.41	170.53	225.53	348.99	503.89
个人交纳的医疗基金	53.16	17.85	6.15	40.59	44.06	35.84	60.50	94.49	108.85
个人交纳的失业基金	14.15	4.95	1.87	9.72	13.26	17.25	12.79	23.87	17.16
其他社会保障支出	3.05	0.74	1.43	0.51	0.41	1.62	3.64	5.41	14.68
借贷支出	**2 590.32**	**337.97**	**269.33**	**707.43**	**1 241.76**	**2 039.46**	**3 214.29**	**4 851.51**	**8 132.13**
存入储蓄款	2 034.74	200.00	101.91	572.74	955.89	1 673.56	2 257.27	3 681.68	7 072.85
借出款	27.95	11.83	22.77	23.14	9.73	26.39	23.65	66.28	68.26
归还借款	141.45	50.90	21.49	55.06	135.53	120.65	197.59	178.75	242.38
储蓄性保险支出	110.99	9.22	10.70	28.43	75.96	109.15	175.92	125.92	252.58
购买有价证券	16.30	-	-	25.91	-	27.63	12.58	-	63.23
其它投资支出	18.14	30.27	62.43	0.76	0.72	10.23	62.75	5.57	0.06
归还住房贷款	209.91	19.24	20.04	-	21.37	31.26	449.37	779.71	392.66
归还汽车贷款	4.75	-	-	-	15.20	0.38	7.08	-	-
归还教育贷款	-	-	-	-	-	-	-	-	-
归还其他贷款	1.21	-	-	-	-	4.92	0.47	-	1.39
其他借贷支出	24.89	16.50	29.98	1.39	27.36	35.29	27.60	13.60	38.72

8－6　主要年份城镇居民家庭平均每人全年消费性支出

指　　标	1995年	1996年	1997年	1998年	1999年	2000年	2002年	2003年
消费性支出	**2 865.71**	**3 038.95**	**3 271.32**	**3 379.82**	**3 547.99**	**4 200.50**	**5 104.90**	**5 330.34**
食　品	**1 331.12**	**1 377.25**	**1 419.61**	**1 411.60**	**1 375.46**	**1 500.85**	**1 774.37**	**1 919.42**
#粮　食	237.26	246.89	247.75	226.10	208.18	186.86	183.67	204.07
油脂类	80.28	78.87	77.92	81.41	77.25	66.24	66.74	74.53
肉禽及制品	271.10	281.02	289.19	278.07	251.98	282.42	307.9	332.8
蛋类	41.63	44.50	44.36	39.77	41.39	37.45	34.88	40.12
水产品类	36.07	37.77	38.01	41.18	41.85	41.00	41.11	43.06
蔬菜类	160.43	164.42	171.20	162.59	162.19	158.59	190.75	203.69
烟草类	89.83	90.09	85.31	78.21	72.01	94.97	104.77	112.05
酒和饮料	53.26	55.48	61.02	60.58	62.33	69.13	75.29	78.80
奶及奶制品	26.75	26.43	32.11	35.70	41.56	58.53	86.23	103.70
衣　着	**491.21**	**526.53**	**542.01**	**514.43**	**480.89**	**561.93**	**578.19**	**585.24**
#服装	283.93	301.18	319.62	326.00	315.78	377.03	406.28	410.05
家庭设备用品及服务	**232.42**	**214.49**	**247.92**	**240.47**	**273.84**	**389.45**	**343**	**363.09**
#耐用消费品	129.72	108.07	131.26	120.22	154.72	228.34	192.13	205.31
室内装饰品	16.07	13.00	15.31	14.22	12.60	20.92	20.68	22.21
床上用品	15.11	11.91	18.28	13.93	12.44	19.29	21.81	19.92
家庭日用杂品	49.09	57.35	52.34	56.15	58.99	74.21	89.78	96.05
医疗保健	**130.50**	**171.77**	**232.69**	**245.14**	**317.32**	**327.05**	**452.99**	**450.70**
#药品费	104.73	133.57	173.61	197.61	248.41	258.79	315.91	324.53
交通和通讯	**179.83**	**209.98**	**183.96**	**231.51**	**251.08**	**371.83**	**556.66**	**585.42**
交通	56.13	78.67	70.67	38.26	88.17	143.47	232.62	203.5
通讯	123.69	131.31	113.28	138.47	162.91	228.36	324.04	381.92
教育、文化、娱乐服务	**246.99**	**262.57**	**312.22**	**373.18**	**424.75**	**536.29**	**711.03**	**644.72**
#文化娱乐用品	57.67	53.54	99.64	132.72	125.44	168.17	205.63	219.47
教育	127.31	136.91	134.61	151.00	207.45	255.99	385.53	320.56
居住	**115.85**	**132.50**	**179.00**	**208.04**	**228.73**	**282.42**	**482.77**	**560.53**
#住房	34.23	33.66	45.98	56.64	55.77	72.66	148.05	196.73
水电燃料及其他	81.62	98.84	133.02	151.40	172.96	209.76	307.32	335.44
杂项商品和服务	**137.78**	**143.87**	**153.92**	**155.46**	**195.93**	**230.67**	**205.88**	**221.23**

8-7 城镇居民家庭平均每人全年消费性支出情况

(2003年)　　单位:元

指　　标	全区平均	最低收入户	#更低收入户	低收入户	中等偏下户	中等收入户	中等偏上户	高收入户	最高收入户
消费性支出	**5 330.34**	**2 261.96**	**1 914.68**	**3 091.63**	**3 929.41**	**4 996.06**	**6 286.17**	**8 147.15**	**10 471.52**
食　品	**1 919.42**	**1 024.52**	**903.10**	**1 327.81**	**1 614.35**	**1 927.84**	**2 206.65**	**2 569.04**	**3 008.82**
#粮　食	204.07	174.32	181.89	208.47	196.44	203.81	210.91	220.24	218.14
油脂类	74.53	65.71	64.16	73.57	75.18	75.84	74.94	77.71	76.38
肉禽及制品	332.80	176.55	169.30	214.68	295.72	344.28	405.37	417.90	457.56
#猪　肉	85.12	48.06	47.89	59.97	77.21	86.85	100.95	91.91	129.34
蛋　类	40.12	28.02	24.38	38.59	39.82	41.85	41.22	44.32	45.11
水产品类	43.06	22.32	19.59	22.46	32.95	40.90	57.04	67.32	62.96
蔬菜类	203.69	133.95	126.21	157.48	184.24	201.22	231.25	241.17	287.98
烟草类	112.05	45.78	20.97	97.60	98.12	108.10	137.71	143.27	154.65
酒和饮料	78.80	32.46	26.88	45.16	63.89	75.50	88.95	109.60	152.65
干鲜瓜果类	171.87	82.10	62.69	108.93	142.12	178.30	196.52	237.07	279.76
糕点类	32.21	11.36	9.38	20.04	27.93	31.80	40.09	47.90	46.67
奶及奶制品	103.70	39.64	28.56	60.27	83.85	108.92	130.38	147.14	156.68
其他食品	73.26	27.65	16.33	29.55	53.40	73.18	80.62	124.86	153.47
衣　着	**585.24**	**196.48**	**149.38**	**318.70**	**407.20**	**538.14**	**693.81**	**984.24**	**1 210.24**
#服　装	410.05	122.38	93.87	207.57	265.59	372.44	495.27	717.77	892.14
衣着材料	18.96	9.83	6.46	14.59	16.86	18.26	21.65	24.83	28.79
鞋袜帽及其它	149.84	61.73	47.18	93.46	120.30	139.94	169.83	230.37	279.23
家庭设备用品及服务	**363.09**	**84.29**	**83.17**	**159.13**	**178.00**	**305.26**	**470.70**	**622.15**	**988.40**
耐用消费品	205.31	21.87	30.98	75.22	66.37	154.37	289.67	395.92	631.54
室内装饰品	22.21	5.51	6.49	4.69	8.89	16.89	23.42	30.44	95.94
床上用品	19.92	5.54	4.89	8.98	14.51	20.96	21.18	26.53	50.18
家庭日用杂品	96.05	46.91	36.67	62.74	77.88	92.26	113.99	129.60	167.78
家具材料	0.20	0.24	0.34	0.17	0.11	0.24	0.19	0.44	0.03
家庭服务	19.41	4.23	3.82	7.33	10.24	20.55	22.24	39.21	42.92
医疗保健	**450.70**	**132.80**	**126.25**	**198.35**	**389.30**	**422.55**	**570.77**	**655.57**	**832.75**
#药品费	324.53	114.23	113.38	150.20	259.37	319.10	408.75	481.25	582.19
滋补保健品	8.28	0.51	0.54	1.99	3.90	8.29	11.80	9.66	26.02
医疗费	107.02	17.60	12.14	42.73	112.62	88.97	139.06	144.56	199.22
交通和通讯	**585.42**	**169.58**	**127.74**	**271.88**	**361.52**	**552.85**	**701.03**	**1 014.28**	**1 329.14**
交　通	203.50	45.85	39.70	83.38	115.69	178.33	216.02	464.86	486.43
#交通费	138.55	36.87	36.62	63.90	71.04	117.39	157.48	292.85	347.24
通　信	381.92	123.73	88.04	188.50	245.83	374.52	485.01	549.42	842.71
教育文化娱乐服务	**644.72**	**341.15**	**263.69**	**400.64**	**432.62**	**559.53**	**808.32**	**1 060.71**	**1 177.26**
文化娱乐用品	219.47	55.40	80.41	128.18	117.32	198.99	263.37	390.19	527.83
#书报杂志	19.13	5.51	5.18	9.74	8.55	18.80	24.34	28.73	50.46
文化娱乐服务	104.69	25.13	24.70	40.27	58.34	68.61	147.62	213.29	254.36
#参观游览	11.47	0.87	0.06	1.95	1.92	4.13	20.06	29.28	36.64

指　　标	全区平均	最低收入户	#更低收入户	低收入户	中等偏下户	中等收入户	中等偏上户	高收入户	最高收入户
健身活动	1.15	0.05	–	0.06	0.36	1.06	0.48	1.52	7.08
团体旅游	25.49	0.79	–	–	1.48	10.34	46.89	82.60	67.69
其它文娱活动	64.33	23.06	24.31	36.61	53.04	51.73	77.59	93.66	139.28
文娱用品修理服务费	2.24	0.36	0.33	1.65	1.55	1.34	2.61	6.23	3.67
教　育	320.56	260.62	158.58	232.19	256.96	291.94	397.32	457.23	395.07
教　材	44.73	35.98	31.37	39.26	43.69	41.81	49.59	64.20	38.04
教育费用	275.83	224.63	127.21	192.93	213.27	250.14	347.73	393.03	357.03
非义务教育学杂费	77.99	100.55	56.82	73.81	66.40	52.10	75.27	159.33	63.83
义务教育学杂费	66.63	70.67	54.81	75.75	63.03	65.03	63.82	63.07	74.03
托幼费	20.90	9.21	4.13	8.85	12.95	31.58	26.51	37.21	12.61
成人教育费	46.61	11.80	6.96	3.63	35.13	47.31	67.70	65.38	96.10
家教费	2.89	–	–	1.73	1.86	2.48	3.42	11.44	0.37
培训班	28.76	8.70	0.40	16.27	19.72	29.61	36.81	39.49	56.73
学校住宿费	4.50	19.81	–	1.70	2.05	0.90	4.67	6.89	2.32
其他	27.56	3.90	4.09	11.20	12.12	21.13	69.54	10.23	51.04
居　住	**560.53**	**256.93**	**220.89**	**277.66**	**402.29**	**498.86**	**587.45**	**854.08**	**1 397.44**
住　房	196.73	46.02	28.75	47.67	96.14	143.10	178.01	361.67	783.26
#租赁房房租	17.10	17.94	25.21	17.56	12.47	17.65	18.77	11.98	27.72
住房装潢支出	145.75	9.13	–	12.19	39.74	105.95	125.84	282.70	712.39
维修用建筑材料	32.04	18.95	3.54	15.86	39.90	18.75	32.41	63.45	42.45
水电燃料及其他	335.44	200.68	184.88	217.88	282.61	333.08	374.16	457.81	543.08
#水	29.07	18.41	18.34	22.69	30.45	28.08	28.70	35.34	41.53
电	107.97	60.55	53.08	67.95	91.15	106.11	130.88	147.88	159.81
燃料	79.45	67.11	63.38	73.79	79.68	85.62	78.14	84.16	82.89
居住服务费	28.36	10.22	7.26	12.11	23.53	22.69	35.28	34.59	71.10
#物业管理费	12.24	6.30	4.62	4.36	8.41	11.22	17.16	17.28	23.59
维修服务费	10.86	1.73	1.42	4.54	9.84	6.09	11.14	11.93	40.65
杂项商品和服务	**221.23**	**56.21**	**40.45**	**137.46**	**144.14**	**191.02**	**247.45**	**387.09**	**527.48**
杂项商品	141.93	37.36	24.82	71.83	96.42	130.41	164.65	263.82	298.19
#金银珠宝饰品	19.95	–	–	0.74	22.16	19.01	9.67	76.48	23.33
手表	0.93	0.41	0.31	0.51	0.53	0.55	0.39	1.42	4.60
理发美容用具	0.86	0.33	0.06	0.12	0.19	0.57	0.94	3.90	1.14
化妆品	70.64	22.16	16.12	34.97	44.17	66.14	90.35	109.79	156.62
服　务	79.30	18.85	15.63	65.64	47.72	60.60	82.80	123.27	229.29
旅馆住宿费	10.00	0.37	0.75	3.67	3.93	4.34	11.16	22.55	40.38
理发洗澡费	20.52	10.06	5.91	12.78	16.77	19.58	19.61	28.46	46.40
美容费	6.24	0.47	–	0.80	2.44	5.16	8.32	17.35	14.32
其他服务	42.54	7.96	8.97	48.39	24.58	31.52	43.70	54.91	128.19

8－8　主要年份城镇居民家庭购买主要商品数量

品　　种	单　位	1985年	1990年	1995年	2000年	2002年	2003年
粮　食	千克	137.00	159.96	106.62	80.15	79.66	85.30
鲜　菜	千克	152.00	164.16	121.88	114.90	120.33	125.44
食用植物油	千克	7.40	9.72	6.59	7.67	8.45	9.04
猪　肉	千克	9.00	10.56	8.36	8.26	8.06	8.31
牛羊肉(含制品)	千克	7.10	10.44	6.12	10.22	11.25	9.39
家　禽	千克	1.40	2.28	3.77	4.51	5.98	6.33
鲜　蛋(含制品)	千克	4.50	3.48	6.21	8.30	7.44	8.84
鱼	千克	2.90	4.92	-	3.51	4.33	4.45
食　糖	千克	3.60	3.36	1.52	1.70	-	-
卷　烟	千克	47.00	52.68	36.21	33.35	-	-
酒　类	千克	3.70	5.64	3.83	4.61	5.01	4.88
棉　布	米	3.00	1.30	0.32	0.25	-	-
化纤布(含棉花纤)	米	2.40	1.99	1.50	0.91	-	-
呢　绒	米	-	0.20	0.20	0.03	-	-
绸　缎	米	-	0.37	0.25	0.04	-	-
男式服装	件	-	-	1.75	2.28	2.38	2.75
女式服装	件	-	-	2.58	3.86	4.09	3.80
各式童装	件	-	-	1.19	1.89	1.11	0.99
鞋　类	双	-	-	2.92	3.02	2.81	2.95
肥　皂	块	6.40	6.60	3.14	1.43	-	-
煤　炭	千克	544.00	384.70	116.64	137.60	194.06	179.86

8－9 城镇居民家庭主要耐用消费品拥有量

（2003年，平均每百户全年）

指　　标	单　位	全区平均	最低收入户	#更低收入户	低　收入　户	中　等偏下户	中　等收入户	中　等偏上户	高　收入　户	最　高收入户
成套家具	套	28.11	16.42	16.06	21.41	22.84	28.68	39.13	33.92	25.21
摩托车	辆	16.24	12.06	12.57	9.81	13.43	18.15	19.73	17.09	19.52
自行车	辆	176.64	160.08	149.97	171.01	185.17	185.59	179.08	168.66	164.32
助力车	辆	1.73	–	–	–	0.66	2.44	0.71	6.54	2.58
家用汽车	辆	0.52	–	–	–	–	0.95	–	1.83	1.29
洗衣机	台	91.82	81.27	78.89	88.53	87.26	88.40	95.41	101.90	101.61
电风扇	台	77.88	66.90	68.12	66.25	75.34	79.68	84.21	84.88	79.27
电冰箱	台	79.53	46.95	55.40	59.28	73.59	80.44	90.58	94.71	96.94
冰　柜	台	3.53	4.56	6.97	3.29	4.99	1.98	4.32	1.01	3.98
彩色电视机	台	113.83	110.57	110.34	105.42	109.55	107.91	119.06	119.57	127.84
影碟机	台	50.00	26.14	26.07	39.73	38.41	53.61	58.98	56.89	69.56
录音机	台	42.62	43.05	36.52	43.30	42.24	35.11	46.04	41.23	51.60
录放像机		9.15	4.80	10.11	6.98	5.25	4.83	13.30	15.89	15.70
家用电脑	台	12.86	3.33	3.66	6.10	6.56	10.13	17.32	26.04	22.25
组合音响	台	20.27	9.24	13.26	18.67	22.53	21.58	21.52	22.37	19.12
摄象机	台	0.72	–	–	–		–	0.66	3.00	2.58
照相机	架	25.37	6.08	3.71	10.06	16.72	20.35	31.89	37.58	56.27
钢　琴	架	0.87	–	–	–	–	0.72	0.88	2.57	2.58
中高档乐器	件	5.64	3.20	–	2.03	2.80	5.04	9.20	11.78	4.35
微波炉	台	20.63	1.60	–	3.51	9.94	15.69	32.67	32.36	46.41
空调器	台	2.58	–	–	–	–	0.67	3.77	6.48	9.49
取暖器	台	8.11	1.76	2.47	2.68	2.86	7.24	13.20	12.12	15.99
电炊具	个	136.37	105.02	97.68	102.70	124.12	122.33	155.62	164.72	176.76
淋浴热水器	个	50.88	30.03	38.02	28.87	41.42	46.57	61.50	72.24	72.05
抽排油烟机	台	57.40	43.32	46.34	27.92	47.63	56.09	65.64	83.01	75.00
饮水机	台	27.75	14.40	10.84	17.54	17.42	29.34	35.68	32.01	44.95
吸尘器	台	6.09	1.60	3.37	1.43	2.18	4.29	9.85	11.79	11.88
普通电话	部	92.91	79.20	77.99	78.78	90.51	95.12	100.59	94.91	100.00
移动电话	部	73.20	25.86	28.39	42.88	50.52	70.53	91.97	112.19	112.09

8－10　主要年份城镇居民家庭居住情况

指　　标	1985 年	1990 年	1995 年	2000 年	2002 年	2003 年
居住面积(平方米/户)						
建筑面积	69.58	66.56	66.36	77.03	70.35	71.23
使用面积	52.20	49.93	49.78	57.79	52.77	53.58
居住面积	37.90	37.12	36.06	42.83	－	－
辅助面积	14.30	12.81	13.72	14.96	－	－
按人均居住面积分组的各类家庭比重(%)	**100.00**	**100.00**	**100.00**	**100.00**	**100.00**	**100.00**
无房户	0.25	－	－	－	－	－
4 平方米以下户	6.75	1.81	0.36	0.20	－	－
4—6 平方米户	12.75	6.00	4.91	1.70	－	－
6—8 平方米户	23.50	20.72	16.18	8.10	－	－
8 平方米以上户	55.75	71.47	78.55	90.00	－	－
按自来水分组的各类家庭比重(%)	**100.00**	**100.00**	**100.00**	**100.00**	**100.00**	**100.00**
无自来水	8.25	3.82	1.64	1.80	1.83	－
独用自来水	82.75	90.18	94.91	97.20	96.96	98.03
公用自来水	9.00	6.00	3.65	1.00	1.21	0.75
按卫生设备拥有的各类家庭比重(%)	**100.00**	**100.00**	**100.00**	**100.00**	**100.00**	**100.00**
无卫生设备	33.75	48.36	18.91	15.30	14.78	14.13
有浴室厕所	2.00	8.36	20.36	21.20	45.78	48.11
有厕所无浴室	26.50	37.64	52.36	60.40	36.43	36.08
公有卫生设备	37.75	5.64	8.37	3.10	2.87	1.68
按取暖设备拥有情况分组的家庭比重(%)						
# 有取暖设备户(暖气)	17.75	37.82	62.18	76.70	78.71	80.10
按厨房使用情况分组的家庭比重(%)						
# 无厨房	2.28	2.55	0.91	0.60	－	－
独用厨房	97.72	96.91	99.09	99.40	－	－
按燃料使用情况分组家庭比重(%)						
# 液化石油气	1.52	15.27	56.73	73.50	76.68	75.71
煤	98.48	83.82	37.09	16.20	16.27	15.68
按电话拥有情况分(%)						
# 公费电话	－	－	6.55	0.40	－	－
自费电话	－	－	32.36	85.00	－	－

8－11　主要年份农民家庭基本情况

指标	单　位	1978 年	1980 年	1985 年	1990 年	1995 年	2000 年	2001 年	2002 年	2003 年
调查户数	户	253	200	1 090	990	1 050	600	600	600	600
调查户常住人口	人	1 582	1 258	6 588	5 753	5 517	2 850	2 826	2 813	2 769
平均每户整,半劳动力	人	2.59	2.46	3.02	2.96	3.06	2.8	2.81	2.82	2.8
平均每户整,半劳动力负担人口	人	2.41	2.56	2.00	1.96	1.72	1.69	1.68	1.66	1.78
平均每百个劳动力中:	人									
文盲、半文盲	人			43.36	37.29	26.58	19.50	17.84	16.89	16.31
小学程度	人			27.58	30.20	32.37	30.30	30.05	30.30	30.54
初中程度	人			23.75	27.06	33.05	39.10	41.20	41.94	42.14
高中程度	人			5.17	5.35	7.44	9.10	9.07	8.74	8.93
中专程度	人			0.15	0.10	0.47	1.50	1.54	1.66	1.49
大专程度	人			–	–	0.09	0.50	0.30	0.47	0.60
平均每户年内新建房屋间数	间/人			0.39	0.30	0.24	–	–	–	–
平均每人年末生活用房面积	平方米/人			11.83	13.62	19.67	18.00	18.84	19.23	20.12

8－12　主要年份农民家庭生活基本情况

年　份	每一农村劳动力负担人数(人)	人均纯收入(元)	人均生活费支出(元)	#食品	人均居住面积(平方米)
1965	1.96	97.46	82.80	56.50	
1978	2.41	115.90	90.70	69.40	
1980	2.56	175.10	135.45	85.03	8.80
1985	2.00	325.88	264.46	154.55	11.83
1990	1.96	594.28	486.32	275.25	13.62
1991	1.90	608.13	518.79	292.81	13.97
1992	1.88	618.72	561.37	323.03	14.64
1993	1.78	667.06	605.93	341.78	15.42
1994	1.78	910.45	831.32	486.20	16.33
1995	1.72	1 036.99	1 057.78	608.60	19.67
1996	1.68	1 415.78	1 233.63	729.68	16.12
1997	1.67	1 545.08	1 282.46	688.18	16.76
1998	1.71	1 756.14	1 350.18	713.36	17.30
1999	1.70	1 790.70	1 330.18	675.86	18.18
2000	1.69	1 724.30	1 417.10	691.30	18.00
2001	1.68	1 823.13	1 380.75	643.76	18.84
2002	1.66	1 917.36	1 418.12	633.16	19.23
2003	1.78	2 043.30	1 637.13	680.15	20.12

8－13　农村住户全年总收入、纯收入和总支出

单位:元

指　　标	2003年	指　　标	2003年
全年总收入	**3 268.02**	**全年总支出**	**3 029.84**
工资性收入	**592.30**	**家庭经营费用支出**	**969.58**
在非企业组织劳动得到的工资性收入	124.78	农业生产	429.83
在本地企业劳动得到的工资性收入	197.93	#种植业生产支出	416.73
常住人口外出从业得到的工资性收入	269.59	林业支出	7.04
其他工资性收入		牧业支出	410.41
家庭经营收入	**2 446.45**	渔业支出	14.27
农业收入	1 223.00	工业支出	29.08
#种植业收入	1 185.74	建筑业支出	0.16
林业收入	31.82	运输邮电业支出	56.48
牧业收入	693.70	批发和零售贸易、餐饮业支出	6.70
渔业收入	18.27	社会服务业支出	0.48
工业收入	69.21	其它家庭经营支出	15.13
建筑业收入	7.89	**购置生产性固定资产支出**	**195.29**
运输邮电业收入	252.63	**缴纳税金**	**32.88**
批发和零售贸易、餐饮业收入	109.20	**生活消费支出**	**1 637.13**
社会服务业收入	16.46	**转移及财产性支出**	**190.80**
其它家庭经营收入	24.26		
转移性收入	**160.50**		
财产收入	**68.76**		

8－14　主要年份农民家庭平均每人生活消费支出

指　　标	1985年	1990年	1995年	1998年	1999年	2000年	2002年	2003年
生活消费支出	**264.46**	**486.32**	**1 057.78**	**1 350.18**	**1 330.18**	**1 417.10**	**1 418.12**	**1 637.13**
按生活消费类别分								
食　品	154.55	275.25	608.60	713.36	675.86	691.30	633.16	680.15
衣　着	31.52	50.71	83.86	104.88	103.17	96.70	97.52	109.19
居　住	30.95	65.86	146.30	216.69	199.46	227.40	203.75	286.09
家庭设备用品及服务	16.64	28.95	59.26	69.17	76.43	62.10	69.80	56.09
医疗保健	8.16	17.01	44.31	76.84	75.07	88.50	123.32	116.31
交通和通讯	5.45	12.10	31.29	52.98	52.69	79.80	111.00	170.52
文化教育娱乐用品及服务	14.68	34.11	70.87	97.10	120.66	145.00	148.20	178.34
其他商品和服务	2.51	2.33	13.29	19.17	26.84	26.40	31.38	40.44

8－15　主要年份农民家庭平均每人主要消费品消费量

指　　标	单　位	1985 年	1990 年	1995 年	1998 年	1999 年	2000 年	2002 年	2003 年
粮　食(原粮)	千克	261.07	254.88	274.67	262.94	250.60	248.60	235.25	224.09
细　粮	千克	229.45	217.79	234.68	236.33	223.88	223.40	216.85	212.89
蔬　菜	千克	102.99	83.49	76.27	97.32	83.08	91.20	74.59	84.38
食　油	千克	4.66	5.53	7.16	7.66	8.02	6.60	7.27	7.14
肉　类	千克	7.25	8.73	7.46	10.38	11.44	11.60	11.02	11.33
家　禽	千克	0.29	0.33	0.82	1.45	1.43	1.90	2.74	2.81
蛋　类	千克	1.12	1.26	1.07	1.79	1.65	2.40	2.69	2.74
鱼　虾	千克	0.06	0.23	0.35	0.40	0.54	0.50	0.77	0.51
食　糖	千克	1.29	1.58	1.32	1.70	2.08	1.60	1.75	1.62
酒	千克	0.69	0.86	0.92	1.08	1.16	3.00	1.83	2.02
棉　布	米	2.35	0.98	0.37	0.21	0.24	0.14	0.2	
化纤布	米	2.37	1.65	2.04	2.35	2.33	0.47	0.28	

8－16　主要年份农民家庭平均每百户耐用消费品年末拥有量

指　　标	单　位	1985 年	1990 年	1995 年	1998 年	1999 年	2000 年	2002 年	2003 年
自行车	辆	125.23	170.20	176.57	174.76	174.48	162.83	166.33	164.67
电风扇	台	0.28	5.35	11.62	14.57	14.86	21.33	26.83	26.67
洗衣机	台	3.67	19.60	29.43	31.62	31.62	37.55	42.33	44.33
摩托车	辆	1.10	2.73	5.81	12.00	15.14	25.83	36.50	45.50
黑白电视机	台	26.88	41.01	50.95	46.67	44.95	34.50	–	28.33
彩色电视机	台	2.94	17.88	35.71	49.71	54.48	67.00	78.17	84.33
收录机	台	8.26	25.56	38.38	42.00	42.57	35.50	39.00	37.17
照相机	架	0.28	0.51	0.95	1.52	1.33	3.33	3.50	3.00

8－17　主要年份农民家庭平均每人现金收入

指　　标	1990 年	1995 年	1998 年	1999 年	2000 年	2002 年	2003 年
期内现金收入合计	**566.84**	**1 218.87**	**1 942.04**	**2 073.81**	**2 169.24**	**2 456.79**	**2 624.54**
工资性收入	**78.41**	**178.23**	**367.42**	**422.97**	**483.99**	**525.65**	**592.23**
家庭经营现金收入	**449.35**	**996.16**	**1 468.23**	**1 504.93**	**1 535.10**	**1 760.06**	**1 862.19**
出售产品的现金	390.85	833.14	1 173.68	1 189.74	1 082.95	1 322.41	1 359.09
出售种植业产品的现金	287.69	525.03	704.37	682.89	543.50	617.75	682.36
# 出售粮食的现金	199.42	359.53	546.92	507.22	381.95	445.55	320.19
出售油料的现金	9.88	16.83	28.71	28.29	4.99	25.41	47.69
出售糖料的现金	19.56	30.62	12.06	0.29	2.11	0.38	－
出售蔬菜的现金	31.02	66.77	75.67	81.93	164.20	77.76	114.03
出售林业产品的现金	4.77	7.08	6.01	6.40	6.40	20.52	28.15
出售牧业产品的现金	86.20	279.61	413.01	424.17	482.90	606.37	629.11
出售渔业产品的现金	2.46	1.86	32.09	48.12	34.20	40.90	18.11
出售工业产品的现金	0.58	0.02	0.29	0.29	0.53	8.61	0.39
出售其他产品的现金	1.08	0.52	0.17	0.27	4.95	1.93	0.97
工业加工费的现金收入	8.68	19.38	25.04	35.29	51.14	49.84	69.21
建筑业的现金收入	3.78	7.45	9.00	14.05	14.95	4.50	7.89
运输业的现金收入	29.22	71.23	139.56	128.34	191.80	214.30	252.63
商业的现金收入	6.75	31.35	57.73	65.31	123.5	96.07	109.2
饮食业的现金收入	1.54	4.89	6.91	5.88			
服务业的现金收入	3.52	6.73	21.28	23.71	25.48	20.64	16.46
其他家庭经营的现金收入	5.01	21.99	35.02	42.61	33.00	34.39	23.29
转移性收入	**39.09**	**33.73**	**72.45**	**120.41**	**77.10**	**116.85**	**109.33**
财产性收入	**－**	**10.75**	**33.95**	**25.51**	**73.00**	**54.22**	**60.79**
非收入所得	**117.61**	**370.27**	**456.55**	**515.52**	**564.90**	**605.24**	**836.71**

8－18　各市县农民家庭平均每人纯收入

（2003年，按来源和性质分组）　　单位：元

地　区	纯收入	按纯收入来源分				按纯收入性质分		
		工资性收入	家庭经营收入	转移性收入	财产性收入	一产业纯收入	二三产业纯收入	非生产性收入
全区总计	**2 043.30**	**592.30**	**1 255.35**	**126.88**	**68.76**	**958.71**	**888.94**	**195.65**
川　区	**3 079.92**	**748.27**	**2 134.56**	**70.37**	**126.71**	**1 581.95**	**1 300.88**	**197.09**
山　区	**1 292.50**	**440.68**	**730.42**	**106.05**	**15.35**	**610.58**	**560.52**	**121.40**
银川市	**3 087.08**	**709.78**	**2 057.86**	**65.36**	**254.08**	**1 530.09**	**1 237.55**	**319.44**
银川市	3 583.79	757.59	1 552.59	147.07	1 126.54	1 142.93	1 167.25	1 273.61
永宁县	2 975.49	640.03	2 245.69	18.25	71.52	1 601.37	1 284.35	89.77
贺兰县	2 938.76	520.72	2 265.59	95.82	56.63	1 852.95	933.36	152.45
灵武市	3 008.74	903.62	2 023.22	31.13	50.77	1 428.20	1 498.64	81.90
石嘴山市	**2 994.13**	**652.91**	**2 191.40**	**122.07**	**27.75**	**1 786.11**	**1 058.20**	**149.82**
平罗县	3 002.63	616.69	2 267.95	98.69	19.30	1 864.39	1 020.25	117.99
陶乐县	2 668.84	511.56	1 904.10	239.41	13.78	1 647.95	767.71	253.18
惠农县	3 103.59	847.04	2 034.50	157.23	64.82	1 558.38	1 323.16	222.05
吴忠市	**2 506.59**	**657.21**	**1 757.87**	**57.40**	**34.11**	**1 289.98**	**1 125.10**	**91.51**
利通区	3 366.77	675.26	2 551.33	74.02	66.16	1 945.93	1 280.66	140.18
青铜峡市	3 260.40	767.67	2 440.46	2.14	50.13	1 785.24	1 422.89	52.27
中卫县	2 940.34	985.54	1 899.53	22.29	32.99	1 363.97	1 521.10	55.27
中宁县	2 961.09	815.74	2 083.09	39.07	23.18	1 207.21	1 691.62	62.26
盐池县	1 567.30	305.91	1 074.60	174.88	11.91	989.89	390.62	186.79
同心县	1 374.00	370.30	910.72	69.72	23.26	762.57	518.45	92.98
固原市	**1 262.01**	**466.20**	**675.86**	**105.70**	**14.25**	**556.96**	**585.10**	**119.95**
原州区	1 335.58	536.32	713.54	79.05	6.67	570.87	679.03	85.72
海原县	1 153.60	463.61	584.09	77.14	28.76	467.78	579.92	105.90
西吉县	1 264.04	452.04	700.25	93.48	18.27	656.00	496.29	111.75
隆德县	1 300.36	403.67	730.42	161.12	5.15	505.90	628.19	166.27
泾源县	1 147.49	442.41	558.45	143.50	3.13	459.08	541.78	146.63
彭阳县	1 325.81	442.85	720.92	151.35	10.69	580.78	582.99	162.04

8－19　各市县主要年份农民家庭平均每人纯收入

单位:元

地　区	1978 年	1980 年	1985 年	1990 年	1995 年	2000 年	2002 年	2003 年
全区总计	**115.90**	**175.10**	**325.88**	**594.28**	**1 036.99**	**1 724.30**	**1 917.36**	**2 043.30**
银川市			**466.29**	**978.89**	**1 683.43**	**2 712.36**	**2 961.42**	**3 087.08**
银川市			531.91	967.65	1 790.76	3 096.67	3 406.64	3 583.79
永宁县			467.05	977.28	1 647.95	2 542.58	2 831.10	2 975.49
贺兰县	130.73	200.96	407.72	993.33	1 628.98	2 560.67	2 777.66	2 938.76
灵武市			433.55	768.75	1 513.21	2 704.95	2 862.74	3 008.74
石嘴山市			**434.24**	**812.70**	**1 533.82**	**2 718.98**	**2 904.94**	**2 994.13**
平罗县	148.18	231.54	460.41	838.53	1 483.86	2 601.26	2 815.12	3 002.63
陶乐县			442.40	801.75	1 697.32	2 919.77	3 147.15	2 668.84
惠农县			404.76	780.67	1 492.83	2 760.40	2 979.92	3 103.59
吴忠市			**354.85**	**648.40**	**1 212.79**	**2 194.33**	**2 431.11**	**2 506.59**
利通区	135.10	226.02	353.87	726.04	1 384.08	2 853.46	3 150.05	3 366.77
青铜峡市			414.38	752.72	1 528.51	2 811.54	3 101.00	3 260.40
中卫县	93.24	163.46	341.17	701.80	1 380.82	2 494.60	2 805.67	2 940.34
中宁县			370.02	632.31	1 469.88	2 648.29	2 812.05	2 961.09
盐池县	126.95	123.91	365.01	534.07	821.19	1 135.61	1 428.86	1 567.30
同心县			221.22	427.26	812.05	1 139.73	1 315.59	1 374.00
固原市			**195.42**	**351.70**	**553.40**	**927.76**	**1 168.24**	**1 262.01**
原州区	71.98	127.73	247.87	394.79	628.06	933.11	1 210.86	1 335.58
海原县			200.84	332.73	470.03	877.20	1 096.61	1 153.60
西吉县			166.19	338.42	447.46	901.61	1 140.84	1 264.04
隆德县			186.89	382.87	631.05	1 081.73	1 230.10	1 300.36
泾源县			215.37	246.44	457.12	971.09	1 075.41	1 147.49
彭阳县			156.25	368.98	656.60	895.98	1 233.26	1 325.81

8－20　各市县农民家庭平均每人生活消费支出

（2003 年）　　单位:元

地　区	生活消费支出	食　品	衣　着	居　住
全区总计	**1 637.13**	**680.15**	**109.19**	**286.09**
川　区	**2 139.15**	**830.91**	**167.46**	**382.64**
山　区	**1 152.1**	**541.52**	**78.5**	**164.61**
银川市	**2 224.24**	**868.2**	**165.64**	**465.68**
银川市	2 560.75	913.81	235.84	509.03
永宁县	2 128.77	862.65	172	409.92
贺兰县	1 967.15	791.52	136.36	323.24
灵武市	2 322.41	910.68	142.06	610.1
石嘴山市	**1 918.35**	**850.32**	**143.96**	**288.68**
平罗县	1 789.81	849.34	139.86	221.64
陶乐县	2 097.84	729.4	130.27	406.4
惠农县	2 312.75	906.21	164.92	484
吴忠市	**1 804.75**	**709.19**	**153.59**	**253.08**
利通区	2 135.77	920.7	203.55	366.77
青铜峡市	2 175.49	831.28	166.41	474.22
中卫县	1 909.17	702.99	161.6	178.42
中宁县	2 244.79	782.51	183.6	276.44
盐池县	1 463.06	727.65	96.25	105.04
同心县	1 215.08	479.67	116.48	177.16
固原市	**1 122.17**	**538.54**	**70.25**	**169.45**
原州区	1 244.73	511.11	71.23	285.87
海原县	1 084.66	469.91	87.4	108.84
西吉县	1 147.26	633.16	70.7	162.98
隆德县	1 073.26	517.01	54.1	162.19
泾源县	1 040.19	504.5	69.74	193.39
彭阳县	1 007.61	551.41	55.32	70.25

地　　区	家庭设备、用品及服务	医疗保健	交通和通　讯	文教娱乐用品及服务	其他商品和 服 务
全区总计	**56.09**	**116.31**	**170.52**	**178.34**	**40.44**
川　　区	**77.33**	**173.25**	**212.51**	**225.47**	**69.58**
山　　区	**43.70**	**73.96**	**104.72**	**128.47**	**16.62**
银 川 市	**67.15**	**177.62**	**195.45**	**206.32**	**78.17**
银 川 市	95.83	159.81	241.29	349.82	55.32
永 宁 县	65.85	150.65	174.66	199.08	93.95
贺 兰 县	65.41	264.58	190.36	159.47	36.21
灵 武 市	52.24	138.20	190.18	164.98	113.97
石嘴山市	**66.00**	**178.53**	**205.22**	**152.20**	**33.43**
平 罗 县	70.00	165.62	187.68	129.04	26.64
陶 乐 县	68.38	249.72	206.72	244.13	62.82
惠 农 县	50.28	195.16	269.00	197.52	45.66
吴 忠 市	**75.33**	**144.63**	**193.95**	**219.58**	**55.40**
利 通 区	71.87	154.33	209.71	174.90	33.94
青铜峡市	77.54	142.91	175.87	214.12	93.13
中 卫 县	112.63	148.11	236.15	310.56	58.71
中 宁 县	95.86	210.82	287.78	297.31	110.46
盐 池 县	46.23	144.53	168.07	157.91	17.38
同 心 县	45.59	98.57	115.67	153.72	28.22
固 原 市	**43.31**	**64.36**	**98.85**	**122.73**	**14.67**
原 州 区	38.96	72.71	116.18	141.63	7.05
海 原 县	52.06	96.47	112.07	151.07	6.85
西 吉 县	45.77	36.39	83.14	99.61	15.52
隆 德 县	45.42	59.98	74.57	108.22	51.76
泾 源 县	33.56	59.42	77.06	98.89	3.64
彭 阳 县	35.71	58.74	110.14	114.24	11.80

8－21　各市县主要年份农民家庭平均每人生活消费支出

单位:元

地　　区	1980年	1985年	1990年	1995年	2000年	2002年	2003年
全区总计	**135.45**	**264.46**	**486.32**	**1 057.78**	**1 417.13**	**1 418.12**	**1 637.13**
银 川 市		**382.80**	**810.18**	**1 449.48**	**1 885.76**	**2 049.94**	**2 224.24**
银 川 市		440.10	808.67	1 290.49	2 021.76	1 966.07	2 560.75
永 宁 县		384.29	887.01	1 445.72	1 665.78	2 284.39	2 128.77
贺 兰 县	161.67	330.85	681.53	1 619.93	2 094.83	1 866.74	1 967.15
灵 武 市		319.30	594.41	1 373.54	1 770.48	1 553.04	2 322.41
石嘴山市		**312.46**	**655.88**	**1 438.23**	**2 101.75**	**2 129.98**	**1 918.35**
平 罗 县	129.80	324.45	655.52	1 391.37	2 027.14	2 046.05	1 789.81
陶 乐 县		316.29	556.37	1 646.21	1 636.94	2 474.93	2 097.84
惠 农 县		298.92	735.38	1 360.72	2 468.85	2 134.12	2 312.75
吴 忠 市		**274.79**	**530.70**	**1 201.08**	**1 640.80**	**1 699.66**	**1 804.75**
利 通 区	146.75	286.11	694.05	1 310.12	2 345.33	2 520.98	2 135.77
青铜峡市		294.45	622.35	1 565.72	1 849.44	2 182.84	2 175.49
中 卫 县	142.78	255.93	495.30	1 350.86	1 600.15	1 635.73	1 909.17
中 宁 县		281.77	471.72	1 065.24	1 982.43	1 987.02	2 244.79
盐 池 县	113.89	317.42	468.66	1 038.10	1 230.59	1 273.64	1 463.06
同 心 县		187.91	342.27	901.27	957.92	1 102.03	1 215.08
固 原 市		**185.77**	**287.62**	**708.95**	**854.01**	**943.08**	**1 122.17**
原 州 区	116.66	227.15	330.49	691.65	984.63	969.67	1 244.73
海 原 县		176.06	253.86	683.38	677.65	791.86	1 084.66
西 吉 县		181.13	270.31	622.14	965.29	990.14	1 147.26
隆 德 县	95.41	185.47	324.47	856.55	1 110.44	972.41	1 073.26
泾 源 县		163.88	220.52	540.03	804.12	877.36	1 040.19
彭 阳 县		164.20	297.19	824.00	752.65	1 033.98	1 007.61

8－22　各市县农民家庭平均每百户耐用品消费品拥有量

（2003 年）

地　　区	自行车（辆）	电话机（部）	家用计算机（台）	电风扇（台）	洗衣机（台）	电冰箱（台）
全区总计	**164.67**	**38.17**	**0.83**	**26.67**	**44.33**	**8.83**
川　　区	**212.97**	**67.43**	**1.08**	**57.03**	**78.11**	**17.43**
山　　区	**104.46**	**12.18**	**0.16**	**1.99**	**10.01**	**1.44**
银 川 市	**224.26**	**67.33**	**0.32**	**56.14**	**78.65**	**18.47**
银 川 市	195.00	85.00	1.67	65.00	81.67	35.00
永 宁 县	222.50	70.00	–	43.75	63.75	11.25
贺 兰 县	196.67	56.67	–	43.33	68.33	8.33
灵 武 市	278.33	63.33	–	76.67	103.33	25.00
石嘴山市	**186.76**	**59.96**	**0.15**	**48.21**	**71.94**	**11.61**
平 罗 县	193.33	55.00	–	51.67	76.67	11.67
陶 乐 县	184.00	76.00	2.00	42.00	58.00	10.00
惠 农 县	164.00	72.00	–	38.00	60.00	12.00
吴 忠 市	**177.97**	**55.10**	**1.25**	**47.31**	**64.66**	**14.69**
利 通 区	211.67	93.33	5.00	98.33	93.33	56.67
青铜峡市	224.00	53.00	2.00	58.00	83.00	11.00
中 卫 县	230.00	65.00	1.00	44.00	80.00	13.00
中 宁 县	208.33	65.00	–	73.33	85.00	5.00
盐 池 县	57.55	6.25	–	–	11.25	3.75
同 心 县	101.00	35.00	–	12.00	26.00	3.00
固 原 市	**110.28**	**8.70**	**0.20**	**0.44**	**7.27**	**1.03**
原 州 区	121.00	11.00	–	1.00	11.00	2.00
海 原 县	86.00	8.00	1.00	1.00	12.00	2.00
西 吉 县	120.00	8.00	–	–	3.00	–
隆 德 县	117.50	11.25	–	–	5.00	–
泾 源 县	85.00	11.67	–	–	5.00	–
彭 阳 县	117.00	3.00	–	–	4.00	1.00

8－22 表续 （2003 年）

地　　区	摩托车（辆）	影碟机（台）	黑白电视机（台）	彩色电视机（台）	移动电话（部）	照相机（台）
全区总计	**45.50**	**20.33**	**28.33**	**84.33**	**21.50**	**3.00**
川　　区	**55.41**	**30.41**	**12.84**	**107.43**	**37.57**	**4.59**
山　　区	**33.92**	**11.33**	**43.77**	**57.80**	**7.66**	**1.34**
银 川 市	**54.32**	**27.76**	**11.97**	**106.24**	**40.25**	**7.49**
银 川 市	46.67	40.00	3.33	110.00	30.00	13.33
永 宁 县	48.75	26.25	5.00	110.00	50.00	8.75
贺 兰 县	40.00	10.00	5.00	98.33	36.67	1.67
灵 武 市	81.67	40.00	33.33	108.33	41.67	8.33
石嘴山市	**47.58**	**14.87**	**11.80**	**99.92**	**17.92**	**–**
平 罗 县	46.67	15.00	10.00	103.33	16.67	–
陶 乐 县	50.00	16.00	18.00	88.00	30.00	–
惠 农 县	50.00	14.00	16.00	92.00	18.00	–
吴 忠 市	**57.49**	**34.23**	**22.35**	**102.06**	**37.66**	**3.88**
利 通 区	61.67	51.67	16.67	128.33	71.67	8.33
青铜峡市	70.00	25.00	13.00	111.00	28.00	2.00
中 卫 县	35.00	41.00	9.00	107.00	39.00	3.00
中 宁 县	83.33	48.33	18.33	116.67	48.33	5.00
盐 池 县	32.50	7.50	23.75	90.00	28.75	–
同 心 县	63.00	23.00	49.00	68.00	16.00	4.00
固 原 市	**28.97**	**9.18**	**45.18**	**52.91**	**4.07**	**0.93**
原 州 区	22.00	7.00	55.00	50.00	2.00	1.00
海 原 县	45.00	12.00	27.00	56.00	7.00	–
西 吉 县	36.00	6.00	58.00	44.00	4.00	–
隆 德 县	15.00	10.00	53.75	47.50	3.75	2.50
泾 源 县	20.00	21.67	36.67	60.00	11.67	3.33
彭 阳 县	24.00	7.00	30.00	69.00	–	1.00

主要统计指标解释

【常住人口】 主要用于计算农村住户平均每人收入、消费和积累水平及分析家庭人口状况的依据。常住人口是指经济生活和本户连成一体的人口。包括其主要收入带回家的在外劳动的合同工、临时工和其他副业工。也包括在家居住,生活和本户连成一体的国家职工、退休人员也要计算在内。但不包括叁军、在外居住的职工。

【常住人口中整半劳动力】 劳动力是农村住户生产的基本要素之一,劳动力的多少和劳动力负担人口的多少,直接影响农村住户收人和生活消费水平的增长变化。整劳动力是指男子18周岁到50周岁,女子18周岁到45周岁;半劳动力是指男子16周岁到17周岁,51周岁到60周岁;女子16周岁到77周岁,46周岁到55周岁,同时具有劳动能力的人。虽然在劳动年龄之内,但已丧失劳动能力的人,不应算为劳动力;在劳动年龄以外,但能经常参加劳动,能顶上一个整劳动力或半劳动力的人,应计在劳动力数内。常住人口中的职工,若这些职工为劳动力,就包括在本户的整半劳动力中。

【全年总收入】 是指农村住户年内从各种来源得到的全部实际收入(包括现金收人和实物收入)。由基本收入,转移性收人和财产性收人等三部分组成。

【家庭经营收入】 主要用来反映以家庭为生产单位的收入水平、生产规模和经济效益情况。它是农村住户既投人劳动又投人资金和财产从事各项生产的收入,包括种植业收入、林业收入、牧业收入、渔业收入、手工业收入、采集捕猎收入、工业收入、建筑业收入、运输业收入、商业收入、饮食业收入、服务业收人和其他家庭经营收入。

【纯收入】 是总收入扣除相应的各项费用性支出后,归农民所有的收入。它既可以用于生产、非生产投资,改善物质和文化生活,以及用于再分配的支出和结余的收入。这个指标用来观察农民实际收入水平,以及农民扩大再生产和改善生活的能力。

纯收入=总收入-家庭经营费用支出-生产用固定资产折旧-税收-上交集体承包任务-调查补贴-集体提留和摊派。

1、生产性纯收入:即来自农业、工业、建筑业、交通运输业、商业、饮食业的生产性纯收入。生产性纯收人在谓查表中包括如下各项纯收入:劳动者的报酬收入;家庭经营纯收人中的种植业纯收入、林业纯收入、牧业纯收入、渔业纯收入、手工业纯收入、采集捕猎纯收入、工业纯收入、建筑业纯收入、运输业纯收入、商业纯收入、饮食业纯收入、其他家庭经营纯收入。

生产性纯收入二劳动者报酬收入+家庭经营纯收入-服务业纯收入。

2、家庭经营纯收入=家庭经营收入-家庭经营费用-缴纳税款-生产用固定资产折旧-上交集体承包任务-集体提留和推派。

3、家庭经营收入按三个产业划分:家庭经营的第一产业收入包括:种植业收入、林业收入、牧业收入、渔业收入、手工业收入、采集捕猎收入。第二产业包括:工业收入、建筑业收入。第三产业包括:运输业收入、商业收入、饮食业纯收入、其他家庭经营收入。

【全年总支出】 是指农村住户全年用于生产、生活和再分配等方面的全部实际支出。包括家庭经营费用支出、购置生产用固定资产支出、缴纳税款、上交集体承包任务、集体留和各种摊派、生活消费文出和其他非借贷性支出。但借贷性支出不包括在内。

【生活消费支出】 是指农村住户年内用于物质生活和精神生活方面的实际支出,直接反映农民的生活水平、研究农民消费结构变化的基本指标。生活消费支出包括食品,衣着,居住,家庭设备,用品及服务,医疗保健,交通和通讯,文化教育娱乐用品及服务,其他商品和服务等消费支出。

【生活用房面积】 是指实际住人或可以用来住人的房屋面积。与住房连成一体的起居室或放置灶具的地方、专用厨房,均应包括在内。但不包括专用仓库等生产用房面积。

九、农　　业

9－1　农村基层基本情况

指　　标	单　位	1978 年	1980 年	1985 年	1990 年	1995 年	2000 年	2003 年
乡镇数	个	246	251	279	288	295	309	189
#镇数	个	–	–	23	40	57	64	89
村民委员会	个	2 168	2 285	2 393	2 501	2 595	2 692	2 685
乡村户数	户	522 281	529 118	571 359	686 573	760 743	855 715	922 026
乡村总人口	人	2 794 737	2 899 281	3 169 109	3 427 129	3 640 316	3 883 510	4 076 071
乡村从业人员	人	923 593	988 053	1 204 841	1 409 341	1 625 340	1 979 117	2 084 846
男	人			635 125	733 813	859 131	1 030 471	1 089 837
女	人			569 716	675 528	766 209	948 646	995 009
按行业分乡村从业人员								
农林牧渔业	人	866 250	947 634	1 085 839	1 244 241	1 374 338	1 531 310	1 458 228
工业	人	–	18 637	21 464	34 398	44 688	80 524	128 121
建筑业	人	–	–	26 942	27 516	52 240	120 545	196 491
交通运输、邮电通讯业	人	–	–	20 831	27 817	47 154	75 560	95 846
批发零售贸易业、餐饮业	人	–	–	9 700	15 785	34 642	73 184	106 280
金融、保险业	人	–	–	128	283	–	–	–
其他非农行业	人	–	–	14 962	59 301	72 278	97 994	99 880

9-2　主要农业机械拥有量

（年底数）

年　份	农业机械总动力（万瓦特）	大中型拖拉机（混合台）	小型及手扶拖拉机（台）	大中型机引农具（部）	农用排灌动力机械（混合台）	联合收割机（台）
1978	–	4 655	12 088	–	–	147
1979	–	5 478	15 114	–	–	190
1980	–	5 811	16 442	–	–	252
1985	–	5 848	42 384	6 622	9 003	215
1990	191 105	5 966	83 934	6 084	10 611	169
1991	202 687	6 200	93 400	6 011	11 449	233
1992	212 126	5 481	100 245	6 030	10 653	245
1993	217 581	4 693	105 319	5 598	–	228
1994	228 601	4 433	110 137	5 236	–	294
1995	241 463	3 822	115 196	4 780	–	307
1996	255 986	3 667	119 880	–	–	–
1997	288 432	3 588	129 023	–	12 951	473
1998	316 183	3 620	132 335	–	–	634
1999	377 934	3 897	149 470	–	–	1 346
2000	380 633	4 774	157 061	–	–	1 689
2001	407 623	4 887	163 059	–	–	1 856
2002	447 513	5 734	169 856	8 083	–	1 996
2003	486 339	7 534	167 005	9 516	20 857	1 994

9-3　农业施肥量及农村用电量

年　份	化肥施用量（万吨）					农村用电量（万千瓦小时）
		氮　肥	磷　肥	钾　肥	复合肥	
1978	22.8	–	–	–	–	10 541.0
1979	20.1	–	–	–	–	12 255.0
1980	17.7	–	–	–	–	15 134.0
1985	23.2	–	–	–	–	19 478.0
1990	46.1	32.1	9.2	0.1	4.7	38 570.0
1991	48.8	33.4	9.9	0.2	5.3	45 292.9
1992	51.9	35.4	10.0	0.3	6.2	48 676.0
1993	50.8	33.8	10.3	0.3	6.4	47 732.7
1994	55.2	35.8	12.4	0.3	6.7	53 794.7
1995	61.7	39.6	14.4	0.3	7.4	55 631.3
1996	67.8	43.7	15.8	0.2	8.1	65 476.1
1997	69.2	43.9	16.1	0.2	9.0	72 664.5
1998	74.5	46.2	18.1	0.4	9.8	73 474.1
1999	75.5	46.5	17.8	0.5	10.7	77 596.6
2000	76.9	46.9	18.3	0.6	11.1	79 392.0
2001	78.4	48.2	17.8	0.8	11.6	78 615.5
2002	79.5	48.8	17.9	0.8	11.8	82 273.0
2003	80.1	46.9	15.6	1.1	12.5	85 800.0

9-8 主要年份耕地面积、造林面积和播种面积

单位:万公顷

年　份	年末耕地面　积	水　田	旱　田	#水浇地	当年造林面　积	农作物总播种面积	#粮食作物播种面积
1950	71.7				…	50.4	43.9
1952	76.4				…	59.1	51.2
1955	83.9				0.1	70.7	59.2
1957	89.6				0.4	82.1	67.5
1958	89.8				0.7	90.8	73.1
1960	93.2				0.7	94.3	77.1
1965	92.3				1.2	90.9	77.2
1970	90.6				0.5	88.3	77.0
1975	91.4				0.6	88.0	75.8
1978	89.1				1.4	90.2	76.4
1980	89.6				1.1	89.6	75.7
1981	88.0	17.5	70.5	6.2	1.1	80.7	66.8
1982	86.3	17.4	68.9	6.1	1.3	85.7	71.4
1983	84.0	17.4	66.6	6.0	2.6	84.6	69.5
1984	81.0	15.0	66.0	9.0	6.1	83.7	68.1
1985	79.5	14.1	65.4	10.3	4.0	82.8	65.0
1986	79.1	16.2	62.9	8.6	3.5	82.3	66.0
1987	79.1	17.6	61.5	7.8	1.5	83.4	68.3
1988	79.6	17.7	61.9	8.1	2.3	87.3	70.3
1989	79.5	17.9	61.6	8.1	1.5	87.7	70.6
1990	79.6	17.5	62.1	8.5	0.9	88.9	72.4
1991	79.8	17.5	62.3	9.0	1.5	90.1	72.9
1992	80.1	16.9	63.2	10.0	1.6	89.5	72.9
1993	80.3	17.5	62.8	10.1	2.4	90.6	73.1
1994	80.6	17.4	63.2	10.3	2.9	91.8	73.7
1995	80.7	17.1	63.6	10.6	2.6	95.6	76.2
1996	81.3	16.4	64.9	11.7	2.7	97.8	78.3
1997	127.1	20.5	106.6	19.0	2.4	97.8	78.2
1998	127.5	19.5	108.0	19.2	3.9	100.3	81.7
1999	128.0	20.9	107.1	18.9	4.9	103.1	83.6
2000	129.3	19.8	109.5	20.0	8.2	102.4	81.5
2001	129.9	21.1	108.8	19.5	9.9	98.1	75.5
2002	121.2	21.2	100.0	19.8	18.2	107.9	81.2
2003	111.9	18.2	93.7	23.0	29.5	112.9	80.4

注:1997 年以后的耕地面积为土地详查数。

9-9 主要年份主要农产品产量

单位:万千克

年份	粮食	#稻谷	#小麦	#玉米	油料
1950	33 512	5 012	6 877		2 110.7
1955	62 061	11 145	17 922		4 181.0
1957	56 040	10 319	19 333		3 475.1
1958	69 615	12 223	19 819		2 412.2
1960	46 701	8 557	18 648		1 309.8
1965	83 334	13 215	37 540	660	3 087.7
1970	72 036	16 634	22 176		2 851.5
1975	109 470	26 965	46 843	2 041	2 446.2
1978	116 981	27 785	47 901	5 698	2 567.8
1980	120 357	32 915	49 469	8 545	3 598.5
1981	126 261	36 854	53 923	6 593	3 773.5
1982	119 394	39 343	61 529	5 716	2 772.9
1983	144 826	40 045	72 932	7 070	4 116.9
1984	154 221	41 774	74 896	11 465	4 454.6
1985	139 534	41 889	58 553	14 214	5 337.9
1986	153 959	42 106	70 300	17 310	6 221.9
1987	138 978	43 907	46 355	29 053	4 447.9
1988	164 863	45 300	64 100	29 200	5 402.7
1989	176 536	48 300	71 100	33 300	6 169.1
1990	191 703	54 300	78 000	37 600	6 243.4
1991	199 784	56 056	85 463	37 227	7 164.5
1992	186 811	43 256	69 275	40 982	6 240.2
1993	205 281	43 524	86 007	43 607	6 330.2
1994	201 221	46 513	69 232	49 472	6 990.9
1995	203 253	46 153	68 870	60 849	5 590.6
1996	257 868	53 993	87 294	79 675	7 921.1
1997	256 605	59 926	82 156	83 192	6 222.2
1998	294 860	62 856	93 830	99 580	8 560.3
1999	293 281	65 749	78 213	107 620	10 392.8
2000	252 742	62 376	74 462	81 955	6 989.7
2001	274 795	61 821	83 603	94 772	7 344.7
2002	301 914	65 669	96 116	104 272	10 879.8
2003	270 174	37 042	75 614	119 926	13 175.4

注:1988 年起粮食总产量及稻谷、小麦、玉米产量为抽样调查数

9－10　主要农产品产量及单位面积产量

指　　标	1990年		1995年		2000年		2003年	
	总产量（吨）	单位产量（千克/公顷）	总产量（吨）	单位产量（千克/公顷）	总产量（吨）	单位产量（千克/公顷）	总产量（吨）	单位产量（千克/公顷）
粮　食	**1 917 028**	**2 655**	**2 032 529**	**2 668**	**2 527 416**	**3 132**	**2 701 743**	**3 355**
#稻　谷	543 000	9 004	461 531	7 432	623 764	8 130	370 423	7 930
小　麦	780 000	2 540	688 702	2 340	744 618	2 546	756 142	2 368
玉　米	376 000	4 980	608 485	6 404	819 549	6 252	1 199 260	6 801
高　粱	6 157	5 771	2 059	6 751	5 973	5 788	3 786	4 019
糜　子	53 468	848	40 048	483	42 626	526	12 118	608
荞　麦	–	–	18 066	332	25 144	444	9 433	682
大　豆	24 477	638	32 156	819	30 226	804	20 172	994
薯　类	83 574	1 898	104 470	1 978	162 206	2 138	226 058	2 578
油　料	**62 434**	**642**	**55 906**	**554**	**69 897**	**891**	**131 754**	**995**
#胡麻籽	43 766	647	30 220	544	25 190	619	64 324	764
蔬　菜	**668 768**	**41 808**	**876 013**	**26 574**	**1 504 057**	**30 553**	**1 737 020**	**31 164**
瓜类(果用瓜)	142 742	36 851	114 582	28 503	280 266	23 820	480 747	32 230

注:粮食总产量及稻谷、小麦、玉米、薯类产量为抽样数,其余为全面统计数据。

9－11 主要年份大牲畜和猪羊存栏数

单位:头、只

年 份	大牲畜存 栏	牛	马	驴	骡	骆 驼	猪	羊
1950	370 805	159 909	11 681	185 364	4 467	9 384	100 795	1 070 326
1955	574 943	249 282	17 295	288 580	9 938	9 848	131 826	2 044 205
1957	565 814	234 249	22 265	286 364	14 284	8 652	215 755	1 817 445
1958	530 059	218 322	22 586	266 110	15 712	7 329	171 103	1 745 666
1960	460 806	199 779	23 771	213 094	16 420	7 742	128 799	2 452 545
1965	578 919	265 724	40 832	239 078	25 890	7 395	438 597	3 343 520
1970	581 282	241 109	55 130	226 708	52 273	6 062	357 994	2 803 552
1975	530 841	189 610	51 610	207 660	76 666	5 295	585 658	2 854 183
1978	536 370	178 651	52 709	214 433	85 147	5 430	719 779	2 959 537
1980	574 754	196 107	54 706	228 549	90 281	5 111	559 241	3 223 730
1981	604 893	189 929	56 950	252 417	101 982	3 615	518 016	3 011 288
1982	638 054	177 767	57 636	269 626	129 775	3 250	481 042	2 722 221
1983	634 949	169 667	52 754	261 462	147 879	3 187	478 845	2 475 152
1984	675 997	188 769	50 786	272 527	160 130	3 785	495 936	2 695 668
1985	733 689	232 377	48 597	282 814	164 407	5 494	604 276	3 097 010
1986	787 375	273 123	45 518	294 837	166 936	6 961	657 914	3 442 245
1987	777 624	278 571	37 946	289 212	165 390	6 505	598 862	3 490 279
1988	765 825	280 085	33 829	281 608	165 602	4 701	578 102	3 813 489
1989	735 165	270 672	28 925	269 362	162 221	3 985	653 802	3 506 905
1990	743 289	278 544	27 367	271 159	162 808	3 411	659 980	3 176 052
1991	734 499	280 454	24 373	267 715	158 680	3 277	668 202	2 716 925
1992	743 999	303 453	22 255	259 169	156 637	2 485	707 238	2 525 409
1993	763 354	335 046	17 881	239 310	143 461	1 171	845 324	2 691 188
1994	831 121	429 298	21 660	251 379	153 321	1 948	794 154	2 493 022
1995	896 677	519 042	15 465	227 389	133 594	1 187	918 667	2 927 007
1996	958 399	588 451	14 935	219 191	134 687	1 135	982 436	3 102 959
1997	855 259	498 641	11 714	224 176	119 822	906	1 005 531	3 400 970
1998	879 647	528 244	11 287	218 263	120 807	1 046	1 211 172	3 588 731
1999	889 152	554 644	10 740	206 378	116 264	1 126	1 220 972	3 767 279
2000	920 950	604 976	10 038	199 262	105 844	830	1 328 938	3 942 747
2001	954 287	644 129	10 080	202 736	96 470	872	1 338 426	4 174 175
2002	955 935	675 007	7 149	188 960	84 061	758	1 355 799	4 521 133
2003	958 433	705 029	6 496	175 879	70 404	625	1 250 539	4 744 084

9－12　主要畜产品产量

指　　标	单　位	1978年	1980年	1985年	1990年	1995年	2000年	2002年	2003年
当年出栏肉猪头数	头	257 665	327 121	390 909	590 782	884 244	1 470 896	1 646 533	1 650 927
当年出售和自宰的肉用牛	头	5 576	4 989	9 761	44 236	153 642	281 560	333 662	305 927
当年出售和自宰的肉用羊	只	238 836	429 084	606 439	1 046 926	1 073 716	2 340 377	2 850 469	3 574 865
当年出售和自宰的家禽	百只								169 248
当年肉类总产量	吨	12 253	18 969	34 883	67 592	120 599	190 018	227 858	233 812
#猪肉产量	吨	9 585	14 856	24 327	40 833	63 069	93 361	103 715	106 554
牛肉产量	吨	279	290	1 117	5 447	22 465	33 051	42 327	37 425
羊肉产量	吨	2 388	3 823	8 121	16 510	17 138	32 952	44 730	55 197
奶类产量	吨	3 720	4 151	12 878	40 704	140 405	236 388	307 704	386 782
#牛奶	吨	3 720	4 151	12 653	40 703	139 889	236 042	307 472	385 850
山羊毛产量	吨	318	336	212	290	362	715	873	843
绵羊毛产量	吨	1 788	2 675	3 231	3 780	3 555	4 703	6 718	7 392
羊绒产量	吨	129	139	88	158	165	364	427	444
蜂蜜产量	吨	–	427	435	517	552	807	1 034	629
禽蛋产量	吨	–	–	8 911	21 847	38 960	75 741	90 424	87 094

9－13　造林面积

指　　标	单　位	1980年	1985年	1990年	1995年	2000年	2002年	2003年
当年造林面积	**公　顷**	**11 761**	**33 167**	**9 402**	**25 868**	**81 583**	**182 645**	**294 998**
按主要林种用途分								
#用材林	公　顷	5 079	10 110	2 648	2 522	–	1 279	162
经济林	公　顷	257	349	338	4 498	10 528	2 953	2 795
防护林	公　顷	5 457	16 202	5 573	18 155	71 035	176 754	290 527
薪炭林	公　顷	–	6 008	842	692	–	1 479	1 514
在当年造林面积中：飞机播种	公　顷	–	–	–	6 666	17 235	13 333	11 706
村及村以下合作组织及农用木材采伐量	**立方米**	**21 708**	**–**	**242 811**	**104 961**	**12 146**	**2 263**	**2 027**

9－14　各市县乡村人口劳动力

（2003年）　　　　单位：人

地　　区	乡村人口	乡　村从业人员	农林牧渔　业	工　业	建筑业	交通运输仓储及邮电通讯业	批发零售贸易餐饮业	其　他行　业
全区总计	**4 076 071**	**2 084 846**	**1 458 228**	**128 121**	**196 491**	**95 846**	**106 280**	**99 880**
川　　区	**1 769 805**	**953 472**	**626 032**	**77 818**	**90 667**	**53 124**	**64 029**	**41 802**
山　　区	**2 306 266**	**1 131 374**	**832 196**	**50 303**	**105 824**	**42 722**	**42 251**	**58 078**
银 川 市	**606 452**	**330 180**	**228 459**	**22 685**	**27 532**	**17 489**	**19 646**	**14 369**
银 川 市	157 077	88 036	57 845	8 003	5 400	4 507	8 707	3 574
永 宁 县	165 750	97 571	68 081	6 195	10 117	6 534	4 139	5 505
贺 兰 县	139 333	82 355	65 404	3 075	4 855	3 152	3 114	2 755
灵 武 市	144 292	62 218	40 129	5 412	7 160	3 296	3 686	2 535
石嘴山市	**287 469**	**160 511**	**104 276**	**17 428**	**10 590**	**7 654**	**8 763**	**11 800**
石嘴山市	9 290	4 405	3 137	355	319	312	172	110
平 罗 县	198 639	108 851	71 100	11 684	8 302	5 572	5 946	6 247
陶 乐 县	24 360	12 733	8 963	697	532	493	546	1 502
惠 农 县	55 180	34 522	21 076	4 692	1 437	1 277	2 099	3 941
吴 忠 市	**1 451 318**	**745 095**	**481 533**	**53 043**	**84 760**	**40 186**	**44 841**	**40 732**
利 通 区	235 685	110 145	50 445	14 142	16 962	9 210	13 761	5 625
红寺堡管委会	129 415	63 588	34 685	3 627	16 866	1 011	2 772	4 627
青铜峡市	167 436	86 500	62 159	3 927	8 335	3 912	4 064	4 103
中 卫 县	264 741	142 752	85 985	13 306	17 406	11 085	12 020	2 950
中 宁 县	208 022	123 384	94 708	6 330	9 842	3 774	5 775	2 955
盐 池 县	133 773	62 748	47 870	2 438	3 867	3 353	2 272	2 948
同 心 县	312 246	155 978	105 681	9 273	11 482	7 841	4 177	17 524
固 原 市	**1 730 832**	**849 060**	**643 960**	**34 965**	**73 609**	**30 517**	**33 030**	**32 979**
原 州 区	399 827	189 875	136 688	10 844	18 975	6 819	8 365	8 184
海 原 县	361 000	173 280	136 891	4 000	12 130	7 170	8 000	5 089
西 吉 县	430 896	205 013	167 247	9 197	13 895	6 897	7 546	231
隆 德 县	195 779	99 213	69 942	3 933	12 867	3 072	3 025	6 374
泾 源 县	113 943	62 142	46 069	2 859	6 043	1 969	2 515	2 687
彭 阳 县	229 387	119 537	87 123	4 132	9 699	4 590	3 579	10 414

9-15 各市县农用化肥施用量

（2003年，按实物量计算） 单位：吨

地　　区	氮　肥	#尿　素	磷　肥	钾　肥	复合肥
全区总计	**469 524**	**195 933**	**195 770**	**11 357**	**124 773**
川　　区	**388 103**	**152 251**	**102 670**	**10 665**	**87 876**
山　　区	**81 421**	**43 682**	**93 100**	**692**	**36 897**
银 川 市	**143 169**	**50 520**	**37 671**	**3 714**	**28 555**
银 川 市	41 430	13 786	10 710	1 095	8 335
永 宁 县	36 532	12 055	6 162	472	7 236
贺 兰 县	34 807	15 008	13 730	2 036	7 876
灵 武 市	30 400	9 671	7 069	111	5 108
石嘴山市	**81 663**	**41 286**	**25 107**	**3 727**	**15 765**
石嘴山市	1 127	619	260	12	211
平 罗 县	60 174	26 371	16 455	3 045	11 848
陶 乐 县	9 502	4 650	4 450		1 823
惠 农 县	10 860	9 646	3 942	670	1 883
吴 忠 市	**185 544**	**69 204**	**47 842**	**3 296**	**52 142**
利 通 区	31 784	10 267	12 554	884	8 673
红寺堡管委会	6 674	2 275	2 339		2 230
青铜峡市	45 314	19 796	9 935	618	10 205
中 卫 县	30 076	13 842	6 705	59	6 468
中 宁 县	56 097	16 540	10 698	1 663	18 210
盐 池 县	6 450	2 639	1 420	32	3 109
同 心 县	9 149	3 845	4 191	40	3 247
固 原 市	**59 148**	**34 923**	**85 150**	**620**	**28 311**
原 州 区	14 143	7 576	8 645	216	6 055
海 原 县	7 952	3 500	4 241	18	3 384
西 吉 县	11 797	6 925	38 178		7 843
隆 德 县	7 134	5 526	11 054	386	4 634
泾 源 县	4 351	2 350	1 399		3 000
彭 阳 县	13 771	9 046	21 633		3 395

9－16　各市县农林牧渔业总产值

（2003年，按现行价格计算）　　单位：万元

地　区	农、林、牧渔业总产值	农　业	林　业	牧　业	渔　业	农、林、牧渔业总产值（上年＝100）
全区总计	**1 005 247**	**541 303**	**74 569**	**363 502**	**25 873**	**108.7**
灌　区	**691 229**	**369 437**	**16 095**	**280 111**	**25 586**	**104.3**
山　区	**314 018**	**171 866**	**58 474**	**83 391**	**287**	**119.8**
银川市	**251 384**	**140 964**	**7 089**	**86 232**	**17 099**	**102.4**
银川市	78 247	42 088	1 340	30 689	4 130	103.7
永宁县	63 844	41 203	640	17 922	4 079	106.5
贺兰县	57 238	33 166	303	15 991	7 778	103.9
灵武市	52 055	24 507	4 806	21 630	1 112	94.5
石嘴山市	**120 408**	**76 179**	**3 953**	**36 856**	**3 420**	**102.8**
石嘴山市	6 012	2 711	274	1 531	1 496	102.4
平罗县	39 733	25 210	1 625	11 540	1 358	102.5
陶乐县	10 860	6 315	445	4 038	62	104.5
惠农县	33 666	22 180	878	10 386	222	102.9
吴忠市	**419 661**	**196 681**	**33 546**	**184 321**	**5 113**	**107.1**
利通区	86 678	28 370	755	56 972	581	107.1
红寺堡管委会	19 407	8 704	7 043	3 660	－	243.0
青铜峡市	74 600	41 317	1 569	30 284	1 430	102.5
中卫县	83 533	38 580	1 560	41 068	2 325	108.5
中宁县	74 626	44 027	1 169	28 699	731	107.6
盐池县	37 243	11 471	13 768	11 958	46	110.6
同心县	43 574	24 212	7 682	11 680	－	108.7
固原市	**213 794**	**127 479**	**29 981**	**56 093**	**241**	**118.5**
原州区	54 556	36 277	6 376	11 903	－	124.2
海原县	41 002	22 153	8 326	10 508	15	108.5
西吉县	43 573	26 489	6 184	10 728	172	127.9
隆德县	23 401	14 733	1 893	6 775	－	111.5
泾源县	13 151	6 268	1 995	4 844	44	125.1
彭阳县	38 111	21 559	5 207	11 335	10	114.9

9－17　各市县农作物播种面积

（2003年）　　单位：公顷

地　　区	总播种面积	粮　食	谷　物	稻　谷	小　麦	玉　米	高　梁	荞　麦
全区总计	**1 129 133**	**805 320**	**606 973**	**46 710**	**319 277**	**176 335**	**942**	**13 822**
灌　　区	**410 080**	**310 609**	**394 625**	**46 710**	**109 485**	**132 816**	**587**	**124**
山　　区	**719 053**	**494 711**	**212 348**	**–**	**209 792**	**43 519**	**355**	**13 698**
银 川 市	**152 719**	**122 898**	**50 155**	**23 286**	**40 053**	**51 836**	**124**	**124**
银 川 市	33 423	24 835	12 098	6 004	6 793	11 543	73	–
永 宁 县	46 560	38 203	15 974	4 874	13 987	16 934	6	–
贺 兰 县	39 899	33 804	13 353	4 659	12 059	14 709	5	–
灵 武 市	32 837	26 056	8 730	7 729	7 214	8 650	40	124
石嘴山市	**87 011**	**58 557**	**26 474**	**3 632**	**24 255**	**27 387**	**212**	**–**
石嘴山市	2 020	1 357	684	–	684	572	57	–
平 罗 县	54 202	39 941	17 921	3 545	16 098	17 755	–	–
陶 乐 县	12 082	5 647	2 255	87	2 255	2 874	126	–
惠 农 县	18 707	11 612	5 614	–	5 218	6 186	29	–
吴 忠 市	**377 308**	**272 191**	**104 469**	**19 531**	**99 160**	**74 951**	**251**	**6 985**
利 通 区	39 225	28 658	11 434	5 948	9 854	12 289	35	–
红寺堡管委会	23 007	14 948	5 566	–	5 566	6 601	0	74
青铜峡市	49 650	44 843	18 908	4 667	17 641	18 561	73	–
中 卫 县	43 158	27 254	9 390	4 707	9 250	9 201	5	–
中 宁 县	38 317	28 399	10 736	4 209	8 432	13 542	138	–
盐 池 县	64 308	27 283	4 407	–	4 389	6 886	0	3 179
同 心 县	119 643	100 806	44 028	–	44 028	7 871	0	3 732
固 原 市	**512 095**	**351 674**	**158 347**	**–**	**155 809**	**22 161**	**355**	**6 713**
原 州 区	111 288	73 899	32 475	–	30 288	6 981	325	1 898
海 原 县	121 557	75 879	33 206	–	33 184	3 243	–	–
西 吉 县	130 061	97 448	35 405	–	35 405	2 510	–	1 500
隆 德 县	40 393	30 340	16 136	–	16 136	1 822	30	239
泾 源 县	17 896	15 700	9 791	–	9 462	893	–	–
彭 阳 县	90 900	58 407	31 334	–	31 334	6 712	–	3 076
区　　属	**32 171**	**21 037**	**20 005**	**3 928**	**2 398**	**12 349**	**132**	**–**

9－17 表续　　(2003 年)　　单位:公顷

地　　区	豆　类	薯　类	油　料	药　材	蔬菜、瓜类
全区总计	**20 500**	**87 700**	**132 459**	**10 922**	**70 654**
灌　　区	**17 430**	**－**	**22 411**	**3 329**	**46 583**
山　　区	**3 070**	**87 700**	**110 048**	**7 593**	**24 071**
银 川 市	**6 500**	**－**	**4 701**	**1 807**	**15 878**
银 川 市	287	－	1 401	147	4 923
永 宁 县	2 103	－	601	1 533	4 565
贺 兰 县	2 229	－	968	96	4 263
灵 武 市	1 881	－	1 731	31	2 127
石嘴山市	**2 811**	**－**	**8 324**	**829**	**10 799**
石嘴山市	2	－	165	82	326
平 罗 县	2 543	－	4 318	703	6 155
陶 乐 县	108	－	1 357	44	707
惠 农 县	158	－	2 484	－	3 611
吴 忠 市	**11 089**	**21 498**	**40 290**	**2 504**	**27 690**
利 通 区	517	－	271	132	3 910
红寺堡管委会	264	609	1 458	1 187	413
青铜峡市	3 334	－	533	7	3 548
中 卫 县	2 772	－	2 669	552	10 018
中 宁 县	1 496	－	5 913	2	2 430
盐 池 县	2 706	7 355	19 651	624	2 074
同 心 县	－	13 534	9 795	－	5 297
固 原 市	**100**	**66 202**	**79 144**	**5 782**	**16 287**
原 州 区	－	13 931	22 592	275	4 327
海 原 县	－	12 370	16 586	1 907	8 467
西 吉 县	－	24 903	23 349	13	945
隆 德 县	－	5 861	4 705	1 989	681
泾 源 县	－	3 379	845	479	200
彭 阳 县	100	5 758	11 067	1 119	1 667
区　　属	**887**	**－**	**5 877**	**197**	**55 738**

9－18　各市县主要年份粮食产量情况

单位:万千克

地　　区	1952 年	1958 年	1978 年	1980 年	1985 年	1990 年	1995 年	2000 年	2002 年	2003 年
全区总计	**47 435**	**69 615**	**111 981**	**120 177**	**139 534**	**191 703**	**203 253**	**251 513**	**301 914**	**270 174**
川　　区	**25 554**	**40 099**	**77 482**	**85 763**	**103 196**	**140 237**	**163 476**	**197 775**	**201 087**	**178 728**
山　　区	**21 881**	**29 516**	**39 509**	**34 594**	**36 293**	**51 467**	**39 777**	**53 738**	**100 827**	**91 446**
银 川 市	**9 571**	**14 423**	**22 757**	**30 374**	**39 109**	**51 797**	**57 846**	**68 198**	**72 358**	**61 879**
银 川 市	1 571	3 206	4 855	4 857	6 224	8 077	8 716	11 034	11 498	10 786
永 宁 县	3 865	4 926	3 561	9 498	12 666	17 348	18 469	19 459	21 559	20 576
贺 兰 县	2 598	4 184	6 935	7 241	9 567	14 089	18 825	19 773	20 647	17 802
灵 武 市	1 537	2 107	7 406	8 778	10 652	12 283	11 836	17 932	18 654	12 715
石嘴山市	**4 038**	**7 039**	**12 386**	**12 826**	**13 270**	**21 315**	**26 321**	**33 590**	**33 013**	**30 251**
石嘴山市	34	139	931	1 073	580	661	546	591	576	677
平 罗 县	2 653	4 955	8 239	8 480	8 694	14 047	17 908	23 295	22 567	21 029
陶 乐 县	267	366	730	681	1 044	1 949	2 106	3 197	3 387	2 717
惠 农 县	1 084	1 579	2 486	2 592	2 952	4 658	5 761	6 507	7 059	5 829
吴 忠 市	**13 463**	**22 783**	**37 845**	**39 416**	**50 095**	**65 845**	**72 875**	**86 474**	**98 905**	**94 509**
利 通 区	1 963	3 021	7 723	8 492	9 709	12 312	13 519	15 426	15 677	16 641
红寺堡管委会								953	3 969	6 034
青铜峡市	3 925	4 706	9 642	11 104	14 512	17 771	19 680	24 232	24 023	23 378
中 卫 县	3 222	5 275	8 250	9 646	11 315	13 950	16 113	15 999	15 058	14 104
中 宁 县	2 744	3 494	5 080	6 243	8 147	11 049	13 912	18 074	16 606	16 249
盐 池 县	504	3 086	2 552	750	2 470	3 700	2 899	2 525	6 334	5 762
同 心 县	1 105	3 201	4 598	3 181	3 942	7 063	6 752	10 218	17 238	12 341
固 原 市	**20 272**	**23 229**	**32 359**	**30 663**	**29 881**	**40 704**	**30 126**	**40 995**	**73 286**	**67 310**
原 州 区	6 163	6 018	8 854	8 421	8 466	10 462	9 323	9 647	18 372	16 028
海 原 县	2 301	3 969	6 226	4 275	4 915	6 406	4 505	7 265	15 521	11 506
西 吉 县	5 438	6 097	6 887	8 706	8 064	9 540	4 617	9 794	8 700	15 212
隆 德 县	2 016	3 051	4 227	3 948	4 214	5 262	3 901	6 026	2 673	8 344
泾 源 县	1 232	1 090	1 862	1 936	1 715	2 424	2 039	2 635	12 268	4 070
彭 阳 县	3 122	3 004	4 303	3 377	2 507	6 610	5 741	5 628	3 969	12 151
区　　属	**91**	**2 141**	**6 634**	**6 898**	**7 179**	**12 042**	**16 085**	**22 256**	**23 776**	**16 225**

注:1998 年以后粮食产量为抽样调查数据。

9-19 各市县全年粮食产量

单位:亩、公斤、吨

地　　区	2002年			2003年		
	播种面积	亩　产	总产量	播种面积	亩　产	总产量
全区总计	**13 216 999**	**228.4**	**3 019 142**	**12 079 807**	**223.7**	**2 701 743**
川　区	**5 136 095**	**391.5**	**2 010 869**	**4 663 392**	**383.3**	**1 787 280**
山　区	**8 080 904**	**124.8**	**1 008 273**	**7 416 415**	**123.3**	**914 463**
银川市	**1 833 919**	**394.6**	**723 586**	**1 663 148**	**372.1**	**618 793**
银川市区	6 930	417.5	2 893	6 810	391.0	2 663
银川郊区	257 866	434.7	112 092	266 645	394.5	105 200
永宁县	552 252	390.4	215 587	539 699	381.3	205 761
贺兰县	530 714	389.1	206 476	483 119	368.5	178 015
灵武市	486 157	383.7	186 538	366 875	346.6	127 154
石嘴山市	**983 773**	**341.4**	**335 880**	**837 265**	**361.3**	**302 510**
石嘴山市	17 130	336.1	5 757	20 355	332.4	6 766
平罗县	653 675	345.2	225 667	566 566	371.2	210 291
陶乐县	100 907	335.6	33 867	84 702	320.7	27 165
惠农县	212 061	332.9	70 589	165 642	351.9	58 288
吴忠市	**4 148 452**	**238.4**	**989 046**	**3 987 158**	**237.0**	**945 087**
利通区	351 143	446.5	156 769	399 644	416.4	166 407
红寺堡管委会	219 392	180.9	39 687	224 220	269.1	60 337
青铜峡市	664 751	361.4	240 228	648 470	360.5	233 783
中卫县	408 172	368.9	150 583	405 605	347.7	141 043
中宁县	422 508	393.0	166 060	388 212	418.6	162 490
盐池县	611 834	103.5	63 339	408 922	140.9	57 619
同心县	1 470 652	117.2	172 380	1 512 085	81.6	123 408
固原市	**5 779 026**	**126.8**	**732 865**	**5 271 188**	**127.7**	**673 100**
原州区	1 346 993	136.4	183 724	1 108 487	144.6	160 280
海原县	1 351 468	114.8	155 213	1 134 276	101.4	115 058
西吉县	1 433 915	109.9	157 521	1 461 720	104.1	152 117
隆德县	486 632	178.8	87 002	455 102	183.3	83 436
泾源县	173 581	154.0	26 726	235 509	172.8	40 699
彭阳县	986 437	124.4	122 681	876 094	138.7	121 509
区　属	**471 829**	**503.9**	**237 764**	**321 048**	**505.4**	**162 254**
#农　垦	443 085	511.3	226 565	290 250	522.7	151 707

地　　区	2003年比2002年增减					
	播种面积		亩　产		总产量	
	绝对值	%	绝对值	%	绝对值	%
全区总计	**－1 137 192**	**－8.6**	**－4.8**	**－2.1**	**－317 399**	**－10.5**
川　　区	**－472 703**	**－9.2**	**－8.3**	**－2.1**	**－223 589**	**－11.1**
山　　区	**－664 489**	**－8.2**	**－1.5**	**－1.2**	**－93 810**	**－9.3**
银 川 市	**－170 771**	**－9.3**	**－23.3**	**－5.9**	**－80 890**	**－11.2**
银川市区	－120	－1.7	－26.4	－6.3	－230	－8.0
银川郊区	8 779	3.4	－40.2	－9.2	－6 892	－6.1
永 宁 县	－12 553	－2.3	－9.1	－2.3	－9 825	－4.6
贺 兰 县	－47 595	－9.0	－20.6	－5.3	－28 461	－13.8
灵 武 市	－119 282	－24.5	－37.1	－9.7	－59 384	－31.8
石嘴山市	**－146 508**	**－14.9**	**19.9**	**5.8**	**－33 370**	**－9.9**
石嘴山市	3 225	18.8	－3.7	－1.1	1 009	17.5
平 罗 县	－87 109	－13.3	25.9	7.5	－15 376	－6.8
陶 乐 县	－16 205	－16.1	－14.9	－4.4	－6 702	－19.8
惠 农 县	－46 419	－21.9	19.0	5.7	－12 301	－17.4
吴 忠 市	**－161 294**	**－3.9**	**－1.4**	**－0.6**	**－43 959**	**－4.4**
利 通 区	48 501	13.8	－30.1	－6.7	9 638	6.1
红寺堡管委会	4 828	2.2	88.2	48.8	20 650	52.0
青铜峡市	－16 281	－2.4	－0.9	－0.2	－6 446	－2.7
中 卫 县	－2 567	－0.6	－21.2	－5.7	－9 540	－6.3
中 宁 县	－34 296	－8.1	25.5	6.5	－3 570	－2.1
盐 池 县	－202 912	－33.2	37.4	36.1	－5 721	－9.0
同 心 县	41 433	2.8	－35.6	－30.4	－48 972	－28.4
固 原 市	**－507 838**	**－8.8**	**0.9**	**0.7**	**－59 766**	**－8.2**
原 州 区	－238 506	－17.7	8.2	6.0	－23 444	－12.8
海 原 县	－217 192	－16.1	－13.4	－11.7	－40 154	－25.9
西 吉 县	27 805	1.9	－5.8	－5.3	－5 404	－3.4
隆 德 县	－31 530	－6.5	4.6	2.5	－3 566	－4.1
泾 源 县	61 928	35.7	18.8	12.2	13 973	52.3
彭 阳 县	－110 343	－11.2	14.3	11.5	－1 171	－1.0
区　　属	**－150 781**	**－32.0**	**1.5**	**0.3**	**－75 510**	**－31.8**
#农　垦	－152 835	－34.5	11.3	2.2	－74 858	－33.0

9－20　各市县全年夏收粮食产量

单位：亩、公斤、吨

地　　区	2002年			2003年		
	播种面积	亩　产	总产量	播种面积	亩　产	总产量
全区总计	**6 738 362**	**157.8**	**1 063 153**	**6 191 291**	**135.2**	**837 026**
川　　区	**1 777 351**	**278.0**	**494 182**	**1 675 817**	**279.8**	**468 864**
山　　区	**4 961 011**	**114.7**	**568 971**	**4 515 474**	**81.5**	**368 161**
银川市区	2 400	249.2	598	2 925	271.8	795
银川郊区	73 906	260.9	19 284	87 634	243.3	21 320
永 宁 县	175 092	301.5	52 792	208 327	273.4	56 965
贺 兰 县	193 859	251.0	48 662	179 977	245.9	44 252
灵 武 市	118 058	250.0	29 510	107 599	249.7	26 872
石嘴山市区	9 300	330.0	3 069	10 260	295.0	3 027
平 罗 县	278 537	271.1	75 516	239 312	310.6	74 327
陶 乐 县	48 825	309.3	15 100	33 823	313.0	10 587
惠 农 县	125 842	280.9	35 348	76 387	338.7	25 871
利 通 区	125 070	280.9	35 136	141 292	253.6	35 831
红寺堡管委会	86 552	156.2	13 518	83 490	146.4	12 219
青铜峡市	200 934	273.6	54 970	261 012	236.7	61 787
中 卫 县	143 843	286.2	41 163	143 025	290.3	41 521
中 宁 县	160 095	255.3	40 865	129 734	323.6	41 980
盐 池 县	144 957	103.3	14 969	79 402	45.1	3 577
同 心 县	932 645	91.5	85 343	952 618	40.3	38 355
原 州 区	903 603	126.4	114 230	715 038	104.4	74 619
海 原 县	866 350	110.2	95 455	721 554	62.1	44 777
西 吉 县	874 975	110.1	96 346	904 939	68.9	62 339
隆 德 县	364 853	178.5	65 124	324 960	151.9	49 360
泾 源 县	117 589	131.0	15 400	167 872	145.6	24 450
彭 阳 县	669 487	102.4	68 586	565 601	103.4	58 465
区　　属	121 590	346.8	42 170	54 510	435.3	23 730
#农　垦	108 855	347.6	37 840	45 600	433.3	19 759

9－20 表续　　　　　　　　　　　　　　　　　　　　单位:亩、公斤、吨

地　　区	2003 年比 2002 年增减					
	播种面积		亩　产		总产量	
	绝对值	%	绝对值	%	绝对值	%
全区总计	**－547 071**	**－8.1**	**－22.6**	**－14.3**	**－226 127**	**－21.3**
川　　区	**－101 534**	**－5.7**	**1.7**	**0.6**	**－25 318**	**－5.1**
山　　区	**－445 537**	**－9.0**	**－33.2**	**－28.9**	**－200 810**	**－35.3**
银川市区	525	21.9	22.6	9.1	197	32.9
银川郊区	13 728	18.6	－17.6	－6.8	2 035	10.6
永 宁 县	33 235	19.0	－28.1	－9.3	4 173	7.9
贺 兰 县	－13 882	－7.2	－5.1	－2.0	－4 411	－9.1
灵 武 市	－10 459	－8.9	－0.2	－0.1	－2 638	－8.9
石嘴山市区	960	10.3	－35.0	－10.6	－42	－1.4
平 罗 县	－39 225	－14.1	39.5	14.6	－1 189	－1.6
陶 乐 县	－15 002	－30.7	3.8	1.2	－4 513	－29.9
惠 农 县	－49 455	－39.3	57.8	20.6	－9 477	－26.8
利 通 区	16 222	13.0	－27.3	－9.7	695	2.0
红寺堡管委会	－3 062	－3.5	－9.8	－6.3	－1 299	－9.6
青铜峡市	60 078	29.9	－36.9	－13.5	6 817	12.4
中 卫 县	－818	－0.6	4.1	1.4	358	0.9
中 宁 县	－30 361	－19.0	68.3	26.8	1 115	2.7
盐 池 县	－65 555	－45.2	－58.2	－56.4	－11 392	－76.1
同 心 县	19 973	2.1	－51.2	－56.0	－46 988	－55.1
原 州 区	－188 565	－20.9	－22.1	－17.4	－39 611	－34.7
海 原 县	－144 796	－16.7	－48.1	－43.7	－50 677	－53.1
西 吉 县	29 964	3.4	－41.2	－37.4	－34 007	－35.3
隆 德 县	－39 893	－10.9	－26.6	－14.9	－15 764	－24.2
泾 源 县	50 283	42.8	14.7	11.2	9 050	58.8
彭 阳 县	－103 886	－15.5	0.9	0.9	－10 121	－14.8
区　　属	－67 080	－55.2	88.5	25.5	－18 440	－43.7
#农　垦	－63 255	－58.1	85.7	24.7	－18 081	－47.8

9-21 各市县全年秋收粮食产量

单位:亩、公斤、吨

地区	2002年			2003年		
	播种面积	亩产	总产量	播种面积	亩产	总产量
全区总计	**6 478 637**	**301.9**	**1 955 989**	**5 888 516**	**316.7**	**1 864 717**
川区	**3 358 744**	**451.6**	**1 516 687**	**2 987 575**	**441.3**	**1 318 415**
山区	**3 119 893**	**140.8**	**439 302**	**2 900 941**	**188.3**	**546 302**
银川市区	4 530	506.6	2 295	3 885	480.8	1 868
银川郊区	183 960	504.5	92 808	179 011	468.6	83 880
永宁县	377 160	431.6	162 795	331 372	449.0	148 796
贺兰县	336 855	468.5	157 814	303 142	441.3	133 763
灵武市	368 099	426.6	157 028	259 276	386.8	100 282
石嘴山市	7 830	343.3	2 688	10 095	370.4	3 739
平罗县	375 138	400.3	150 151	327 254	415.5	135 964
陶乐县	52 082	360.3	18 767	50 879	325.8	16 578
惠农县	86 219	408.7	35 241	89 255	363.2	32 417
利通区	226 073	538.0	121 633	258 352	505.4	130 576
红寺堡管委会	132 840	197.0	26 169	140 730	341.9	48 118
青铜峡市	463 817	399.4	185 258	387 458	443.9	171 996
中卫县	264 329	414.0	109 420	262 580	379.0	99 522
中宁县	262 413	477.1	125 195	258 478	466.2	120 510
盐池县	466 877	103.6	48 370	329 520	164.0	54 042
同心县	538 007	161.8	87 037	559 467	152.0	85 053
原州区	443 390	156.7	69 494	393 449	217.7	85 661
海原县	485 118	123.2	59 758	412 722	170.3	70 281
西吉县	558 940	109.4	61 175	556 781	161.2	89 778
隆德县	121 779	179.7	21 878	130 142	261.8	34 076
泾源县	55 992	202.3	11 326	67 637	240.2	16 249
彭阳县	316 950	170.7	54 095	310 493	203.0	63 044
区属	350 239	558.5	195 594	266 538	519.7	138 524
#农垦	334 230	564.7	188 725	244 650	539.3	131 948

9－21 表续

地　　区	2003年比2002年增减					
	播种面积		亩　产		总产量	
	绝对值	%	绝对值	%	绝对值	%
全区总计	**－590 121**	**－9.1**	**14.8**	**4.9**	**－91 272**	**－4.7**
川　　区	**－371 169**	**－11.1**	**－10.3**	**－2.3**	**－198 272**	**－13.1**
山　　区	**－218 952**	**－7.0**	**47.5**	**33.7**	**107 000**	**24.4**
银川市区	－645	－14.2	－25.8	－5.1	－427	－18.6
银川郊区	－4 949	－2.7	－35.9	－7.1	－8 928	－9.6
永宁县	－45 788	－12.1	17.4	4.0	－13 999	－8.6
贺兰县	－33 713	－10.0	－27.2	－5.8	－24 051	－15.2
灵武市	－108 823	－29.6	－39.8	－9.3	－56 746	－36.1
石嘴山市	2 265	28.9	27.1	7.9	1 051	39.1
平罗县	－47 884	－12.8	15.2	3.8	－14 187	－9.4
陶乐县	－1 203	－2.3	－34.5	－9.6	－2 190	－11.7
惠农县	3 036	3.5	－45.5	－11.1	－2 823	－8.0
利通区	32 279	14.3	－32.6	－6.1	8 943	7.4
红寺堡管委会	7 890	5.9	144.9	73.6	21 949	83.9
青铜峡市	－76 359	－16.5	44.5	11.1	－13 262	－7.2
中卫县	－1 749	－0.7	－34.9	－8.4	－9 898	－9.0
中宁县	－3 935	－1.5	－10.9	－2.3	－4 685	－3.7
盐池县	－137 357	－29.4	60.4	58.3	5 672	11.7
同心县	21 460	4.0	－9.8	－6.0	－1 984	－2.3
原州区	－49 941	－11.3	61.0	38.9	16 167	23.3
海原县	－72 396	－14.9	47.1	38.2	10 523	17.6
西吉县	－2 159	－0.4	51.8	47.3	28 603	46.8
隆德县	8 363	6.9	82.2	45.7	12 198	55.8
泾源县	11 645	20.8	38.0	18.8	4 923	43.5
彭阳县	－6 457	－2.0	32.4	19.0	8 949	16.5
区　　属	－83 701	－23.9	－38.7	－6.9	－57 070	－29.2
#农　垦	－89 580	－26.8	－25.3	－4.5	－56 777	－30.1

9－22　各市县全年小麦产量

单位:亩、公斤、吨

地　　区	2002年			2003年		
	播种面积	亩　产	总产量	播种面积	亩　产	总产量
全区总计	**5 563 086**	**172.8**	**961 159**	**4 789 152**	**157.9**	**756 142**
川　　区	**1 728 533**	**278.3**	**481 040**	**1 644 270**	**277.2**	**455 806**
山　　区	**3 834 553**	**125.2**	**480 119**	**3 144 882**	**95.5**	**300 335**
银川市区	2 400	249.2	598	2 925	271.8	795
银川郊区	73 906	260.7	19 269	87 634	243.3	21 320
永 宁 县	175 092	299.0	52 354	208 327	270.9	56 445
贺 兰 县	191 998	252.0	48 383	178 026	247.5	44 057
灵 武 市	118 058	240.2	28 352	107 025	242.5	25 949
石嘴山市区	9 300	330.0	3 069	10 260	295.0	3 027
平 罗 县	277 206	271.8	75 356	239 312	310.6	74 327
陶 乐 县	48 445	310.5	15 043	33 823	313.0	10 587
惠 农 县	125 785	281.0	35 340	76 387	338.7	25 871
利 通 区	125 070	280.9	35 136	141 292	253.6	35 831
红寺堡管委会	86 552	156.2	13 518	83 490	146.4	12 219
青铜峡市	200 139	273.7	54 768	261 012	232.7	60 743
中 卫 县	141 404	289.0	40 870	138 323	294.6	40 746
中 宁 县	143 370	271.6	38 939	123 819	326.4	40 417
盐 池 县	110 995	118.8	13 184	65 855	45.1	2 967
同 心 县	799 463	98.1	78 459	660 419	54.5	36 007
原 州 区	642 246	142.5	91 506	454 316	118.2	53 687
海 原 县	693 681	115.9	80 432	495 760	72.1	35 745
西 吉 县	525 959	136.7	71 915	531 069	89.2	47 384
隆 德 县	280 316	191.9	53 798	242 041	169.0	40 902
泾 源 县	96 370	127.1	12 247	141 924	148.1	21 025
彭 阳 县	598 971	108.6	65 060	470 008	107.2	50 399
区　　属	96 405	348.3	33 575	36 105	434.6	15 692
#农　垦	85 500	349.3	29 867	28 875	405.9	11 721

9-22 表续

地　　区	2003年比2002年增减					
	播种面积		亩　产		总产量	
	绝对值	%	绝对值	%	绝对值	%
全区总计	**-773 934**	**-13.9**	**-14.9**	**-8.6**	**-205 017**	**-21.3**
川　　区	**-84 263**	**-4.9**	**-1.1**	**-0.4**	**-25 233**	**-5.2**
山　　区	**-689 671**	**-18.0**	**-29.7**	**-23.7**	**-179 784**	**-37.4**
银川市区	525	21.9	22.6	9.1	197	32.9
银川郊区	13 728	18.6	-17.4	-6.7	2 050	10.6
永 宁 县	33 235	19.0	-28.1	-9.4	4 091	7.8
贺 兰 县	-13 972	-7.3	-4.5	-1.8	-4 326	-8.9
灵 武 市	-11 033	-9.3	2.3	1.0	-2 403	-8.5
石嘴山市区	960	10.3	-35.0	-10.6	-42	-1.4
平 罗 县	-37 894	-13.7	38.7	14.3	-1 029	-1.4
陶 乐 县	-14 622	-30.2	2.5	0.8	-4 456	-29.6
惠 农 县	-49 398	-39.3	57.7	20.5	-9 469	-26.8
利 通 区	16 222	13.0	-27.3	-9.7	695	2.0
红寺堡管委会	-3 062	-3.5	-9.8	-6.3	-1 299	-9.6
青铜峡市	60 873	30.4	-40.9	-15.0	5 975	10.9
中 卫 县	-3 081	-2.2	5.5	1.9	-124	-0.3
中 宁 县	-19 551	-13.6	54.8	20.2	1 478	3.8
盐 池 县	-45 140	-40.7	-73.7	-62.1	-10 217	-77.5
同 心 县	-139 044	-17.4	-43.6	-44.4	-42 451	-54.1
原 州 区	-187 930	-29.3	-24.3	-17.1	-37 819	-41.3
海 原 县	-197 921	-28.5	-43.8	-37.8	-44 687	-55.6
西 吉 县	5 110	1.0	-47.5	-34.7	-24 531	-34.1
隆 德 县	-38 275	-13.7	-22.9	-11.9	-12 896	-24.0
泾 源 县	45 554	47.3	21.1	16.6	8 778	71.7
彭 阳 县	-128 963	-21.5	-1.4	-1.3	-14 661	-22.5
区　　属	-60 300	-62.5	86.4	24.8	-17 883	-53.3
# 农　垦	-56 625	-66.2	56.6	16.2	-18 146	-60.8

9－23 各市县全年水稻产量

单位:亩、公斤、吨

地　　区	2002年			2003年		
	播种面积	亩　产	总产量	播种面积	亩　产	总产量
全区总计	**1 145 517**	**573.3**	**656 686**	**700 650**	**528.7**	**370 423**
川　　区	**1 141 332**	**573.9**	**655 054**	**696 740**	**529.4**	**368 820**
山　　区	**4 185**	**390.0**	**1 632**	**3 910**	**410.0**	**1 603**
银川市区	1 650	482.4	796	540	466.7	252
银川郊区	88 632	581.8	51 565	73 404	504.0	36 997
永 宁 县	146 840	574.1	84 299	72 902	566.2	41 278
贺 兰 县	126 435	570.4	72 121	57 826	566.1	32 736
灵 武 市	138 615	618.2	85 689	107 668	450.3	48 484
石嘴山市	－	－	－	－	－	－
平 罗 县	88 246	478.0	42 182	42 000	495.7	20 821
陶 乐 县	5 820	400.0	2 328	1 300	400.0	520
惠 农 县	－	－	－	－	－	－
利 通 区	84 858	596.6	50 627	83 582	514.0	42 958
红寺堡管委会	－	－	－	－	－	－
青铜峡市	136 368	582.2	79 390	65 839	548.9	36 140
中 卫 县	84 848	591.5	50 183	70 609	591.0	41 728
中 宁 县	78 160	595.6	46 553	61 850	572.8	35 429
盐 池 县	－	－	－	－	－	－
同 心 县	－	－	－	－	－	－
原 州 区	－	－	－	－	－	－
海 原 县	－	－	－	－	－	－
西 吉 县	－	－	－	－	－	－
隆 德 县	4 185	390.0	1 632	3 910	410.0	1 603
泾 源 县	－	－	－	－	－	－
彭 阳 县	－	－	－	－	－	－
区　　属	160 860	555.3	89 320	59 220	531.5	31 477
#农　垦	156 630	556.8	87 205	55 815	536.5	29 945

9－23 表续

地　　区	2003年比2002年增减					
	播种面积		亩　产		总产量	
	绝对值	%	绝对值	%	绝对值	%
全区总计	**－444 867**	**－38.8**	**－44.6**	**－7.8**	**－286 263**	**－43.6**
川　　区	**－444 592**	**－39.0**	**－44.6**	**－7.8**	**－286 234**	**－43.7**
山　　区	**－275**	**－6.6**	**20.0**	**5.1**	**－29**	**－1.8**
银川市区	－1 110	－67.3	－15.8	－3.3	－544	－68.3
银川郊区	－15 228	－17.2	－77.8	－13.4	－14 568	－28.3
永 宁 县	－73 938	－50.4	－7.9	－1.4	－43 021	－51.0
贺 兰 县	－68 609	－54.3	－4.3	－0.8	－39 385	－54.6
灵 武 市	－30 947	－22.3	－167.9	－27.2	－37 205	－43.4
石嘴山市	－	－	－	－	－	－
平 罗 县	－46 246	－52.4	17.7	3.7	－21 361	－50.6
陶 乐 县	－4 520	－77.7	0.0	0.0	－1 808	－77.7
惠 农 县	－	－	－	－	－	－
利 通 区	－1 276	－1.5	－82.6	－13.9	－7 669	－15.1
红寺堡管委会	－	－	－	－	－	－
青铜峡市	－70 529	－51.7	－33.3	－5.7	－43 250	－54.5
中 卫 县	－14 239	－16.8	－0.5	－0.1	－8 456	－16.8
中 宁 县	－16 310	－20.9	－22.8	－3.8	－11 123	－23.9
盐 池 县	－	－	－	－	－	－
同 心 县	－	－	－	－	－	－
原 州 区	－	－	－	－	－	－
海 原 县	－	－	－	－	－	－
西 吉 县	－	－	－	－	－	－
隆 德 县	－275	－6.6	20.0	5.1	－29	－1.8
泾 源 县	－	－	－	－	－	－
彭 阳 县	－	－	－	－	－	－
区　　属	－101 640	－63.2	－23.7	－4.3	－57 843	－64.8
#农　垦	－100 815	－64.4	－20.3	－3.6	－57 260	－65.7

9－24 各市县全年玉米产量

单位:亩、公斤、吨

地 区	2002年			2003年		
	播种面积	亩 产	总产量	播种面积	亩 产	总产量
全区总计	**2 325 883**	**448.3**	**1 042 722.951**	**2 645 027**	**453.4**	**1 199 260**
川 区	**1 729 942**	**477.9**	**826 732**	**1 992 242**	**465.1**	**926 509**
山 区	**595 941**	**362.4**	**215 991**	**652 785**	**417.8**	**272 751**
银川市区	2 580	546.1	1 409	2 805	537.6	1 508
银川郊区	82 716	480.3	39 732	104 305	448.0	46 727
永宁县	162 301	466.9	75 773	228 929	463.2	106 041
贺兰县	175 919	467.4	82 223	213 922	457.4	97 856
灵武市	127 881	525.7	67 227	117 373	420.6	49 371
石嘴山市	7 665	342.1	2 622	8 580	390.0	3 346
平罗县	259 759	404.9	105 173	250 157	443.3	110 902
陶乐县	39 997	404.7	16 188	43 106	350.9	15 126
惠农县	83 040	421.3	34 983	86 845	368.6	32 014
利通区	129 215	547.7	70 766	167 031	522.6	87 287
红寺堡管委会	69 765	300.0	20 930	99 015	441.0	43 666
青铜峡市	201 356	479.2	96 492	272 334	488.4	133 009
中卫县	130 045	439.0	57 092	135 910	411.5	55 925
中宁县	151 023	489.3	73 896	171 987	487.5	83 845
盐池县	67 890	329.8	22 389	103 288	346.9	35 833
同心县	127 117	502.6	63 889	118 070	527.8	62 319
原州区	96 926	323.9	31 390	104 716	364.0	38 112
海原县	57 887	391.8	22 679	48 640	582.2	28 318
西吉县	32 303	218.6	7 061	37 654	262.1	9 871
隆德县	31 497	252.4	7 950	27 324	392.0	10 710
泾源县	6 555	200.5	1 314	13 390	228.3	3 056
彭阳县	106 001	362.2	38 388	100 688	405.9	40 866
区 属	176 445	584.6	103 155	188 958	548.0	103 552
#农 垦	166 080	595.7	98 941	174 105	569.2	99 096

9－24 表续

地　　区	2003 年比 2002 年增减					
	播种面积		亩　产		总产量	
	绝对值	%	绝对值	%	绝对值	%
全区总计	**319 144**	**13.7**	**5.1**	**1.1**	**156 537**	**15.0**
川　　区	**262 300**	**15.2**	**－12.8**	**－2.7**	**99 777**	**12.1**
山　　区	**56 844**	**9.5**	**55.4**	**15.3**	**56 760**	**26.3**
银川市区	225	8.7	－8.5	－1.6	99	7.0
银川郊区	21 589	26.1	－32.4	－6.7	6 995	17.6
永 宁 县	66 628	41.1	－3.7	－0.8	30 267	39.9
贺 兰 县	38 003	21.6	－10.0	－2.1	15 633	19.0
灵 武 市	－10 508	－8.2	－105.1	－20.0	－17 856	－26.6
石嘴山市	915	11.9	47.9	14.0	724	27.6
平 罗 县	－9 602	－3.7	38.4	9.5	5 729	5.4
陶 乐 县	3 109	7.8	－53.8	－13.3	－1 063	－6.6
惠 农 县	3 805	4.6	－52.6	－12.5	－2 968	－8.5
利 通 区	37 816	29.3	－25.1	－4.6	16 521	23.3
红寺堡管委会	29 250	41.9	141.0	47.0	22 736	108.6
青铜峡市	70 978	35.3	9.2	1.9	36 517	37.8
中 卫 县	5 865	4.5	－27.5	－6.3	－1 167	－2.0
中 宁 县	20 964	13.9	－1.8	－0.4	9 949	13.5
盐 池 县	35 398	52.1	17.1	5.2	13 444	60.0
同 心 县	－9 047	－7.1	25.2	5.0	－1 570	－2.5
原 州 区	7 790	8.0	40.1	12.4	6 722	21.4
海 原 县	－9 247	－16.0	190.4	48.6	5 639	24.9
西 吉 县	5 351	16.6	43.5	19.9	2 809	39.8
隆 德 县	－4 173	－13.2	139.6	55.3	2 760	34.7
泾 源 县	6 835	104.3	27.8	13.8	1 742	132.6
彭 阳 县	－5 313	－5.0	43.7	12.1	2 478	6.5
区　　属	12 513	7.1	－36.6	－6.3	397	0.4
#农　垦	8 025	4.8	－26.6	－4.5	155	0.2

9－25　各市县主要年份油料产量情况

单位:万千克

地　　区	1952年	1958年	1978年	1980年	1985年	1990年	1995年	2000年	2002年	2003年
全区总计	**2 605**	**2 412**	**2 568**	**3 598**	**5 338**	**6 243**	**5 590**	**6 990**	**10 880**	**13 175**
川　　区	**793**	**796**	**1 038**	**959**	**1 518**	**1 584**	**2 492**	**3 901**	**3 113**	**3 083**
山　　区	**1 811**	**1 596**	**1 421**	**1 930**	**3 066**	**4 150**	**2 564**	**2 493**	**7 329**	**8 668**
银 川 市	**246**	**239**	**406**	**331**	**304**	**278**	**359**	**195**	**190**	**183**
银 川 市	20	52	86	78	61	48	36	11	23	41
永 宁 县	139	65	127	87	33	8	37	52	63	32
贺 兰 县	77	97	139	138	191	198	213	89	43	75
灵 武 市	10	25	54	28	19	24	73	43	61	35
石嘴山市	**204**	**180**	**258**	**315**	**631**	**644**	**907**	**2 512**	**1 945**	**1 761**
石嘴山市	81	52	17	26	28	30	32	77	41	38
平 罗 县	114	113	177	201	405	385	554	1 085	814	839
陶 乐 县	9	15	12	20	82	79	68	212	208	350
惠 农 县	–	–	52	68	116	150	253	1 138	881	534
吴 忠 市	**433**	**516**	**658**	**687**	**1 210**	**1 560**	**1 630**	**1 739**	**2 590**	**2 824**
利 通 区	49	64	42	36	82	74	126	30	12	10
红寺堡管委会								28	125	186
青铜峡市	75	87	120	110	77	30	301	226	190	114
中 卫 县	97	130	145	100	195	161	374	289	198	262
中 宁 县	122	96	67	67	229	397	425	649	578	567
盐 池 县	69	91	130	113	297	338	117	180	894	947
同 心 县	21	48	154	261	330	560	287	365	717	738
固 原 市	**1 721**	**1 457**	**1 137**	**1 556**	**2 439**	**3 252**	**2 160**	**1 920**	**5 593**	**6 983**
原 州 区	752	722	307	496	1 010	1 290	1 154	1 012	2 296	2 982
海 原 县	199	251	231	322	459	404	216	125	1 022	920
西 吉 县	553	352	283	366	317	537	154	215	801	1 582
隆 德 县	175	117	137	130	244	435	312	392	617	527
泾 源 县	42	15	27	61	83	110	125	65	61	86
彭 阳 县	–	–	152	181	326	476	199	111	797	886
区　　属	**1**	**20**	**109**	**709**	**754**	**509**	**534**	**596**	**438**	**1 424**

9－26　各市县畜牧业生产情况

（2003年）

地　　区	大牲畜年末存栏数（头）	猪年末存栏数（头）	羊年末存栏数（只）	年末家禽数（百只）	当年出售和自宰肉牛（头）	当年出栏肉猪（头）	当年出栏和自宰肉羊（只）
全区总计	**958 433**	**1 250 539**	**4 744 084**	**105 510**	**305 927**	**1 650 927**	**3 574 865**
川　区	**411 654**	**900 071**	**2 789 261**	**86 433**	**187 083**	**1 331 097**	**2 206 953**
山　区	**546 779**	**350 468**	**1 954 823**	**19 077**	**118 844**	**319 830**	**1 367 912**
银川市	**150 813**	**217 134**	**992 215**	**20 322**	**57 761**	**290 193**	**734 704**
银川市	38 621	58 670	191 786	7 262	15 747	94 335	191 271
永宁县	52 159	72 355	268 919	4 953	20 862	92 209	139 011
贺兰县	30 476	50 320	225 578	5 582	10 304	68 426	148 252
灵武市	29 557	35 789	305 932	2 525	10 848	35 223	256 170
石嘴山市	**66 239**	**98 813**	**630 727**	**11 545**	**38 941**	**125 722**	**574 160**
石嘴山市	650	7 100	32 600	1 845	280	8 114	11 500
平罗县	49 733	72 350	316 604	4 417	32 833	85 086	318 197
陶乐县	3 626	6 715	100 669	1 372	805	11 721	80 826
惠农县	12 230	12 648	180 854	3 911	5 023	20 801	163 637
吴忠市	**265 529**	**616 028**	**2 087 577**	**54 256**	**115 389**	**940 713**	**1 513 861**
利通区	98 583	39 847	209 485	4 940	55 297	50 852	289 194
红寺堡管委会	5 441	8 644	214 947	1 315	974	6 192	100 676
青铜峡市	29 452	199 730	220 347	2 008	12 696	265 215	180 287
中卫县	31 222	142 900	289 924	35 221	10 177	274 933	180 962
中宁县	20 656	170 128	242 999	5 821	8 290	286 744	189 120
盐池县	14 715	45 154	445 003	1 218	156	47 963	259 182
同心县	65 460	9 625	464 872	3 733	27 799	8 814	314 440
固原市	**460 922**	**286 868**	**819 938**	**12 811**	**89 880**	**256 604**	**690 117**
原州区	83 012	50 376	192 352	4 235	19 488	43 143	174 893
海原县	76 863	43 464	268 077	453	13 870	37 963	260 397
西吉县	125 136	66 949	133 060	1 733	19 378	53 269	58 536
隆德县	52 284	65 672	43 592	2 663	2 311	72 401	28 819
泾源县	38 971	8 739	50 323	1 163	20 900	7 375	63 476
彭阳县	84 656	51 668	132 534	2 564	13 933	42 453	103 996
区　属	**14 930**	**31 696**	**213 627**	**6 576**	**3 956**	**37 695**	**62 023**

9－26 表续　　　　　　　　　　　　　　（2003 年）

地　　区	肉　类 总产量 （吨）	牛　奶 产　量 （吨）	绵羊毛 产　量 （吨）	山羊毛 产　量 （吨）	山羊绒 产　量 （吨）	蜂　蜜 产　量 （吨）	禽　蛋 产　量 （吨）
全区总计	**233 812**	**385 850**	**7 392**	**843**	**444**	**629**	**87 094**
川　区	**165 382**	**382 072**	**4 642**	**698**	**360**	**71**	**79 659**
山　区	**68 430**	**3 778**	**2 750**	**145**	**84**	**558**	**7 435**
银川市	**44 818**	**116 550**	**1 560**	**354**	**132**	**49**	**16 197**
银川市	14 307	45 691	566	44	24	–	4 970
永宁县	11 761	20 616	309	12	6	22	4 456
贺兰县	9 382	13 270	262	33	7	–	5 332
灵武市	9 368	36 973	423	265	95	27	1 439
石嘴山市	**29 947**	**10 726**	**994**	**147**	**116**	**–**	**9 031**
石嘴山市	1 195	216	3	9	5	–	301
平罗县	19 203	1 807	691	81	50	–	4 240
陶乐县	3 117	63	154	7	16	–	83
惠农县	6 432	8 640	146	50	45	–	4 407
吴忠市	**107 441**	**228 403**	**3 250**	**261**	**163**	**21**	**54 121**
利通区	14 654	181 065	685	50	58	21	6 769
红寺堡管委会	2 145	392	189	10	10	–	572
青铜峡市	21 438	22 238	296	50	15	–	6 808
中卫县	26 250	7 066	394	21	19	–	33 692
中宁县	24 062	15 785	440	64	6	–	4 442
盐池县	8 775	1 702	522	22	20	–	493
同心县	10 117	155	724	44	35	–	1 345
固原市	**47 310**	**1 529**	**1 303**	**68**	**18**	**558**	**5 025**
原州区	10 550	1 004	430	30	13	26	431
海原县	9 484	–	319	–	–	255	142
西吉县	7 944	35	205	5	2	123	818
隆德县	7 013	25	35	4	–	11	542
泾源县	4 317	280	118	8	–	102	436
彭阳县	8 002	185	196	21	3	41	2 656
区　属	**4 296**	**28 642**	**285**	**13**	**15**	**1**	**2 720**

9-27 各市县主要年份猪牛羊肉产量

单位:吨

地　区	1978年	1980年	1985年	1990年	1995年	2000年	2002年	2003年
全区总计	**12 253**	**18 969**	**33 562**	**67 791**	**102 672**	**159 364**	**190 772**	**199 176**
银川市	**2 191**	**4 935**	**6 165**	**11 543**	**22 044**	**35 144**	**42 386**	**35 904**
银川市	454	1 098	1 495	2 917	5 288	9 149	11 342	11 111
永宁县	681	1 167	1 762	4 060	6 711	7 322	7 970	9 939
贺兰县	567	1 161	1 822	3 065	5 599	6 429	7 628	7 507
灵武市	489	1 509	1 086	1 501	4 446	12 244	15 446	7 347
石嘴山市	**1 402**	**2 442**	**3 366**	**6 571**	**15 156**	**19 009**	**24 644**	**22 195**
石嘴山市	493	976	1 023	233	318	758	754	739
平罗县	748	1 229	2 031	3 585	10 570	12 611	17 082	14 816
陶乐县	161	237	312	559	842	1 456	1 837	2 128
惠农县	-	-	-	2 194	3 426	4 184	4 971	4 512
吴忠市	**4 554**	**6 565**	**13 323**	**26 306**	**41 447**	**75 069**	**88 541**	**94 144**
利通区	405	813	880	1 395	4 370	9 763	12 930	11 940
红寺堡管委会	-	-	-	-	-	344	795	1 958
青铜峡市	769	1 099	2 414	4 604	6 313	15 734	18 219	19 112
中卫县	1 002	1 364	3 555	6 626	11 809	17 195	18 758	20 289
中宁县	690	1 054	2 174	5 292	9 604	18 017	21 055	22 675
盐池县	1 190	1 759	2 689	5 198	4 658	7 096	7 591	8 571
同心县	498	476	1 611	3 191	4 693	6 920	9 193	9 599
固原市	**2 862**	**5 031**	**8 597**	**16 295**	**21 821**	**26 049**	**31 155**	**42 961**
原州区	1 118	2 853	2 130	2 774	4 409	5 133	6 331	8 922
海原县	510	693	1 751	2 945	1 915	3 695	4 700	9 040
西吉县	693	990	1 751	2 563	4 656	4 239	5 525	7 546
隆德县	496	419	1 178	3 170	4 738	5 266	5 788	5 997
泾源县	45	77	313	1 044	1 846	1 606	2 397	4 103
彭阳县	-	-	1 474	3 799	4 257	6 110	6 414	7 353
区　属	**1 243**	**2 517**	**2 111**	**2 076**	**2 204**	**4 093**	**4 046**	**3 972**

9－28　各市县主要年份牛奶产量

单位:吨

地　　区	1978年	1980年	1985年	1990年	1995年	2000年	2002年	2003年
全区总计	**3 720**	**4 152**	**12 653**	**40 704**	**139 889**	**236 042**	**307 472**	**385 850**
川　　区	**3 662**	**4 061**	**12 414**	**40 250**	**139 234**	**233 462**	**305 341**	**332 072**
山　　区	**58**	**91**	**239**	**454**	**655**	**2 580**	**2 131**	**3 778**
银 川 市	**578**	**706**	**4 311**	**17 344**	**50 649**	**68 049**	**94 025**	**116 550**
银 川 市	491	572	3 746	12 166	18 607	20 948	39 153	45 691
永 宁 县	35	65	223	2 372	10 791	16 943	16 364	20 616
贺 兰 县	28	36	289	2 649	7 112	6 380	7 308	13 270
灵 武 市	24	33	53	157	14 139	23 778	31 200	36 973
石嘴山市	**135**	**183**	**445**	**188**	**3 059**	**5 739**	**7 799**	**10 726**
石嘴山市	57	74	140	67	110	–	185	216
平 罗 县	78	105	315	91	2 723	925	1 380	1 807
陶 乐 县	–	4	–	–	1	12	43	63
惠 农 县	–	–	–	30	225	4 802	6 191	8 640
吴 忠 市	**703**	**834**	**3 158**	**13 527**	**72 451**	**143 829**	**176 909**	**228 403**
利 通 区	515	708	2 374	11 951	59 404	120 600	143 512	181 065
红寺堡管委会	–	–	–	–	–	–	318	392
青铜峡市	105	–	547	1 174	8 337	12 795	16 508	22 238
中 卫 县	48	44	144	230	4 034	3 044	4 685	7 066
中 宁 县	35	67	75	100	261	4 901	10 367	15 785
盐 池 县	–	15	15	72	415	2 404	1 320	1 702
同 心 县	–	–	3	–	–	85	199	155
固 原 市	**58**	**68**	**209**	**379**	**239**	**91**	**294**	**1 529**
原 州 区	40	48	155	131	68	90	108	1 004
海 原 县	–	–	2	–	15	–	–	–
西 吉 县	–	–	21	108	5	–	–	35
隆 德 县	4	1	–	–	–	–	18	25
泾 源 县	14	19	31	140	151	–	78	280
彭 阳 县	–	–	–	–	–	1	90	185
区　　属	**2 247**	**2 360**	**4 520**	**9 266**	**13 491**	**18 334**	**28 445**	**28 642**

9－29 各市县渔业生产情况

（2003年）

地　　区	水产品总产量（吨）	养殖捕捞量	天然捕捞量	鱼类产量（吨）	养殖面积（公顷）
全区总计	**51 545**	**51 231**	**314**	**311**	**14 283**
川　　区	**51 124**	**50 810**	**314**	**311**	**13 113**
山　　区	**421**	**421**	**－**	**－**	**1 170**
银 川 市	**32 833**	**32 708**	**125**	**125**	**7 494**
银 川 市	8 164	8 156	8	8	2 528
永 宁 县	7 076	7 073	3	3	944
贺 兰 县	15 575	15 464	111	111	3 555
灵 武 市	2 018	2 015	3	3	467
石嘴山市	**6 756**	**6 747**	**9**	**9**	**2 351**
石嘴山市	2 883	2 883	－	－	582
平 罗 县	3 282	3 282	－	－	1 299
陶 乐 县	154	145	9	9	57
惠 农 县	437	437	－	－	413
吴 忠 市	**10 446**	**10 266**	**180**	**177**	**2 487**
利 通 区	1 300	1 280	20	17	334
红寺堡管委会	－	－	－	－	－
青铜峡市	2 728	2 589	139	139	865
中 卫 县	4 898	4 898	－	－	760
中 宁 县	1 448	1 427	21	21	395
盐 池 县	72	72	－	－	135
同 心 县	－	－	－	－	－
固 原 市	**349**	**349**	**－**	**－**	**1 035**
原 州 区	－	－	－	－	320
海 原 县	32	32	－	－	205
西 吉 县	286	286	－	－	504
隆 德 县	－	－	－	－	－
泾 源 县	16	16	－	－	－
彭 阳 县	15	15	－	－	6
区　　属	**1 161**	**1 161**	**－**	**－**	**916**

9－30　各市县主要年份水产品总产量

单位:吨

地　　区	1978年	1980年	1985年	1990年	1995年	2000年	2002年	2003年
全区总计	**247**	**309**	**2 252**	**10 217**	**18 706**	**36 983**	**48 576**	**50 384**
川　区	**241**	**305**	**2 197**	**9 998**	**18 500**	**36 665**	**43 813**	**49 963**
山　区	**6**	**4**	**55**	**219**	**206**	**318**	**351**	**421**
银川市	**82**	**96**	**1 214**	**7 148**	**12 419**	**24 105**	**27 932**	**32 833**
银川市	25	26	395	2 464	4 092	7 745	9 057	8 164
永宁县	15	13	227	1 429	2 533	4 955	6 727	7 076
贺兰县	34	48	546	2 660	4 938	9 854	12 148	15 575
灵武市	8	9	46	595	856	1 551	1 998	2 018
石嘴山市	**30**	**41**	**293**	**1 073**	**2 095**	**3 812**	**6 253**	**6 756**
石嘴山市	13	10	108	230	788	1 374	2 289	2 883
平罗县	14	30	178	636	1 055	2 114	3 446	3 282
陶乐县	3	1	7	21	26	55	162	154
惠农县	–	–	–	184	226	269	356	437
吴忠市	**83**	**100**	**558**	**1 152**	**2 937**	**7 285**	**11 854**	**10 446**
利通区	5	8	63	196	235	323	580	1 300
红寺堡管委会	–	–	–	–	–	–	–	–
青铜峡市	61	70	355	417	992	1 671	2 450	2 728
中卫县	15	15	51	385	1 238	4 258	5 156	4 898
中宁县	2	7	89	154	472	1 022	1 650	1 448
盐池县	–	–	–	–	–	11	20	72
同心县	–	–	–	–	–	–	–	–
固原市	**6**	**4**	**55**	**219**	**206**	**307**	**331**	**349**
原州区	1	–	30	56	38	60	–	–
海原县	5	3	–	–	12	29	32	–
西吉县	–	1	25	142	125	198	268	32
隆德县	–	–	–	–	–	–	11	286
泾源县	–	–	–	–	–	–	–	16
彭阳县	–	–	–	21	31	20	20	15
区　属	**45**	**68**	**132**	**625**	**1 049**	**1 474**	**2 206**	**1 161**

主要统计指标解释

【乡村实有劳动力】 指乡村人口实际参加各种行业劳动并取得实物或货币收人的劳动力人数。包括劳动年龄内实际参加劳动的人口和不足或超过劳动年龄实际参加劳动的人口数。不包括户口在家的在外学生和丧失劳动能力的人。也不包括待业人员和家务劳动者。

【年末实有耕地面积】 按照《土地利用现状调查技术规程》(以下简称《土地规程》),耕地是指种植农作物的土地,包括新开荒地、休闲地、轮歇地、草田轮作地;以种植农作物为主间有零星果树、桑树或其他树木的土地;耕种三年以上的河滩地、海涂。耕地中包括宽小于2.0米的沟、渠、路、田埂。年末实有耕地指当年10月31日的耕地面积数。

【农用机械总动力】 是指主要用于农、林、牧、渔业的各种动力机械动力总和,包括耕作机械、农用排灌机械、收获机械、植保机械、林业机械、畜牧机械、渔业机械、农产品加工机械、农用运输机械、其他农业机械。按能源又分为柴油、汽油、电力和其他动力。总动力按法定计算单位千瓦计算。(注:1马力=0.735千瓦)

【有效灌溉面积】 是指具有一定的水源,地块比较平整,灌溉工程或设备已经配套,在一般年景下当年能够进行正常灌概的耕地面积。

【农作物播种面积】 是指实际种植或移植有农作物的面积。包括耕地和非耕地上的播种面积;混种、间种只计算一次,复、套在同一亩地上每复种、套种一次算一亩;播种面积还包括秋冬播面积。播种面积在统计范围看,包括全社会口径,即按在地原则统计。从时间范围看,从1月1日至12月31日都要统计在内。

【造林面积】 是指报告期内在荒山、荒地、沙丘等一切可以造林的土地上,采用人工播种、植苗、飞机播种等方法新植的成片乔木林和灌木林,经过检查验收符合"造林技术规程"要求株数,成活率达85%以上的面积。四旁植树如一侧在四行以上,连续面积0·066公顷(一亩)以上,应统计在造林面积内。

在造林面积中,不包括补植面积、治沙种草面积、经济林垦复面积、迹地更新面积和低产林改造面积。

【肉类总产量】 是指当年出栏并已屠宰的畜禽肉产量,即屠宰后除去头蹄下水带骨肉的重量,也叫胴体重。

【农林牧渔业增加值】 农林牧渔业增加值可以客观反映农林牧渔业企业或行业的投人、产出、效益、速度和收人等情况。它与农林牧渔业总产值相比,一个最大的优点在于避免了中间产品的重复计算。计算结果是社会最终产品的价值,因此它能客观反映企业单位或行业对社会的贡献。也是计算各项经济效益指标的重要依据。

农林牧渔业增加值=农林牧渔业总产值-中间物质消耗-对非物质生产部门的劳务消耗。

十、工　业

10－1　主要年份全部工业总产值

单位：万元

年　份	工业总产值	按经济类型分		按轻重工业分		按企业规模分		
		#国有及国有控股企业	#集体企业	轻工业	重工业	大型企业	中型企业	小型企业
1950	1 350	186		1 315	35			
1955	3 703	1 612		3 374	329			
1957	4 599	3 036	1 200	3 753	846			
1958	9 211	6 619	2 592	5 611	3 600			
1960	23 773	20 915	2 858	13 519	10 254			
1965	20 346	16 317	4 029	10 531	9 815			
1970	50 052	44 875	5 177	16 562	33 490			
1975	111 708	97 010	14 698	32 344	79 364			
1978	138 485	114 664	23 821	34 453	104 032	30 359	38 220	69 906
1980	139 179	121 539	17 354	37 525	101 654	32 318	41 236	65 625
1981	127 942	106 499	20 830	40 482	87 460	39 096	26 116	62 730
1982	147 456	125 034	22 076	44 898	102 558	43 070	36 822	67 564
1983	165 352	140 698	23 961	48 892	116 460	46 279	41 842	77 231
1984	191 129	160 724	28 699	57 040	134 089	50 291	49 899	90 939
1985	243 007	196 586	39 104	72 723	170 284	73 307	49 927	119 773
1986	282 359	221 659	50 560	91 294	191 065	78 592	57 446	146 321
1987	333 806	259 660	61 169	107 901	225 905	100 236	62 443	171 127
1988	440 048	339 772	83 091	139 016	301 031	135 194	82 419	222 435
1989	585 323	458 240	104 595	177 548	407 775	175 547	115 811	293 965
1990	647 403	509 009	109 895	179 605	467 858	204 786	126 578	316 099
1991	731 028	577 050	117 663	195 390	535 638	297 601	109 061	324 366
1992	892 555	701 903	141 864	222 533	670 022	369 520	144 195	378 840
1993	1 214 904	950 189	189 837	262 588	952 316	494 283	265 536	455 085
1994	1 497 094	1 065 471	219 796	311 660	1 185 434	615 039	338 167	543 888
1995	1 734 852	1 177 702	229 501	361 446	1 373 406	685 169	335 848	713 835
1996	2 016 208	1 356 253	266 581	437 619	1 578 590	791 869	371 206	853 134
1997	2 210 778	1 494 038	297 799	494 649	1 716 129	854 498	404 695	951 585
1998	2 324 118	1 561 339	220 294	544 360	1 779 758	840 490	391 196	1 092 432
1999	2 523 912	1 510 879	189 105	605 999	1 917 913	979 484	367 187	1 177 241
2000	2 939 383	1 745 801	140 993	683 696	2 255 687	1 274 549	483 886	1 180 948
2001	3 273 074	1 927 432	141 839	765 954	2 507 120	1 458 181	540 156	1 274 737
2002	3 720 196	2 101 200	98 458	905 675	2 814 521	1 922 167	294 874	1 503 155
2003	4 714 293	2 539 302	82 954	1 106 599	3 607 694	1 581 230	1 317 414	1 815 649

注：1、工业总产值按当年价格计算。

2、1995年以前年份国有及国有控股企业为国有工业企业口径(下表同)

10-2 主要年份工业总产值指数

(按可比价格计算,以1952年为100)

年 份	工业总产值	#国有及国有控股企业	按轻重工业分	
			轻工业	重工业
1950	65.0	28.5	69.5	18.6
1955	177.6	239.2	177.8	175.7
1957	213.7	438.9	191.6	438.4
1958	438.7	942.4	302.7	1 818.6
1960	1 082.1	2 852.0	538.4	6 598.9
1965	979.9	2 351.0	574.3	5 095.5
1970	2 792.7	7 492.6	1 035.4	20 623.7
1975	5 812.0	15 278.2	1 909.8	45 407.3
1978	7 682.0	19 313.2	2 105.4	62 047.5
1980	7 604.9	19 335.7	2 331.1	61 118.1
1981	6 520.1	16 234.6	2 336.7	48 967.8
1982	7 474.1	18 971.6	2 578.5	57 149.7
1983	8 404.0	21 316.6	2 800.9	65 257.6
1984	9 564.6	23 948.5	3 220.4	73 938.4
1985	11 600.1	27 654.5	3 885.3	89 880.8
1986	13 021.1	29 901.4	4 755.5	96 891.5
1987	14 788.2	33 542.7	5 432.0	109 724.3
1988	17 296.7	38 803.9	6 222.8	129 662.1
1989	19 910.0	45 116.1	7 127.8	134 950.0
1990	21 485.2	48 060.4	7 214.3	166 599.7
1991	22 716.3	50 261.2	7 579.6	176 554.9
1992	25 933.5	56 928.9	8 406.1	203 988.1
1993	29 537.8	62 845.7	9 189.3	235 230.0
1994	32 421.0	59 304.7	9 563.5	262 630.8
1995	36 833.4	66 050.1	10 429.6	303 361.0
1996	41 217.8	72 853.3	11 752.3	337 338.6
1997	44 435.3	78 317.3	13 494.7	356 665.3
1998	47 474.8	87 167.2	14 734.8	378 372.7
1999	51 747.6	78 886.3	16 915.6	405 237.2
2000	59 975.5	86 419.4	20 483.1	463 105.1
2001	66 093.0	91 863.8	23 043.5	505 710.8
2002	77 527.0	107 113.2	28 136.1	587 636.0
2003	92 644.8	122 430.4	34 691.8	690 472.3

10－3　主要年份工业总产值指数

(按可比价格计算,以上年为100)

年　份	工业总产值	#国有及国有控股企业	按轻重工业分	
			轻工业	重工业
1950	105.6	114.2	105.0	137.5
1955	103.3	116.6	106.6	121.3
1957	123.9	155.6	114.7	191.1
1958	205.3	214.7	158.0	414.8
1960	128.2	131.9	112.8	144.5
1965	134.6	130.9	129.2	141.4
1970	141.8	146.5	148.4	138.6
1975	115.5	115.3	121.5	113.1
1978	118.4	119.6	112.4	120.6
1980	95.4	94.5	110.2	91.4
1981	86.4	84.0	99.6	81.0
1982	114.6	116.9	110.3	116.3
1983	112.4	112.4	108.6	113.9
1984	113.8	112.3	115.0	113.4
1985	121.3	115.5	120.5	121.9
1986	112.3	108.1	122.6	108.2
1987	113.6	112.2	114.2	113.3
1988	117.0	115.7	114.6	118.0
1989	116.7	116.3	114.8	117.5
1990	106.6	106.5	100.8	108.9
1991	105.7	104.6	105.1	106.0
1992	114.3	113.3	110.9	115.4
1993	113.8	110.4	109.3	115.5
1994	109.8	94.4	104.1	111.6
1995	114.0	112.2	109.1	115.5
1996	111.9	110.3	115.8	110.8
1997	107.8	107.5	114.8	105.7
1998	106.8	111.3	109.2	106.1
1999	109.0	90.5	114.8	107.1
2000	115.9	109.6	121.1	114.3
2001	110.2	106.3	112.5	109.2
2002	117.3	116.6	122.1	116.2
2003	119.5	114.3	123.3	117.5

10－4　全区规模以上工业企业单位数和工业总产值

指　　标	企业单位数(个)		工业总产值(万元)			
			当年价格		1990年不变价格	
	2002年	2003年	2002年	2003年	2002年	2003年
全　区　总　计	**390**	**420**	**3 007 805**	**3 947 941**	**2 116 720**	**2 690 528**
在总计中:国有及国有控股企业	186	156	2 101 200	2 537 223	1 308 717	1 456 661
按经济类型分						
国有企业	129	101	754 826	505 119	481 616	279 725
中央企业	17	8	482 173	252 149	133 403	101 139
地方企业	112	93	272 653	252 970	348 213	178 585
集体企业	26	28	46 408	48 295	40 257	40 442
股份合作企业	12	14	72 570	73 899	68 366	70 186
私营企业	75	125	253 951	517 605	215 859	415 617
联营企业	2	2	8 534	8 890	6 672	5 819
股份制企业	118	123	1 624 337	2 449 542	1 064 783	1 554 957
外商投资企业	19	21	219 131	260 655	223 196	269 540
港澳台商投资企业	9	5	28 049	83 418	15 972	53 724
其它企业	–	1	–	519	–	519
按轻重工业分						
轻工业	130	135	516 627	710 436	442 221	612 251
重工业	260	285	2 491 178	3 237 504	1 674 500	2 078 277
按企业规模分						
大型企业	63	14	1 922 167	1 581 230	1 407 358	1 021 327
中型企业	52	84	294 874	1 317 414	259 016	1 051 629
小型企业	275	322	790 763	1 049 297	450 346	617 572

注:1、规模以上工业系指全部国有工业企业及年销售收入500万元以上非国有工业企业。

2、本表中的股份制企业包括有限责任公司和股份有限公司。

10－4 表续 1

指　　标	企业单位数(个)		工业总产值(万元)			
			当年价格		1990 年不变价格	
	2002 年	2003 年	2002 年	2003 年	2002 年	2003 年
按国民经济经济行业分						
采掘业	**22**	**27**	**497 531**	**724 890**	**180 474**	**273 408**
＃煤炭采选业	20	26	221 848	362 090	126 296	217 331
石油和天然气开采业	1	1	274 941	362 800	53 436	56 077
有色金属矿采选业	–	–	–	–	–	–
非金属矿采选业	1	–	742	–	742	–
制造业	**328**	**359**	**2 158 325**	**2 710 004**	**1 777 387**	**2 148 310**
＃食品加工业	17	29	31 366	78 448	16 538	52 563
食品制造业	27	23	109 712	94 154	97 823	106 115
饮料制造业	14	12	48 954	66 242	34 285	50 550
烟草加工业	2	2	9 593	10 883	6 811	6 992
纺织业	9	16	53 670	204 978	40 405	156 501
＃毛纺织业	7	13	53 670	160 469	40 405	114 591
服装及其他纤维制品制造业	4	2	43 877	3 784	37 293	2 553
＃服装制造业	4	2	43 877	3 784	37 293	2 553
皮革、毛皮、羽绒及其制品业	6	4	24 059	163 043	14 744	149 616
木材加工竹、藤、棕、草制品业	1	–	397	–	397	–
家具制造业	1	2	760	1 324	760	1 128
造纸及纸制品业	15	14	119 361	148 460	105 338	131 311
印刷业	4	5	1 849	5 899	1 750	5 835
文教体育用品制造业	–	–	–	–	–	–

10－4 表续 2

指　　标	企业单位数(个)		工业总产值(万元)			
			当年价格		1990 年不变价格	
	2002 年	2003 年	2002 年	2003 年	2002 年	2003 年
石油加工及炼焦业	7	8	227 446	294 360	81 954	88 463
化学原料及化学制品制造业	46	52	327 413	354 156	301 087	314 596
医药制造业	6	6	45 339	55 960	57 567	64 126
化学纤维制造业	1	1	2 963	3 044	5 835	5 861
橡胶制品业	4	4	131 978	139 157	151 066	165 994
塑料制品业	9	11	14 059	18 934	10 736	15 177
非金属矿物质制品业	58	62	125 845	162 818	103 044	120 701
#水泥制造业	24	26	81 181	102 511	64 348	72 253
陶瓷制品业	2	1	1 547	1 475	2 688	1 246
黑色金属冶炼及压延加工业	20	25	107 764	201 115	97 136	142 817
有色金属冶炼及压延加工业	18	16	415 059	506 102	335 667	388 436
金属制品业	7	10	60 722	45 311	47 317	37 819
普通机械制造业	20	19	123 719	140 798	95 394	118 534
#金属加工机械制造业	3	4	26 490	39 687	27 302	43 777
#金属切削机床制造业	3	4	26 490	39 687	27 302	43 777
专用设备制造业	13	13	44 632	58 225	41 769	53 488
#农、林、牧、渔、水利机械制造业	5	3	1 943	1 041	2 285	1 297
电子及通讯设备制造业	1	1	6 031	6 525	14 377	14 378
#日用电子器具制造业						
电气机械及器材制造业	10	12	33 699	46 920	32 708	43 222
仪器仪表及文化、办公用品机械制造业	5	5	47 147	43 972	47 965	44 271
电力、煤气及水的生产和供应业	**40**	**34**	**351 949**	**513 047**	**158 859**	**268 810**
#电力、蒸汽、热水的生产和供应业	27	21	341 958	494 577	154 507	256 906
煤气的生产和供应业	1	1	262	8 223	237	8 223
自来水的生产和供应业	12	12	9 729	10 247	4 115	3 681

10－5　主要年份主要工业产品产量

年　　份	原　煤（万吨）	发电量（亿千瓦时）	原　油（万吨）	钢　材（万吨）	铝（万吨）	轮胎外胎（万条）	合成氨（万吨）	农用化肥（万吨）
1978	999.0	16.51	39.54	2.78	1.83	30.09	6.77	5.30
1980	971.0	19.43	56.46	4.12	2.26	29.30	7.95	5.57
1985	1 214.0	24.14	39.80	3.88	2.92	34.34	9.20	6.71
1986	1 237.0	31.40	34.80	4.22	3.30	38.45	9.33	7.59
1987	1 297.0	42.64	30.84	4.33	3.58	57.01	10.37	8.58
1988	1 328.0	50.11	32.14	4.20	4.89	67.08	12.02	10.01
1989	1 339.0	54.19	28.71	4.20	5.17	69.10	27.64	21.33
1990	1 443.1	55.96	25.77	4.75	6.01	63.50	34.32	27.74
1991	1 403.2	63.11	23.02	4.87	6.66	75.62	38.51	31.09
1992	1 379.1	76.62	20.78	5.97	7.30	103.59	39.96	32.11
1993	1 371.6	87.49	21.00	6.20	8.38	122.66	36.77	29.27
1994	1 388.9	97.30	30.11	7.02	8.63	144.20	41.09	34.51
1995	1 480.3	107.77	39.04	7.58	10.13	164.67	47.59	41.49
1996	1 615.7	111.63	55.79	7.97	10.24	193.24	47.83	40.14
1997	1 669.7	113.42	80.18	8.92	10.23	187.77	49.46	41.19
1998	1 583.0	110.63	111.00	9.50	10.23	191.24	54.81	46.32
1999	1 531.1	111.28	128.29	11.90	10.63	167.98	67.28	53.87
2000	1 581.0	136.61	139.01	5.59	11.69	193.32	73.49	59.52
2001	1 635.70	150.30	166.79	1.08	15.82	181.94	80.84	73.58
2002	1 818.19	171.02	197.68	1.24	26.09	224.31	93.31	76.13
2003	2 194.80	206.13	221.03	12.68	26.89	241.53	90.55	76.30

年　　份	金属切削机床（台）	起重设备（吨）	金属材料试验机（台）	轴　承（万套）	小型拖拉机（台）	水　泥（万吨）	布（万米）	饮料酒（吨）
1978	1 402	1 503	1 345	171.89	2 502	27.66	1 268.32	2 700
1980	1 194	2 104	1 779	132.60	600	29.27	1 508.00	2 785
1985	1 671	3 714	1 959	62.80	7 606	61.62	1 059.98	12 816
1986	1 507	4 861	2 054	71.50	5 834	67.09	1 339.07	17 773
1987	1 422	6 742	1 716	79.86	9 492	72.80	1 569.72	21 000
1988	1 747	8 716	1 354	105.55	11 196	87.31	1 403.47	25 900
1989	1 813	8 196	1 390	180.78	8 200	93.82	1 609.27	27 800
1990	1 308	7 004	445	197.57	11 900	95.74	1 232.64	26 300
1991	1 154	6 804	892	215.04	10 900	97.29	1 102.57	29 200
1992	2 005	7 341	1 021	188.03	11 800	113.54	1 114.69	29 120
1993	2 205	9 634	1 305	224.76	7 800	121.89	682.74	45 100
1994	1 649	10 519	794	243.80	9 860	130.92	541.43	37 252
1995	994	5 140	715	274.00	15 908	140.11	540.00	48 858
1996	829	5 919	296	393.69	12 179	164.96	485.79	59 905
1997	938	5 183	185	375.76	6 540	181.47	581.42	53 686
1998	455	6 145		437.59	5 955	226.48	117.48	56 976
1999	659	5 488		464.24	4 681	248.28	106.00	63 946
2000	969	3 308	380	557.45	1 843	280.25	2.00	57 639
2001	1 298	4 414	392	621.17	800	318.69	7.49	67 281
2002	1 816	3 733	343	522.83	1 985	377.24	7.46	89 412
2003	1 953	15 724	331	391.47	689	494.13	－	76 112

10－5表续

年　　份	机制纸（万吨）	日用陶瓷（万件）	塑料制品（吨）	天　然　气（万立方米）	羊　绒（吨）	钼（公斤）
1978	0.97	894.00	2 878.00			
1980	0.99	1 191.00	2 632.00			
1985	2.47	1 202.00	5 584.00	992.00		8 396.00
1986	2.93	1 311.00	7 550.00	980.00		6 032.00
1987	4.04	1 790.00	8 422.00	847.00		6 324.00
1988	4.98	1 889.00	9 227.00	802.00		8 925.00
1989	6.73	2 288.00	9 865.00	762.00		8 629.00
1990	6.68	1 923.00	7 783.00	701.00		5 231.00
1991	8.35	2 237.00	10 552.00	397.00		11 328.00
1992	9.80	2 493.00	11 593.00	938.00		10 969.00
1993	10.61	2 827.00	11 174.00	1 374.00		10 585.00
1994	11.88	3 616.00	9 137.00	4 031.00		19 756.00
1995	13.98	3 504.00	15 459.00	6 211.00		32 526.00
1996	14.96	2 997.00	15 662.00	6 189.00		53 793.00
1997	15.95	2 511.00	19 859.00	2 576.00		97 473.00
1998	17.81	2 878.00	17 087.00	1 066.00		121 509.00
1999	18.07	2 523.00	17 373.00	1 163.00		231 126.00
2000	23.71	2 699.00	16 750.00	1 496.00		205 436.00
2001	30.85	2 059.00	13 111.00	797.00		215 041.00
2002	28.58	1 667.00	13 144.00	3 161.00	2 101.50	90 887.00
2003	33.01	878.00	13 549.00	8 635.00	2 406.43	103 788.00

年　　份	铌（公斤）	生　铁（万吨）	铁合金（万吨）	皮　鞋（万双）	卷　烟（万箱）	食用植物油（万吨）	炭素制品（万吨）
1978		3.88	－	11.99	1.80	0.69	1.75
1980		0.61	－	19.62	1.75	0.73	1.64
1985	8 243.00	1.31	0.63	40.14	1.21	1.50	2.69
1986	3 311.00	4.61	1.50	48.10	2.01	0.93	3.01
1987	2 951.00	4.37	3.69	63.57	2.52	1.09	4.86
1988	7 735.00	4.23	4.97	69.64	2.51	0.82	5.65
1989	2 326.00	3.12	6.30	72.73	3.54	1.84	8.97
1990	5 769.00	5.54	7.79	66.50	4.47	2.19	6.51
1991	4 946.00	5.00	8.00	61.06	4.53	2.43	6.82
1992	6 827.00	3.37	8.63	39.40	5.00	2.19	7.19
1993	6 184.00	5.03	11.87	25.87	4.04	3.24	9.37
1994	7 106.00	5.01	14.19	18.19	3.30	2.11	12.69
1995	7 673.00	7.29	15.32	18.00	3.50	4.17	20.77
1996	5 086.00	6.98	18.44	16.49	3.70	6.47	18.04
1997	4 561.00	6.67	16.04	15.17	3.80	6.97	17.57
1998	7 581.00	5.95	20.20	16.18	3.00	5.39	18.62
1999	6 447.00	6.96	19.50	6.81	3.10	5.40	18.10
2000	81 742.00	6.85	25.34	35.08	3.12	5.36	31.14
2001	17 763.00	7.06	24.53	12.87	2.61	4.85	30.77
2002	22 636.00	8.80	23.44	15.15	2.30	4.99	23.81
2003	30 633.00	14.72	43.06	13.60	2.00	5.51	27.66

10－6　全区规模以下工业企业主要经济指标

（2003 年）

指　　标	企业单位数（个）	工业总产值（当年价格）（万元）	上交税金（万元）	实有资本（自有资本）（万元）	年末全部从业人员（人）
总　　计	**32 872**	**766 353**	**27 298**	**395 930**	**188 693**
在总计中：轻工业	22 443	398 646	13 166	185 477	101 039
重工业	10 429	367 707	14 132	210 453	87 654
在总计中：集体企业	315	34 241	1 651	15 256	12 086
股份合作企业	24	4 292	167	2 413	1 152
私营企业	3 874	402 871	14 727	229 014	76 840
个体经营	28 516	299 422	9 556	92 915	90 789
外商及港澳台商投资企业	26	5 834	141	12 962	1 283
其他企业	117	19 693	1 057	43 370	6 543

10－7　全区规模以下村及村以下工业企业主要经济指标

（2003 年）

指　　标	企业单位数（个）	工业总产值（当年价格）（万元）	上交税金（万元）	实有资本（自有资本）（万元）	年末全部从业人员（人）
总　　计	**32 258**	**673 617**	**23 075**	**289 396**	**163 603**
在总计中：轻工业	22 206	363 706	11 653	137 487	91 476
重工业	10 052	309 911	11 422	151 909	72 127
在总计中：集体企业	145	19 716	805	6 616	6 520
私营企业	3 596	354 366	12 712	189 682	66 207
个体经营	28 516	299 422	9 556	92 915	90 789
外商及港澳台商投资企业	1	113	2	183	87

注：规模以下工业系指年销售收入 500 万元以下非国有工业企业和个体经营单位。

10－8　全区规模以上国有、集体企业分行业单位数和工业总产值

（2003 年）

指　　标	国有及国有控股企业			集体企业		
	企　业 单位数 （个）	1990 年不变 价格总产值 （万元）	当年价格 总 产 值 （万元）	企　业 单位数 （个）	1990 年不变 价格总产值 （万元）	当年价格 总 产 值 （万元）
采掘业	**14**	**250 911**	**689 193**	**3**	**3 177**	**4 111**
煤炭开采和洗选业	13	194 834	326 393	3	3 177	4 111
石油和天然气开采业	1	56 077	362 800	–	–	–
制造业	**109**	**997 766**	**1 409 711**	**25**	**37 265**	**44 184**
农副食品加工业	9	8 839	18 507	1	943	1 207
食品制造业	7	5 891	10 327	2	3 591	3 930
饮料制造业	4	10 882	19 499	–	–	–
烟草制品业	2	6 992	11 083	–	–	–
纺织业	4	55 355	59 530	–	–	–
纺织服装、鞋、帽制造业	1	2 079	3 086	–	–	–
造纸及纸制品业	4	79 587	92 031	1	2 468	2 327
印刷业和记录媒介的复制	2	2 912	2 823	1	641	801
石油加工、炼焦及核燃料加工业	2	68 512	253 325	1	1 826	3 261
化学原料及化学制品制造业	14	132 456	161 435	6	8 347	10 189
医药制造业	2	38 741	30 513	–	–	–
化学纤维制造业	1	5 861	3 044	–	–	–
塑料制品业	4	3 908	4 029	–	–	–
非金属矿物制品业	16	32 764	50 608	5	7 281	8 094
黑色金属冶炼及压延加工业	3	28 507	45 369	1	4 785	5 976
有色金属冶炼及压延加工业	5	274 101	374 381	1	808	1 072
金属制品业	3	30 170	36 693	1	680	681
通用设备制造业	8	83 824	107 319	–	–	–
专用设备制造业	9	48 460	52 778	1	663	780
交通运输设备制造业	1	3	3	–	–	–
电气机械及器材制造业	3	20 062	23 787	3	4 967	5 599
通信设备、计算机及其他电子设备制造业	1	14 378	6 525	–	–	–
仪器仪表及文化、办公用机械制造业	3	43 363	42 884	–	–	–
工艺品及其他制造业	1	120	133	1	266	267
电力煤气及水的生产和供应业	**33**	**207 984**	**438 319**	**–**	**–**	**–**
电力、热力的生产和供应业	20	196 080	419 849	–	–	–
燃气生产和供应业	1	8 223	8 223	–	–	–
水的生产和供应业	12	3 681	10 247	–	–	–

10－9 全区规模以上工业企业职工人数

指　　标	1998 年	1999 年	2000 年	2001 年	2002 年	2003 年
全 区 总 计	**261 698**	**251 452**	**224 118**	**220 183**	**219 417**	**231 436**
按登记注册类型分						
国　有	169 236	156 516	92 781	60 866	80 898	37 269
集　体	24 444	18 973	13 153	9 993	4 643	4 121
其　他	68 018	75 963	118 184	149 324	133 876	190 046
按行业分						
采掘业	**66 679**	**66 685**	**60 831**	**5 415**	**53 999**	**61 538**
煤炭采选业	61 077	61 090	57 514	51 195	49 790	58 759
石油和天然气开采业	4 954	5 149	3 165	2 778	4 089	2 779
有色金属矿采选业	162	180	110	–	–	–
非金属矿采选业	486	266	42	42	120	–
制造业	**176 271**	**165 798**	**145 038**	**147 010**	**142 004**	**148 374**
食品加工业	6 609	6 657	1 696	1 269	1 243	2 840
食品制造业	5 752	5 253	6 246	5 965	4 893	4 739
饮料制造业	2 337	2 884	3 199	4 771	4 552	4 778
烟草加工业	614	620	562	563	523	494
纺织业	10 228	9 049	2 630	1 301	2 063	4 814
服装及其他纤维制品制造业	690	546	1 622	2 486	2 724	693
皮革、毛皮、羽绒及其制品业	616	1 451	1 777	1 612	745	724
木材加工竹、藤、棕、草制品业	146	57	157	150	150	–
家具制造业	660	623	179	130	129	315

10－9 表续

指　　标	1998 年	1999 年	2000 年	2001 年	2002 年	2003 年
造纸及纸制品业	11 441	11 002	11 836	13 270	13 378	13 220
印刷业记录媒介的复制	843	1 002	578	278	284	521
文教体育用品制造业	54	44	33	－	－	－
石油加工及炼焦业	7 010	6 817	6 613	5 912	5 871	6 344
化学原料及化学制品制造业	25 560	22 844	22 033	22 250	20 205	17 621
医药制造业	2 176	2 082	2 664	1 919	1 859	2 670
化学纤维制造业	781	509	784	321	256	236
橡胶制品业	6 004	5 457	5 205	4 733	4 923	4 580
塑料制品业	2 270	2 681	1 820	2 231	2 111	2 405
非金属矿物质制品业	18 939	16 408	15 019	15 989	15 364	15 384
黑色金属冶炼及压延加工业	8 581	9 091	8 967	8 724	8 622	11 185
有色金属冶炼及压延加工业	11 600	13 815	10 970	12 822	15 344	16 629
金属制品业	9 478	8 680	7 596	8 185	7 107	6 796
普通机械制造业	19 307	16 840	15 183	14 869	13 860	13 731
专用设备制造业	12 916	10 708	7 492	7 647	6 749	6 023
交通运输设备制造业	1 294	999	608	593	452	524
电气机械及器材制造业	3 723	3 097	4 130	3 179	3 272	3 606
电子及通讯设备制造业	104	553	－	760	777	728
仪器仪表及文化、办公用品机械制造业	6 257	5 118	5 151	4 994	4 288	4 044
其他制造业	281	333	288	87	260	－
电力煤气及水的生产和供应业	**18 748**	**18 969**	**18 249**	**19 158**	**21 113**	**21 524**

10－10　全区规模以上工业企业主要经济指标

（2003年）　　单位:个、万元

指　　标	企业单位数	工业总产值（当年价）	工业增加值（当年价）	资产合计	流动资产合计	流动资产年平均余额
总计	**420**	**3 947 941**	**1 228 399**	**7 936 337**	**2 809 883**	**2 702 490**
在总计中:亏损企业	**132**	**677 444**	**150 830**	**1 389 994**	**658 242**	**644 385**
按轻重工业分						
轻工业	135	710 436	220 165	1 171 489	550 662	489 705
重工业	285	3 237 504	1 008 234	6 764 849	2 259 221	2 212 785
按企业规模分						
大型企业	14	1 581 230	515 280	3 945 161	1 501 489	1 479 096
中型企业	84	1 317 414	409 556	2 327 093	801 202	720 821
小型企业	322	1 049 297	303 563	1 664 084	507 192	502 573
按登记注册类型分组						
内资企业	394	3 603 868	1 138 699	7 457 557	2 564 843	2 479 518
国有企业	101	505 119	215 186	1 652 795	492 565	466 577
中央企业	8	252 149	134 466	1 024 482	277 258	269 159
地方企业	93	252 970	80 720	628 313	215 307	197 418
集体企业	28	48 295	13 897	56 885	26 241	23 415
股份合作企业	14	73 899	24 841	76 902	29 261	26 042
联营企业	2	8 890	2 542	14 552	4 676	4 612
国有联营企业	1	3 569	1 121	9 855	1 064	1 106
集体联营企业	1	5 321	1 421	4 696	3 611	3 506
国有与集体联营企业	0	0	0	0	0	0
其他联营企业	0	0	0	0	0	0
有限责任公司	107	1 612 368	466 751	3 402 988	1 368 190	1 292 248
#国有独资公司	20	1 123 312	317 800	2 503 053	1 111 507	1 054 720
股份有限公司	16	837 174	273 767	1 566 019	334 710	391 305
私营企业	125	517 605	141 545	686 648	308 774	274 877
其他企业	1	519	172	769	427	442
港、澳、台商投资企业	5	83 418	25 133	72 988	57 831	46 532
外商投资企业	21	260 655	64 566	405 792	187 210	176 440

10－10表续1　　　　　　　　　　　　（2003年）　　　　　　　　　　　　单位:万元

指　　标	固定资产原价	固定资产净值年平均余额	流动负债合计	长期负债合计	所有者权益	实收资本
总计	**5 830 990**	**3 781 911**	**3 213 515**	**1 653 186**	**3 069 637**	**2 258 578**
在总计中:亏损企业	**796 863**	**555 000**	**845 251**	**248 334**	**296 409**	**263 857**
按轻重工业分						
轻工业	562 871	405 461	584 594	225 954	360 941	227 853
重工业	5 268 119	3 376 451	2 628 921	1 427 232	2 708 697	2 030 725
按企业规模分						
大型企业	2 615 279	1 785 742	1 560 978	882 919	1 501 264	873 897
中型企业	1 806 903	1 120 186	1 003 799	589 372	733 922	553 882
小型企业	1 408 808	875 983	648 738	180 895	834 451	830 799
按登记注册类型分组						
内资企业	5 626 013	3 617 643	2 962 436	1 581 846	2 913 275	2 131 124
国有企业	1 641 325	1 027 535	457 293	737 684	457 819	321 633
中央企业	987 520	663 051	185 473	479 168	359 841	181 443
地方企业	653 805	364 483	271 820	258 516	97 978	140 190
集体企业	34 208	14 190	40 076	7 394	9 416	15 097
股份合作企业	55 425	35 681	27 588	20 266	29 048	11 181
联营企业	19 741	10 487	3 026	7 499	4 026	4 892
国有联营企业	16 136	9 259	1 164	7 000	1 691	3 000
集体联营企业	3 605	1 228	1 862	499	2 336	1 892
国有与集体联营企业	–	–	–	–	–	–
其他联营企业	–	–	–	–	–	–
有限责任公司	1 983 806	1 377 280	1 608 445	577 066	1 217 477	800 135
#国有独资公司	1 376 051	962 413	1 200 481	275 844	1 026 728	642 975
股份有限公司	1 533 034	901 698	445 100	136 907	984 012	810 812
私营企业	358 175	250 534	380 265	95 020	211 363	167 255
其他企业	300	239	644	10	115	120
港、澳、台商投资企业	10 921	7 148	30 917	12 733	29 338	21 524
外商投资企业	194 056	157 120	220 161	58 606	127 025	105 930

10－10 表续 2　　　　　　　　　　　　　　（2003 年）　　　　　　　　　　　　　　单位：万元

指　　　标	产品销售收入	产品销售成本	产品销售税金及附加	利润总额	本年应交增值税
总　　计	**4 202 809**	**3 398 735**	**46 899**	**115 016**	**165 839**
在总计中：亏损企业	**648 393**	**582 134**	**21 085**	**－49 845**	**23 627**
按轻重工业分					
轻工业	645 134	534 580	10 387	24 624	20 228
重工业	3 557 675	2 864 155	36 512	90 393	145 610
按企业规模分					
大型企业	1 956 894	1 686 062	27 372	28 927	80 114
中型企业	1 266 701	1 050 600	14 659	45 160	64 694
小型企业	979 214	662 073	4 867	40 929	21 031
按登记注册类型分组					
内资企业	3 891 246	3 141 264	42 512	107 558	159 472
国有企业	850 134	764 541	10 054	－317	52 493
中央企业	586 819	540 064	6 991	4 934	29 373
地方企业	263 316	224 477	3 063	－5 250	23 120
集体企业	49 936	42 585	384	2 693	2 457
股份合作企业	67 422	55 619	564	4 827	3 901
联营企业	8 176	6 390	59	22	659
国有联营企业	2 919	2 257	28	－121	381
集体联营企业	5 257	4 133	31	143	279
国有与集体联营企业	–	–	–	–	–
其他联营企业	–	–	–	–	–
有限责任公司	1 632 400	1 356 929	23 682	34 856	66 454
#国有独资公司	1 151 369	955 679	19 535	15 362	40 929
股份有限公司	818 369	519 247	3 111	47 061	19 564
私营企业	464 278	395 550	4 659	18 416	13 944
其他企业	532	403	0	0	0
港、澳、台商投资企业	88 666	80 687	96	4 317	654
外商投资企业	222 897	176 784	4 291	3 141	5 713

10－11　按行业分规模以上工业企业主要经济指标

（2003 年）　　　　单位：个、万元

指标	企业单位数	工业总产值（当年价）	工业增加值（当年价）	资产合计	流动资产合计	流动资产年平均余额
总计	**420**	**3 947 941**	**1 228 399**	**7 936 337**	**2 809 883**	**2 702 490**
采掘业	**27**	**724 890**	**266 996**	**1 463 796**	**389 625**	**385 153**
煤炭开采和洗选业	26	362 090	153 077	904 311	388 554	346 916
石油和天然气开采业	1	362 800	113 919	559 485	1 071	38 237
制造业	**359**	**2 710 003**	**728 626**	**4 452 203**	**1 976 350**	**1 881 171**
农副食品加工业	29	78 448	17 580	89 938	24 828	21 603
食品制造业	23	94 154	28 434	97 628	41 672	32 545
饮料制造业	12	66 242	18 421	143 061	76 493	65 772
烟草制品业	2	11 083	4 047	16 252	11 589	10 939
纺织业	16	204 978	71 507	254 873	199 942	173 013
纺织服装、鞋、帽制造业	2	3 784	1 268	7 146	4 647	4 215
皮革、毛皮、羽毛(绒)及其制品业	4	16 304	4 149	12 175	7 598	7 658
家具制造业	2	1 324	866	4 519	3 266	2 055
造纸及纸制品业	14	148 460	44 817	350 577	123 277	115 833
印刷业和记录媒介的复制	5	5 899	2 461	5 558	3 473	2 783
石油加工、炼焦及核燃料加工业	8	294 360	55 158	189 493	82 022	82 264
化学原料及化学制品制造业	52	354 156	111 119	537 759	143 711	142 379
医药制造业	6	55 960	20 378	95 483	33 230	31 428
化学纤维制造业	1	3 044	－14	19 849	3 238	3 199
橡胶制品业	4	139 157	35 302	207 935	108 651	110 552
塑料制品业	11	18 934	4 273	17 957	8 230	8 606
非金属矿物制品业	62	162 818	51 683	348 448	132 903	127 499
黑色金属冶炼及压延加工业	25	201 115	51 894	214 400	72 977	62 044
有色金属冶炼及压延加工业	16	506 102	111 470	925 124	368 033	368 073
金属制品业	10	45 311	13 963	159 576	75 868	78 185
通用设备制造业	19	140 798	34 637	326 728	204 431	200 212
专用设备制造业	13	58 225	13 531	104 016	78 695	76 523
交通运输设备制造业	3	1 532	343	8 350	3 890	2 634
电气机械及器材制造业	12	46 920	15 827	79 323	51 276	42 557
通信设备、计算机及其他电子设备制造业	1	6 525	2 339	34 007	8 500	7 139
仪器仪表及文化、办公用机械制造业	5	43 972	13 055	200 379	103 168	100 708
工艺品及其他制造业	2	400	120	1 649	743	757
电力煤气及水的生产和供应业	**34**	**513 047**	**232 776**	**2 020 339**	**443 907**	**436 166**
电力、热力的生产和供应业	21	494 577	226 504	1 918 171	424 005	415 668
燃气生产和供应业	1	8 224	2 277	40 291	6 557	6 550
水的生产和供应业	12	10 247	3 995	61 876	13 345	13 949

10－11 表续 1　　(2003 年)　　单位:万元

指　　标	固定资产原价	固定资产净值年平均余额	流动负债合计	长期负债合计	所有者权益	实收资本
总　　计	**5 830 990**	**3 781 911**	**3 213 515**	**1 653 186**	**3 069 637**	**2 258 578**
采掘业	**1 364 290**	**819 905**	**315 563**	**125 742**	**1 022 491**	**887 689**
煤炭开采和洗选业	589 022	386 812	277 811	125 742	500 757	365 956
石油和天然气开采业	775 269	433 093	37 752	－	521 733	521 733
制造业	**2 524 595**	**1 702 021**	**2 450 305**	**565 420**	**1 436 479**	**987 987**
农副食品加工业	54 470	43 042	38 206	18 165	33 567	22 931
食品制造业	59 865	36 186	43 426	15 545	38 657	32 903
饮料制造业	48 180	38 012	90 282	13 584	39 195	30 683
烟草制品业	10 153	4 921	5 612	1 205	9 434	6 903
纺织业	56 074	41 212	159 202	22 569	73 103	42 933
纺织服装、鞋、帽制造业	2 874	2 077	5 578	400	1 169	743
皮革、毛皮、羽毛(绒)及其制品业	3 712	3 011	3 902	－	8 273	4 492
家具制造业	2 133	883	2 704	20	1 795	1 324
造纸及纸制品业	196 999	143 549	167 295	85 556	97 726	31 239
印刷业和记录媒介的复制	2 677	1 832	3 155	480	1 922	693
石油加工、炼焦及核燃料加工业	145 013	125 482	137 269	19 399	32 825	62 577
化学原料及化学制品制造业	575 926	326 481	216 032	93 062	228 665	198 381
医药制造业	42 682	31 315	37 740	30 124	27 619	15 460
化学纤维制造业	15 137	8 667	11 975	14 659	－6 785	3 340
橡胶制品业	76 936	67 432	128 440	36 890	42 605	45 862
塑料制品业	12 104	8 160	10 527	1 334	6 095	6 561
非金属矿物制品业	251 186	175 867	149 853	40 679	157 917	94 935
黑色金属冶炼及压延加工业	119 179	82 306	119 059	32 765	62 576	46 072
有色金属冶炼及压延加工业	471 712	324 475	551 762	46 314	327 048	176 232
金属制品业	75 320	54 120	73 699	10 858	75 019	33 481
通用设备制造业	151 737	79 775	226 145	28 853	71 730	68 326
专用设备制造业	38 167	20 729	81 021	8 282	14 714	25 689
交通运输设备制造业	3 989	4 147	5 873	45	2 432	1 851
电气机械及器材制造业	29 382	20 673	51 161	10 973	17 189	14 054
通信设备、计算机及其他电子设备制造业	29 199	22 268	6 802	18 838	8 367	5 025
仪器仪表及文化、办公用机械制造业	49 109	34 847	122 645	14 341	63 393	15 008
工艺品及其他制造业	680	552	941	480	229	289
电力煤气及水的生产和供应业	**1 942 104**	**1 259 985**	**447 647**	**962 024**	**610 668**	**382 902**
电力、热力的生产和供应业	1 843 310	1 184 310	437 381	920 207	560 583	340 892
燃气生产和供应业	40 411	33 030	1 011	19 924	19 356	12 000
水的生产和供应业	58 383	42 646	9 254	21 893	30 730	30 010

10－11 表续 2　　(2003 年)　　单位:万元

指　　标	产品销售收入	产品销售成本	产品销售税金及附加	利润总额	本年应交增值税
总　　计	**4 202 809**	**3 398 735**	**46 899**	**115 016**	**165 839**
采掘业	**759 207**	**460 467**	**3 974**	**33 904**	**18 655**
煤炭开采和洗选业	396 563	315 410	3 819	9 107	18 595
石油和天然气开采业	362 644	145 057	155	24 797	60
制造业	**2 558 105**	**2 151 677**	**36 733**	**54 321**	**91 237**
农副食品加工业	71 520	64 440	210	－240	1 202
食品制造业	80 287	64 413	272	3 214	2 660
饮料制造业	45 809	30 243	3 840	824	3 294
烟草制品业	11 726	6 428	4 145	139	1 069
纺织业	202 953	182 267	875	8 201	1 457
纺织服装、鞋、帽制造业	3 438	2 623	3	58	247
皮革、毛皮、羽毛(绒)及其制品业	15 998	13 158	134	931	369
家具制造业	2 918	2 739	10	－185	101
造纸及纸制品业	139 026	117 559	363	5 760	6 189
印刷业和记录媒介的复制	4 938	4 264	15	327	150
石油加工、炼焦及核燃料加工业	297 579	268 686	15 885	－2 862	11 586
化学原料及化学制品制造业	355 093	304 114	1 338	12 788	12 105
医药制造业	44 840	28 106	241	6 683	2 632
化学纤维制造业	3 214	3 059	10	－790	96
橡胶制品业	114 125	94 743	4 129	－2 920	2 487
塑料制品业	15 917	14 461	44	540	469
非金属矿物制品业	164 261	120 503	1 299	16 970	12 736
黑色金属冶炼及压延加工业	190 258	169 040	1 831	4 680	7 481
有色金属冶炼及压延加工业	473 967	406 183	1 240	11 061	9 424
金属制品业	51 148	44 633	169	－2 977	2 154
通用设备制造业	121 131	92 716	158	－2 105	6 219
专用设备制造业	57 556	47 743	138	－3 590	2 867
交通运输设备制造业	1 538	1 162	4	59	57
电气机械及器材制造业	43 860	34 634	123	726	2 000
通信设备、计算机及其他电子设备制造业	6 799	6 533	21	－1 250	277
仪器仪表及文化、办公用机械制造业	37 581	26 694	218	－1 693	1 887
工艺品及其他制造业	626	535	19	－327	24
电力煤气及水的生产和供应业	**885 497**	**786 591**	**6 192**	**26 791**	**55 946**
电力、热力的生产和供应业	869 107	777 812	5 704	23 172	55 406
燃气生产和供应业	8 223	2 578	277	3 966	57
水的生产和供应业	8 167	6 201	211	－347	484

10－12 大中型工业企业主要经济指标

（2003年） 单位:个、万元

指标	企业单位数	工业总产值（当年价）	工业增加值（当年价）	资产合计	流动资产合计	流动资产年平均余额
总计	**98**	**2 898 643**	**924 835**	**6 272 254**	**2 302 691**	**2 199 917**
在总计中:亏损企业	**24**	**529 341**	**114 497**	**967 822**	**488 090**	**476 405**
按轻重工业分						
轻工业	23	435 027	142 503	788 186	371 993	338 401
重工业	75	2 463 616	782 332	5 484 068	1 930 699	1 861 517
按企业规模分						
大型企业	14	1 581 230	515 280	3 945 161	1 501 489	1 479 096
中型企业	84	1 317 414	409 556	2 327 093	801 202	720 821
小型企业						
按登记注册类型分组						
内资企业	91	2 636 021	854 115	5 906 744	2 114 924	2 022 293
国有企业	16	439 748	193 768	1 423 903	419 042	396 718
中央企业	5	248 034	132 636	1 017 657	273 134	265 283
地方企业	11	191 713	61 132	406 246	145 907	131 435
集体企业	1	6 697	1 257	4 756	3 109	2 871
股份合作企业	4	60 678	20 545	55 074	16 123	14 119
联营企业	1	5 321	1 421	4 696	3 611	3 506
国有联营企业	–	–	–	–	–	–
集体联营企业	1	5 321	1 421	4 696	3 611	3 506
国有与集体联营企业	–	–	–	–	–	–
其他联营企业	–	–	–	–	–	–
有限责任公司	39	1 452 787	423 115	3 114 021	1 222 409	1 148 822
#国有独资公司	14	1 100 760	310 960	2 390 730	1 059 873	1 003 565
股份有限公司	10	451 120	154 809	961 206	316 324	335 711
私营企业	20	219 670	59 200	343 088	134 306	120 546
其他企业	–	–	–	–	–	–
港、澳、台商投资企业	1	68 744	21 586	60 787	49 806	38 918
外商投资企业	6	193 879	49 135	304 723	137 961	138 707

10－12续1 （2003年） 单位：个、万元

指　　标	固定资产原价	固定资产净值年平均余额	流动负债合计	长期负债合计	所有者权益	实收资本
总　计	**4 422 182**	**2 905 928**	**2 564 777**	**1 472 291**	**2 235 186**	**1 427 779**
在总计中：亏损企业	**522 045**	**367 926**	**575 898**	**164 741**	**227 183**	**158 439**
按轻重工业分						
轻工业	368 427	262 136	377 456	154 350	256 380	125 260
重工业	4 053 755	2 643 793	2 187 321	1 317 941	1 978 806	1 302 519
按企业规模分						
大型企业	2 615 279	1 785 742	1 560 978	882 919	1 501 264	873 897
中型企业	1 806 903	1 120 186	1 003 799	589 372	733 922	553 882
按登记注册类型分组						
内资企业	4 271 897	2 787 322	2 373 844	1 411 431	2 121 469	1 340 732
国有企业	1 474 958	912 268	336 142	679 046	408 715	246 162
中央企业	984 148	660 608	180 862	478 605	358 191	179 840
地方企业	490 810	251 661	155 280	200 441	50 524	66 322
集体企业	2 032	115	2 687	－	2 068	1 105
股份合作企业	43 393	28 788	17 617	16 580	20 877	5 551
联营企业	3 605	1 228	1 862	499	2 336	1 892
国有联营企业	－	－	－	－	－	－
集体联营企业	3 605	1 228	1 862	499	2 336	1 892
国有与集体联营企业	－	－	－	－	－	－
其他联营企业	－	－	－	－	－	－
有限责任公司	1 814 236	1 259 234	1 432 906	522 004	1 159 111	739 361
#国有独资公司	1 303 564	911 434	1 139 906	248 402	1 002 422	618 980
股份有限公司	739 801	452 544	386 803	133 069	441 335	273 660
私营企业	193 872	133 145	195 827	60 233	87 027	73 001
其他企业	－	－	－	－	－	－
港、澳、台商投资企业	5 519	3 476	22 614	12 201	25 972	19 187
外商投资企业	144 767	115 130	168 319	48 659	87 745	67 861

指　　标	产品销售收入	产品销售成本	产品销售税金及附加	利润总额	本年应交增值税
总　计	**3 223 595**	**2 736 662**	**42 032**	**74 087**	**144 807**
在总计中:亏损企业	**520 517**	**463 585**	**19 658**	**－31 591**	**18 729**
按轻重工业分					
轻工业	402 770	324 901	7 702	21 943	14 872
重工业	2 820 824	2 411 761	34 330	52 144	129 935
按企业规模分					
大型企业	1 956 894	1 686 062	27 372	28 927	80 114
中型企业	1 266 701	1 050 600	14 659	45 160	64 694
按登记注册类型分组					
内资企业	2 985 640	2 535 265	37 840	70 505	140 609
国有企业	792 048	715 731	9 461	7 728	49 148
中央企业	582 544	537 066	6 981	5 415	29 165
地方企业	209 504	178 666	2 480	2 313	19 983
集体企业	7 225	6 751	7	485	48
股份合作企业	54 310	45 304	399	4 078	3 258
联营企业	5 257	4 133	31	143	279
国有联营企业	－	－	－	－	－
集体联营企业	5 257	4 133	31	143	279
国有与集体联营企业	－	－	－	－	－
其他联营企业	－	－	－	－	－
有限责任公司	1 487 878	1 235 195	22 548	29 896	60 546
#国有独资公司	1 134 995	946 307	19 045	11 945	40 599
股份有限公司	439 528	362 334	2 888	20 635	18 958
私营企业	199 395	165 818	2 506	7 540	8 373
其他企业	－	－	－	－	－
港、澳、台商投资企业	72 997	67 504	39	3 546	－
外商投资企业	164 957	133 893	4 152	36	4 198

10－13　大中型工业企业分行业主要经济指标

2003年　　　　单位:个、万元

指　　标	企　业 单位数	工　业 总产值 (当年价)	工　业 增加值 (当年价)	资产合计	流动资产 合　计	流动资产 年平均余额
总　　计	**98**	**2 898 643**	**924 835**	**6 272 254**	**2 302 691**	**2 199 917**
采掘业	**1**	**311 578**	**140 271**	**850 548**	**357 848**	**318 784**
煤炭开采和洗选业	1	311 578	140 271	850 548	357 848	318 784
制造业	**88**	**2 096 496**	**558 894**	**3 513 718**	**1 527 538**	**1 468 111**
农副食品加工业	1	9 616	2 620	5 829	1 914	1 743
食品制造业	3	61 534	19 841	60 831	24 432	18 526
饮料制造业	4	44 958	13 819	77 574	42 510	34 555
烟草制品业	1	10 883	3 934	14 884	10 551	9 801
纺织业	3	118 682	41 060	181 638	145 430	133 442
皮革、毛皮、羽毛(绒)及其制品业	1	8 473	2 580	8 217	6 540	6 040
造纸及纸制品业	7	136 620	41 473	334 131	114 827	107 975
石油加工、炼焦及核燃料加工业	4	283 748	52 711	180 767	75 607	75 736
化学原料及化学制品制造业	17	303 142	98 620	454 372	107 339	105 365
医药制造业	2	37 953	14 913	65 331	19 873	18 079
橡胶制品业	2	134 626	33 178	199 688	103 416	105 324
非金属矿物制品业	9	79 182	26 547	178 221	63 903	62 747
黑色金属冶炼及压延加工业	9	152 719	39 099	183 634	58 286	47 741
有色金属冶炼及压延加工业	8	455 953	100 433	882 425	351 242	351 120
金属制品业	1	36 418	11 435	139 319	65 084	67 089
通用设备制造业	8	97 136	21 412	192 026	129 662	129 941
专用设备制造业	2	50 416	11 712	87 165	68 209	66 019
电气机械及器材制造业	3	25 587	8 669	41 745	30 446	23 308
通信设备、计算机及其他电子设备制造业	1	6 525	2 339	34 007	8 500	7 139
仪器仪表及文化、办公用机械制造业	2	42 326	12 499	191 916	99 768	96 422
电力煤气及水的生产和供应业	**9**	**490 569**	**225 670**	**1 907 988**	**417 305**	**413 023**
电力、热力的生产和供应业	8	484 259	223 408	1 868 237	411 388	404 782
水的生产和供应业	1	6 310	2 262	39 751	5 917	8 241

10－13表续1　　　　　　　　　　　　（2003年）　　　　　　　　　　　　单位：万元

指　　标	固定资产原价	固定资产净值年平均余额	流动负债合计	长期负债合计	所有者权益	实收资本
总　　计	**4 422 182**	**2 905 928**	**2 564 777**	**1 472 291**	**2 235 186**	**1 427 779**
采掘业	**560 766**	**367 805**	**248 234**	**123 761**	**478 553**	**351 061**
煤炭开采和洗选业	560 766	367 805	248 234	123 761	478 553	351 061
制造业	**2 026 632**	**1 357 862**	**1 885 023**	**424 535**	**1 204 160**	**743 514**
农副食品加工业	4 637	3 796	2 247	1 845	1 736	1 743
食品制造业	38 422	22 362	21 530	11 208	28 093	20 847
饮料制造业	21 665	14 640	46 468	4 480	26 626	11 312
烟草制品业	9 623	4 592	4 742	1 020	9 122	6 818
纺织业	35 121	27 189	114 600	12 207	54 832	26 187
皮革、毛皮、羽毛(绒)及其制品业	1 674	1 406	1 699	0	6 518	3 617
造纸及纸制品业	187 272	136 552	156 433	84 378	93 320	27 601
石油加工、炼焦及核燃料加工业	141 548	123 494	130 003	19 392	31 372	60 938
化学原料及化学制品制造业	520 561	289 393	166 524	79 190	208 658	174 090
医药制造业	30 885	22 750	23 795	24 212	17 324	8 931
橡胶制品业	73 177	65 479	121 447	36 440	41 800	44 370
非金属矿物制品业	139 925	105 257	66 822	13 588	97 810	40 394
黑色金属冶炼及压延加工业	102 012	69 586	96 377	30 450	56 807	36 291
有色金属冶炼及压延加工业	450 587	307 092	522 158	45 045	315 222	167 063
金属制品业	61 633	46 530	62 864	6 000	70 455	25 120
通用设备制造业	87 974	38 171	130 279	9 862	51 885	43 191
专用设备制造业	29 657	16 241	66 558	6 789	13 818	19 919
电气机械及器材制造业	15 601	8 537	30 195	5 854	5 696	5 802
通信设备、计算机及其他电子设备制造业	29 199	22 268	6 802	18 838	8 367	5 025
仪器仪表及文化、办公用机械制造业	45 458	32 529	113 479	13 738	64 699	14 255
电力煤气及水的生产和供应业	**1 834 784**	**1 180 261**	**431 520**	**923 995**	**552 473**	**333 204**
电力、热力的生产和供应业	1 795 656	1 151 411	425 579	908 995	533 663	315 000
水的生产和供应业	39 128	28 850	5 941	15 000	18 810	18 204

10－13 表续 2　　(2003 年)　　单位:万元

指　　标	产品销售收入	产品销售成本	产品销售税金及附加	利润总额	本年应交增值税
总　　计	**3 223 595**	**2 736 662**	**42 032**	**74 087**	**144 807**
采掘业	**352 254**	**279 526**	**3 376**	**7 389**	**15 640**
煤炭开采和洗选业	352 254	279 526	3 376	7 389	15 640
制造业	**2 007 575**	**1 685 991**	**32 988**	**42 997**	**74 152**
农副食品加工业	9 802	9 283	7	176	65
食品制造业	50 610	38 220	126	2 968	1 327
饮料制造业	31 770	17 547	2 800	2 975	3 061
烟草制品业	11 380	6 227	4 142	139	1 018
纺织业	121 391	111 284	54	4 390	1 236
皮革、毛皮、羽毛(绒)及其制品业	8 473	6 875	28	564	173
造纸及纸制品业	127 788	107 943	336	5 619	5 753
石油加工、炼焦及核燃料加工业	286 420	259 195	15 838	－3 253	11 038
化学原料及化学制品制造业	299 968	255 547	1 199	13 646	10 261
医药制造业	36 652	24 417	178	5 059	1 944
橡胶制品业	109 973	91 512	4 094	－2 570	2 134
非金属矿物制品业	78 118	54 538	634	11 146	7 702
黑色金属冶炼及压延加工业	143 366	125 041	1 674	3 849	6 362
有色金属冶炼及压延加工业	445 607	381 033	1 194	9 184	9 126
金属制品业	42 853	37 235	145	－2 351	1 950
通用设备制造业	85 454	67 174	116	－3 096	5 126
专用设备制造业	50 578	42 031	96	－2 348	2 339
电气机械及器材制造业	24 480	18 680	100	48	1 502
通信设备、计算机及其他电子设备制造业	6 799	6 533	21	－1 250	277
仪器仪表及文化、办公用机械制造业	36 095	25 678	207	－1 896	1 757
电力煤气及水的生产和供应业	**863 765**	**771 145**	**5 668**	**23 700**	**55 015**
电力、热力的生产和供应业	858 861	768 040	5 636	23 644	54 721
水的生产和供应业	4 904	3 106	32	56	294

10－14　各市县全部工业企业单位数和工业总产值

（2003 年）

地　　区	企业单位数（个）	#规模以上	工业总产值（当年价格）（万元）	规模以上	
				1990 年不变价	当年价格
全区总计	**33 292**	**420**	**4 714 293**	**2 690 528**	**3 947 941**
银 川 市	**8 585**	**169**	**1 680 000**	**1 053 315**	**1 464 867**
银 川 市	2 976	113	1 115 866	747 784	1 073 667
永 宁 县	1 638	16	157 134	106 681	90 275
贺 兰 县	1 320	12	86 188	26 034	29 973
灵 武 市	2 651	28	320 812	172 817	270 952
石嘴山市	**4 905**	**74**	**1 030 000**	**658 010**	**920 340**
石嘴山市	1 242	42	744 613	506 931	724 882
平 罗 县	2 796	20	173 253	97 156	128 033
陶 乐 县	231	4	6 971	2 563	3 463
惠 农 县	636	8	105 163	51 361	63 964
吴 忠 市	**10 889**	**131**	**1 819 815**	**911 231**	**1 482 925**
利 通 区	3 055	35	379 558	182 897	223 552
青铜峡市	2 344	38	638 286	439 977	600 621
中 卫 县	1 996	31	223 826	138 228	173 987
中 宁 县	1 403	14	154 281	80 283	99 402
盐 池 县	848	6	389 875	61 617	369 052
同 心 县	1 243	7	33 988	8 228	16 311
固 原 市	**8 913**	**46**	**184 479**	**67 972**	**79 809**
原 州 区	2 596	10	49 905	9 462	12 787
海 原 县	728	3	15 843	1 330	1 749
西 吉 县	2 689	3	26 872	5 678	8 343
隆 德 县	1 345	18	72 146	46 612	49 350
泾 源 县	410	6	5 831	1 108	1 828
彭 阳 县	1 145	6	13 882	3 783	5 752

10－15　各市县主要年份全部工业企业单位数

单位：个

地　区	1985年	1990年	1995年	1998年	1999年	2000年	2002年	2003年
全区总计	**18 495**	**26 694**	**24 677**	**30 595**	**30 035**	**30 222**	**33 498**	**33 292**
银川市	**4 884**	**6 794**	**5 984**	**7 282**	**7 252**	**7 197**	**8 913**	**8 585**
银川市	723	1 835	2 260	2 855	2 763	2 738	3 146	2 976
永宁县	1 847	2 407	1 489	1 768	1 619	1 585	1 842	1 638
贺兰县	1 439	1 482	1 438	2 163	2 159	1 399	1 299	1 320
灵武市	875	1 070	797	496	711	1 475	2 626	2 651
石嘴山市	**2 228**	**3 454**	**2 986**	**4 225**	**3 860**	**3 795**	**4 530**	**4 905**
石嘴山市	576	1 116	1 046	1 322	1 143	935	961	1 242
平罗县	1 593	1 981	1 526	2 308	2 105	2 212	2 767	2 796
陶乐县	59	81	179	201	223	224	215	231
惠农县	－	276	235	394	389	424	587	636
吴忠市	**6 772**	**8 889**	**7 756**	**10 140**	**10 247**	**10 592**	**11 401**	**10 889**
利通区	623	2 077	920	2 322	2 464	2 584	3 443	3 055
青铜峡市	1 769	2 173	2 357	2 831	2 684	2 313	2 579	2 344
中卫县	1 163	1 758	1 444	1 554	1 688	1 830	2 053	1 996
中宁县	1 578	1 100	1 263	1 223	1 253	1 405	1 421	1 403
盐池县	924	839	801	645	605	688	832	848
同心县	715	942	971	1 565	1 553	1 772	1 073	1 243
固原市	**4 611**	**7 557**	**7 951**	**8 948**	**8 676**	**8 638**	**8 654**	**8 913**
原州区	1 533	1 902	2 647	2 700	2 437	2 711	2 777	2 596
海原县	1 134	1 086	849	910	717	688	667	728
西吉县	346	2 112	1 804	2 439	2 276	2 298	2 321	2 689
隆德县	893	1 242	1 479	1 397	1 612	1 574	1 405	1 345
泾源县	386	787	456	725	690	368	377	410
彭阳县	319	428	716	777	944	999	1 107	1 145

10－16　各市县主要年份全部工业总产值

单位:万元

地　　区	1985年	1990年	1995年	1998年	1999年	2000年	2002年	2003年
全区总计	**243 007**	**647 464**	**1 734 852**	**2 324 118**	**2 523 912**	**2 939 383**	**3 720 196**	**4 714 293**
银 川 市	**94 983**	**263 332**	**754 794**	**923 403**	**962 064**	**1 092 593**	**1 386 740**	**1 680 000**
银 川 市	72 699	215 326	608 139	663 758	657 488	745 064	935 211	1 115 866
永 宁 县	7 091	14 229	42 270	71 216	83 536	96 278	131 383	157 134
贺 兰 县	5 160	15 411	37 806	65 317	73 786	80 094	75 025	86 188
灵 武 市	10 033	18 366	66 579	123 112	147 254	171 157	245 121	320 812
石嘴山市	**80 739**	**186 163**	**403 625**	**569 009**	**601 123**	**696 107**	**697 070**	**1 030 000**
石嘴山市	66 138	152 865	317 452	436 415	455 289	526 922	485 589	744 613
平 罗 县	14 257	29 201	63 339	97 250	103 107	117 672	145 744	173 253
陶 乐 县	344	584	1 671	2 345	2 370	3 037	3 713	6 971
惠 农 县	–	3 513	21 163	32 999	40 357	48 476	62 025	105 163
吴 忠 市	**59 351**	**179 436**	**519 771**	**721 446**	**830 600**	**1 022 045**	**1 487 896**	**1 819 815**
利 通 区	14 698	46 932	95 973	178 862	188 586	212 558	292 734	379 558
青铜峡市	23 410	77 641	281 384	292 730	320 425	372 323	573 012	638 286
中 卫 县	7 249	24 190	55 768	83 120	97 289	114 449	172 307	223 826
中 宁 县	4 972	10 280	33 927	45 478	59 595	74 041	123 289	154 281
盐 池 县	7 638	17 303	45 335	108 809	142 553	220 277	293 574	389 875
同 心 县	1 384	3 090	7 384	12 447	22 152	28 397	32 980	33 988
固 原 市	**7 934**	**18 533**	**56 662**	**110 260**	**130 125**	**128 638**	**148 490**	**184 479**
原 州 区	5 037	9 591	20 837	25 357	26 196	28 213	42 347	49 905
海 原 县	1 012	2 582	4 474	8 895	9 738	10 701	13 136	15 843
西 吉 县	909	1 969	8 298	27 017	35 206	28 527	14 189	26 872
隆 德 县	414	2 246	15 628	37 906	45 062	51 660	65 986	72 146
泾 源 县	303	660	1 868	3 941	5 011	1 628	1 540	5 831
彭 阳 县	259	1 485	5 557	7 144	8 912	7 909	11 292	13 882

10－17 各市县规模以上分轻重工业企业单位数

单位:万元

地 区	2002年			2003年		
	合 计	轻工业	重工业	合 计	轻工业	重工业
全区总计	**390**	**130**	**260**	**420**	**135**	**285**
银川市	**154**	**61**	**93**	**169**	**62**	**107**
银川市	114	39	75	113	33	80
永宁县	12	9	3	16	10	6
贺兰县	8	2	6	12	2	10
灵武市	20	11	9	28	17	11
石嘴山市	**65**	**6**	**59**	**74**	**6**	**68**
石嘴山市	40	2	38	42	1	41
平罗县	16	4	12	20	4	16
陶乐县	2	–	2	4	1	3
惠农县	7	–	7	8	0	8
吴忠市	**114**	**42**	**72**	**131**	**50**	**81**
利通区	30	18	12	35	20	16
青铜峡市	29	10	19	38	15	23
中卫县	29	7	22	31	7	24
中宁县	16	4	12	14	3	11
盐池县	4	–	4	6	1	5
同心县	6	3	3	7	4	3
固原市	**57**	**21**	**36**	**46**	**17**	**29**
原州区	18	9	9	10	7	3
海原县	3	1	2	3	1	2
西吉县	3	2	1	3	2	1
隆德县	20	3	17	18	3	15
泾源县	6	3	3	6	2	4
彭阳县	7	3	4	6	2	4

10－18　各市县规模以上分轻重工业总产值

单位：万元

地　区	2002年			2003年		
	合　计	轻工业	重工业	合　计	轻工业	重工业
全区总计	**3 007 804**	**516 627**	**2 491 178**	**3 947 941**	**710 436**	**3 237 504**
银 川 市	**1 179 239**	**286 102**	**893 138**	**1 464 867**	**390 247**	**1 074 620**
银 川 市	892 777	146 008	746 769	1 073 667	204 575	869 092
永 宁 县	69 978	65 373	4 606	90 275	79 799	10 477
贺 兰 县	33 084	18 536	14 547	29 973	10 981	18 992
灵 武 市	183 400	56 185	127 216	270 952	94 892	176 060
石嘴山市	**580 169**	**17 895**	**562 275**	**920 340**	**20 355**	**899 986**
石嘴山市	465 808	2 025	463 783	724 882	1 083	723 798
平 罗 县	82 418	15 870	66 548	128 033	19 220	108 813
陶 乐 县	954	–	954	3 463	51	3 412
惠 农 县	30 990	–	30 990	63 964	–	63 964
吴 忠 市	**1 190 937**	**207 460**	**983 477**	**1 482 925**	**281 839**	**1 201 086**
利 通 区	204 092	77 401	126 691	223 552	96 380	127 172
青铜峡市	503 062	25 802	477 259	600 621	46 526	554 095
中 卫 县	120 942	66 322	54 619	173 987	92 977	81 009
中 宁 县	66 708	19 912	46 796	99 402	30 114	69 287
盐 池 县	277 424	–	277 424	369 052	209	368 843
同 心 县	18 710	18 022	688	16 311	15 632	680
固 原 市	**57 459**	**5 171**	**52 288**	**79 809**	**17 996**	**61 813**
原 州 区	13 034	3 495	9 538	12 787	7 513	5 274
海 原 县	1 033	75	958	1 749	69	1 680
西 吉 县	79	79	–	8 343	8 343	–
隆 德 县	37 867	1 167	36 700	49 350	1 699	47 651
泾 源 县	531	51	480	1 828	62	1 767
彭 阳 县	4 916	303	4 612	5 752	311	5 441

10－19 各市县规模以上工业企业主要财务指标

（2003 年）　　单位:个、万元

地　区	企业单位数	#亏损企业	资产总计	流动资产	流动资产年平均余额
全区总计	**420**	**134**	**7 936 337**	**2 809 883**	**2 702 490**
银川市	**169**	**49**	**2 851 852**	**1 198 650**	**1 158 962**
银川市	113	35	2 373 846	1 005 684	986 229
永宁县	16	4	142 293	51 988	47 459
贺兰县	12	3	52 792	23 119	21 347
灵武市	28	7	282 921	117 859	103 927
石嘴山市	**74**	**22**	**2 289 793**	**799 420**	**733 326**
石嘴山市	42	15	2 084 064	732 713	676 863
平罗县	20	5	147 473	48 467	41 099
陶乐县	4	1	2 636	1 145	1 002
惠农县	8	1	55 620	17 096	14 362
吴忠市	**131**	**45**	**2 578 020**	**768 180**	**768 038**
利通区	35	18	470 846	166 397	175 206
青铜峡市	38	11	1 002 599	378 119	358 705
中卫县	31	6	345 642	138 902	122 196
中宁县	14	4	149 230	57 135	48 809
盐池县	6	4	577 973	5 875	42 737
同心县	7	2	31 730	21 752	20 387
固原市	**46**	**18**	**216 672**	**43 633**	**42 165**
原州区	10	4	117 853	7 690	7 642
海原县	3	1	11 673	4 407	4 184
西吉县	3	3	9 719	1 447	1 406
隆德县	18	7	49 609	20 174	20 150
泾源县	6	3	8 376	4 403	3 917
彭阳县	6	–	19 441	5 511	4 867

10－19 表续 1　　　　　　　　　　　　　　（2003 年）　　　　　　　　　　　　　　单位:万元

地　区	固定资产	固定资产 原　值	固定资产 净值年 平均余额	累计折旧	流动负债	长期负债
全区总计	**4 386 746**	**5 830 990**	**3 781 911**	**1 880 861**	**3 213 515**	**1 653 186**
银 川 市	**1 380 805**	**1 902 999**	**1 333 832**	**608 112**	**1 251 133**	**463 055**
银 川 市	1 126 687	1 569 865	1 105 556	512 368	1 039 957	402 798
永 宁 县	72 422	81 156	53 775	19 791	75 489	43 594
贺 兰 县	26 339	35 132	24 732	11 145	25 105	13 997
灵 武 市	155 357	216 846	149 769	64 807	110 582	2 667
石嘴山市	**1 258 805**	**1 490 787**	**971 947**	**429 975**	**793 512**	**584 806**
石嘴山市	1 139 878	1 340 171	868 470	389 719	702 890	540 051
平 罗 县	83 817	108 414	72 562	33 116	62 739	32 577
陶 乐 县	1 477	1 574	1 412	148	839	464
惠 农 县	33 634	40 627	29 504	6 992	27 045	11 714
吴 忠 市	**1 583 319**	**2 222 748**	**1 309 549**	**789 002**	**1 102 268**	**485 981**
利 通 区	241 843	294 314	196 508	75 001	205 986	147 329
青铜峡市	542 526	856 752	468 391	386 986	579 681	230 833
中 卫 县	184 187	177 167	124 234	34 525	173 078	77 578
中 宁 县	82 379	98 011	72 136	21 019	85 564	24 597
盐 池 县	523 716	786 020	440 022	269 654	45 640	5 324
同 心 县	8 668	10 485	8 258	1 817	12 319	320
固 原 市	**163 817**	**214 456**	**166 584**	**53 773**	**66 602**	**119 343**
原 州 区	109 535	146 032	113 595	36 941	9 480	103 265
海 原 县	6 281	7 604	5 865	1 888	5 496	4 812
西 吉 县	7 865	9 589	8 347	1 724	10 937	3 892
隆 德 县	25 341	32 710	25 557	9 132	30 912	5 351
泾 源 县	3 677	4 594	2 597	1 121	2 202	1 837
彭 阳 县	11 117	13 927	10 623	2 968	7 576	188

10－19 表续 2　　(2003 年)　　单位:万元

地　区	所有者权　益	产品销售收　入	#产品销售成　本	#产品销售费　用	#产品销售税金及附加
全区总计	**3 069 637**	**4 202 809**	**3 398 735**	**128 466**	**46 899**
银 川 市	**1 137 664**	**1 443 745**	**1 206 695**	**47 692**	**27 945**
银 川 市	931 091	1 089 534	909 355	35 265	24 037
永 宁 县	23 211	78 600	60 344	4 111	535
贺 兰 县	13 691	27 780	24 637	711	60
灵 武 市	169 672	247 831	212 358	7 605	3 314
石嘴山市	**911 475**	**1 073 287**	**903 985**	**40 024**	**8 523**
石嘴山市	841 123	886 345	754 046	28 197	4 385
平 罗 县	52 158	129 643	101 636	7 646	2 476
陶 乐 县	1 333	2 813	2 315	104	8
惠 农 县	16 861	54 486	45 990	4 077	1 655
吴 忠 市	**989 771**	**1 591 584**	**1 202 684**	**35 530**	**9 728**
利 通 区	117 531	353 117	316 509	12 070	5 145
青铜峡市	192 085	608 698	519 366	11 211	2 116
中 卫 县	94 986	162 327	135 079	6 520	1 123
中 宁 县	39 069	83 573	69 488	5 300	1 027
盐 池 县	527 010	365 876	147 767	161	185
同 心 县	19 091	17 993	14 476	268	134
固 原 市	**30 727**	**94 193**	**85 371**	**5 221**	**703**
原 州 区	5 109	30 427	32 397	519	312
海 原 县	1 366	6 829	5 727	241	195
西 吉 县	－5 110	2 889	2 273	265	20
隆 德 县	13 347	45 062	38 495	3 793	124
泾 源 县	4 337	2 903	1 252	143	17
彭 阳 县	11 678	6 084	5 227	260	35

地　区	管理费用	利税总额	实收资本	#国家资本	本年应交增值税	利息支出
全区总计	**250 126**	**327 753**	**2 258 578**	**1 429 764**	**165 839**	**126 952**
银川市	**95 963**	**125 067**	**758 521**	**318 310**	**58 928**	**43 192**
银川市	73 366	92 465	674 486	291 164	42 959	36 076
永宁县	6 911	9 020	26 390	8 399	3 900	2 708
贺兰县	2 115	1 440	13 512	671	907	805
灵武市	13 571	22 143	44 133	18 076	11 162	3 603
石嘴山市	**84 198**	**81 110**	**659 067**	**449 926**	**47 459**	**36 380**
石嘴山市	77 028	58 320	631 151	438 925	39 087	32 999
平罗县	5 733	19 123	22 521	9 637	7 632	1 428
陶乐县	123	293	1 280	137	61	18
惠农县	1 314	3 375	4 116	1 228	679	1 936
吴忠市	**64 698**	**125 845**	**804 679**	**647 664**	**55 789**	**43 589**
利通区	13 578	15 552	51 327	27 100	12 651	8 954
青铜峡市	37 640	55 327	145 769	88 806	32 481	2 633
中卫县	6 034	18 408	35 306	5 875	6 256	4 658
中宁县	2 782	8 716	37 575	443	3 937	2 929
盐池县	4 315	24 985	526 881	523 410	292	351
同心县	350	2 858	7 822	2 030	173	371
固原市	**5 267**	**－4 269**	**36 310**	**13 865**	**3 662**	**3 791**
原州区	1 665	－8 347	4 127	2 615	767	2 453
海原县	189	687	4 511	1 321	160	30
西吉县	730	－866	2 944	2 944	218	761
隆德县	1 941	3 053	10 401	2 739	1 681	487
泾源县	286	714	3 857	289	464	35
彭阳县	457	490	10 470	3 958	373	26

10－19 表续 4　　（2003 年）　　单位:万元

地　　区	利润总额	亏损企业亏损总额	应　交所得税	本年应付工　资	本年应付福利费	全部职工年平均人数（人）
全区总计	**115 016**	**62 170**	**17 362**	**309 718**	**44 482**	**231 436**
银川市	**38 195**	**29 365**	**8 104**	**94 303**	**11 638**	**72 374**
银川市	25 468	26 595	7 082	66 937	8 062	47 729
永宁县	4 585	1 335	910	6 937	1 227	6 273
贺兰县	473	171	70	2 895	408	3 631
灵武市	7 668	1 264	42	17 535	1 941	14 741
石嘴山市	**25 128**	**10 726**	**2 893**	**131 917**	**18 510**	**92 116**
石嘴山市	14 848	10 111	1 614	119 003	16 656	76 601
平罗县	9 015	560	1 048	11 269	1 628	11 330
陶乐县	224	11	41	235	28	259
惠农县	1 042	44	189	1 409	198	3 926
吴忠市	**60 327**	**10 566**	**6 156**	**72 875**	**13 215**	**58 396**
利通区	－2 243	6 562	238	16 415	2 882	14 234
青铜峡市	20 730	2 515	3 780	32 477	6 939	20 790
中卫县	11 030	1 027	1 473	11 068	1 600	12 835
中宁县	3 753	123	600	5 189	718	5 163
盐池县	24 507	299	63	7 219	1 014	4 161
同心县	2 551	39	2	508	62	1 213
固原市	**－8 634**	**11 514**	**210**	**10 624**	**1 119**	**8 550**
原州区	－9 426	9 847	1	4 806	612	2 735
海原县	333	4	1	1 054	72	72
西吉县	－1 104	1 104	0	206	21	21
隆德县	1 248	536	147	2 828	156	156
泾源县	232	23	58	412	93	93
彭阳县	82	0	4	1 319	165	165

10－20　各市县按经济类型分的规模以上工业企业单位数和工业总产值

（2003 年）

地　区	国有及国有控股企业			集体企业		
	企业单位数（个）	1990 年不变价格总产值（万元）	当年价格总产值（万元）	企业单位数（个）	1990 年不变价格总产值（万元）	当年价格总产值（万元）
全区总计	**156**	**1 456 661**	**2 537 223**	**28**	**40 442**	**48 295**
银 川 市	**52**	**482 250**	**824 725**	**12**	**17 140**	**20 741**
银 川 市	39	357 910	636 122	7	9 457	11 223
永 宁 县	3	39 716	34 065	1	796	863
贺 兰 县	1	277	866	－	－	－
灵 武 市	9	84 347	153 672	4	6 887	8 655
石嘴山市	**27**	**393 857**	**607 618**	**7**	**6 197**	**8 490**
石嘴山市	17	376 079	564 190	3	1 678	1 816
平 罗 县	6	16 371	41 321	2	1 876	3 313
陶 乐 县	2	271	541	－	－	－
惠 农 县	2	1 137	1 567	2	2 644	3 360
吴 忠 市	**48**	**554 262**	**1 067 921**	**6**	**11 592**	**13 256**
利 通 区	16	94 301	137 414	3	6 073	6 667
青铜峡市	18	335 786	487 023	1	4 854	5 263
中 卫 县	4	62 841	74 511	2	665	1 326
中 宁 县	1	58	176	－	－	－
盐 池 县	5	60 785	367 870	－	－	－
同 心 县	4	491	929	－	－	－
固 原 市	**29**	**26 292**	**36 958**	**3**	**5 513**	**5 808**
原 州 区	4	2 153	4 790	1	954	826
海 原 县	1	69	69	－	－	－
西 吉 县	3	5 678	8 343	－	－	－
隆 德 县	11	16 012	19 650	2	4 560	4 982
泾 源 县	5	333	545	－	－	－
彭 阳 县	5	2 048	3 562	－	－	－

10－21　各市县轻重工业分的规模以上工业企业单位数和工业总产值

（2003年）

地　　区	轻工业			重工业		
	企业单位数（个）	1990年不变价格总产值（万元）	当年价格总产值（万元）	企业单位数（个）	1990年不变价格总产值（万元）	当年价格总产值（万元）
全区总计	**135**	**612 250.8**	**710 436.2**	**285**	**2 078 277.3**	**3 237 504.4**
银 川 市	**62**	**335 505.6**	**390 246.8**	**107**	**717 809.5**	**1 074 620.0**
银 川 市	33	153 591.0	204 575.1	80	594 192.9	869 092.1
永 宁 县	10	98 046.2	79 798.6	6	8 634.3	10 476.5
贺 兰 县	2	8 796.3	10 981.4	10	17 237.8	18 991.6
灵 武 市	17	75 072.0	94 891.7	11	97 744.5	176 059.8
石嘴山市	**6**	**17 669.2**	**20 354.6**	**68**	**640 341.1**	**899 985.7**
石嘴山市	1	290.7	1 083.4	41	5 066 403.0	723 798.1
平 罗 县	4	17 327.5	19 220.2	16	798 280.0	108 812.5
陶 乐 县	1	51.0	51.0	3	25 123.0	3 411.6
惠 农 县	–	–	–	8	513 605.0	63 963.5
吴 忠 市	**50**	**246 162.6**	**281 838.7**	**81**	**665 068.4**	**1 201 085.9**
利 通 区	20	93 909.9	96 380.2	16	88 987.4	127 172.2
青铜峡市	15	40 329.6	46 526.0	23	399 647.5	554 094.7
中 卫 县	7	75 994.8	92 977.4	24	62 233.5	81 009.2
中 宁 县	3	28 142.0	30 114.3	11	52 141.2	69 287.4
盐 池 县	1	23.0	209.0	5	61 593.7	368 842.8
同 心 县	4	7 763.3	15 631.8	3	465.1	679.6
固 原 市	**17**	**12 914.0**	**17 996.1**	**29**	**55 058.3**	**61 812.8**
原 州 区	7	6 162.1	7 513.0	3	3 299.4	5 274.0
海 原 县	1	69.2	69.2	2	1 260.9	1 680.0
西 吉 县	2	5 677.5	8 342.8	1		0.0
隆 德 县	3	729.0	1 698.6	15	45 882.9	47 651.4
泾 源 县	2	13.5	61.7	4	1 094.5	1 766.5
彭 阳 县	2	262.1	310.8	4	3 520.6	5 440.9

10－22　各市县国有及国有控股工业企业主要财务指标

（2003 年）　　　　单位：万元

地　区	流动资产	流动资产年平均余额	固定资产	固定资产原　值	固定资产净值年平均余额	资产总计	流动负债
全区总计	**1 986 945**	**1 922 613**	**3 611 655**	**4 873 975**	**3 112 028**	**6 065 042**	**2 198 899**
银 川 市	**744 564**	**718 889**	**1 056 275**	**1 503 730**	**1 040 321**	**1 922 852**	**729 051**
银 川 市	664 526	641 547	893 989	1 290 026	895 223	1 669 903	654 085
永 宁 县	23 536	21 965	38 317	38 120	25 486	71 040	23 061
贺 兰 县	500	490	224	428	237	725	184
灵 武 市	56 002	54 886	123 745	175 156	119 375	181 184	51 720
石嘴山市	**666 299**	**605 738**	**1 054 098**	**1 230 690**	**787 273**	**1 895 758**	**587 312**
石嘴山市	650 820	591 815	1 011 364	1 176 468	750 719	1 836 384	554 514
平 罗 县	14 647	13 412	41 327	52 571	35 136	56 071	31 658
陶 乐 县	317	174	229	299	215	560	235
惠 农 县	514	337	1 178	1 352	1 204	2 744	906
吴 忠 市	**555 723**	**577 651**	**1 364 878**	**1 958 251**	**1 143 807**	**2 086 831**	**842 949**
利 通 区	134 575	147 312	200 252	241 743	164 866	383 082	162 478
青铜峡市	326 409	308 553	487 217	800 879	443 327	884 187	523 169
中 卫 县	89 082	79 019	154 385	130 305	96 561	244 827	111 712
中 宁 县	127	120	397	781	409	560	12
盐 池 县	4 092	41 220	520 715	781 473	436 746	570 784	44 339
同 心 县	1 437	1 427	1 912	3 070	1 897	3 391	1 240
固 原 市	**20 360**	**20 337**	**136 404**	**181 304**	**140 627**	**159 601**	**39 587**
原 州 区	4 834	4 699	106 901	142 781	111 021	112 128	6 594
海 原 县	97	110	815	762	708	912	0
西 吉 县	1 447	1 406	7 865	9 589	8 347	9 719	10 937
隆 德 县	9 316	9 549	13 925	19 614	15 048	24 990	16 995
泾 源 县	750	1 055	2 512	2 373	1 611	3 264	1 646
彭 阳 县	3 916	3 519	4 385	6 186	3 891	8 588	3 414

10－22 表续 1　　(2003 年)　　单位:万元

地　区	长期负债	所有者权益	实收资本	#国家	产品销售收入	产品销售成本	产品销售费用
全区总计	**1 396 804**	**2 469 340**	**1 817 269**	**1 409 829**	**2 904 642**	**2 312 435**	**62 597**
银川市	**342 140**	**851 662**	**529 038**	**300 999**	**855 164**	**703 256**	**22 099**
银川市	313 298	702 521	492 550	274 085	670 973	554 092	17 331
永宁县	26 885	21 094	16 614	8 399	32 420	20 733	1 645
贺兰县	2	539	439	439	866	539	10
灵武市	1 956	127 508	19 436	18 076	150 905	127 893	3 113
石嘴山市	**528 345**	**780 101**	**588 875**	**448 676**	**782 710**	**668 577**	**23 861**
石嘴山市	521 196	760 674	578 354	438 155	730 556	631 261	18 991
平罗县	6 858	17 555	9 157	9 157	50 424	35 987	4 700
陶乐县	135	190	137	137	467	289	0
惠农县	155	1 682	1 228	1 228	1 264	1 040	171
吴忠市	**416 603**	**827 278**	**684 772**	**647 432**	**1 218 778**	**893 899**	**14 475**
利通区	133 298	87 307	30 238	27 100	277 723	254 539	3 233
青铜峡市	215 112	145 906	113 431	88 756	509 217	437 329	10 085
中卫县	66 950	66 166	14 004	5 847	66 062	54 423	974
中宁县	0	548	443	443	176	166	0
盐池县	1 224	525 222	524 628	523 256	364 758	146 750	137
同心县	20	2 132	2 030	2 030	843	691	45
固原市	**109 716**	**10 299**	**14 584**	**12 723**	**47 990**	**46 703**	**2 163**
原州区	102 656	2 878	2 140	2 140	22 508	25 721	44
海原县	220	692	660	660	69	0	67
西吉县	3 892	－5 110	2 944	2 944	2 889	2 273	265
隆德县	2 702	5 293	3 242	2 732	17 258	15 547	1 504
泾源县	58	1 560	1 640	289	1 673	419	22
彭阳县	188	4 987	3 958	3 958	3 594	2 743	260

10－22 表续 2　　(2003 年)　　单位:万元

地　区	产品销售税金及附加	管理费用	利税总额	利润总额	应交所得税	本年应付工资
全区总计	**32 354**	**193 274**	**206 997**	**52 592**	**4 076**	**235 779**
银川市	**20 315**	**68 551**	**83 936**	**20 117**	**2 905**	**60 975**
银川市	17 828	51 855	60 529	11 809	2 056	42 574
永宁县	365	4 275	6 232	3 946	809	2 973
贺兰县	10	253	159	49	－	433
灵武市	2 112	12 168	17 016	4 313	40	14 995
石嘴山市	**4 943**	**70 966**	**47 869**	**7 675**	**237**	**114 964**
石嘴山市	3 352	67 880	39 592	4 302	52	108 456
平罗县	1 572	2 944	8 089	3 282	140	6 318
陶乐县	6	86	145	113	41	85
惠农县	14	56	43	－21	4	105
吴忠市	**6 863**	**50 380**	**82 889**	**35 242**	**910**	**52 631**
利通区	4 964	10 636	11 526	－4 370	65	12 758
青铜峡市	1 600	33 022	39 665	10 973	776	27 761
中卫县	108	2 417	6 657	3 989	5	4 659
中宁县	－	17	－17	－28	－	69
盐池县	171	4 181	25 027	24 709	63	7 080
同心县	21	106	32	－30	2	303
固原市	**233**	**3 377**	**－7 698**	**－10 442**	**23**	**7 209**
原州区	124	1 353	－8 925	－9 726	1	4 475
海原县	2	30	－2	－4	－	44
西吉县	20	730	－866	－1 104	－	206
隆德县	45	691	1 199	202	－	1 125
泾源县	7	116	436	114	19	244
彭阳县	35	457	459	76	4	1 115

10－23　各市县规模以上集体工业企业主要财务指标

（2003 年）　　单位：万元

地　区	流动资产	流动资产年平均余额	固定资产	固定资产原　值	固定资产净值年平均余额	资产总计	流动负债
全区总计	**26 241**	**23 415**	**26 167**	**34 208**	**14 190**	**56 885**	**40 076**
银川市	**12 942**	**11 772**	**7 763**	**11 184**	**6 184**	**21 876**	**21 745**
银川市	11 132	10 441	2 764	4 293	1 241	14 485	10 135
永宁县	851	454	3 356	3 896	3 291	4 207	10 176
贺兰县	–	–	–	–	–	–	–
灵武市	959	877	1 643	2 995	1 652	3 184	1 434
石嘴山市	**4 016**	**3 618**	**1 522**	**3 109**	**1 308**	**5 558**	**4 047**
石嘴山市	1 581	1 324	229	681	282	1 810	1 440
平罗县	1 772	1 766	1 154	2 200	913	2 926	2 005
陶乐县	–	–	–	–	–	–	–
惠农县	663	528	139	228	113	822	603
吴忠市	**6 586**	**4 965**	**15 304**	**17 771**	**5 279**	**25 176**	**11 788**
利通区	973	1 030	4 032	5 549	3 743	5 281	4 585
青铜峡市	4 573	3 381	10 627	11 488	886	18 200	6 085
中卫县	1 040	555	646	734	650	1 696	1 118
中宁县	–	–	–	–	–	–	–
盐池县	–	–	–	–	–	–	–
同心县	–	–	–	–	–	–	–
固原市	**2 698**	**3 060**	**1 577**	**2 144**	**1 419**	**4 275**	**2 496**
原州区	497	726	646	768	629	1 143	863
海原县	–	–	–	–	–	–	–
西吉县	–	–	–	–	–	–	–
隆德县	2 200	2 334	932	1 376	790	3 132	1 633
泾源县	–	–	–	–	–	–	–
彭阳县	–	–	–	–	–	–	–

地　　区	长期负债	所有者权益	实收资本	#国家	产品销售收入	产品销售成本	产品销售费用
全区总计	**7 394**	**9 416**	**15 097**	**–**	**49 936**	**42 585**	**2 473**
银川市	**3 225**	**–3 094**	**4 769**	**–**	**21 938**	**20 374**	**1 091**
银川市	271	4 079	2 181	–	12 262	10 758	967
永宁县	2 899	–8 869	1 013	–	1 849	2 146	5
贺兰县	–	–	–	–	–	–	0
灵武市	55	1 696	1 575	–	7 827	7 471	119
石嘴山市	**188**	**1 323**	**1 292**	**–**	**8 948**	**7 088**	**627**
石嘴山市	–	371	465	–	2 176	1 862	162
平罗县	183	738	786	–	3 766	2 872	146
陶乐县	–	–	–	–	–	–	0
惠农县	5	215	41	–	3 005	2 353	320
吴忠市	**3 617**	**9 772**	**7 778**	**–**	**12 720**	**9 616**	**431**
利通区	63	633	559	–	5 828	5 485	320
青铜峡市	3 554	8 561	6 641	–	5 426	2 884	98
中卫县	–	578	578	–	1 467	1 248	13
中宁县	–	–	–	–	–	–	–
盐池县	–	–	–	–	–	–	–
同心县	–	–	–	–	–	–	–
固原市	**365**	**1 415**	**1 258**	**–**	**6 330**	**5 507**	**324**
原州区	134	146	280	–	955	850	93
海原县	–	–	–	–	–	–	–
西吉县	–	–	–	–	–	–	–
隆德县	230	1 269	978	–	5 375	4 657	231
泾源县	–	–	–	–	–	–	–
彭阳县	–	–	–	–	–	–	–

地　区	产品销售税金及附加	管理费用	利税总额	利润总额	应　交所得税
全区总计	**383.9**	**2 793.6**	**5 533.1**	**2 692.7**	**972.6**
银 川 市	**75.9**	**957.8**	**1 560.7**	**818.6**	**110.4**
银 川 市	35.3	604.7	1 131.1	792.6	110.4
永 宁 县	18.8	245.7	320.4	1	－
贺 兰 县	－	－	－	－	－
灵 武 市	21.8	107.4	109.2	25.9	－
石嘴山市	**160.5**	**552.6**	**1 390.5**	**305.3**	**99.7**
石嘴山市	14.8	187.2	121.3	－80.1	－
平 罗 县	37.3	223.2	785.0	301.4	99.0
陶 乐 县	－	－	－	－	－
惠 农 县	108.4	142.2	484.2	84.0	7
吴 忠 市	**138.1**	**1 046.8**	**2 226.3**	**1 316.8**	**626.5**
利 通 区	83.4	769.1	－251.8	－531.6	47.1
青铜峡市	28.6	245.0	2 265.9	1 739.4	574.0
中 卫 县	26.1	32.7	212.2	109.0	5.4
中 宁 县	－	－	－	－	－
盐 池 县	－	－	－	－	－
同 心 县	－	－	－	－	－
固 原 市	**9.4**	**236.4**	**355.6**	**252.0**	**136.0**
原 州 区	4.5	90.7	－25.5	－69.7	－
海 原 县	－	－	－	－	－
西 吉 县	－	－	－	－	－
隆 德 县	4.9	145.7	381.1	321.7	136.0
泾 源 县	－	－	－	－	－
彭 阳 县	－	－	－	－	－

主要统计指标解释

【工业总产值】 工业总产值是以货币形式表现的,工业企业在一定时期内生产的工业最终产品或提供工业性劳务活动的总价值量。它包括本期生产成品价值、加工费收入,在制品半成品期末期初差额价值三部分。计算工业总产值应遵循三条基本准则:(1)工业生产的原则:即凡是企业在报告期生产的经检验合格的产品,不管是否在报告期销售,均应包括在内。反之亦然,凡不是本企业生产的产品,均不计入本企业的工业总产值中。(2)最终产品的原则:即凡是计入工业总产值的产品必须是本企业生产的经检验合格,不需再进行任何加工的最终产品。如果企业有中间产品(半成品)对外销售,那么对外销售的中间产品有应视为企业的最终产品。(3)工厂法原则:即工业总产值是以工业企业作为基本计算(核算)单位,即按企业的最终产品计算工业总产值。按这种方法计算的工业总产值不允许同一产品价值在企业内部重复计算,但允许企业间的重复计算。

【工业增加值】 指工业企业在报告期内以货币形式表现的工业生产活动的最终成果,是企业全部生产活动的总成果扣除了在生产过程中消耗或转移的物质产品和劳务价值后的余额,是企业生产过程中新增加的价值。计算工业增加值通常采用三中方法。一是"生产法",即从工业生产过程中产品和劳务价值形成的角度入手,提出生产环节中间投入的价值,从而得到新增价值的方法。其计算公式为:工业增加值=工业总产值-工业中间投入+本期应交增值税。二是"收入法",即从工业生产过程中创造的原始收入初次分配的角度,对工业生产活动最终成果进行核算的一种方法。其计算公式为:工业增加值=固定资产折旧+劳动者报酬+生产税净额+营业盈余

目前工业统计主要采用"生产法"计算工业增加值。

【产品销售收入】 产品销售收入是指企业销售产品和提供劳务等经营业务取得的收入总额。

【产品销售成本】 产品销售成本是指企业在销售产品和提供劳务等主要经营业务过程中的实际成本。

【产品销售费用】 产品销售费用是指企业在销售产品和提供劳务等过程中,发生的各项费用。包括包装费、运输费、保险费、展览费、广告费以及销售人员的工资、福利费、差旅费、办公费、折旧费等其他经费。

【产品销售税金及附加】 产品销售税金是指企业销售产品、提供劳务等主要经营业务应负担的产品税、营业税、增值税、城市维护建设税、消费税、资源税和教育附加。

【管理费用】 管理费用是指企业行政管理部门为组织和管理生产经营活动而发生的各种费用。包括公司经费、工会经费、职工教育经费、劳动保险费、待业保险费、董事会费、咨询费、审计费、诉讼费、排污费、税金、土地使用费、土地损失费、技术开发费、无形资产、咨询费、开办推销费、业务招待费、坏帐损失、存货盘亏等。

【财务费用】 财务费用是指企业筹集生产经营过程中所需资金而发生的费用。包括利息支出(减去利息收入后的支出)、汇兑损失(减去汇兑收益后的损失)、金融机构手续费以及筹集生产经营资金发生的其他费用等。

【利润总额】 利润总额是指企业在一定时期的最终经营成果,是企业的收入减去有关的成本与费用后的差额,收入大于相关的成本费用,企业就盈利,反之则亏损。

其计算公式为:利润总额=营业利润+投资净收益+补贴收入+营业外收支净额+以前年度损益调整

十一、建 筑 业

11－1　主要年份全区建筑施工企业个数和人数

	1980年	1985年	1990年	1995年	2000年	2002年	2003年
施工企业个数(个)	**72**	**2 801**	**2 568**	**1 036**	**529**	**454**	**447**
国有建筑施工企业	21	54	67	111	179	107	88
城镇集体建筑施工企业	27	28	75	156	105	53	44
农村建筑业	24	2 719	2 426	758	41	8	12
其他经济类型	–	–	–	11	204	286	303
施工企业年末职工人数(人)	**40 940**	**103 365**	**99 669**	**103 392**	**83 980**	**96 795**	**88 758**
国有建筑施工企业	28 769	45 033	38 947	36 670	38 469	32 780	28 384
城镇集体建筑施工企业	8 477	8 389	15 420	19 831	13 949	10 239	7 024
农村建筑业	3 694	49 943	45 302	44 529	3 291	865	1 514
其他经济类型	–	–	–	2 362	28 271	52 911	51 836

注:1995年以前农村建筑业数据为区乡镇企业局提供。

11－2　主要年份国有建筑施工企业个数、从业人数、总产值及增加值

年　份	施工企业个数(个)	年末从业人数(人)	建筑业总产值(万元)	建筑业增加值(万元)
1978	17	24 750	10 695	–
1979	20	26 138	11 387	–
1980	23	28 702	13 477	–
1981	23	28 273	10 323	–
1982	24	33 495	13 809	–
1983	24	46 548	17 228	–
1984	30	34 527	22 184	–
1985	54	45 033	34 012	–
1986	59	46 884	40 994	–
1987	54	39 307	41 060	–
1988	52	38 689	37 874	–
1989	46	37 550	43 709	–
1990	67	38 947	53 326	–
1991	101	45 053	65 214	19 350
1992	111	48 100	92 986	25 722
1993	105	41 465	116 315	22 283
1994	119	44 715	143 448	42 329
1995	111	36 670	150 806	44 112
1996	141	44 220	162 745	56 124
1997	141	47 588	204 938	73 670
1998	159	40 666	226 323	68 624
1999	168	42 065	263 198	73 745
2000	179	41 543	316 320	90 832
2001	151	39 465	361 756	98 449
2002	131	39 786	350 453	71 157
2003	88	28 384	365 572	81 879

11－3　建筑企业生产情况

（2003 年）

	企业个数（个）	建筑业总产值(万元)				竣工产值（万元）
		合　计	建筑工程	安装工程	其他产值	
总　　计	**447**	**1 081 402**	**929 613**	**125 449**	**26 340**	**875 048**
# 国有及国有控股	118	451 381	365 705	77 420	8 256	343 596
按登记注册类型分组						
内资企业	445	1 079 757	928 413	125 449	25 895	874 185
国有企业	83	315 275	251 001	59 093	5 181	239 151
集体企业	51	74 616	63 725	10 314	577	66 444
股份合作企业	1	157	－	－	157	－
有限责任公司	137	415 932	371 687	27 961	16 284	345 228
股份有限公司	12	101 001	82 236	17 094	1 671	73 728
私营企业	161	172 776	159 764	10 987	2 025	149 634
私营独资企业	1	460	340	120	－	460
私营合伙企业	3	145	105	－	40	355
私营有限责任公司	153	170 793	157 941	10 867	1 985	147 546
私营股份有限公司	4	1 378	1 378	－	－	1 273
港、澳、台商投资企业(合资经营)	2	1 645	1 200	－	445	863
按国民经济行业分组						
房屋和土木工程建筑业	321	1 029 359	898 809	105 380	25 170	822 342
房屋工程建筑	185	597 963	570 722	20 960	6 281	481 115
土木工程建筑	136	431 396	328 087	84 420	18 889	341 227
铁路、道路、隧道和桥梁建筑	40	188 779	188 086	693	－	143 498
水利和港口建筑	48	96 580	88 794	5 730	2 056	86 025
工矿工程建筑	12	74 176	23 449	45 790	4 937	60 752
架线和管道工程建筑	17	56 294	12 534	32 176	11 584	36 590
其他土木工程建筑	19	15 567	15 224	31	312	14 362
建筑安装业	51	28 733	8 328	19 704	701	29 909
建筑装饰业	69	21 471	20 637	365	469	20 148
其他建筑业	6	1 839	1 839	－	－	2 649
工程准备	6	1 839	1 839	－	－	2 649
按企业资质等级分组						
施工总承包	252	925 588	827 181	79 052	19 355	726 514
一　级	8	311 799	259 897	51 902	－	222 918
二　级	34	263 884	239 766	12 108	12 010	206 386
三　级	210	349 905	327 518	15 042	7 345	297 210
专业承包	183	154 958	102 432	46 397	6 129	148 534
一　级	4	38 305	35 244	3 061	－	37 577
二　级	41	45 609	26 706	13 915	4 988	43 564
三　级	137	69 309	38 747	29 421	1 141	64 294

（2003 年）

	房屋建筑施工面积（平方米）	本年新开工面积	投标承包面积	#本年新开工面积	房屋建筑竣工面积（平方米）
总　　计	**11 198 526**	**7 206 192**	**9 441 129**	**6 364 740**	**5 786 771**
# 国有及国有控股	4 487 517	2 828 684	4 099 210	2 702 568	2 011 698
按登记注册类型分组					
内资企业	11 198 526	7 206 192	9 441 129	6 364 740	5 786 771
国有企业	3 113 956	2 004 045	2 893 232	1 969 763	1 442 028
集体企业	1 098 518	648 040	715 799	550 643	646 346
有限责任公司	5 073 554	3 371 293	4 289 373	2 849 173	2 687 312
股份有限公司	388 416	188 956	232 507	107 007	185 204
私营企业	1 524 082	993 858	1 310 218	888 154	825 881
私营独资企业					
私营合伙企业	5 700	–	5 700	–	5 700
私营有限责任公司	1 495 983	988 348	1 293 199	882 644	802 372
私营股份有限公司	22 399	5 510	11 319	5 510	17 809
港、澳、台商投资企业（合资经营）	–	–	–	–	–
按国民经济行业分组					
房屋和土木工程建筑业	11 146 424	7 164 090	9 401 027	6 324 638	5 785 303
房屋工程建筑	10 755 540	6 891 737	9 115 225	6 126 669	5 596 618
土木工程建筑	390 884	272 353	285 802	197 969	188 685
铁路、道路、隧道和桥梁建筑	138 015	122 676	131 491	118 666	16 980
水利和港口建筑	176 772	112 880	87 724	48 496	143 457
工矿工程建筑	62 287	27 807	62 287	27 807	14 438
架线和管道工程建筑	13 810	8 990	4 300	3 000	13 810
其他土木工程建筑	–	–	–	–	–
建筑安装业	52 102	42 102	40 102	40 102	1 468
建筑装饰业	–	–	–	–	–
其他建筑业	–	–	–	–	–
工程准备	–	–	–	–	–
按企业资质等级分组					
施工总承包	11 135 002	7 153 968	9 398 195	6 323 106	5 773 881
一　级	2 804 675	1 851 261	2 804 675	1 851 261	1 382 159
二　级	3 045 535	1 932 336	2 589 516	1 650 073	1 421 475
三　级	5 284 792	3 370 371	4 004 004	2 821 772	2 970 247
专业承包	63 524	52 224	42 934	41 634	12 890
一　级	–	–	–	–	–
二　级	50 634	40 634	38 634	38 634	–
三　级	12 890	11 590	4 300	3 000	12 890

(2003年)

	自有机械设备年末总台数(台)	自有机械设备年末总功率(千瓦)	#施工机械功率	自有机械设备净值(万元)	计算劳动生产率的平均人数(人)	期末从业人数(人)
总　　计	**48 138**	**855 052**	**684 328**	**186 564**	**176 263**	**88 758**
# 国有及国有控股	15 918	334 659	267 932	63 714	65 817	39 535
按登记注册类型分组						
内资企业	48 076	854 710	683 993	186 492	175 859	88 559
国有企业	12 024	263 621	206 774	49 515	45 633	26 021
集体企业	7 055	102 450	77 933	18 415	17 586	7 797
股份合作企业					60	34
有限责任公司	15 711	254 134	216 507	60 413	69 071	32 833
国有独资公司	965	22 074	18 756	2 695	7 167	2 363
其他有限责任公司	14 746	232 060	197 751	57 718	61 904	30 470
股份有限公司	2 680	56 982	52 706	13 837	11 910	7 022
私营企业	10 606	177 523	130 073	44 312	31 599	14 852
私营独资企业	5	20	－	69	69	49
私营合伙企业	258	2 309	1 859	408	73	61
私营有限责任公司	10 120	171 462	125 342	42 855	30 956	14 482
私营股份有限公司	223	3 732	2 872	980	501	260
港、澳、台商投资企业(合资经营)	62	342	335	72	404	199
按国民经济行业分组						
房屋和土木工程建筑业	44 336	814 782	655 817	177 157	166 671	81 092
房屋工程建筑	30 870	398 121	322 266	77 450	115 415	51 527
土木工程建筑	13 466	416 661	333 551	99 707	51 256	29 565
铁路、道路、隧道和桥梁	3 651	161 069	127 924	46 837	19 114	9 621
水利和港口建筑	3 964	123 824	105 878	19 865	13 891	6 084
工矿工程建筑	3 556	56 928	43 506	14 209	7 689	5 541
架线和管道工程建筑	979	23 268	13 094	9 518	7 318	5 689
其他土木工程建筑	1 316	51 572	43 149	9 278	3 244	2 630
建筑安装业	1 080	22 593	14 823	3 968	4 933	4 004
建筑装饰业	2 628	11 937	8 313	3 823	4 419	3 452
其他建筑业	94	5 740	5 375	1 616	240	210
工程准备	94	5 740	5 375	1 616	240	210
按企业资质等级分组(新标准)						
施工总承包	40 579	668 292	543 717	141 185	150 330	69 839
一　级	6 057	135 049	101 544	27 532	32 432	15 012
二　级	8 921	144 508	111 236	41 483	39 174	18 629
三　级	25 601	388 735	330 937	72 170	78 724	36 198
专业承包	7 559	186 760	140 611	45 379	25 486	18 386
一　级	907	45 478	16 548	13 128	4 159	2 336
二　级	2 795	56 372	49 436	14 730	7 308	6 381
三　级	3 808	84 040	74 047	17 395	13 829	9 191

11－3表续3	(2003年)			单位:万元
	企业总产值	#对内销售	期末拖欠工程款	#竣工拖欠
总　　计	**1 150 102**	**12 725**	**245 700**	**156 644**
#　国有及国有控股	487 768	2 746	122 354	70 669
按登记注册类型分组				
内资企业	1 148 457	12 725	244 956	156 080
国有企业	325 544	2 511	79 079	45 157
集体企业	75 360	–	17 105	11 447
有限责任公司	437 816	1 352	116 270	76 182
国有独资公司	52 213	–	28 396	12 555
其他有限责任公司	385 603	1 352	87 874	63 627
股份有限公司	131 704	8 755	7 109	4 944
私营企业	178 033	107	25 393	18 350
私营独资企业	460	–	–	–
私营合伙企业	105	–	160	160
私营有限责任公司	176 090	107	24 473	17 560
私营股份有限公司	1 378	–	760	630
港、澳、台商投资企业(合资经营)	1 645	–	744	564
按国民经济行业分组				
房屋和土木工程建筑业	1 090 188	12 618	236 523	149 606
房屋工程建筑	613 206	3 863	174 564	97 193
土木工程建筑	476 982	8 755	61 959	52 413
铁路、道路、隧道和桥梁	205 081	8 755	31 634	26 945
水利和港口建筑	96 670	–	14 330	11 982
工矿工程建筑	75 702	–	4 428	3 118
架线和管道工程建筑	78 925	–	2 498	2 233
其他土木工程建筑	20 604	–	9 069	8 135
建筑安装业	35 771	–	4 096	2 893
建筑装饰业	22 304	107	4 483	3 576
其他建筑业	1 839	–	598	569
工程准备	1 839	–	598	569
按企业资质等级分组(新标准)				
施工总承包	959 002	12 618	219 474	134 233
一　级	327 930	11 266	77 647	38 026
二　级	276 870	235	64 650	38 585
三　级	354 202	1 117	77 177	57 622
专业承包	191 100	107	26 226	22 411
一　级	38 305	–	5 953	5 569
二　级	49 686	–	7 974	6 774
三　级	101 374	107	11 630	9 598

11－4　建筑企业财务状况

单位:万元

	年末资产					
	流动资产小计	#存货	长期投资	固定资产合计	固定资产原价	#生产经营用
总　计	**804 285**	**200 105**	**68 837**	**375 131**	**468 390**	**354 425**
# 国有及国有控股	342 742	63 264	37 262	165 187	212 726	147 105
按登记注册类型分组						
内资企业	803 727	199 837	68 837	375 053	468 242	354 280
国有企业	201 916	34 052	6 247	119 380	152 924	103 956
集体企业	47 651	16 002	3 536	29 696	35 793	28 556
有限责任公司	368 110	105 650	47 768	107 368	135 341	106 045
国有独资公司	53 695	8 782	29 143	7 574	11 594	8 867
其他有限责任公司	314 415	96 868	18 625	99 794	123 747	97 178
股份有限公司	66 802	11 436	2 007	34 280	44 293	40 147
私营企业	119 248	32 697	9 279	84 329	99 891	75 576
私营独资企业	268	107	－	74	98	98
私营合伙企业	249	151	－	820	899	480
私营有限责任公司	117 400	32 328	8 934	81 982	97 213	73 520
私营股份有限公司	1 331	111	345	1 453	1 681	1 478
港、澳、台商投资企业(合资经营)	558	268	－	78	148	145
按国民经济行业分组						
房屋和土木工程建筑业	755 447	186 497	65 812	357 037	445 121	337 497
房屋工程建筑	481 439	133 419	50 208	170 999	205 356	149 181
土木工程建筑	274 008	53 078	15 604	186 038	239 765	188 316
铁路、道路、隧道和桥梁	107 599	27 319	3 893	69 965	87 372	68 059
水利和港口建筑	44 740	6 218	1 271	42 982	53 315	43 741
工矿工程建筑	36 924	7 057	2 008	25 260	35 538	28 929
架线和管道工程建筑	62 715	8 820	6 385	35 398	45 432	32 571
其他土木工程建筑	22 030	3 664	2 047	12 433	18 108	15 016
建筑安装业	24 687	5 362	2 648	7 269	9 241	6 115
建筑装饰业	23 113	8 171	187	8 896	11 759	8 679
其他建筑业	1 038	75	190	1 929	2 269	2 134
工程准备	1 038	75	190	1 929	2 269	2 134
按企业资质等级分组						
施工总承包	675 739	174 907	57 633	278 871	344 695	265 765
一　级	185 712	31 421	32 436	65 174	84 509	59 436
二　级	236 288	68 665	9 818	87 634	109 784	79 626
三　级	253 739	74 821	15 379	126 063	150 402	126 703
专业承包	128 546	25 198	11 204	96 260	123 695	88 660
一　级	15 593	1 952	979	21 772	29 892	17 216
二　级	37 647	6 013	3 034	22 252	30 269	24 617
三　级	74 133	17 233	6 011	51 807	63 281	46 599

注:不含劳务分报企业

11－4表续1 （2003年） 单位：万元

	年末资产						
	累计折旧	#本年折旧	在建工程	无形及递延资产小计	#无形资产	其他资产	资产合计
总　　计	**119 950**	**22 193**	**17 940**	**24 950**	**23 615**	**1 878**	**1 275 081**
#　国有及国有控股	59 311	7 895	8 672	3 473	2 800	1 368	550 032
按登记注册类型分组							
内资企业	119 880	22 181	17 940	24 949	23 614	1 878	1 274 444
国有企业	42 838	5 793	7 434	1 586	1 066	1 093	330 222
集体企业	8 167	1 459	944	1 138	1 104	44	82 065
有限责任公司	36 748	7 743	4 751	12 901	12 690	739	536 886
国有独资公司	4 024	427	－	57	7	260	90 729
其他有限责任公司	32 724	7 316	4 751	12 844	12 683	479	446 157
股份有限公司	11 939	1 900	667	1 261	1 167	－	104 350
私营企业	20 188	5 286	4 144	8 063	7 587	2	220 921
私营独资企业	24	14	－	－	－	－	342
私营合伙企业	80	－	－	－	－	－	1 069
私营有限责任公司	19 856	5 205	4 144	8 063	7 587	2	216 381
私营股份有限公司	228	67	－	－	－	－	3 129
港、澳、台商投资企业(合资经营)	70	12	－	1	1	－	637
按国民经济行业分组							
房屋和土木工程建筑业	114 243	20 844	17 412	23 735	22 476	1 870	1 203 901
房屋工程建筑	49 240	7 304	9 721	12 625	12 295	580	715 851
土木工程建筑	65 003	13 540	7 691	11 110	10 181	1 290	488 050
铁路、道路、隧道和桥梁	21 634	5 243	3 651	3 304	3 049	400	185 161
水利和港口建筑	13 305	3 225	1 245	5 850	5 347	－	94 843
工矿工程建筑	12 346	1 989	2 067	163	121	819	65 174
架线和管道工程建筑	11 784	2 211	524	833	753	－	105 331
其他土木工程建筑	5 934	872	204	960	911	71	37 541
建筑安装业	2 333	645	358	925	899	3	35 532
建筑装饰业	2 969	593	105	286	240	5	32 487
其他建筑业	405	111	65	4	－	－	3 161
工程准备	405	111	65	4	－	－	3 161
按企业资质等级分组							
施工总承包	88 059	16 589	15 240	20 986	20 086	1 786	1 035 015
一　级	26 633	4 374	6 346	903	795	1 198	285 423
二　级	28 717	5 499	3 457	12 640	12 358	109	346 489
三　级	32 709	6 716	5 437	7 443	6 933	479	403 103
专业承包	31 891	5 604	2 700	3 964	3 529	92	240 066
一　级	9 190	1 654	1 070	26	1	60	38 430
二　级	8 913	1 710	893	1 014	991	9	63 956
三　级	13 676	2 197	449	2 924	2 537	23	134 898

	负债及所有者权益				
	流动负债小计	长期负债小计	负债小计	所有者权益合计	#实收资本合计
总　计	**758 808**	**27 478**	**786 286**	**488 795**	**444 107**
# 国有及国有控股	359 993	14 777	374 770	175 262	176 900
按登记注册类型分组					
内资企业	758 409	27 471	785 880	488 564	443 904
国有企业	226 840	10 157	236 997	93 225	98 536
集体企业	34 936	788	35 724	46 341	37 286
有限责任公司	340 978	5 605	346 583	190 303	175 413
国有独资公司	53 261	3 280	56 541	34 188	35 373
其他有限责任公司	287 717	2 325	290 042	156 115	140 040
股份有限公司	65 171	1 237	66 408	37 942	26 105
私营企业	90 484	9 684	100 168	120 753	106 564
私营独资企业	210	－	210	132	120
私营合伙企业	9	－	9	1 060	1 050
私营有限责任公司	89 817	9 584	99 401	116 980	102 838
私营股份有限公司	448	100	548	2 581	2 556
港、澳、台商投资企业(合资经营)	399	7	406	231	203
按国民经济行业分组					
房屋和土木工程建筑业	728 197	25 565	753 762	450 139	406 509
房屋工程建筑	457 946	9 320	467 266	248 585	239 391
土木工程建筑	270 251	16 245	286 496	201 554	167 118
铁路、道路、隧道和桥梁	108 763	271	109 034	76 127	58 871
水利和港口建筑	33 295	8 820	42 115	52 728	42 933
工矿工程建筑	40 595	5 112	45 707	19 467	20 408
架线和管道工程建筑	64 530	2 558	67 088	38 243	30 077
其他土木工程建筑	23 068	－516	22 552	14 989	14 829
建筑安装业	17 868	1 235	19 103	16 429	14 927
建筑装饰业	11 640	683	12 323	20 164	20 457
其他建筑业	1 103	－5	1 098	2 063	2 214
工程准备	1 103	－5	1 098	2 063	2 214
按企业资质等级分组					
施工总承包	637 279	24 509	661 788	373 227	336 026
一　级	203 591	5 452	209 043	76 380	70 999
二　级	228 876	13 543	242 419	104 070	90 492
三　级	204 812	5 514	210 326	192 777	174 535
专业承包	121 529	2 969	124 498	115 568	108 081
一　级	25 038	－510	24 528	13 902	14 492
二　级	30 561	1 224	31 785	32 171	29 082
三　级	63 653	2 255	65 908	68 990	64 007

	收入及分配					
	工程结算收入	工程结算成本	工程结算税金及附加	工程结算利润	其他业务收入	其他业务利润
总　计	**1 001 841**	**897 709**	**32 490**	**71 642**	**50 567**	**8 940**
#国有及国有控股	451 072	407 793	14 384	28 895	29 121	5 265
按登记注册类型分组						
内资企业	1 000 465	896 488	32 461	71 516	50 567	8 940
国有企业	316 071	287 179	10 120	18 772	21 846	3 959
集体企业	61 310	53 847	2 386	5 077	1 426	558
有限责任公司	386 196	348 624	11 720	25 852	17 352	2 769
国有独资公司	50 531	47 820	1 598	1 113	2 238	107
其他有限责任公司	335 665	300 804	10 122	24 739	15 114	2 662
股份有限公司	87 488	78 041	3 006	6 441	4 446	439
私营企业	149 400	128 797	5 229	15 374	5 497	1 215
私营独资企业	460	394	18	48	－	－
私营合伙企业	355	316	11	28	－	－
私营有限责任公司	147 272	127 052	5 160	15 060	5 497	1 215
私营股份有限公司	1 313	1 035	40	238	－	－
港、澳、台商投资企业(合资经营)	1 376	1 221	29	126	－	－
按国民经济行业分组						
房屋和土木工程建筑业	949 581	853 190	30 870	65 521	41 396	7 846
房屋工程建筑	543 463	499 273	18 324	25 866	13 889	2 154
土木工程建筑	406 118	353 917	12 546	39 655	27 507	5 692
铁路、道路、隧道和桥梁	172 726	153 607	5 731	13 388	4 940	796
水利和港口建筑	79 599	67 892	2 531	9 176	300	143
工矿工程建筑	87 063	76 855	2 671	7 537	11 728	2 369
架线和管道工程建筑	50 620	42 543	1 169	6 908	6 310	1 501
其他土木工程建筑	16 110	13 020	444	2 646	4 229	883
建筑安装业	30 696	26 382	999	3 315	8 080	784
建筑装饰业	19 764	16 640	564	2 560	1 091	310
其他建筑业	1 800	1 497	57	246	－	－
工程准备	1 800	1 497	57	246	－	－
按企业资质等级分组						
施工总承包	854 701	773 304	27 779	53 618	30 269	5 155
一　级	316 503	292 618	10 246	13 639	12 194	1 393
二　级	239 223	213 521	7 154	18 548	13 930	2 685
三　级	298 975	267 165	10 379	21 431	4 145	1 077
专业承包	147 140	124 405	4 711	18 024	20 298	3 785
一　级	38 602	34 884	1 526	2 192	48	46
二　级	44 419	36 091	1 129	7 199	5 218	1 349
三　级	62 412	51 897	1 999	8 516	15 032	2 390

	收入及分配					
	管理费用	#税　金	#财　产 保险费	#劳动、待 业保险费	财务费用	#利息支出
总　　计	**56 254**	**1 824**	**572**	**6 395**	**8 042**	**6 304**
#　国有及国有控股	26 938	1 286	243	4 260	2 780	2 591
按登记注册类型分组						
内资企业	56 136	1 823	570	6 387	8 041	6 303
国有企业	19 715	773	64	3 502	2 025	1 898
集体企业	3 176	59	4	203	337	225
有限责任公司	19 474	355	444	2 036	2 690	1 530
国有独资公司	638	40	5	182	369	391
其他有限责任公司	18 836	315	439	1 854	2 321	1 139
股份有限公司	3 345	430	14	540	507	418
私营企业	10 426	206	44	106	2 482	2 232
私营独资企业	16	4	－	－	12	10
私营合伙企业	10	－	－	－	－	－
私营有限责任公司	10 277	201	44	106	2 460	2 220
私营股份有限公司	123	1	－	－	10	2
港、澳、台商投资企业(合资经营)	118	1	2	8	1	1
按国民经济行业分组						
房屋和土木工程建筑业	50 136	1 583	327	6 120	7 715	6 064
房屋工程建筑	20 486	1 028	52	3 103	4 654	3 209
土木工程建筑	29 650	555	275	3 017	3 061	2 855
铁路、道路、隧道和桥梁	7 720	105	195	1 088	1 177	1 095
水利和港口建筑	6 522	85	33	501	1 564	1 419
工矿工程建筑	7 872	269	21	906	143	126
架线和管道工程建筑	4 864	67	5	305	－24	－10
其他土木工程建筑	2 672	29	21	217	201	225
建筑安装业	3 386	140	240	180	152	155
建筑装饰业	2 519	98	5	93	167	78
其他建筑业	213	3	－	2	8	7
工程准备	213	3	－	2	8	7
按企业资质等级分组						
施工总承包	39 631	1 380	288	5 446	7 097	5 436
一　级	12 036	408	50	2 740	1 406	1 388
二　级	12 145	704	184	1 831	3 912	2 706
三　级	15 450	268	54	875	1 779	1 342
专业承包	16 623	444	284	949	945	868
一　级	2 036	93	8	112	385	380
二　级	5 835	123	256	335	273	199
三　级	8 659	224	18	498	259	262

	损益及分配			
	营业利润	利润总额(亏损为—)	# 应交所得税	# 应付利润
总　　计	**16 286**	**15 575**	**3 662**	**5 460**
# 国有及国有控股	4 442	4 427	1 102	1 993
按登记注册类型分组				
内资企业	16 279	15 576	3 662	5 460
国有企业	991	1 219	297	85
集体企业	2 122	2 212	528	312
有限责任公司	6 457	5 793	1 610	2 397
国有独资公司	213	174	134	78
其他有限责任公司	6 244	5 619	1 476	2 319
股份有限公司	3 028	2 823	554	1 110
私营企业	3 681	3 529	673	1 556
私营独资企业	20	20	4	5
私营合伙企业	18	18	5	13
私营有限责任公司	3 538	3 386	650	1 529
私营股份有限公司	105	105	14	9
港、澳、台商投资企业(合资经营)	7	－1	－	－
按国民经济行业分组				
房屋和土木工程建筑业	15 516	14 841	3 440	5 096
房屋工程建筑	2 880	3 126	1 336	1 479
土木工程建筑	12 636	11 715	2 104	3 617
铁路、道路、隧道和桥梁	5 287	4 748	751	1 374
水利和港口建筑	1 233	1 373	520	455
工矿工程建筑	1 891	1 666	67	127
架线和管道工程建筑	3 569	3 209	660	1 050
其他土木工程建筑	656	719	106	611
建筑安装业	561	625	124	135
建筑装饰业	184	86	90	218
其他建筑业	25	23	8	11
工程准备	25	23	8	11
按企业资质等级分组				
施工总承包	12 045	11 309	2 665	3 308
一　级	1 590	1 788	200	1
二　级	5 176	4 281	958	1 535
三　级	5 279	5 240	1 507	1 772
专业承包	4 241	4 266	997	2 152
一　级	－183	－164	－	－
二　级	2 440	2 609	335	1 108
三　级	1 988	1 825	662	1 044

11－4表续6 （2003年） 单位:万元

	工资福利费				增加值	亏损企业个数	亏损额
	本年应付工资总额	# 主营业务应付工资总额	本年应付福利费总额	# 主营业务应付福利费总额			
总计	**153 066**	**144 899**	**17 003**	**15 967**	**249 257**	**113**	**6 342**
# 国有及国有控股	63 640	58 127	7 168	6 611	103 075	34	3 335
按登记注册类型分组							
内资企业	152 581	144 437	16 942	15 909	248 654	112	6 341
国有企业	46 286	42 297	5 665	5 221	73 130	25	2 746
集体企业	13 155	12 495	1 158	1 062	20 542	6	199
股份合作企业							
有限责任公司	56 933	55 285	6 883	6 676	92 127	30	2 396
国有独资公司	5 603	5 603	576	576	8 639	1	130
其他有限责任公司	51 330	49 682	6 307	6 100	83 488	29	2 266
股份有限公司	11 945	10 601	943	749	21 792	1	99
私营企业	24 262	23 759	2 293	2 201	41 063	50	901
私营独资企业	25	25	3	3	84	－	－
私营合伙企业	17	17	－	－	77	－	－
私营有限责任公司	24 024	23 521	2 272	2 180	40 506	50	901
私营股份有限公司	196	196	18	18	427	－	－
港、澳、台商投资企业	485	462	61	58	603	1	1
按国民经济行业分组							
房屋和土木工程建筑业	144 541	136 733	15 927	14 943	235 401	65	5 274
房屋工程建筑	86 149	83 780	9 648	9 342	128 436	34	3 296
土木工程建筑	58 392	52 953	6 279	5 601	106 965	31	1 978
铁路、道路、隧道和桥梁	17 139	16 615	1 833	1 649	36 426	5	171
水利和港口建筑	13 068	12 951	1 182	1 174	21 825	14	867
工矿工程建筑	15 602	13 354	2 160	1 866	25 488	3	388
架线和管道工程建筑	9 165	7 330	677	582	17 163	3	260
其他土木工程建筑	3 418	2 703	427	330	6 063	6	292
建筑安装业	4 582	4 346	626	596	7 733	19	627
建筑装饰业	3 679	3 556	429	407	5 640	28	423
其他建筑业	264	264	21	21	483	1	18
工程准备	264	264	21	21	483	1	18
按企业资质等级分组							
施工总承包	127 288	121 889	14 638	13 834	205 165	43	4 081
一　级	37 336	35 262	4 721	4 438	61 415	1	130
二　级	34 512	32 270	4 308	3 903	59 184	6	1 613
三　级	55 440	54 357	5 609	5 493	84 566	36	2 338
专业承包	25 778	23 010	2 365	2 133	44 092	70	2 261
一　级	4 551	4 551	303	288	8 056	2	627
二　级	7 511	6 907	988	901	14 236	10	154
三　级	13 571	11 407	1 068	938	21 545	57	1 476

11－5　按建筑业产值和增加值排序的20家建筑施工企业

（2003年）

企业名称	位次	建筑业产值（万元）	企业名称	位次	增加值（万元）
宁夏第一建筑公司	1	79 787	宁夏电力建设工程公司	1	17 771
宁夏路桥工程股份有限公司	2	64 154	宁夏第一建筑公司	2	12 305
宁夏电力建设工程公司	3	57 912	宁夏路桥工程股份有限公司	3	9 485
宁夏二建集团有限责任公司	4	43 897	宁夏第五建筑工程公司	4	6 773
宁夏金龙集团公路工程有限公司	5	29 031	宁夏二建集团有限责任公司	5	6 595
宁夏第五建筑工程公司	6	27 781	宁夏金龙集团公路工程有限公司	6	6 068
银川市第一建筑工程有限责任公司	7	26 417	宁夏天能集团股份公司	7	5 480
宁夏中宁红宝实业有限责任公司	8	23 632	宁夏中宁红宝实业有限责任公司	8	4 976
宁夏煤炭基本建设公司	9	20 672	宁夏正丰建筑工程有限公司	9	4 466
宁夏正丰建筑工程有限公司	10	18 360	银川三建工程有限责任公司	10	4 311
宁夏长庆石油建设工程有限公司	11	17 819	宁夏长庆石油建设工程有限公司	11	4 287
银川第一市政工程有限责任公司	12	16 425	宁夏水利水电工程局	12	3 990
银川三建工程有限责任公司	13	16 232	银川第二市政工程有限责任公司	13	3 759
银川第二市政工程有限责任公司	14	14 316	银川第一市政工程有限责任公司	14	3 548
宁夏水利水电工程局	15	13 881	灵州建井工程处	15	3 360
宁夏天能集团股份公司	16	12 694	宁夏煤炭基本建设公司	16	3 227
宁夏第三建筑工程公司	17	12 602	银川市第一建筑工程有限责任公司	17	3 225
银川市郊区第二建筑有限公司	18	11 041	宁夏六盘山建筑工程有限责任公司	18	2 546
宁夏住宅建设工程有限公司	19	10 357	宁夏第四建筑工程公司	19	2 309
银川市万兴隆建筑工程有限公司	20	8 547	银川市郊区第二建筑有限公司	20	2 216

11－6 按资产总额和利润总额排序的前20家建筑施工企业

（2003年）

企业名称	位次	资产总额（万元）	企业名称	位次	利润总额（万元）
宁夏第一建筑公司	1	58 043	宁夏天能集团股份公司	1	1 517
宁夏二建集团有限责任公司	2	48 950	灵州建井工程处	2	1 100
宁夏路桥工程股份有限公司	3	40 800	银川第一市政工程有限责任公司	3	987
宁夏电力建设工程公司	4	39 349	银川第二市政工程有限责任公司	4	882
宁夏天能集团股份公司	5	36 417	宁夏嘉洋开元新型建材有限公司	5	648
宁夏中宁红宝实业有限责任公司	6	34 742	宁夏路桥工程股份有限公司	6	625
宁夏建设集团有限责任公司	7	33 230	宁夏中宁红宝实业有限责任公司	7	562
宁夏煤炭基本建设公司	8	30 066	宁夏长庆石油建设工程有限公司	8	528
宁夏第三建筑工程公司	9	25 847	宁夏电力建设工程公司	9	501
宁夏第五建筑工程公司	10	25 325	吴忠路捷公路工程公司	10	434
银川三建工程有限责任公司	11	24 984	宁夏天净元光电力有限公司	11	414
银川第二市政工程有限责任公司	12	24 062	宁夏金龙集团公路工程有限公司	12	400
银川市郊区第二建筑有限公司	13	22 651	宁夏电建送变电工程股份有限公司	13	392
宁夏金龙集团公路工程有限公司	14	22 299	宁夏同心水利工程综合开发公司	14	358
宁夏长庆石油建设工程有限公司	15	22 038	灵武市第五建筑安装工程公司	15	337
宁夏正丰建筑工程有限公司	16	18 938	宁夏长丰实业发展有限公司	16	312
银川第一市政工程有限责任公司	17	17 557	宁夏黄河水电有限公司	17	287
宁夏哈纳斯天然气有限公司	18	13 962	宁夏正丰建筑工程有限公司	18	283
银川市第一建筑工程有限责任公司	19	12 027	中卫县兴水建筑建材有限责任公司	19	274
宁夏伊斯兰地质工程公司	20	11 969	宁夏煤炭基本建设公司	20	271

11－9 建筑企业分行业主要经济指标

（2003年）

项　　目	单　位	合　计	房屋工程建筑	土木工程建筑	铁路、隧道、公路、桥梁	水利和港口建筑	架线和管道工程建筑	建筑安装	建筑装饰	其他建筑业
建筑业企业个数	个	447	185	136	40	48	17	51	69	6
# 亏损企业个数	个	113	34	31	5	14	3	19	28	1
期末从业人员	人	88 758	51 527	29 565	9 621	6 084	5 689	4 004	3 452	210
自有机械设备台数	台	48 138	30 870	13 466	3 651	3 964	979	1 080	2 628	94
有机械设备净价	万元	186 564	77 450	99 707	46 837	19 865	9 518	3 968	3 823	1 616
自有机械设备总功率	千瓦	855 052	398 121	416 661	161 096	123 824	23 268	22 593	11 937	5 740
建筑业总产值	万元	1 081 402	597 963	431 396	188 779	96 580	56 294	28 733	21 471	1 839
建筑工程	万元	929 613	570 722	328 087	188 086	88 794	12 534	8 328	20 637	1 839
安装工程	万元	125 449	20 960	84 420	693	5 730	32 176	19 704	365	－
其他产值	万元	26 340	6 281	18 889	－	2 056	11 584	701	469	－
竣工产值	万元	875 048	481 115	341 227	143 498	86 025	36 590	29 909	20 148	2 649
建筑业增加值	万元	249 609	128 558	106 981	36 426	21 825	17 179	7 947	5 640	483
# 本年固定资产折旧	万元	22 193	7 304	13 540	5 243	3 225	2 211	645	593	111
本年应付工资总额	万元	153 357	86 252	58 421	17 139	13 068	9 165	4 741	3 679	264
本年应付福利费总额	万元	17 003	9 648	6 279	1 833	1 182	677	626	429	21
工程结算税金及附加	万元	32 490	18 324	12 546	5 731	2 531	1 169	999	564	57
管理费用中的税金	万元	1 824	1 028	555	105	85	67	140	98	3
营业利润	万元	16 286	2 880	12 636	5 287	1 233	3 569	561	184	25
施工面积	万平方米	1 119.9	1 075.6	39.09	13.8	17.68	1.38	5.21	－	－
竣工面积	万平方米	578.68	559.66	18.87	1.69	14.35	1.38	0.15	－	－
利润总额	万元	15 588	3 128	11 698	4 748	1 373	3 192	653	86	23
税金总额	万元	38 007	20 693	15 209	6 587	3 136	1 900	1 285	752	68
劳动生产率										
按总产值计算	元/人	61 352	51 810	84 165	98 765	69 527	76 925	58 247	48 588	76 625
按增加值计算	元/人	14 161	11 139	20 872	19 057	15 712	23 475	16 110	12 763	20 125
技术装备率	元/人	21 019	15 031	33 725	48 682	32 651	16 731	9 910	11 075	76 952
动力装备率	千瓦/人	9.63	7.73	14.09	16.74	20.35	4.09	5.64	3.46	27.33
房屋建筑面积竣工率	%	51.7	52.0	48.3	12.3	81.2	100.0	2.8	－	－
产值利润率	%	1.4	0.5	2.7	2.5	1.4	5.7	2.3	0.4	1.3

11－10　各市县建筑施工企业个数和总产值

（2003年）

地　区	施工企业个数（个）	国有	集体	从业人员（人）	国有	集体	总产值（万元）	国有	集体
全区总计	**447**	**88**	**52**	**88 758**	**28 384**	**7 831**	**1 081 402**	**365 572**	**74 773**
银川市	**245**	**53**	**11**	**51 037**	**21 419**	**2 734**	**722 128**	**305 097**	**21 813**
银川市	223	46	5	46 627	20 335	1 146	683 339	298 188	4 832
永宁县	3	1	－	887	110	－	5 846	459	－
贺兰县	6	4	－	633	367	－	9 931	4 544	－
灵武市	13	2	6	2 890	607	1 588	23 012	1 906	16 981
石嘴山市	**54**	**11**	**6**	**10 469**	**3 886**	**607**	**94 231**	**33 844**	**3 601**
石嘴山市	43	8	5	9 290	3 692	547	79 612	30 122	3 194
平罗县	5	1	1	296	68	60	7 765	2 158	407
陶乐县	2	－	－	117	－	－	2 291	－	－
惠农县	4	2	－	766	126	－	4 563	1 564	－
吴忠市	**97**	**13**	**27**	**16 738**	**2 438**	**3 337**	**180 645**	**17 443**	**41 758**
利通区	31	2	7	4 771	408	674	55 616	1 346	15 211
青铜峡市	22	3	2	4 487	481	654	24 528	4 711	2 259
中卫县	10	1	2	2 676	700	772	20 273	3 964	3 223
中宁县	17	6	7	1 963	698	480	42 307	5 990	9 103
盐池县	9	－	2	2 269		336	25 962	－	1 435
同心县	8	1	7	572	151	421	11 959	1 432	10 527
固原市	**51**	**11**	**8**	**10 514**	**641**	**1 153**	**84 398**	**9 188**	**7 601**
原州区	19	6	1	5 528	242	159	55 889	4 148	1 649
海原县	4	－	1	605		160	3 823	－	915
西吉县	6	1	3	847	138	329	6 763	1 316	3 364
隆德县	11	2	1	1 639	129	180	11 754	2 444	864
泾源县	7	－	1	593	－	35	3 408	－	204
彭阳县	4	2	1	1 302	132	290	2 761	1 280	605

11-11　各市县国有建筑安装企业情况

（2003年）

地　区	企业个数（个）	从业人员（人）	建筑业总产值（万元）	建筑业增加值（万元）	竣工产值（万元）	房屋竣工面积（平方米）	固定资产原值（万元）
全区总计	**88**	**28 384**	**365 572**	**81 879**	**278 933**	**1 768 656**	**164 518**
银川市	**53**	**21 419**	**305 097**	**68 840**	**232 083**	**1 558 989**	**126 889**
银川市	46	20 335	298 188	64 219	226 284	1 544 298	114 533
永宁县	1	110	459	156	399	-	965
贺兰县	4	367	4 544	875	4 281	-	4 337
灵武市	2	607	1 906	3 590	1 119	14 691	7 054
石嘴山市	**11**	**3 886**	**33 844**	**6 258**	**22 895**	**120 588**	**16 748**
石嘴山市	8	3 692	30 122	5 516	19 505	120 588	15 342
平罗县	1	68	2 158	496	2 158	-	717
陶乐县	-	-	-	-	-	-	-
惠农县	2	126	1 564	246	1 232	-	689
吴忠市	**13**	**2 438**	**17 443**	**4 387**	**15 942**	**85 559**	**10 086**
利通区	2	408	1 346	406	593	-	2 098
青铜峡市	3	481	4 711	1 232	4 872	27 197	1 661
中卫县	1	700	3 964	1 017	3 317	47 000	1 141
中宁县	6	698	5 990	1 469	5 728	11 362	4 557
盐池县	-	-	-	-	-	-	-
同心县	1	151	1 432	263	1 432	-	629
固原市	**11**	**641**	**9 188**	**2 394**	**8 013**	**3 520**	**10 795**
原州区	6	242	4 148	1 001	3 806	3 520	5 715
海原县	-	-	-	-	-	-	-
西吉县	1	138	1 316	345	1 316	-	1 034
隆德县	2	129	2 444	721	2 044	-	2 540
泾源县	-	-	-	-	-	-	-
彭阳县	2	132	1 280	327	847	-	1 506

11－12　各市县集体建筑安装企业情况

（2003年）

地　区	企业个数（个）	从业人员（人）	建筑业总产值（万元）	建筑业增加值（万元）	竣工产值（万元）	房屋竣工面积（平方米）	固定资产原值（万元）
全区总计	**52**	**7 831**	**74 773**	**20 709**	**66 444**	**646 346**	**35 793**
银川市	**11**	**2 734**	**21 813**	**5 642**	**23 888**	**162 790**	**10 323**
银川市	5	1 146	4 832	1 608	3 317	9 274	1 912
永宁县	–	–	–	–	–	–	–
贺兰县	–	–	–	–	–	–	–
灵武市	6	1 588	16 981	4 034	20 571	153 516	8 411
石嘴山市	**6**	**607**	**3 601**	**1 327**	**2 692**	**3 206**	**1 441**
石嘴山市	5	547	3 194	1 210	2 285		1 361
平罗县	1	60	407	117	407	3 206	80
陶乐县	–	–	–	–	–	–	–
惠农县	–	–	–	–	–	–	–
吴忠市	**27**	**3 337**	**41 758**	**11 034**	**33 407**	**378 168**	**19 306**
利通区	7	674	15 211	3 794	9 286	150 893	6 384
青铜峡市	2	654	2 259	1 007	2 259	22 473	762
中卫县	2	772	3 223	1 078	2 589	32 784	1 314
中宁县	7	480	9 103	2 174	7 904	73 245	3 532
盐池县	2	336	1 435	164	1 056	15 150	651
同心县	7	421	10 527	2 817	10 313	83 623	6 663
固原市	**8**	**1 153**	**7 601**	**2 706**	**6 457**	**102 182**	**4 723**
原州区	1	159	1 649	532	1 507	25 056	469
海原县	1	160	915	602	729	11 320	599
西吉县	3	329	3 364	988	2 453	39 653	2 279
隆德县	1	180	864	403	864	12 645	479
泾源县	1	35	204	61	124	3 781	214
彭阳县	1	290	605	120	780	9 727	683

主要统计指标解释

价值量指标

【建筑业总产值】 它是以货币表现的建筑业企业在一定时间内生产的建筑业产品和服务的总和。建筑业总产值包括三部分内容:①建筑工程产值;②设备安装工程产值;③其它产值。

它计算的价格原则上按施工单位和建设单位结算价格计算。

【建筑业增加值】 是指建筑企业在报告期内以货币表现的建筑业生产经营活动的最终成果。有两种计算方法:一是生产法、二是分配法(收入法)

①生产法计算公式:建筑业增加值 = 建筑业总产出 - 建筑业中间投入

②分配法(收入法)计算公式:建筑业增加值 = 固定资产折旧 + 劳动者报酬 + 生产税净额 + 营业盈余。

【竣工产值】 一般是以单位工程为对象,当该工程按照设计所规定的工程内容全部完成,达到了设计规定的交工条件,经有关部门检查验收鉴定合格的单位工程价值,即为竣工产值。

实物量指标

【房屋建筑面积】 是指房屋全部平面面积的总和。它一般通过房屋施工和竣工面积来具体体现。

【房屋施工面积】 是指报告期内施过工的全部房屋建筑面积,它包括本期新开工的面积、上期跨人本期继续施工的房屋面积、上期停缓建在本期恢复施工的房屋面积、本期竣工的房屋面积以及本期施工后又停续建的房屋面积。

【房屋新开工面积】 是指在报告期内新开工的各个房屋的建筑面积之和。

【房屋竣工面积】 是指在报告期内房屋建筑按照设计要求已全部完工,达到了使用条件经检查验收鉴定合格的房屋建筑面积。

财务指标

【实收资本】 是指企业在工商行政管理部门注册登记,并实际收到投资人投入的资本。企业筹集的资本金投其投资主体一般分为国家资本、集体资本、法人资本、个人资本、港澳台资本和外商资本六种。

【资产】 是企业拥有或控制的能以货币计量的经济资源,包括各种财产、债权和其他权利。

【负债】 是企业所承担的能以货币计量、将以资产或劳务偿付的债务。负债一般按其偿还期长短分为流动负债和长期负债。

【所有者权益】 是企业投资人对企业净资产的所有权,企业净资产等于企业全部资产减去全部负债后的余额。其中包括实收资本、资本公积、盈余公积和未分配利润四部分。

【工程结算收入(主营业务收入)】 指本企业承包工程实现的工程价款结算收入以及向发包单位收取的除工程价款以外按规定列作营业收入的各种款项,如:临时设施费、劳动保险费、施工机构调迁费等以及向发包单位收取的各种索赔款。

【工程结算成本(主营业务成本)】 指在报告期内与发包单位办理工程价款结算的已完工程实际成本。

十二、运输、邮电

12－1　主要年份主要交通运输工具和线路里程

年　份	载货汽车（辆）	载客汽车（辆）	铁路		铁路通车里程（公里）	公路通车里程（公里）	民航通航里程（公里）
			机　车（台）	客　车（辆）			
1952	96	–	–	–	–	1 202	–
1957	268	21	–	–	–	2 241	–
1958	978	29	24	–	361	2 686	1 300
1965	1 368	85	73	–	409	3 201	1 300
1970	2 731	506	99	9	409	3 591	1 300
1975	5 296	1 224	90	11	421	3 916	1 300
1977	6 527	1 603	100	10	421	4 973	1 300
1978	7 991	1 920	100	8	421	6 848	1 300
1980	8 867	2 345	104	11	421	6 848	1 300
1981	9 327	2 763	97	37	421	6 847	1 300
1982	9 854	2 718	89	38	421	6 869	1 300
1983	9 746	3 119	89	41	421	6 867	1 300
1984	10 624	3 808	86	42	421	6 983	1 300
1985	12 754	5 149	92	41	421	7 016	1 300
1986	14 221	5 806	109	51	421	7 181	1 620
1987	15 365	6 419	121	51	421	7 704	1 620
1988	16 486	7 222	112	53	421	8 106	1 620
1989	18 231	8 144	130	108	421	8 106	1 620
1990	20 471	8 744	128	131	421	8 200	1 400
1991	21 955	9 510	128	145	421	8 200	1 400
1992	23 970	11 262	153	140	421	8 200	1 816
1993	26 315	12 864	156	152	446	8 301	5 663
1994	29 379	14 277	160	160	453	8 324	7 463
1995	30 788	16 419	203	171	769	8 554	8 683
1996	35 590	19 464	206	223	769	8 738	11 597
1997	32 771	23 990	206	279	773	9 048	8 683
1998	35 791	27 951	227	293	776	9 487	11 460
1999	40 220	33 628	203	275	780	10 015	9 883
2000	43 496	37 629	208	315	780	10 171	16 823
2001	45 227	41 079	208	307	780	10 899	21 242
2002	43 051	48 874	195	343	780	11 245	27 336
2003	59 710	59 590	209	345	780	11 916	30 101

注：1965 年前载客汽车未包括小客车

12－2　运输线路长度

单位:公里

年　份	铁路营业里　程	#电气化里　程	公　路	等级路	等外路	民　航
1978	437.7	－	5 227	－	－	1 300
1979	437.7	－	6 848	5 503	1 345	1 300
1980	437.7	－	6 848	5 503	1 345	1 300
1981	437.7	－	6 848	5 446	1 402	1 300
1982	437.7	－	6 869	5 482	1 387	1 300
1983	426.9	－	6 867	5 480	1 387	1 300
1984	426.9	－	6 983	5 609	1 374	1 300
1985	426.9	－	7 016	5 642	1 374	1 300
1986	426.9	－	7 181	5 857	1 324	1 620
1987	426.9	－	7 704	6 434	1 270	1 620
1988	426.9	－	8 106	7 083	1 023	1 620
1989	427.0	－	8 106	7 083	1 023	1 620
1990	427.0	－	8 200	7 400	800	1 400
1991	427.0	－	8 200	7 556	644	1 400
1992	427.0	－	8 200	7 565	635	1 816
1993	451.7	－	8 301	7 666	635	5 663
1994	457.6	－	8 324	7 689	635	7 463
1995	792.6	437.1	8 554	7 922	632	8 683
1996	792.6	439.1	8 738	8 106	632	11 597
1997	789.8	436.3	9 048	8 426	622	8 683
1998	789.8	718.8	9 487	8 876	611	11 460
1999	789.8	718.8	10 015	9 460	555	9 883
2000	790.2	716.9	10 171	9 649	522	16 823
2001	790.2	716.9	10 899	10 723	176	21 242
2002	790.2	716.9	11 245	11 081	164	27 336
2003	790.2	716.9	11 916	11 770	146	30 101

注:铁路营业里程为银川铁路分局管辖长度。

12－3　主要年份客货运输量

年　　份	客运量（万人）	#铁　路	#公　路	#航　空	货运量（万吨）	#铁　路	#公　路	#航　空
1952	4.6	–	4.3	–	19.8	–	12.2	–
1957	39.1	–	39.1	–	96.3	–	88.0	–
1958	52.4	–	52.4	–	201.8	–	191.8	–
1965	142.8	74.8	68.0	–	640.0	376.6	257.1	–
1970	226.6	103.5	123.1	0.0	878.9	499.0	374.4	–
1975	364.5	128.0	236.3	0.2	1 439.3	958.5	476.7	–
1977	384.5	123.0	261.3	0.2	1 849.0	1 142.7	701.4	
1978	466.1	144.4	321.4	0.3	2 175.0	1 298.0	847.0	–
1980	645.9	176.0	469.6	0.3	2 302.0	1 374.0	719.0	–
1981	764.8	155.0	609.5	0.3	1 827.0	1 245.0	476.0	–
1982	911.2	159.0	751.8	0.4	1 955.9	1 280.0	566.9	–
1983	976.3	174.0	802.0	0.3	2 476.0	1 359.0	999.0	–
1984	1 178.5	197.0	981.0	0.5	3 283.6	1 337.0	1 834.6	–
1985	1 349.0	217.0	1 131.6	0.4	3 610.0	1 478.0	1 912.0	–
1986	1 746.3	234.0	1 530.0	0.3	3 928.0	1 442.0	2 377.0	–
1987	2 298.7	246.6	2 050.4	1.7	3 820.0	1 457.0	2 203.0	–
1988	2 933.0	267.0	2 665.0	1.0	3 702.0	1 450.0	2 078.0	–
1989	2 966.0	237.0	2 727.0	2.0	3 837.0	1 511.0	2 167.0	–
1990	2 838.0	181.0	2 655.0	2.0	3 851.0	1 512.0	2 178.0	–
1991	3 402.0	184.0	3 215.0	3.0	3 987.0	1 467.0	2 316.0	–
1992	3 647.0	198.0	3 447.0	2.0	4 321.0	1 502.0	2 695.0	0.02
1993	3 694.0	209.0	3 481.0	4.0	4 418.0	1 471.0	2 868.0	0.02
1994	4 804.0	208.0	3 870.0	6.0	4 489.0	1 502.0	2 880.0	0.03
1995	4 565.0	195.0	4 357.0	13.0	5 220.0	1 605.0	3 519.0	0.04
1996	5 195.0	162.0	5 024.0	9.0	5 522.0	1 662.0	3 749.0	0.06
1997	5 286.0	180.0	5 098.0	8.0	5 617.0	1 681.0	3 811.0	0.05
1998	4 816.0	200.0	4 606.0	9.6	6 048.0	1 876.0	3 950.0	0.06
1999	5 108.0	238.0	4 860.0	9.9	6 283.0	1 900.0	4 168.0	0.07
2000	5 537.0	271.0	5 252.0	14.4	6 880.0	2 105.3	4 531.0	0.06
2001	5 823.0	282.0	5 525.0	15.8	7 287.0	2 300.0	4 694.0	0.06
2002	6 125.4	278.0	5 832.0	15.4	7 544.9	2 367.2	4 894.0	0.12
2003	5 904.2	277.0	5 605.0	22.2	7 878.5	2 528.5	5 048.0	0.17

注：1998 年后公路数据为抽样调查数。

12－4 主要年份客货周转量

年份	旅客周转量（万人公里）	#铁路	#公路	#航空	货物周转量（万吨）	#铁路	#公路
1952	1 482	－	1 402	－	3 806	－	888
1957	6 774	－	6 774	－	6 052	－	3 694
1958	5 991	－	5 991	－	7 827	－	6 756
1965	17 820	13 100	4 720	－	326 605	318 579	7 894
1970	25 051	17 800	7 251	－	413 251	402 684	10 441
1975	35 621	20 140	15 481	－	427 026	409 170	17 787
1977	43 148	25 796	17 352	－	459 808	436 035	23 704
1978	44 223	23 208	21 015	－	562 221	534 901	27 302
1980	61 200	27 737	33 463	－	458 925	430 286	20 693
1981	66 693	30 385	36 308	－	413 295	387 690	18 994
1982	74 681	29 649	45 032	－	445 073	414 420	24 563
1983	85 104	33 943	51 161	－	712 404	678 975	27 509
1984	102 322	40 410	61 912	－	582 391	508 589	65 387
1985	121 000	45 392	75 608	－	619 679	519 235	79 644
1986	150 660	50 663	99 997	－	622 042	505 987	90 150
1987	178 401	55 049	123 352	－	642 698	517 104	99 881
1988	223 418	62 303	161 115	－	654 770	529 081	101 031
1989	223 973	57 126	166 847	－	737 856	598 251	115 410
1990	192 033	46 810	145 223	－	747 893	598 005	125 898
1991	217 382	49 463	167 919	－	699 568	549 786	127 663
1992	237 953	53 892	182 691	1 370	737 072	574 826	140 888
1993	240 722	55 532	182 136	3 054	780 544	620 387	151 852
1994	263 766	57 575	200 041	6 149	888 827	718 298	160 572
1995	279 190	55 559	215 721	7 910	1 150 029	938 271	201 549
1996	320 515	53 913	256 079	10 523	1 375 426	1 104 316	259 340
1997	363 616	94 515	259 639	9 462	1 563 229	1 203 105	346 872
1998	416 190	142 160	262 525	11 505	1 785 410	1 286 639	477 229
1999	521 496	224 045	286 044	11 407	2 010 692	1 440 983	521 786
2000	575 597	244 662	313 768	17 167	2 218 627	1 594 496	568 601
2001	551 500	202 100	333 700	15 600	2 442 700	1 789 300	584 900
2002	568 049	196 539	355 306	16 204	2 623 417	1 932 317	614 562
2003	551 788	195 534	335 109	21 145	2 663 245	1 968 396	630 923

十三、批发零售贸易和餐饮业

13－1　批发贸易机构、网点、人员数

（2003 年）　　单位：个、人

指　　标	法人单位	活动单位	网　点	人　员
总　计	**707**	**31**	**9 998**	**30 443**
其中：国有及国有控股	165	21	474	5 626
按登记注册类型分组				
内资企业	703	31	1 361	13 927
国有企业	155	17	463	5 382
集体企业	92	3	228	1 374
有限责任公司	127	3	215	2 725
国有独资企业	4	1	11	126
其他有限责任公司	123	2	204	2 599
股份有限公司	1	5	26	276
私营企业	328	3	429	4 170
私营独资企业	70	1	78	775
私营合伙企业	4	–	4	44
私营有限责任公司	253	2	346	3 330
私营股份有限公司	1	–	1	21
港、澳、台商投资企业	1	–	4	171
独资经营企业	1	–	4	171
外商投资企业	3	–	7	54
中外合资经营企业	2	–	6	41
外资企业	1	–	1	13
按经济组织类型分组				
独资企业	319	21	774	7 715
国有企业	155	17	463	5 382
集体企业	92	3	228	1 374
私营独资企业	70	1	78	775
港、澳、台商独资经营企业	1	–	4	171
外资企业	1	–	1	13
合作、合伙企业	4	–	4	44
私营合伙企业	4	–	4	44

13－1 表续　　(2003 年)　　单位:个、人

指　　标	法人单位	活动单位	网　点	人　员
股份有限公司	2	5	27	297
股份有限公司(内资)	1	5	26	276
私营股份有限公司	1	–	1	21
有限责任公司	382	5	567	6 096
国有独资公司	4	1	11	126
私营有限责任公司	253	2	346	3 330
中外合资经营企业	2	–	6	41
其他有限责任公司	123	2	204	2 599
按国民经济行业分组				
农畜产品批发业	66	5	163	1 013
食品、饮料及烟草制品批发业	101	1	3 223	8 979
米、面制品及食用油批发业	28	–	1 206	2 848
烟草制品批发业	23	1	415	1 596
纺织、服装及日用品批发业	32	–	4 077	8 250
服装批发业	5	–	1 909	3 306
文化、体育用品及器材批发业	13	1	32	310
医药及医疗器材批发业	28	–	117	1 192
矿产品、建材及化工产品批发业	247	18	535	4 367
煤炭及制品批发业	26	–	27	409
石油及制品批发业	43	14	152	1 692
金属及金属矿批发业	37	–	42	528
建材批发业	52	1	58	561
化肥批发业	55	2	194	704
机械设备、五金交电及电子产品批发业	176	5	229	2 653
汽车、摩托车及零配件批发业	22	–	29	375
家用电器批发业	7	–	9	285
计算机、软件及辅助设备批发业	8	–	10	163
贸易经纪与代理	4	–	4	48
其他批发业	40	1	1 618	3 631
按企业规模分组				
限额以上企业	61	9	260	4 307
限额以下企业	646	22	1 112	9 845
个　体	–	–	8 626	16 291

13－2 零售贸易业机构、网点、人员数

（2003 年） 单位：个、人

	法人单位	活动单位	网　点	人　员
总　计	**1 120**	**67**	**40 593**	**96 069**
其中：国有及国有控股	190	44	788	9 897
按登记注册类型分组				
内资企业	1 119	67	2 831	37 340
国有企业	179	36	696	7 274
集体企业	139	4	949	3 435
联营企业	2	–	2	19
集体联营企业	1	–	1	13
其他联营企业	1	–	1	6
有限责任公司	126	9	309	6 211
国有独资企业	1		15	152
其它有限责任公司	125	9	294	6 059
股份有限公司	2	8	63	1 380
私营企业	671	10	812	19 021
私营独资企业	184	3	203	1 285
私营合伙企业	16	–	18	157
私营有限责任公司	466	7	586	17 532
私营股份有限公司	5	–	5	47
外商投资企业	1	–	1	19
中外合资经营企业	1	–	1	19
按经济组织类型分组				
独资企业	502	43	1 848	11 994
国有企业	179	36	696	7 274
集体企业	139	4	949	3 435
私营独资企业	184	3	203	1 285
合作、合伙企业	18	–	20	176
集体联营企业	1	–	1	13
其他联营企业	1	–	1	6
私营合伙企业	16	–	18	157

13－2 表续　　　　　　　　　　（2003 年）　　　　　　　　　　单位:个、人

	法人单位	活动单位	网　　点	人　　员
股份有限公司	7	8	68	1 427
股份有限公司(内资)	2	8	63	1 380
私营股份有限公司	5	–	5	47
有限责任公司	593	16	896	23 762
国有独资公司	1	–	15	152
私营有限责任公司	466	7	586	17 532
中外合资经营企业	1	–	1	19
其它有限责任公司	125	9	294	6 059
按国民经济行业分组				
综合零售业	143	8	10 368	35 151
百货零售业	95	2	6 058	14 366
超级市场零售业	9	5	914	3 653
食品、饮料、烟草制品专门零售业	134	13	14 256	24 479
纺织、服装及日用品专门零售业	128	3	10 534	17 903
服装零售业	36	1	5 896	9 706
文化、体育用品及器材专门零售业	73	6	999	2 984
图书零售业	27	–	47	662
医药及医疗器材专门零售业	40	9	190	1 425
药材零售业	36	9	186	1 376
汽车、摩托车、燃料及零配件专门零售业	183	23	381	3 547
汽车零售业	16	1	24	449
机动车燃料零售业	76	18	231	1 964
家用电器及电子产品专门零售业	149	1	182	2 636
家用电器零售业	47	–	56	814
计算机、软件及辅助设备零售业	48	–	58	741
通讯设备零售业	28	1	36	714
五金、家具及室内装修材料专门零售业	176	1	236	1 856
无店铺及其他零售业	94	3	3 447	6 088
邮购及电子销售业	2	–	12	74
按企业规模分组				
限额以上企业	59	12	402	10 118
限额以下企业	1 061	55	2 430	27 241
个　体	–	–	37 761	58 710

13－3 餐饮业机构、网点、人员数

（2003年） 单位：个、人

	法人单位	活动单位	网 点	人 员
总 计	**207**	**86**	**12 232**	**39 421**
其中：国有及国有控股	15	35	61	2 536
按登记注册类型分组				
内资企业	207	84	317	11 613
国有企业	11	34	56	1 949
集体企业	9	12	23	582
有限责任公司	29	19	50	3 659
其它有限责任公司	29	19	50	3 659
股份有限公司	－	1	1	200
私营企业	158	18	187	5 223
私营独资企业	86	3	95	1 854
私营合伙企业	1	－	1	52
私营有限责任公司	69	13	86	3 033
私营股份有限公司	2	2	5	284
港、澳、台商投资企业	－	1	1	70
独资经营企业	－	1	1	70
外商投资企业	－	1	1	126
中外合作经营企业	－	1	1	126
按经济组织类型分组				
独资企业	106	50	175	4 455
国有企业	11	34	56	1 949
集体企业	9	12	23	582
私营独资企业	86	3	95	1 854
港、澳、台独资经营企业		1	1	70
合作、合伙企业	1	1	2	178
私营合伙企业	1	－	1	52
中外合作经营企业		1	1	126
股份有限公司	2	3	6	484
股份有限公司（内资）	－	1	1	200
私营股份有限公司	2	2	5	284
有限责任公司	98	32	136	6 692
私营有限责任公司	69	13	86	3 033
其它有限责任公司	29	19	50	3 659
按国民经济行业分组				
正餐	199	85	9 195	32 071
快餐	5	1	2 254	5 741
饮料及冷饮服务业	2	－	381	862
其他餐饮服务业	1	－	402	747
按企业规模分组				
限额以上企业	33	27	67	5 729
限额以下企业	174	59	252	6 080
个 体			11 913	27 612

13－4　限额以上批发零售贸易业商品购进、销售、库存总额

（2003 年）　　　　单位：万元

指标	购进总额	# 进口	销售总额	批发	# 出口	零售	年末库存总额
总计	**818 764.7**	**8 560.0**	**875 662.9**	**494 767.5**	**12 006.3**	**380 895.4**	**144 742.2**
其中：国有及国有控股	538 873.6	8 325.0	588 331.8	350 616.8	9 143.3	237 715.0	110 770.6
按登记注册类型分组							
内资企业	817 400.7	8 560.0	874 146.9	494 644.5	12 006.3	379 502.4	144 680.5
国有企业	372 970.4	8 325.0	394 312.1	274 532.7	9 143.3	119 779.4	95 359.5
集体企业	13 421.1	－	19 779.1	17 810.7	－	1 968.4	4 220.0
有限责任公司	245 978.3	235.0	245 223.2	118 027.1	－	127 196.1	23 762.6
国有独资企业	29 598.9	－	30 418.6	26 569.0	－	3 849.6	2 192.6
其他有限责任公司	216 379.4	235.0	214 804.6	91 458.1	－	123 346.5	21 570.0
股份有限公司	105 701.8	－	132 548.0	40 960.5	2 863.0	91 587.5	15 713.8
私营企业	79 329.1	－	82 284.5	43 313.5	－	38 971.0	5 624.6
私营有限责任公司	79 329.1	－	82 284.5	43 313.5	－	38 971.0	5 624.6
外商投资企业	1 364.0	－	1 516.0	123.0	－	1 393.0	61.7
中外合资经营企业	1 364.0	－	1 516.0	123.0	－	1 393.0	61.7
按国民经济行业分组							
农畜产品批发业	15 743.7	－	15 274.3	15 156.6	－	117.7	9 170.4
食品、饮料及烟草制品批发业	217 068.2	－	227 296.0	225 150.0	－	2 146.0	34 065.2
米、面制品及食用油批发业	28 955.0	－	34 842.5	34 215.9	－	626.6	20 403.8
烟草制品批发业	179 969.1	－	182 095.6	180 856.6	－	1 239.0	11 466.1
纺织、服装及日用品批发业	8 572.1	－	9 143.3	9 143.3	9 143.3	－	905.8

13-4表续 (2003年) 单位:万元

指标	购进总额	# 进口	销售总额	批发	# 出口	零售	年末库存总额
服装批发业	8 572.1	-	9 143.3	9 143.3	9 143.3	-	905.8
文化、体育用品及器材批发业	11 084.7	-	14 037.2	14 011.2	-	26.0	3 676.3
医药及医疗器材批发业	23 952.0	-	29 116.0	15 407.0	-	13 709.0	29 826.5
矿产品、建材及化工产品批发业	98 832.1	8 325.0	93 333.6	73 617.4	-	19 716.2	7 434.3
石油及制品批发业	75 975.4	-	61 897.8	42 181.6	-	19 716.2	5 527.3
金属及金属矿批发业	8 325.0	8 325.0	10 892.7	10 892.7	-	-	260.0
建材批发业	3 633.2	-	3 633.2	3 633.2	-	-	-
化肥批发业	10 898.5	-	16 909.9	16 909.9	-	-	1 647.0
机械、五金及电子产品批发业	65 382.3	-	65 799.6	63 920.1	2 863.0	1 879.5	6 754.5
汽车、摩托车及零配件批发业	18 024.2	-	19 395.3	17 515.8	-	1 879.5	3 033.5
家用电器批发业	23 695.0	-	21 860.5	21 860.5	-	-	3 464.5
其他批发业	9 199.0	-	9 305.4	9 305.4	-	-	54.9
综合零售业	128 106.3	-	151 766.6	6 411.0	-	145 355.6	18 760.3
百货零售业	93 342.1	-	119 664.5	3 316.0	-	116 348.5	14 340.6
超级市场零售业	34 764.2	-	32 102.1	3 095.0	-	29 007.1	4 419.7
食品、饮料及烟草制品专门零售业	3 888.9	-	6 909.4	221.3	-	6 688.1	2 038.8
纺织、服装及日用品专门零售业	126.0	-	215.8	-	-	215.8	105.0
服装零售业	126.0	-	215.8	-	-	215.8	105.0
文化、体育用品及器材专门零售业	12 356.3	-	12 180.7	84.0	-	12 096.7	4 601.4
图书零售业	6 582.3	-	6 414.2	0.6	-	6 413.6	1 965.1
医药及医疗器材专门零售业	23 700.9	-	29 480.6	3 268.9	-	26 211.7	5 214.2
药品零售业	23 700.9	-	29 480.6	3 268.9	-	26 211.7	5 214.2
汽车、摩托车、燃料及零配件	162 612.0	-	176 370.8	57 829.5	-	118 541.3	18 933.4
汽车零售业	57 950.7	-	59 714.1	16 340.2	-	43 373.9	3 464.6
机动车燃料零售业	88 864.5	-	99 483.1	38 466.1	-	61 017.0	13 620.3
家用电器及电子产品专门零售业	36 989.7	235.0	34 231.7	1 241.8	-	32 989.9	2 991.3
家用电器零售业	21 933.1	-	18 440.1	-	-	18 440.1	2 532.1
计算机、软件及辅助设备零售业	11 721.9	235.0	11 652.5	-	-	11 652.5	394.3
通讯设备零售业	3 334.7	-	4 139.1	1 241.8	-	2 897.3	64.9
五金、家具及室内装修材料零售业	800.1	-	784.2	-	-	784.2	121.3
无店铺及其他零售业	350.4	-	417.7	-	-	417.7	88.6

13－5　限额以下批发零售贸易业商品销售总额

（2003 年）　　　　单位：万元

指　　标	销售总额	批　　发	零　　售
总　　计	**867 441.1**	**290 731.1**	**576 710.0**
批发业	**303 617.7**	**274 188.1**	**29 429.6**
农畜产品批发业	19 648.2	18 379.2	1 269.0
食品、饮料及烟草制品批发业	37 157.8	33 148.3	4 009.5
米、面制品及食用油批发业	13 861.1	12 579.4	1 281.7
烟草制品批发业	6 121.0	5 429.4	691.6
纺织、服装及日用品批发业	11 136.4	10 742.7	393.7
服装批发业	2 739.7	2 649.0	90.7
文化、体育用品及器材批发业	3 518.7	3 195.8	322.9
医药及医疗器材批发业	11 508.2	9 604.0	1 904.2
矿产品、建材及化工产品批发业	122 607.2	107 548.8	15 058.4
煤炭及制品批发业	14 076.3	12 772.6	1 303.7
石油及制品批发业	27 753.2	21 033.9	6 719.3
金属及金属矿批发业	22 368.0	21 167.3	1 200.7
建材批发业	31 729.8	29 440.4	2 289.4
化肥批发业	12 789.7	10 322.8	2 466.9
机械设备、五金交电及电子产品批发业	78 648.7	72 560.6	6 088.1
汽车、摩托车及零配件批发业	10 194.0	9 621.6	572.4
家用电器批发业	2 439.6	1 943.8	495.8
计算机、软件及辅助设备批发业	4 082.9	3 820.3	262.6
贸易经纪与代理	317.8	317.8	-
其他批发业	19 074.7	18 690.9	383.8
零售业	249 026.2	16 543.0	232 483.2
综合零售业	19 924.1	699.5	19 224.6
百货零售业	13 420.3	522.1	12 898.2
超级市场零售业	2 054.0		2 054.0
食品、饮料及烟草制品专门零售业	52 394.0	7 897.8	44 496.2
纺织、服装及日用品专门零售业	17 783.4	1 227.9	16 555.5
服装零售业	6 694.9	581.2	6 113.7
文化、体育用品及器材专门零售业	14 663.3	64.6	14 598.7
图书零售业	6 819.7	41.8	6 777.9
医药及医疗器材专门零售业	5 776.2	475.3	5 300.9
药品零售业	5 196.2	475.3	4 720.9
汽车、摩托车、燃料及零配件	53 026.8	2 268.0	50 758.8
汽车零售业	3 129.9	-	3 129.9
机动车燃料零售业	27 152.6	1 141.4	26 011.2
家用电器及电子产品专门零售业	26 770.5	233.9	26 536.6
家用电器零售业	8 093.8	117.3	7 976.5
计算机、软件及辅助设备零售业	8 674.5	19.0	8 655.5
通讯设备零售业	6 086.7	61.6	6 025.1
五金、家具及室内装修材料零售业	43 569.2	3 329.4	40 239.8
无店铺及其他零售业	15 118.7	346.6	14 772.1
邮购及电子销售业	201.8	100.1	101.7

注：分行业数为小型商业企业数，合计数含个体，分行业合计不等于本表总计。

13-6 限额以上批发零售贸易、餐饮企业财务状况

（2003年） 单位：万元

指　　标	资产合计	固定资产	流动资产	负债合计	所有者权益	商品销售收入净额	利润总额
批发零售贸易企业总计	**511 860.8**	**147 524.1**	**337 522.3**	**344 491.0**	**167 369.8**	**723 048.6**	**15 877.6**
#国有及国有控股	365 410.4	105 433.4	191 753.7	228 452.6	136 957.8	505 781.7	14 696.9
按登记注册类型分组							
批发企业	281 410.1	74 641.1	173 532.5	207 659.5	73 750.6	485 041.5	9 622.0
内资企业	281 410.1	74 641.1	173 532.5	207 659.5	73 750.6	485 041.5	9 622.0
国有企业	144 790.0	29 136.9	110 106.0	112 923.5	31 866.5	212 834.9	11 391.9
集体企业	21 430.5	1 348.6	18 379.5	20 321.5	1 109.0	17 625.9	43.4
有限责任公司	31 707.6	5 272.0	25 327.7	24 849.5	6 858.1	94 689.9	264.0
国有独资企业	3 242.5	875.3	2 402.5	1 723.5	1 519.0	19 934.1	848.3
其他有限责任公司	28 465.1	4 396.7	22 925.2	23 126.0	5 339.1	74 755.8	-584.3
股份有限公司	71 107.0	38 047.9	10 683.7	39 999.0	31 108.0	131 057.8	-2 040.6
私营企业	12 375.0	835.7	9 035.6	9 566.0	2 809.0	28 833.0	-36.7
私营有限责任公司	12 375.0	835.7	9 035.6	9 566.0	2 809.0	28 833.0	-36.7
零售企业	230 450.7	72 883.0	163 989.8	136 831.5	93 619.2	238 007.1	6 255.6
内资企业	230 049.6	72 742.7	163 759.4	136 599.1	93 450.5	236 702.8	6 258.1
国有企业	57 865.0	21 754.8	34 441.4	45 792.2	12 072.8	55 393.6	-90.8
集体企业	509.2	14.1	358.0	131.2	378.0	777.8	31.6
有限责任公司	78 048.8	38 273.8	31 235.1	50 767.1	27 281.7	90 976.2	1 956.4
国有独资企业	684.0	-	650.5	590.9	93.1	3 290.2	127.3
其他有限责任公司	77 364.8	38 273.8	30 584.6	50 176.2	27 188.6	87 686.0	1 829.1
股份有限公司	67 864.6	8 968.7	23 443.6	15 540.7	52 323.9	50 918.3	4 623.6
私营企业	25 762.0	3 731.3	74 281.3	24 367.9	1 394.1	38 636.9	-262.7
私营有限责任公司	25 762.0	3 731.3	74 281.3	24 367.9	1 394.1	38 636.9	-262.7
外商投资企业	401.1	140.3	230.4	232.4	168.7	1 304.3	-2.5
中外合资经营企业	401.1	140.3	230.4	232.4	168.7	1 304.3	-2.5

13－6 表续 1 （2003 年） 单位：万元

指　　标	资产合计	固定资产	流动资产	负债合计	所有者权益	商品销售收入净额	利润总额
按国民经济行业分组							
农畜产品批发业	20 253.0	4 427.0	16 137.1	21 625.2	－1 372.2	13 929.0	－491.6
食品、饮料及烟草制品批发业	79 757.6	19 285.4	52 009.7	47 878.5	31 879.1	191 934.0	13 432.7
米、面制品及食用油批发业	38 254.6	9 950.6	26 561.1	34 249.9	4 004.7	31 647.0	1 205.0
烟草制品批发业	28 466.5	6 460.9	19 145.1	7 038.9	21 427.6	151 391.3	11 791.3
纺织、服装及日用品批发业	6 301.2	171.1	6 048.1	7 866.2	－1 565.0	9 143.3	9.6
服装批发业	6 301.2	171.1	6 048.1	7 866.2	－1 565.0	9 143.3	9.6
文化、体育用品及器材批发业	8 246.2	1 976.9	6 049.9	6 438.9	1 807.3	10 911.7	217.9
医药及医疗器材批发业	22 718.5	4 086.5	19 466.4	19 578.0	3 140.5	25 883.8	95.4
矿产品、建材及化工产品批发业	118 573.4	43 014.7	50 458.1	82 048.1	36 525.3	173 297.9	－3 678.1
石油及制品批发业	82 395.1	40 380.5	19 224.0	50 088.8	32 306.3	144 928.6	－3 324.2
金属及金属矿批发业	16 396.3	615.3	15 781.0	14 267.7	2 128.6	9 310.2	－401.8
建材批发业	1 952.1	479.1	1 347.1	1 716.0	236.1	2 607.3	21.7
化肥批发业	17 829.9	1 539.8	14 106.0	15 975.6	1 854.3	16 451.8	26.2
机械设备、五金及电子产品批发业	24 084.8	1 552.3	22 059.9	21 003.8	3 081.0	50 636.4	29.8
汽车、摩托车及零配件批发业	12 204.3	1 093.2	10 886.6	10 626.3	1 578.0	15 677.0	－321.1
家用电器批发业	7 533.2	418.6	6 966.5	6 091.3	1 441.9	21 746.8	343.2
其他批发业	1 475.4	127.2	1 303.3	1 220.8	254.6	9 305.4	6.3
综合零售业	139 205.1	56 157.1	40 762.7	61 982.8	77 222.3	109 395.4	5 831.2
百货零售业	126 930.2	48 599.1	37 442.0	54 966.1	71 964.1	90 542.9	5 586.3
超级市场零售业	12 274.9	7 558.0	3 320.7	7 016.7	5 258.2	18 852.5	244.9
食品、饮料及烟草制品专门零售业	11 934.9	512.0	11 377.7	9 656.7	2 278.2	6 084.9	35.1
纺织、服装及日用品专门零售业	568.7	278.6	141.6	490.0	78.7	114.7	13.6
服装零售业	568.7	278.6	141.6	490.0	78.7	114.7	13.6
文化、体育用品及器材专门零售业	9 089.3	3 966.3	4 897.8	6 512.5	2 576.8	6 747.3	120.9

13-6表续2　　　　　　　　　　（2003年）　　　　　　　　　　单位:万元

指　　标	资产合计	固定资产	流动资产	负债合计	所有者权益	商品销售收入净额	利润总额
图书零售业	6 068.8	3 647.9	2 242.5	3 983.8	2 085.0	5 573.1	98.6
医药及医疗器材专门零售业	18 084.9	4 087.5	13 968.8	14 727.3	3 357.6	24 547.9	340.3
药品零售业	18 084.9	4 087.5	13 968.8	14 727.3	3 357.6	24 547.9	340.3
汽车、摩托车、燃料及零配件	32 022.2	4 372.2	81 753.2	25 306.9	6 715.3	59 705.9	134.0
汽车零售业	23 039.8	3 606.2	74 207.0	18 271.5	4 768.3	40 746.9	90.3
机动车燃料零售业	793.2	232.9	424.8	316.0	477.2	3 470.4	44.2
家用电器及电子产品专门零售业	16 534.4	1 862.2	10 534.8	15 039.3	1 495.1	30 441.6	-136.7
家用电器零售业	13 369.9	977.5	8 446.3	12 753.2	616.7	16 511.0	-276.7
计算机、软件及辅助设备零售业	2 923.2	862.4	1 914.2	2 092.0	831.2	10 392.9	111.1
通讯设备零售业	241.3	22.3	174.3	194.1	47.2	3 537.7	28.9
五金、家具及室内装修材料零售业	2 023.9	913.2	299.8	2 416.9	-393.0	601.4	-58.6
无店铺及其他零售业	987.3	733.9	253.4	699.1	288.2	368.0	-24.2
餐饮业	**30 130.0**	**18 858.0**	**7 663.3**	**19 331.2**	**10 798.8**	**23 064.5**	**21.8**
其中:国有及国有控股	4 940.3	3 921.2	784.1	3 579.6	1 360.7	1 652.0	-253.9
按登记注册类型分组							
内资企业	30 130.0	18 858.0	7 663.3	19 331.2	10 798.8	23 064.5	21.8
集体企业	801.1	648.6	152.5	781.1	20.0	465.3	0.8
有限责任公司	19 615.6	12 563.7	4 913.3	14 309.8	5 305.8	15 211.8	-84.7
其他有限责任公司	19 615.6	12 563.7	4 913.3	14 309.8	5 305.8	15 211.8	-84.7
私营企业	9 713.3	5 645.7	2 597.5	4 240.3	5 473.0	7 387.4	105.7
私营独资企业	3 486.6	1 766.4	1 398.7	1 484.8	2 001.8	2 057.0	-10.5
私营合伙企业	72.9	14.4	58.5	12.4	60.5	472.8	10.5
私营有限责任公司	6 153.8	3 864.9	1 140.3	2 743.1	3 410.7	4 857.6	105.7
按国民经济行业分组							
正餐服务业	30 130.0	18 858.0	7 663.3	19 331.2	10 798.8	23 064.5	21.8

13-7 餐饮业销售情况

（2003年）　　　　单位:万元

指　　标	营业总收入	商品零售额	食品类	饮料类	烟酒类	其他商品类
总　计	**233 395.4**	**206 439.5**	**48 377.1**	**3 639.7**	**10 285.2**	**296.0**
限额以上	**38 838.2**	**37 251.0**	**27 665.3**	**2 377.6**	**7 042.5**	**165.6**
按登记注册类型分组						
内资企业	36 993.7	35 406.5	26 558.6	1 639.8	7 042.5	165.6
国有企业	7 332.2	6 693.7	4 681.0	498.4	1 512.3	2.0
集体企业	416.8	416.8	312.6	16.7	83.3	4.2
有限责任公司	17 638.7	16 798.4	12 625.9	530.4	3 629.5	12.6
其他有限责任公司	17 638.7	16 798.4	12 625.9	530.4	3 629.5	12.6
股份有限公司	2 204.2	2 204.2	1 763.4	110.2	330.6	-
私营企业	9 401.8	9 293.4	7 175.7	484.1	1 486.8	146.8
私营独资企业	1 941.0	1 894.3	1 350.3	52.4	469.9	21.7
私营合伙企业	515.3	515.3	347.1	70.9	94.5	2.8
私营有限责任公司	6 082.3	6 020.6	4 812.0	293.1	793.2	122.3
私营股份有限公司	863.2	863.2	666.3	67.7	129.2	-
港、澳、台商投资企业	1 844.5	1 844.5	1 106.7	737.8	-	-
独资经营企业	1 844.5	1 844.5	1 106.7	737.8	-	-
按国民经济行业分组						
正餐服务业	36 993.7	35 406.5	26 558.6	1 639.8	7 042.5	165.6
快餐服务业	1 844.5	1 844.5	1 106.7	737.8	-	-
限额以下	**194 557.2**	**169 188.5**	**20 711.8**	**1 262.1**	**3 242.7**	**130.4**

13－8 主要年份社会消费品零售总额

单位:万元

指　　标	1978年	1980年	1985年	1990年	1995年	2000年	2002年	2003年
社会消费品零售总额	**50 421**	**67 442**	**131 489**	**253 039**	**562 503**	**902 255**	**1 087 770**	**1 207 534**
按销售地区分								
市的零售额	27 515	35 073	73 374	151 760	346 793	588 883	722 184	815 363
县的零售额	11 219	13 418	33 582	67 380	136 264	166 596	195 269	207 531
县以下的零售额	11 687	18 951	24 533	33 899	79 446	146 776	170 317	184 640
按经济类型分								
国有经济	31 216	44 186	64 278	119 322	221 808	232 092	195 585	214 498
集体经济	18 584	21 346	42 256	59 073	81 812	58 062	58 045	58 176
私营经济	–	–	–	–	11 873	69 469	111 957	130 373
个体经济	621	1 910	24 810	74 644	245 476	482 166	543 878	565 054
股份制经济	–	–	–	–	783	54 505	173 386	226 249
#国有绝对控股	–	–	–	–	–	41 225	29 827	51 386
国有相对控股	–	–	–	–	–	13 171	88 750	101 135
其他各种经济	–	–	145	–	751	5 961	4 919	13 184
按行业分								
批发、零售贸易业	45 177	61 181	123 045	233 490	510 781	775 129	890 849	987 757
限额以上	–	–	–	–	–	208 845	242 884	336 021
限额以下	–	–	–	–	–	566 284	647 965	651 736
餐饮业	1 521	2 131	4 763	12 136	39 722	109 075	171 104	196 460
其他	3 723	4 130	3 681	7 413	12 000	18 051	25 817	23 317

13－9　主要年份社会消费品零售总额

年　份	社会消费品零售总额（万元）	市	县	县以下	构成（%）市	县	县以下
1978	50 421	27 515	11 219	11 687	54.57	22.25	23.18
1979	57 433	30 554	11 946	14 933	53.20	20.80	26.00
1980	67 442	35 073	13 418	18 951	52.00	19.90	28.10
1981	74 010	32 377	22 008	19 625	43.74	29.74	26.52
1982	84 093	36 764	26 847	20 482	43.72	31.92	24.36
1983	93 388	41 185	30 246	21 957	44.10	32.39	23.51
1984	108 596	55 275	30 263	23 058	50.90	27.87	21.23
1985	131 489	73 374	33 582	24 533	55.80	25.54	18.66
1986	151 208	85 496	39 433	26 279	56.54	26.08	17.38
1987	171 737	98 276	43 776	29 685	57.22	25.49	17.29
1988	220 957	123 358	60 080	37 519	55.83	27.19	16.98
1989	237 855	138 605	64 634	34 616	58.27	27.18	14.55
1990	253 039	151 760	67 380	33 899	59.97	26.63	13.40
1991	281 468	160 586	73 440	47 442	57.05	26.09	16.86
1992	321 706	189 940	81 380	50 386	59.04	25.30	15.66
1993	385 091	213 286	92 200	79 605	55.39	23.94	20.67
1994	470 578	287 171	118 329	65 078	61.03	25.14	13.83
1995	562 503	346 793	136 264	79 446	61.65	24.22	14.13
1996	657 064	423 184	121 602	112 278	64.40	18.51	17.09
1997	711 549	455 106	140 221	116 222	63.96	19.71	16.33
1998	771 723	496 976	143 394	131 353	64.40	18.58	17.02
1999	827 053	536 327	152 822	137 904	64.85	18.48	16.67
2000	902 255	588 883	166 596	146 776	65.27	18.46	16.27
2001	988 640	647 779	181 140	159 721	65.52	18.32	16.16
2002	1 087 770	722 184	195 269	170 317	66.39	17.95	15.66
2003	1 207 534	815 363	207 531	184 640	67.52	17.19	15.29

13－9 表续

年份	分行业社会消费品零售总额(万元)					构成(%)				
	批发贸易业	餐饮业	其他行业	#制造业	#农业生产者	批发贸易业	餐饮业	其他行业	#制造业	#农业生产者
1978	42 826	1 521	6 074	1 730	621	84.93	3.02	12.05	3.43	1.23
1979	47 975	1 743	7 715	2 525	1 068	83.53	3.04	13.43	4.40	1.86
1980	55 358	2 131	9 953	4 084	1 739	82.08	3.16	14.76	6.06	2.58
1981	58 914	2 245	12 851	7 189	2 212	79.60	3.03	17.37	9.71	2.99
1982	67 719	2 747	13 627	7 394	3 293	80.53	3.27	16.20	8.79	3.92
1983	74 966	3 108	15 314	7 580	5 084	80.27	3.33	16.40	8.12	5.44
1984	85 434	3 949	19 213	9 172	7 257	78.67	3.64	17.69	8.45	6.68
1985	104 624	4 763	22 102	8 415	10 006	79.57	3.62	16.81	6.40	7.61
1986	116 482	5 442	29 284	10 823	13 441	77.03	3.60	19.37	7.16	8.89
1987	126 003	8 113	37 621	14 486	16 953	73.37	4.72	21.91	8.43	9.87
1988	168 420	10 225	42 312	15 172	20 108	76.22	4.63	19.15	6.87	9.10
1989	178 889	10 841	48 125	15 784	25 031	75.21	4.56	20.23	6.64	10.52
1990	186 189	12 136	54 714	16 302	30 999	73.58	4.80	21.62	6.44	12.25
1991	205 762	14 320	61 386	16 810	36 046	73.10	5.09	21.81	5.97	12.81
1992	228 499	17 709	75 498	21 743	43 724	71.03	5.50	23.47	6.76	13.59
1993	266 300	19 370	99 421	30 552	57 349	69.15	5.03	25.82	7.93	14.89
1994	310 044	30 374	130 160	28 826	86 330	65.89	6.45	27.66	6.13	18.35
1995	372 517	39 722	150 264	32 640	105 624	66.23	7.06	26.71	5.80	18.78
1996	414 359	49 654	193 051	45 849	128 697	63.06	7.56	29.38	6.98	19.59
1997	448 204	54 531	208 814	42 651	157 523	62.99	7.66	29.35	5.99	22.14
1998	466 838	69 882	235 003	42 277	181 105	60.49	9.06	30.45	5.48	23.47
1999	478 475	93 908	254 670	37 724	199 013	57.85	11.36	30.79	4.56	24.06
2000	539 794	109 075	253 386	36 610	198 725	59.83	12.09	28.08	4.06	22.03
2001	597 360	138 187	253 093	36 905	192 747	60.42	13.98	25.60	3.73	19.50
2002	658 291	171 104	258 375	38 512	194 046	60.52	15.73	23.75	3.54	17.84
2003	987 757	196 460	23 317	–	–	81.8	16.27	1.93	–	–

13－10　城乡集市贸易情况

指　　标	1990年	1995年	2000年	2001年	2002年	2003年
集市数(个)	216	289	362	354	350	393
城　　市	166	207	112	118	138	143
乡　　村	50	82	250	236	212	250
集贸成交额(万元)	61 269	259 346	604 650	623 144	653 061	1 079 046
城　　市	39 247	133 304	344 352	353 710	336 632	728 321
乡　　村	22 022	126 042	260 298	269 434	316 429	350 725
按类分						
粮 食 类	2 769	11 179	13 944	21 505	24 747	28 504
油脂油料类	1 423	8 009	21 844	23 525	43 617	34 741
棉烟麻类	120	241	1 154	537	915	1 060
肉食禽蛋类	12 190	47 474	84 873	87 498	92 359	113 917
水产品类	2 819	7 321	15 812	16 538	20 444	22 675
蔬 菜 类	11 038	45 224	81 241	79 749	68 719	74 803
干鲜果类	8 790	21 871	61 473	61 448	98 507	71 460
大牲畜类	1 663	8 734	7 728	7 783	8 037	9 309
其　　他	20 457	109 293	316 581	324 561	295 716	722 577

13－11　各市县社会消费品零售总额

（2003年）　　　　单位:万元

地　　区	社会消费品零售总额	批发、零售贸易业			餐饮业	其　它
			限额以上	限额以下		
银川市	**613 041**	**480 823**	**256 204**	**224 619**	**119 929**	**12 289**
银川市	533 066	418 126	251 348	166 778	111 162	3 778
永宁县	26 475	20 350	577	19 773	1 965	4 160
贺兰县	21 968	17 698	1 499	16 199	2 839	1 431
灵武市	31 532	24 649	2 780	21 869	3 963	2 920
石嘴山市	**217 150**	**159 641**	**30 518**	**129 123**	**43 158**	**14 351**
石嘴山市	146 976	104 820	18 677	86 143	28 149	14 007
平罗县	49 335	37 923	11 841	26 082	11 412	–
陶乐县	4 003	3 094	–	3 094	647	262
惠农县	16 836	13 804	–	13 804	2 950	82
吴忠市	**283 481**	**230 986**	**35 940**	**195 046**	**38 112**	**14 383**
利通区	115 019	92 735	15 815	76 920	16 311	5 973
青铜峡市	42 449	36 158	778	35 380	6 291	–
中卫县	61 490	48 240	6 208	42 032	8 500	4 750
中宁县	33 320	25 888	9 580	16 308	4 245	3 187
盐池县	13 606	10 916	–	10 916	2 217	473
同心县	17 597	17 049	3 559	13 490	548	–
固原市	**134 407**	**118 848**	**12 007**	**106 841**	**13 974**	**1 585**
原州区	56 733	48 714	5 512	43 202	7 910	109
海原县	15 015	13 930	6 495	7 435	960	125
西吉县	24 160	20 579	–	20 579	2 907	674
隆德县	10 382	9 804	–	9 804	578	–
泾源县	9 523	8 616	–	8 616	749	158
彭阳县	18 594	17 205	–	17 205	870	519

(2003 年)　　单位:万元

地　区	社会消费品零售总额	国有经济	集体经济	私营经济	个体经济	股份制经济	其他经济
银川市	**613 041**	**100 757**	**26 311**	**64 054**	**219 281**	**195 347**	**7 291**
银川市	533 066	85 390	24 315	54 917	167 362	193 791	7 291
永宁县	26 475	3 915	546	3 930	17 900	184	-
贺兰县	21 968	2 309	369	1 789	16 129	1 372	-
灵武市	31 532	9 143	1 081	3 418	17 890	-	-
石嘴山市	**217 150**	**22 874**	**13 215**	**57 490**	**101 082**	**22 489**	**-**
石嘴山市	146 976	16 904	11 686	48 732	58 564	11 090	-
平罗县	49 335	2 105	402	7 259	28 170	11 399	-
陶乐县	4 003	1 644	34	321	2 004	-	-
惠农县	16 836	2 221	1 093	1 178	12 344	-	-
吴忠市	**283 481**	**52 081**	**11 409**	**30 758**	**170 768**	**18 465**	**-**
利通区	115 019	8 142	2 553	14 626	78 790	10 908	-
青铜峡市	42 449	11 322	5 870	2 547	22 710	-	-
中卫县	61 490	5 438	1 259	6 140	41 468	7 185	-
中宁县	33 320	11 837	447	5 730	14 934	372	-
盐池县	13 606	7 228	85	1 099	5 194	-	-
同心县	17 597	8 114	1 195	616	7 672	-	-
固原市	**134 407**	**50 222**	**5 570**	**8 716**	**69 812**	**87**	**-**
原州区	56 733	12 232	1 736	3 393	39 372	-	-
海原县	15 015	7 198	461	480	6 876	-	-
西吉县	24 160	10 005	664	1 823	11 668	-	-
隆德县	10 382	4 818	476	1 840	3 248	-	-
泾源县	9 523	3 796	419	1 180	4 041	87	-
彭阳县	18 594	12 173	1 814	-	4 607	-	-

13－12　各市县主要年份社会消费品零售总额

单位：万元

地　区	1958 年	1978 年	1980 年	1985 年	1990 年	1995 年	2000 年	2002 年	2003 年
全区总计	**13 735**	**50 421**	**67 442**	**131 489**	**253 039**	**571 929**	**902 255**	**1 087 770**	**1 207 534**
银川市	**5 041**	**18 314**	**24 996**	**53 504**	**113 096**	**261 248**	**443 135**	**537 865**	**613 041**
银川市	3 690	13 357	17 621	38 997	87 846	217 785	377 992	462 468	533 066
永宁县	448	1 381	1 771	4 184	6 525	13 756	20 673	25 068	26 475
贺兰县	521	1 348	1 893	4 187	7 081	11 726	16 739	20 316	21 968
灵武市	382	2 228	3 711	6 136	11 644	17 981	27 731	30 013	31 532
石嘴山市	**2 217**	**10 764**	**13 673**	**23 356**	**47 302**	**103 019**	**156 784**	**195 671**	**217 150**
石嘴山市	1 289	7 686	9 600	16 117	30 499	73 906	102 422	131 594	146 976
平罗县	813	2 873	3 800	6 703	13 062	22 719	39 939	45 471	49 335
陶乐县	115	205	273	536	1 047	1 846	2 956	3 605	4 003
惠农县	–	–	–	–	2 694	4 548	11 467	15 001	16 836
吴忠市	**4 208**	**14 139**	**17 804**	**36 639**	**66 487**	**151 845**	**218 024**	**255 397**	**283 481**
利通区	1 103	3 548	4 331	13 097	21 124	62 492	86 259	103 389	115 019
青铜峡市	560	2 924	3 521	5 780	12 291	21 920	35 184	39 279	42 449
中卫县	1 153	2 908	3 823	6 341	13 450	30 004	46 507	56 578	61 490
中宁县	782	2 186	2 614	5 077	8 721	18 113	26 457	30 068	33 320
盐池县	267	1 224	1 617	2 851	4 987	9 303	9 594	11 517	13 606
同心县	343	1 349	1 898	3 493	5 914	10 013	14 023	14 566	17 597
固原市	**2 269**	**7 204**	**10 969**	**17 990**	**26 154**	**55 817**	**84 312**	**98 837**	**134 407**
原州区	1 020	3 419	5 350	6 821	10 480	25 206	42 332	46 925	56 733
海原县	425	1 029	1 933	2 660	3 187	6 348	9 507	12 430	15 015
西吉县	386	1 384	2 031	3 765	5 092	9 208	12 409	15 222	24 160
隆德县	263	979	1 129	1 762	3 055	4 815	7 532	9 000	10 382
泾源县	175	393	526	1 105	1 695	4 260	4 394	6 308	9 523
彭阳县	–	–	–	1 877	2 645	5 980	8 138	8 952	18 594

注：2003 年各市县相加不等于全区总计，原因是全区数据进行了修正。

13－13 各市县限额以上批发、零售贸易商品购、销、存总额

2003年 单位:万元

地区	购进总额	销售总额	批发	零售	库存总额
全区总计	**886 498.7**	**948 310.9**	**567 415.5**	**380 895.4**	**145 678.2**
银川市	**506 970.9**	**541 365.9**	**258 224.5**	**283 141.4**	**90 764.3**
银川市	465 714.6	496 096.7	220 998.6	275 098.1	80 473.0
永宁县	12 081.3	12 897.2	12 319.3	577.9	3 506.2
贺兰县	10 336.0	12 000.0	10 501.0	1 499.0	625.0
灵武市	18 839.0	20 372.0	14 405.6	5 966.4	6 160.1
石嘴山市	**74 707.3**	**84 329.6**	**53 809.1**	**30 520.5**	**23 273.3**
石嘴山市	46 693.9	56 244.7	37 566.6	18 678.1	16 200.8
平罗县	26 443.8	26 383.5	14 541.1	11 842.4	7 030.5
陶乐县	–	–	–	–	–
惠农县	1 569.6	1 701.4	1 701.4	–	42.0
吴忠市	**156 958.3**	**164 943.0**	**113 190.8**	**51 752.2**	**22 585.9**
利通区	59 680.4	71 043.0	39 412.0	31 631.0	12 425.2
青铜峡市	15 744.8	18 098.1	17 320.3	777.8	558.2
中卫县	23 013.8	28 486.8	22 278.8	6 208.0	5 400.0
中宁县	39 761.6	25 296.2	15 719.3	9 576.9	3 660.6
盐池县	4 241.0	4 709.0	4 709.0	–	119.9
同心县	14 516.7	17 309.9	13 751.4	3 558.5	422.0
固原市	**147 862.2**	**157 672.4**	**142 191.1**	**15 481.3**	**9 054.7**
原州区	38 630.8	38 322.3	32 810.3	5 512.0	2 663.8
海原县	9 073.2	12 729.9	6 235.3	6 494.6	2 031.4
西吉县	6 629.0	7 417.0	7 417.0	–	731.0
隆德县	9 255.2	9 565.5	9 565.5	–	121.5
泾源县	3 750.0	3 474.7	–	3 474.7	300.0
彭阳县	80 524.0	86 163.0	86 163.0	–	3 207.0

主要统计指标解释

【批发零售贸易业、餐饮业机构】 指各种经济类型独立核算法人批发零售贸易企业、餐饮企业的单位个数。机构应同时具备以下条件:(1)依法成立,有自己的名称、组织机构和场所,能够独立承担民事责任;(2)独立拥有和使用资产,承担负债,有权与其他单位签订合同;(3)独立核算盈亏,并能够编制资产负债表。

【批发零售贸易业、餐饮业网点】 指各种经济类型独立核算法人批发零售贸易企业、餐饮企业设立的从事商品批发贸易,零售贸易业务的自然单位数和从事餐饮活动的自然单位数,以及各行业附设的从事商品批发贸易、零售贸易业务的自然单位数和从事餐饮活动的自然单位数。网点应具备独立固定的营业场所,配备一定的业务人员,不论机构大小、不论是否单独核算,均按自然点计算,即有一个点就算一个网点。

【批发零售贸易业商品购进总额】 指从本企业以外的单位和个人购进(包括从国外直接进口)作为转卖或加工后转卖的商品金额,由从生产者购进额,从批发零售贸易业购进额,进口额和其他项目组成,反映批发零售贸易企业从国内、国外市场上购进商品的总量。

【批发零售贸易业商品销售总额】 指对本企业以外的单位和个人出售(包括对国外直接出口)的商品金额,由对生产经营单位批发额,对批发零售贸易业批发额、出口额和对居民和社会集团的零售额项目组成,反映批发零售贸易企业在国内市场上销售商品以及出口商品的总量。

商品销售总额包括:

(1)售给城乡居民和社会集团消费用的商品;

(2)售给工业、农业、建筑业、运输邮电业、批发零售贸易业、餐饮业、服务业、公用事业等作为生产、经营使用的商品;

(3售给批发零售贸易业作为转卖或加工后转卖的商品;

(4)对国(境)外直接出口的商品。

【批发】 指除零售以外的一切商品销售活动,包括对生产经营单位批发、对批发零售贸易业批发和出口。

【零售】 指售给城乡居民直接用于生活消费的商品和社会集团直接用于公共消费的商品。

【期末库存】 指批发零售贸易企业已取得所有权的全部商品。这个指标反映批发零售贸易企业的商品库存情况,对市场商品供应的保证程度,期末库存包括:

(1)存放在本单位(如门市部、批发站、采购站、经营处)的仓库、货场、货柜和货架中的商品;

(2)挑选、整理、包装中的商品;

(3)已记入购进而尚未运到本单位的商品,即发货单位或银行承兑凭证已到而货未到的商品;

(4)寄放他处的商品,如因购货方拒绝付款而暂时存放在购货方的商品;

(5)委托其他单位代销(未作销售或调出)尚未售出的商品;

(6)代其他单位购进尚未交付的商品。

【社会消费品零售总额】 指各种经济类型的批发零售贸易业、餐饮业和其他行业对城乡居民和社会集团的消费品零售额总和。这个指标反映通过各种商品流通渠道向居民和社会集团供应的生活消费品来满足他们生活需要,是研究人民生活、社会消费品购买力、货币流通等问题的重要指标。对居民的消费品零售额:指售给城乡居民用于生活消费的商品。对社会集团的消费品零售额:指售给机关、团体、部队、学校企业、事业单位和城市街道居民委员会、农村村民委员会用公款购买的用作非生产、非经营使用的消费品。

社会消费品零售额包括:

1.售给城乡居民作为生活用的商品及修建房屋用的建筑材料;

2.售给机关、团体、学校、部队、企业、事业单位的职工食堂和旅店(招待所)附设专门供本店旅客食用,不对外营业的食堂的各种食品、燃料;企业、单位和国营农场直接售给本单位职工和职工食堂的自己生产的产品;

3.售给部队干部、战士生活用的粮食、副食品、衣着品、日用品、燃料;

4.售给来华的外国人、华侨、港澳台同胞的消费品(包括友谊商店、在海关前后设立的免税商店、外轮供应公司等)

5.居民自费购买的中、西药品,中药材及医疗用品。

6.报社、出版社直接售给居民和社会集团的报纸、图书、杂志,集邮公司(包括邮局集邮专柜)出售的新、旧(盖销的)纪念邮票、特种邮票、首日封、集邮册、集邮工具等。

7.旧货寄售商店(信托商店)自购、自销部分的商品零售额;

8.煤气公司、液化石油气站售给居民和社会集团的煤气灶具和罐装液化石油气;

9.售给社会集团的办公用品、纸张、帐册、文印用品、计算工具、书报杂志和奖品;公共用品和纺织品、针织品;学校用的教学用具;文体用品;非专用的劳动保护用品,如工作服、套袖、围群、手套、毛巾、肥皂等;日用百货和杂品,包括职工食堂用的餐具、炊具、设备和清洁卫生工具等;家具、设备、日用电器、电讯设备、电影器材和照相器材等:取暖用的设备和燃料,防暑、降温的饮料;非生产经营用的交通工具如小轿车、面包车、工具车、卡车和油料;零星修理用的各种零配件、材料、工具、建筑材料等;举办各种招待会、茶话会、宴会用的烟酒茶和各种食品及举办各种招待会、茶话会、宴会用的烟酒茶和各种食品及馈赠的礼品;从公费医疗经费中开支的中、西药品、中药材和医疗器材以及其他非生产性设备和用品。

十四、对外经济贸易和旅游业

14－1　主要年份进出口贸易总额

年　份	按人民币计算(万元)				按美元计算(万美元)			
	进出口总额	出口总额	进口总额	差额(出超—入超)	进出口总额	出口总额	进口总额	差额(出超—入超)
1958	1 055	670	385	285	704	447	257	190
1965	1 777	1 556	221	1 335	1 184	1 037	147	890
1970	1 551	1 304	247	1 057	1 034	869	165	704
1975	4 048	3 136	912	2 224	2 699	2 091	608	1 483
1977	3 324	3 029	295	2 734	2 216	2 019	197	1 822
1978	4 587	3 406	1 181	2 225	2 962	2 271	691	1 580
1980	7 041	6 523	518	6 005	4 674	4 352	322	4 030
1981	8 105	7 447	658	6 789	4 767	4 380	387	3 993
1982	8 956	8 190	766	7 424	4 665	4 266	399	3 867
1983	9 437	7 389	1 958	5 431	3 739	2 956	783	2 173
1984	11 594	8 758	2 836	5 922	4 141	3 128	1 013	2 115
1985	17 362	10 930	6 432	4 498	5 426	3 416	2 010	1 406
1986	25 892	18 416	7 476	10 940	7 465	5 338	2 127	3 211
1987	32 403	23 475	8 928	14 547	8 710	6 310	2 400	3 910
1988	39 893	30 582	9 311	21 271	10 724	8 221	2 503	5 718
1989	29 511	23 471	6 040	17 461	7 848	6 248	1 600	4 648
1990	40 547	36 652	3 895	32 757	8 491	7 679	812	6 867
1991	54 208	47 501	6 707	40 794	10 286	9 029	1 257	7 772
1992	69 886	61 116	8 770	52 346	12 894	11 276	1 618	9 658
1993	83 044	64 375	18 669	45 706	14 350	11 124	3 226	7 898
1994	153 367	125 829	27 538	98 291	17 823	14 636	3 187	11 449
1995	231 651	200 015	31 636	168 379	27 810	24 012	3 798	20 214
1996	194 345	167 753	26 592	141 161	23 438	20 231	3 207	17 024
1997	251 269	208 980	42 289	166 691	30 303	25 203	5 100	20 103
1998	259 826	234 282	25 544	208 738	31 309	28 231	3 078	25 153
1999	263 236	205 008	58 228	146 780	31 799	24 765	7 034	17 731
2000	366 656	270 998	95 658	175 340	44 292	32 736	11 556	21 180
2001	441 035	291 259	149 776	141 483	53 277	35 184	18 093	17 091
2002	366 538	271 545	94 993	176 552	44 285	32 808	11 477	21 331
2003	540 676	423 742	116 934	306 808	65 323	51 195	14 128	37 067

注:1999 年起进出口数据为海关口径。

14－2 按贸易方式和企业性质分进出口商品总值

单位:万美元

指 标	2002年			2003年		
	进出口	出 口	进 口	进出口	出 口	进 口
总 额	**44 285**	**32 808**	**11 477**	**65 323**	**51 195**	**14 128**
按贸易方式分						
一般贸易	30 248	22 860	7 388	54 994	43 757	11 237
来料加工装配贸易	68	37	31	127	50	77
进料加工贸易	12 651	9 849	2 802	9 578	7 378	2 200
外资企业投资进口货物	1 239	－	1 239	591	－	591
其他	79	62	17	33	10	23
按企业性质分						
国有企业	31 939	23 913	8 026	46 595	37 127	9 468
外商投资企业	9 343	6 157	3 186	11 913	7 799	4 114
集体、私营及其他	3 003	2 738	265	6 815	6 269	546

14－3 主要出口商品数量

(2003年)

指 标	单 位	数 量	项 目	单 位	数 量
金属镁	吨	25 275	活性碳	吨	16 418
钼及制品	吨	94	轮胎	万条	70
无毛绒	吨	503	羊毛衫	百件	5 068
硅铁	吨	152 364	四环素	吨	922
碳化硅及磨料	吨	37 444	柠檬酸	吨	58
双氰胺	吨	17 707	枸杞	吨	365
轴承	百套	152	碳化钙	吨	15 106
铝及制品	吨	58 063	化肥	吨	16 463

14－4　进出口商品分国别(地区)总值

单位:万美元

国别	2002年			2003年		
	进出口	出口	进口	进出口	出口	进口
总额	**44 285**	**32 808**	**11 477**	**65 323**	**51 195**	**14 128**
亚洲	**22 146**	**18 640**	**3 506**	**35 767**	**30 193**	**5 574**
香港	1 826	1 805	21	4 898	4 885	13
印度	1 655	973	682	1 847	1 412	435
以色列	150	150	0	431	366	65
日本	6 667	5 709	958	13 172	9 803	3 369
韩国	3 118	3 037	81	7 679	7 576	103
台湾	1 133	827	306	1 136	1 117	19
非洲	**2 325**	**1 510**	**815**	**1 853**	**1 386**	**467**
尼日利亚	484	100	384	300	47	253
欧洲	**8 889**	**6 604**	**2 285**	**14 549**	**11 213**	**3 336**
比利时	436	328	108	672	527	145
英国	1 231	856	375	2 142	1 958	184
德国	1 688	1 134	554	2 791	1 683	1 108
意大利	2 321	1 849	472	2 439	2 295	144
荷兰	1 451	1 369	82	2 465	2 371	94
奥地利	7	7	–	37	3	34
拉丁美洲	**1 116**	**810**	**306**	**1 689**	**1 617**	**72**
北美洲	**6 855**	**4 975**	**1 880**	**7 714**	**6 365**	**1 349**
加拿大	452	367	85	507	345	162
美国	6 403	4 608	1 795	7 207	6 020	1 187
大洋洲	**2 954**	**269**	**2 685**	**3 751**	**421**	**3 330**
澳大利亚	2 930	244	2 686	3 640	333	3 307

14－5　三资企业协议投资额

指　　标	1990年		1995年		1998年		2000年		2003年	
	合同个数（个）	客方协议投资额（万美元）	合同个数（个）	客方协议投资额（万美元）	合同个数（个）	客方协议投资额（万美元）	合同个数（个）	客方协议投资额（万美元）	合同个数（个）	客方协议投资额（万美元）
总　　计	**4**	**102**	**42**	**2 878**	**36**	**5 203**	**32**	**9 927**	**30**	**3 354**
按投资方式分										
独资经营	–	–	9	901	13	327	11	7 204	9	971
合资经营	3	82	31	1 850	18	2 199	17	1 712	18	2 282
合作经营	1	20	2	127	5	2 677	4	1 011	3	101
按国民经济部门分										
农、林、牧、渔业	–	–	3	150	5	2 088	4	339	3	430
工　　业	4	102	32	1 843	24	2 804	25	8 591	17	1 648
建 筑 业	–	–	2	646	1	12	1	800	1	354
房地产公用服务业	–	–	2	92	4	262	1	182	–	–
交通运输、邮电业	–	–	–	–	–	–	1	15	–	–
其他行业	–	–	3	147	2	37	–	–	6	922
按国别（地区）分										
#香　　港	4	102	24	1 476	12	3 760	13	2 688	7	527
韩　　国	–	–	–	–	2	40	1	42	1	350
日　　本	–	–	5	671	1	155	1	37	2	40
美　　国	–	–	4	290	1	600	6	1 356	4	609
新 加 坡	–	–	3	186	1	7	2	1 820	–	–
台　　湾	–	–	1	121	6	131	2	1 212	3	159
加 拿 大	–	–	1	15	2	79	2	80	1	5

14－6　主要年份利用外资情况

指　　标	1985 年	1990 年	1995 年	1998 年	2000 年	2001 年	2002 年	2003 年
签订利用外资协议项目(个)	**3**	**5**	**53**	**43**	**42**	**43**	**39**	**37**
对外借款	–	1	11	3	4	–	4	4
外商直接投资	1	4	42	36	32	35	29	30
外商其他投资	2	–	–	4	6	8	6	3
签订利用外资协议额(万美元)	**344**	**268**	**5 202**	**15 870**	**11 067**	**13 014**	**14 717**	**32 632**
对外借款	–	166	2 324	10 400	815	–	6 491	29 270
外商直接投资	150	102	2 878	5 203	9 927	13 001	8 215	3 354
外商其他投资	194	–	–	267	325	13	11	8
实际利用外资额(万美元)	**99**	**1 077**	**6 715**	**5 674**	**9 091**	**5 086**	**3 166**	**7 186**
对外借款	74	974	3 510	5 153	7 497	3 393	955	4 008
外商直接投资	25	103	3 205	495	1 283	1 680	2 200	3 170
外商其他投资	–	–	–	26	311	13	11	8

14－7　借用国外资金情况

(2003 年)　　单位:万美元

指　　标	上年末结转余额	新增借款本金	偿还本金	本期借款余额	偿付利息
合　计	**25 029**	**640**	**1 241**	**23 614**	**512**
外国政府贷款	**14 464**	**112**	**609**	**13 139**	**295**
统借自还	14 464	112	609	13 139	295
国际金融组织贷款	**7 248**	**24**	**292**	**6 980**	**129**
统借自还	7 248	24	292	6 980	129
外国银行商业贷款	**619**	**–**	**–**	**619**	**–**
出口信贷	**1 854**	**21**	**340**	**1 729**	**88**
企业对外直接融资	**844**	**483**	**–**	**1 147**	**–**

注:本表数据为区外汇管理局外债监测数。

14－8 主要年份外贸商品出口额

单位:万元

指 标	1978 年	1980 年	1985 年	1990 年	1995 年	2000 年	2002 年	2003 年
出口总额	3 406	6 528	10 930	36 652	200 015	270 998	271 545	423 742
按商品类别分								
农副产品	2 400	2 914	1 951	8 102	41 816	9 674	10 326	9 737
轻纺产品	444	1 508	1 847	6 985	52 444	47 864	41 490	73 051
工矿产品	562	2 106	7 132	21 565	105 755	213 460	219 729	340 954

14－9 主要年份接待海外旅游者人数

单位:人次

指 标	1990 年	1991 年	1993 年	1995 年	1996 年	2000 年	2002 年	2003 年
旅游人数总计	**1 950**	**2 895**	**2 905**	**3 655**	**4 218**	**7 807**	**6 018**	**3 049**
外国人	**1 348**	**1 933**	**1 917**	**2 881**	**3 386**	**5 792**	**4 117**	**2 217**
#日本	801	998	811	1 379	1 594	1 896	1 716	875
美国	82	263	143	187	301	392	461	217
加拿大	10	19	43	50	94	151	170	90
英国	38	72	98	84	62	353	212	77
法国	18	21	41	80	149	180	154	108
德国	87	128	150	126	202	298	222	190
意大利	24	29	33	82	57	59	57	45
独联体	8	20	7	6	8	104	10	34
澳大利亚	30	41	40	46	44	115	83	50
新西兰	2	10	17	28	4	10	8	9
港澳和台湾同胞	**602**	**962**	**988**	**774**	**832**	**2 015**	**1 901**	**832**

14－10 主要年份旅游外汇收入情况

单位:万元

指 标	1990 年	1991 年	1993 年	1995 年	1996 年	2000 年	2002 年	2003 年
合 计	**175.0**	**275.5**	**375.0**	**938.0**	**942.1**	**2 252**	**1 336**	**702**
商品性外汇收入	**43.1**	**109.8**	**67.8**	**323.0**	**158.9**	**341**	**282**	**154**
商品销售外汇收入	31.0	90.5	36.9	135.0	72.0	144	199	108
饮食销售外汇收入	12.1	19.3	30.9	188.0	86.9	197	83	46
劳务性外汇收入	**131.9**	**165.7**	**307.2**	**615.0**	**783.2**	**1 911**	**1 054**	**548**
长途交通费	53.8	55.1	117.1	143.0	334.5	1 009	385	192
宿 费	20.7	26.3	54.3	276.0	172.6	410	194	101
其 他	57.4	84.3	135.8	196.0	276.1	492	475	255

主要统计指标解释

【进出口总额】 指实际进出我国国境的货物总金额。包括来料加工装配进出口货物,补偿贸易进出口、代售国外商品的进口,在国外寄售商品和样品、展览品、转口的进出口商品。进口订货统计、进口交货统计,我国规定出口货物按离岸价格统计,进口货物按到岸价格统计。

【出口】 海关按经营单位统计的本地区出口总值,扣除来料加工装配贸易,境外驻本地区外交机构的出口总值、本地区出口商品退货总值和本地区代理外地区出口、加上外地区代理本地区出口后的总额。

【进口】 海关按经营单位统计的本地区进口总值,扣除来料加工装配贸易、境外驻本地区外交机构的进口总值、本地区进口商品退货总值和本地区代理外地区进□卜加上外地区代理本地区进口后的总值。

【利用外资】 指我国各级政府、部门、企业和其他经济组织通过对外借款、吸收外商直接投资及用其他方式筹措的境外现汇、设备、技术等。

【对外借款】 是我国利用外资的主要部分。包括我国通过外国政府贷款,国际金融组织贷款,外国银行商业贷款,出口信贷以及对外发行债券,股票等方式,从境外筹措的资金。

【外商直接投资】 指外国企业和经济组织或个人,按我国有关政策、法规,用现汇、实物、技术等在我国境内开办外商独资企业,与我国境内的企业或经济组织共同举办中外合资经营企业、合作经营企业或合作开发资源的投资以及政府有关部门批准的项目投资总额内,企业从境外借人的资金。

【外商其他投资】 指除对外借款和外商直接投资以外的,用其他方式吸收的投资,包括:补偿贸易、加工装配、国际租赁业务。

【旅游人数】 指来我区参观、访问、旅行、探亲、访友、休养、考察、参加会议和从事经济、科技、文化、教育、体育、宗教等活动的外国人、华侨、港澳和台湾同胞的人数。

【旅游外汇收入】 指为来我国旅游的外国人、华侨、港澳和台湾同胞提供商品和劳务而获得的外汇收入。包括供应商品、饮食和提供住宿、交通、邮电、文化娱乐、导游等各项服务所得到的全部外汇收入。

十五、教育、科学、文化

15－1　主要年份各类学校基本情况

指　　标	单位	1978年	1980年	1985年	1990年	1995年	2000年	2002年	2003年
普通高等教育									
普通高等学校	所	5	4	7	7	7	5	12	12
#地方	所	－	－	6	6	6	4	11	11
教职工数	人	1 523	1 896	3 068	3 579	3 434	3 996	4 623	5 866
#专任教师	人	652	787	1 352	1 609	1 763	1 894	2 659	3 415
毕业生数	人	623	356	1 530	2 213	2 717	3 054	3 379	5 461
招生数	人	1 234	1 277	2 371	2 324	2 910	7 107	9 434	11 237
在校学生数	人	2 890	4 156	6 425	7 992	10 686	17 163	29 301	35 134
中等职业技术教育									
中等专业学校	所	14	20	22	26	26	25	13	11
技工学校	所	－	－	24	33	37	20	17	12
职(农)业学校	所	－	－	29	32	36	29	26	22
教职工数	人	923	1 744	3 450	5 173	6 267	6 150	5 570	4 012
#专任教师数	人	446	801	1 440	2 420	3 552	3 532	3 272	2 594
毕业生数	人	1 863	2 571	5 342	10 328	13 303	11 867	11 116	15 504
招生数	人	2 780	3 450	12 220	12 278	13 977	15 731	14 677	18 244
在校学生数	人	5 198	8 420	25 574	33 021	34 883	41 719	43 194	48 951
普通中学教育									
普通中学	所	667	508	436	450	436	433	449	446
教职工数	人	11 856	14 101	16 359	20 635	22 431	23 782	24 486	25 549
#专任教师数	人	8 759	10 437	12 270	16 182	18 052	20 145	20 736	21 725
毕业生数	人	75 977	63 800	66 427	85 054	79 245	89 091	95 612	108 351
招生数	人	103 214	79 100	79 046	93 667	96 885	119 559	127 254	128 757
在校学生数	人	232 929	223 700	237 917	284 440	272 305	318 308	358 477	376 427
小学教育									
小学	所	5 318	5 107	4 359	4 242	3 843	3 267	2 912	2 816
教职工数	人	23 429	25 532	25 407	29 685	33 305	36 586	35 634	35 833
#专任教师数	人	21 559	22 657	22 593	27 165	30 745	34 694	34 228	34 531
毕业生数	人	82 305	75 000	68 214	87 189	89 490	104 758	101 970	96 835
招生数	人	128 425	123 100	117 855	99 938	114 619	119 419	130 005	128 779
在校学生数	人	612 983	583 700	654 208	667 359	617 547	657 352	663 542	669 503
特殊教育									
特殊教育学校	所	－	－	1	1	5	3	6	6
#在校学生数	人	－	－	56	202	595	414	1 458	1 420

15－2　主要年份各级各类学校数

单位:所

年份	普通高等学校	中等学校	中等专业学校	中等技术学校	中等师范学校	普通中学	职业中学	小学	幼儿园	特殊教育
1950	–	16	7	3	4	9	–	695	–	–
1955	–	18	5	3	2	13	–	843	5	–
1957	–	33	6	3	3	27	–	1 617	10	–
1958	3	125	11	5	6	58	56	2 968	28	–
1960	3	117	32	22	10	60	25	2 349	56	–
1965	1	166	4	2	2	56	106	7 501	30	–
1970	1	323	4	2	2	319	–	3 380	–	–
1975	3	414	8	5	3	406	–	6 394	81	–
1978	5	681	14	10	4	667	–	5 318	92	–
1980	4	528	20	16	4	508	–	5 107	134	–
1981	7	493	22	18	4	470	1	4 632	98	–
1982	7	468	22	18	4	444	2	4 519	101	–
1983	7	461	18	15	3	437	6	4 436	110	–
1984	8	468	18	15	3	425	25	4 280	169	–
1985	7	487	22	19	3	436	29	4 359	157	1
1986	7	489	23	19	4	437	29	4 307	186	1
1987	7	494	26	22	4	435	33	4 320	184	1
1988	7	498	27	22	5	440	31	4 226	213	1
1989	7	501	26	22	4	445	30	4 215	272	1
1990	7	508	26	22	4	450	32	4 242	213	1
1991	7	510	26	22	4	449	35	4 021	224	5
1992	7	511	26	22	4	444	41	3 940	283	5
1993	7	508	26	22	4	446	36	3 872	188	5
1994	7	498	26	22	4	438	34	3 821	218	5
1995	7	498	26	22	4	436	36	3 843	337	5
1996	7	495	25	21	4	438	32	3 852	232	6
1997	5	504	25	21	4	442	37	3 838	165	5
1998	5	483	25	21	4	430	28	3 580	275	6
1999	5	492	25	21	4	432	35	3 460	261	5
2000	5	487	25	21	4	433	29	3 267	340	3
2001	8	501	25	23	2	448	28	3 011	124	6
2002	12	488	13	12	1	449	26	2 912	139	6
2003	12	479	11	11	–	446	22	2 816	167	6

15－3 主要年份各级各类学校教职工数

单位:人

年　份	普通高等学校	中等专业学校	普通中学	小　学	幼儿园	特殊教育
1950	-	125	143	1 804	-	-
1955	-	197	328	2 455	28	-
1957	-	337	618	4 193	64	-
1958	129	523	894	6 089	159	-
1960	485	1 507	1 276	8 193	330	-
1965	597	251	1 693	13 733	308	-
1970	719	240	3 124	12 901	-	-
1975	1 266	609	7 002	22 191	746	-
1978	1 523	923	11 856	23 429	650	-
1980	1 896	1 744	14 101	25 532	836	-
1981	1 956	1 940	14 647	25 186	1 074	-
1982	2 200	2 046	15 180	25 825	1 093	-
1983	2 472	1 845	15 456	26 314	1 646	-
1984	2 837	1 906	15 562	25 453	2 169	-
1985	3 068	2 227	16 359	25 407	2 016	25
1986	3 267	2 468	17 168	26 519	2 280	34
1987	3 407	2 770	18 206	26 986	2 359	44
1988	3 439	2 893	19 177	27 643	2 625	48
1989	3 498	2 948	20 184	28 928	2 978	54
1990	3 579	3 023	20 635	29 685	2 839	64
1991	3 586	2 996	21 070	29 983	3 619	94
1992	3 645	3 037	21 752	30 790	3 563	100
1993	3 624	3 071	23 149	31 659	4 338	107
1994	3 409	2 899	22 105	32 477	3 918	510
1995	3 434	3 075	22 431	33 305	3 849	265
1996	3 926	3 014	22 710	33 848	3 766	654
1997	3 929	3 066	22 899	34 649	4 168	122
1998	3 864	3 017	23 142	35 039	3 572	121
1999	3 962	3 043	23 510	36 018	3 550	115
2000	3 996	3 000	23 782	36 586	3 820	120
2001	4 437	3 030	24 072	36 143	3 282	148
2002	4 623	2 849	24 486	35 634	3 464	149
2003	5 866	1 579	25 549	25 833	3 784	149

15－4 主要年份各级各类学校在校学生数

单位:人

年份	普通高等学校	中等学校	中等专业学校	中等技术学校	中等师范学校	普通中学	职业中学	小学	幼儿园	特殊教育
1950	–	2 227	1 027	350	857	1 200	–	45 058		–
1955	–	5 842	1 524	954	570	4 318	–	76 219	225	–
1957	–	13 024	2 707	1 440	1 267	10 317	–	140 638	609	–
1958	329	22 438	4 069	2 492	1 577	15 414	2 955	250 333	1 624	–
1960	1 259	31 388	9 909	6 661	3 248	19 792	1 687	284 970	2 906	–
1965	982	26 680	1 107	664	443	20 047	5 526	347 246	2 523	–
1970	–	45 919	–	–	–	45 919	–	300 589	–	–
1975	1 759	126 495	4 212	1 657	2 555	122 283	–	596 170	6 360	–
1978	2 890	238 127	5 198	1 921	3 277	232 929	–	612 983	6 224	–
1980	4 156	232 120	8 174	4 353	3 821	223 700	246	583 700	11 046	–
1981	5 161	215 071	7 755	4 489	3 266	206 700	616	555 300	14 151	–
1982	4 528	208 594	7 002	3 817	3 185	200 800	792	553 913	15 538	–
1983	5 083	215 254	6 391	3 587	2 804	206 300	2 563	575 200	19 400	–
1984	5 607	234 392	7 960	4 166	3 794	219 966	6 466	619 837	30 900	–
1985	6 425	257 762	8 947	5 338	3 609	237 917	10 898	654 208	32 191	56
1986	7 186	280 787	10 242	6 521	3 721	258 600	11 945	681 715	32 193	104
1987	7 317	296 351	11 119	7 265	3 854	273 152	12 080	693 613	35 077	135
1988	7 673	301 163	11 628	7 619	4 009	276 727	12 808	698 943	34 328	178
1989	7 878	300 303	11 525	7 714	3 811	276 784	11 994	684 833	39 646	201
1990	7 992	307 697	11 634	7 738	3 896	284 440	11 623	667 359	45 115	202
1991	7 898	315 887	11 457	7 599	3 858	291 246	13 184	661 352	53 883	335
1992	8 475	311 918	11 354	7 650	3 695	287 839	12 725	652 064	65 374	564
1993	9 604	291 038	12 469	8 789	3 680	267 718	10 851	628 009	77 536	370
1994	10 502	292 191	12 355	8 370	3 985	269 316	10 520	614 804	77 004	771
1995	10 686	294 356	12 463	8 352	4 111	272 305	9 588	617 547	83 444	595
1996	10 484	299 877	12 758	8 599	4 159	278 158	8 961	627 920	78 662	654
1997	11 058	310 187	13 698	9 326	4 378	283 458	13 031	645 823	74 399	822
1998	11 312	316 137	14 812	10 340	4 472	286 489	14 836	652 552	84 434	471
1999	13 121	327 356	16 370	11 903	4 467	294 520	16 466	658 157	83 374	416
2000	17 163	351 170	19 880	16 442	3 438	318 308	12 982	657 352	93 117	414
2001	23 154	369 090	22 913	20 297	2 616	334 786	11 391	651 082	86 788	1 397
2002	29 301	396 611	25 721	23 472	2 249	358 477	12 413	663 542	104 000	1 458
2003	35 134	418 595	27 346	27 346	–	376 427	14 822	669 503	102 217	1 420

15-5 主要年份各级各类学校招生数

单位:人

年份	普通高等学校	中等学校	中等专业学校	中等技术学校	中等师范学校	普通中学	职业中学	小学	特殊教育
1950	–	1 054	624	244	380	430	–	8 561	–
1955	–	2 766	709	504	205	2 057	–	15 905	–
1957	–	5 480	681	232	449	4 799	–	37 181	–
1958	329	13 828	2 349	1 699	650	8 606	2 873	127 048	–
1960	501	15 412	5 977	4 287	1 690	8 565	870	85 668	–
1965	310	11 566	611	456	155	7 577	3 928	96 252	–
1970	–	26 384	–	–	–	26 384	–	98 614	–
1975	661	73 761	2 340	880	1 460	71 421	–	131 820	–
1978	1 234	105 994	2 780	1 140	1 640	103 214	–	128 425	–
1980	1 277	82 550	3 450	1 700	1 750	79 100	–	123 100	–
1981	1 353	74 488	2 788	1 272	1 516	71 100	600	118 100	–
1982	1 286	73 708	2 042	1 272	770	71 300	366	118 500	–
1983	1 450	76 934	2 521	1 436	1 085	72 500	1 913	121 500	–
1984	1 796	79 008	2 863	1 829	1 034	72 002	4 143	127 477	–
1985	2 371	88 568	3 854	2 681	1 173	79 046	5 668	117 855	56
1986	2 306	91 581	3 755	2 512	1 243	82 900	4 926	117 700	45
1987	2 334	95 250	4 121	2 797	1 324	86 522	4 607	108 327	31
1988	2 434	99 513	4 021	2 857	1 164	90 016	5 476	111 418	42
1989	2 295	101 438	4 190	2 532	1 658	92 623	4 625	108 074	32
1990	2 324	101 878	3 891	2 417	1 474	93 667	4 320	99 938	–
1991	2 326	103 864	3 857	2 572	1 285	94 437	5 840	108 405	148
1992	2 722	103 293	4 090	2 627	1 463	93 156	6 047	101 874	272
1993	3 378	106 913	5 246	3 696	1 550	96 585	5 082	100 390	93
1994	3 107	102 916	4 437	2 911	1 526	93 317	5 162	109 312	166
1995	2 910	106 184	4 512	2 884	1 628	96 885	4 787	114 619	34
1996	3 090	105 774	4 600	2 937	1 663	97 064	4 110	116 516	45
1997	3 344	110 883	4 854	3 161	1 684	99 794	6 235	120 627	217
1998	3 547	115 016	5 135	3 544	1 591	102 830	7 051	118 279	104
1999	4 487	118 837	6 003	4 306	1 697	106 005	6 829	116 583	74
2000	7 107	133 307	7 973	7 467	506	119 559	5 775	119 419	101
2001	8 891	133 260	6 549	5 732	817	122 578	4 133	121 790	288
2002	9 434	140 353	7 583	7 186	397	127 254	5 516	130 005	229
2003	11 237	144 301	9 036	9 036	–	128 757	6 508	128 779	126

15－6　主要年份各级各类学校毕业生数

单位:人

年份	普通高等学校	中等学校	中等专业学校	中等技术学校	中等师范学校	普通中学	职业中学	小学
1950	–	263	124	9	115	139	–	1 532
1955	–	1 514	683	445	238	831	–	2 897
1957	–	1 410	369	252	117	1 041	–	6 496
1958	–	2 641	946	588	358	1 550	145	8 622
1960	–	4 554	1 337	571	766	2 930	287	11 576
1965	371	4 045	245	245	–	3 785	15	12 806
1970	–	13 305	–	–	–	13 305	–	33 783
1975	513	38 520	1 506	249	1 257	37 014	–	59 457
1978	623	77 840	1 863	805	1 058	75 977	–	82 305
1980	356	66 371	2 571	1 579	992	63 800	–	75 000
1981	341	71 385	3 205	1 134	2 071	68 180	–	72 900
1982	1 896	66 203	2 763	1 924	839	62 984	456	67 900
1983	875	68 063	3 112	1 653	1 459	64 572	379	67 300
1984	1 249	60 141	1 276	1 236	40	58 238	627	64 000
1985	1 530	70 349	2 802	1 492	1 310	66 425	1 122	68 214
1986	1 548	77 500	2 386	1 279	1 107	72 900	2 214	68 200
1987	2 172	84 800	3 130	1 997	1 133	78 461	3 209	73 296
1988	2 066	91 571	3 485	2 460	1 025	84 541	3 545	77 833
1989	2 032	92 029	4 228	2 376	1 852	84 291	3 510	87 306
1990	2 213	92 727	3 696	2 311	1 385	85 054	3 977	87 189
1991	2 386	93 896	3 898	2 585	1 313	85 948	4 050	89 756
1992	2 101	96 024	4 174	2 556	1 618	91 850	5 519	88 366
1993	2 212	101 646	3 930	2 408	1 522	91 995	5 721	96 929
1994	2 398	89 190	3 400	2 179	1 221	81 373	4 417	90 801
1995	2 717	87 579	4 177	2 668	1 509	79 245	4 157	89 490
1996	3 277	88 425	4 432	2 833	1 599	81 353	2 640	87 470
1997	2 721	91 860	4 013	2 518	1 495	85 323	2 524	91 895
1998	3 052	93 886	4 006	2 513	1 493	87 030	2 850	94 010
1999	2 680	95 408	4 459	2 761	1 698	86 927	4 022	99 380
2000	3 054	96 876	4 390	2 858	1 532	89 091	3 395	104 758
2001	3 177	99 897	4 627	3 886	741	91 789	3 481	104 222
2002	3 379	103 818	4 741	4 448	293	95 612	3 465	101 970
2003	5 461	121 757	9 907	9 907	–	108 351	3 499	96 835

15－7　高等学校基本情况

（2003年）　　单位:所、人

各类学校	学校数	毕业生数	招生数	在校学生数	教职员工数	#专任教师
总　计	**13**	**8 250**	**13 431**	**45 885**	**5 866**	**3 415**
综合大学	1	3 556	4 531	16 941	2 227	1 377
农业院校	－	－	－	－	－	－
医药院校	1	358	1 161	4 087	802	306
师范院校	1	630	1 210	3 145	431	282
民族院校	1	817	1 810	6 283	689	422
职业技术学院	8	100	2 525	4 678	1 717	1 028
成人高等学校	1	2 789	2 194	10 751	－	－

15－8　普通高等学校分科学生数

（2003年）　　单位:所、人

学　科	毕业生数	招生数	在校学生数
总　计	**5 461**	**11 237**	**35 134**
经济学	188	415	1 351
法　学	386	688	2 439
教育学	612	778	2 659
文　学	1 016	1 818	6 047
历史学	107	60	365
理　学	681	1 346	4 354
工　学	1 387	2 631	8 225
农　学	255	254	1 038
医　学	358	1 305	4 220
管理学	471	1 942	4 436

15－9　普通中等专业学校学生分科类情况

（2003年）　　　　单位：人

指　　标	毕业生数	招　生　数	在校学生数
总　　计	**9 907**	**9 036**	**27 346**
农林类	1 398	628	2 224
资源与环境类	264	190	390
能源类	–	44	44
土木水利工程类	906	1 093	2 564
加工制造类	529	1 672	2 886
交通运输类	256	142	415
信息技术类	1 062	930	3 387
医药卫生类	1 482	947	5 040
商贸与旅游类	813	949	2 447
财经类	1 043	520	1 601
文化艺术与体育类	232	321	866
社会公共事业类	1 186	1 109	3 075
师范类	736	316	2 124
其他	–	175	283

15－10　各级成人教育在校学生数

单位：人

指　　标	1980年	1985年	1990年	1995年	2000年	2002年	2003年
总　　计	**24 664**	**106 180**	**140 123**	**340 625**	**305 173**	**42 152**	**113 690**
成人高等教育	**5 505**	**5 763**	**5 964**	**6 816**	**6 441**	**35 973**	**38 540**
广播电视大学	5 150	3 799	2 539	2 815	3 367	11 274	10 751
职工大学	19	638	1 339	2 454	3 074	–	–
其他	336	1 326	2 086	1 547	–	–	27 789
成人中等教育	**989**	**6 473**	**6 716**	**5 374**	**12 712**	**6 179**	**5 995**
中等专业学校	–	1 530	5 506	5 086	11 579	6 179	5 799
教师进修学校	405	644	241	288	383	–	–
成人中学	584	4 299	969	–	750	–	196
成人初等教育	**18 170**	**93 944**	**63 987**	**45 023**	**51 120**	**–**	**27 367**
# 小学班	2 270	791	–	60	2 740	–	13 557
扫盲班	15 900	93 153	30 676	44 963	48 380	–	13 810
成人技术培训学校	**–**	**–**	**63 456**	**283 412**	**234 900**	**–**	**41 788**

15-11 学龄儿童入学率

年　　份	学龄儿童（万人）	在校学龄儿童（万人）	入 学 率（%）
1978	50.61	46.15	91.19
1980	51.96	44.79	86.20
1985	52.62	48.13	91.48
1986	53.03	49.06	92.51
1987	53.00	49.47	98.34
1988	53.23	49.83	93.61
1989	53.41	50.19	93.97
1990	52.82	49.60	93.92
1991	52.59	49.31	93.80
1992	51.63	48.85	94.62
1993	50.93	48.52	95.18
1994	51.87	49.69	95.80
1995	52.44	50.45	96.21
1996	53.72	51.86	96.50
1997	56.10	54.25	96.70
1998	59.93	58.01	96.80
1999	60.06	58.26	97.00
2000	59.76	58.12	97.26
2001	59.27	57.40	96.84
2002	60.27	58.67	97.35
2003	60.43	58.89	97.45

15-12 平均每万人口在校学生数

单位:人

指　　标	1978年	1980年	1985年	1990年	1995年	2000年	2002年	2003年
大学生	8	11	15	17	21	31	51	61
中等职业教育	15	23	48	50	43	36	45	72
普通中学	678	529	621	611	537	574	627	649
小学	1 746	1 582	1 579	1 433	1 225	1 186	1 161	1 170

15-13 平均每一专任教师负担学生数

单位:人

指　　标	1978年	1980年	1985年	1990年	1995年	2000年	2002年	2003年
大学生	4	5	5	5	6	9	11	10
中等职业教育	12	10	9	8	10	13	17	24
普通中学	27	21	19	18	15	16	17	17
小学	28	26	29	25	20	19	19	19

15－14　各类专业技术人员

单位:人

指　　标	1985年	1990年	1992年	1995年	1998年	1999年	2000年	2001年	2002年	2003年
总　　计	**68 787**	**117 317**	**127 360**	**126 679**	**133 158**	**135 694**	**140 063**	**141 818**	**143 217**	**142 031**
工程技术人员	11 470	19 524	21 136	20 291	20 950	21 209	22 283	23 734	23 254	22 504
农业技术人员	3 673	6 174	6 581	6 173	6 715	6 751	7 067	7 074	7 100	8 568
科学研究人员	1 091	991	816	830	636	718	722	730	687	687
卫生技术人员	11 168	14 758	16 436	16 645	17 791	18 139	19 830	20 409	19 896	19 805
教学人员	30 477	46 138	49 555	54 176	59 988	61 839	63 216	63 200	66 028	66 248
其他专业技术人员	10 908	29 732	32 836	28 564	27 078	27 038	26 945	26 671	26 252	24 219

15－15　地方国有企、事业单位分行业各类专业技术人员数

(2003年)

单位:人

指　　标	总计	农林牧渔　业	采掘业	制造业	电力、煤气及水的生产和供应　业	建筑业	交通运输仓储及邮电通讯业	信息传输计算机服务软件业	批发和零售业	住宿和餐饮业
总　　计	**142 031**	**12 344**	**9 525**	**9 958**	**600**	**3 572**	**2 823**	**160**	**2 029**	**204**
工程技术人员	22 504	1 558	2 987	5 259	335	2 095	1 342	131	93	4
农业技术人员	8 568	8 122	28	46	6	4	3	－	7	－
科学研究人员	687	2	－	1	－	－	20	1	－	－
卫生技术人员	19 805	219	1 512	414	2	71	7	－	647	4
教学人员	66 248	600	1 699	684	－	42	89	－	1	－
其他专业技术人员	24 219	1 843	3 299	3 554	257	1 360	1 362	28	1 281	196

15－15 表续　　　　　　　　　　　　（2003 年）　　　　　　　　　　　　单位：人

指　标	金　融保险业	房　地产　业	租赁与商业服务　业	科学研究、技术服务业与地质勘查业	水利、环境和公共设施管理业	居民服务和其他服务业	教　育	卫生、社会保障和社会福利业	文化体育与娱乐 业	其　他行　业
总　计	**2 089**	**92**	**330**	**3 316**	**4 739**	**661**	**64 802**	**17 938**	**4 119**	**2 730**
工程技术人员	467	47	30	1 951	3 970	300	231	169	572	963
农业技术人员	3	–	12	155	79	12	45	4	9	33
科学研究人员	–	–	–	435	–	–	215	1	10	2
卫生技术人员	–	–	–	71	11	17	171	16 550	33	76
教学人员	–	–	1	52	9	1	62 876	106	35	53
其他专业技术人员	1 619	45	287	652	670	331	1 264	1 108	3 460	1 603

15－16　地方国有企、事业单位各类专业技术人员构成

指　标	2002 年			2003 年		
	各类科技人员占总计比重（%）	平均每万人口中各类专业技术人员（人）	平均每万职工中各类专业技术人员（人）	各类科技人员占总计比重（%）	平均每万人口中各类专业技术人员（人）	平均每万职工中各类专业技术人员（人）
总　计	**100.0**	**251**	**2 387**	**100.0**	**245**	**2 359**
工程技术人员	16.2	41	388	15.9	39	374
农业技术人员	5.0	12	118	6.0	15	142
科学研究人员	0.5	1	11	0.5	1	11
卫生技术人员	13.9	35	332	13.9	34	329
教学人员	46.1	116	1 100	46.6	114	1 100
其他专业技术人员	18.3	46	438	17.1	42	403

15－17　文化产业机构和人员数

指　　标	2002 年				2003 年			
	机构数（个）	# 文化部门	人员数（人）	# 文化部门	机构数（个）	# 文化部门	人员数（人）	# 文化部门
艺术产业	**32**	**32**	**1 284**	**1 284**	**28**	**28**	**1 150**	**1 150**
艺术表演团体	14	14	933	933	14	14	928	928
# 歌剧、舞剧、歌舞剧								
戏曲、曲艺团体	7	7	444	444	8	8	477	477
艺术表演场所	14	14	221	221	14	14	222	222
# 剧场、音乐厅(影剧院)	14		14	221	221	14	14	222
文物产业	**28**	**28**	**404**	**404**	**30**	**30**	**377**	**377**
# 博物馆	5	5	145	145	5	5	138	138
文物商店	2	2	4	4	2	2	3	3
图书馆产业	**21**	**21**	**533**	**533**	**21**	**21**	**516**	**516**
群众文化产业	**328**	**328**	**1 100**	**1 100**	**251**	**251**	**920**	**920**
# 文化馆	21	21	393	393	21	21	381	381
文化站	302	302	522	522	225	225	403	403
教育产业	**1**	**1**	**93**	**93**	**1**	**1**	**97**	**97**
其他文化产业	**1 069**	**30**	**2 579**	**482**	**1 754**	**306**	**4 137**	**961**
艺术创作机构	2	2	31	31	2	2	32	32
艺术研究机构	841	－	3 120	－	957	－	3 245	－

15－18　图书、杂志、报纸出版情况

指　　标	单位	1978 年	1980 年	1985 年	1990 年	1995 年	2000 年	2002 年	2003 年
图书									
图书种类	种	184	193	353	449	623	649	426	441
图书印数	万册	1 136	1 433	2 206	1 890	2 310	1 649	234	1 482
杂志									
杂志种类	种		6	15	15	27	29	33	24
杂志印数	万册		51	70	71	97	169	206	123
报纸									
报纸种类	种		1	10	9	14	19	14	13
报纸总印数	万份		2 279	3 855	4 561	4 699	6 136	7 672	7 549

15－19　各类科技机构概况

（2003 年）

指　　标	单位	县以上部门属研究与开发机构合计	自然科学和技术领域	社会与人文科学领域	县以上部门属科技信息和文献机构	县属研究与开发机构	非政府部门属研发机构与技术服务业有 R&D 活动的单位	转制机构
机构数	个	22	16	6	4	－	1	25
职工总数	人	1 122	884	238	88	－	93	2 757
从事科技活动人员	人	723	511	212	83	－	46	1 137
# 科学家工程师	人	567	384	183	56	－	15	636
经费收入总额	千元	61 677	49 687	11 990	5 664	－	400	255 417
# 政府拨款	千元	53 552	41 869	11 683	4 607	－	0	61 042
经费支出总额	千元	58 823	45 620	13 203	4 862	－	400	244 009
# 人员费用	千元	27 781	21 266	6 515	2 366	－	120	55 087
资产合计	千元	112 796	96 820	15 976	11 177	－	210	914 965
课题数	个	172	132	40	7	－	1	84
课题经费支出	千元	18 166	16 292	1 874	276	－	400	26 009
# R&D 课题经费支出	千元	12 131	10 257	1 874	0	－	400	12 778
课题投入人员	人年	456	330	126	11	－	16	282
# R&D 课题投入科学家工程师	人年	261	137	124	0	－	15	44
专利申请受理	项	－	－	－	－	－	－	6
专利授权	项	－	－	－	－	－	－	4
科技论文	篇	408	173	235	22	－	6	50
科技专著	种	10	4	6	1	－	－	4

15－20　全区科技活动基本情况

指　　标	2002 年	2003 年
科技活动		
科技机构数(个)	540	522
#大中型工业企业	115	98
科技活动人员(人)	12 521	10 228
#科学家与工程师	8 382	6 730
科技活动经费筹集额(万元)	**68 725**	**70 483**
#政府资金	21 316	18 070
银行贷款	5 038	5 794
科技活动经费内部支出(万元)	**62 548**	**63 120**
#劳务费	17 432	15 346
研究与发展经费支出	19 505	23 828
占国内生产总值比重(%)	0.59	0.62
专利申请受理量(件)	**503**	**441**
发明	105	101
实用新型	226	200
外观设计	172	140
专利申请批准量(件)	**215**	**338**
发明	22	54
实用新型	113	160
外观设计	80	124

15－21　广播电视事业发展情况

指　　标	单 位	1999 年	2000 年	2002 年	2003 年
广　播					
广播电台	座	10	11	5	5
广播发射台和转播台	座	8	8	7	6
广播人口覆盖率	%	82.31	85.20	85.57	91.21
节目套数	套	13	14	22	23
平均每日播音时间	时:分	107:21	120:03	197:38	327:16
广播节目制作	小时	15 982	20 337	43 845	50 288
新　闻	小时	2 714	3 180	6 645	7 870
专　题	小时	3 149	4 206	12 675	7 995
教　育	小时	62	62	266	766
文　艺	小时	7 053	9 490	16 757	16 190
服务性	小时	2 962	3 439	7 502	16 481
电　视					
电视台	座	6	7	5	5
电视发射台和转播台	座	184	43	7	18
卫星电视地球站	座	1	2	1	1
电视人口覆盖率	%	83	86	87.7	89.03
节目套数	套	7	8	27	25
平均每周播出时间	时:分	534:36	483:21	1 430:41	1 332:46
电视节目制作	小时	4 098	6 365	16 839	12 100
新　闻	小时	877	1 184	3 154	2 712
专　题	小时	531	770	3 082	1 835
教　育	小时	36	42	576	661
文　艺	小时	962	903	3 754	1 615
服务性	小时	1 650	3 466	6 273	5 277

15－22　交通事故情况

（2003 年）

指　　标	发 生 数 （起）	死亡人数 （人）	受伤人数 （人）	损失折款 （万元）
总　　计	**5 249**	**889**	**4 237**	**1 426.13**
#重大事故	760	817	378	309.07
特大事故	16	70	36	51.38

15－23　火灾事故情况

（2003 年）

指　　标	合　计	按事故发生程度分		
		特大	重大	一般
发　　生(起)	2 993	1	1	2 991
死　　亡(人)	9	－	－	9
受　　伤(人)	13	－	－	13
损失折款(万元)	778.78	287.86	95.78	395.14
平均每起损失(元)	2 602.01	287.86	95.78	1 321.1

15－24　各市县各级各类学校数

（2003 年）　　单位：所

地　区	普通高等学　校	中等专业学　校	职业中学	普通中学	#高　级中　学	小　学	幼儿园
全区总计	**12**	**11**	**22**	**446**	**22**	**2 816**	**167**
银 川 市	**8**	**8**	**7**	**102**	**11**	**311**	**63**
银 川 市	8	8	5	53	10	116	31
永 宁 县	–	–	1	14	–	73	7
贺 兰 县	–	–	–	15	–	62	4
灵 武 市	–	–	1	20	1	60	21
石嘴山市	**2**	**2**	**3**	**71**	**6**	**194**	**41**
石嘴山市	2	2	1	35	4	32	28
平 罗 县	–	–	–	23	1	120	7
陶 乐 县	–	–	1	5	–	21	2
惠 农 县	–	–	1	8	1	21	4
吴 忠 市	**1**	**1**	**6**	**131**	**3**	**866**	**49**
利 通 区	1	–	–	25	–	83	16
红寺堡管委会	–	–	–	6	–	59	3
青铜峡市	–	–	1	20	–	84	6
中 卫 县	–	–	2	27	2	89	12
中 宁 县	–	–	1	20	–	92	5
盐 池 县	–	–	1	13	–	98	5
同 心 县	–	1	1	20	1	361	2
固 原 市	**1**	**–**	**6**	**142**	**–**	**1 445**	**14**
原 州 区	1	–	1	31	–	280	4
海 原 县	–	–	1	26	–	295	2
西 吉 县	–	–	1	30	–	408	1
隆 德 县	–	–	1	22	–	185	1
泾 源 县	–	–	1	9	–	99	1
彭 阳 县	–	–	1	24	–	178	5

15－25　各市县各级各类学校在校学生数

（2003年）　　单位：人

地　区	普通高等学校	中等专业学校	职业中学	普通中学	#高　中	小　学	幼儿园
全区总计	**35 134**	**27 346**	**14 822**	**376 427**	**107 479**	**669 503**	**102 217**
银 川 市	**30 297**	**24 625**	**3 734**	**99 186**	**29 318**	**134 594**	**25 876**
银 川 市	30 297	24 625	3 451	56 207	18 377	75 433	14 030
永 宁 县	–	–	35	14 085	3 134	21 646	3 432
贺 兰 县	–	–	–	12 512	3 571	16 681	2 957
灵 武 市	–	–	248	16 382	4 236	20 834	5 466
石嘴山市	**1 083**	**2 383**	**1 449**	**46 497**	**15 908**	**63 437**	**11 995**
石嘴山市	1 083	2 383	1 029	26 141	9 630	29 575	5 915
平 罗 县	–	–	–	14 417	4 448	24 313	4 122
陶 乐 县	–	–	92	2 328	650	3 645	664
惠 农 县	–	–	328	3 611	1 180	5 904	1 294
吴 忠 市	**609**	**338**	**3 981**	**110 981**	**32 612**	**212 236**	**42 373**
利 通 区	609	–	–	19 108	6 221	36 753	7 801
红寺堡管委会	–	–	–	2 676	586	13 328	5 861
青铜峡市	–	–	999	13 194	4 177	25 398	7 177
中 卫 县	–	–	1 149	24 649	6 957	35 534	8 966
中 宁 县	–	–	94	21 919	6 924	30 197	6 548
盐 池 县	–	–	221	13 939	3 792	15 956	2 787
同 心 县	–	338	1 518	15 496	3 955	55 070	3 233
固 原 市	**3 145**	**–**	**5 658**	**119 763**	**29 641**	**259 236**	**21 973**
原 州 区	3 145	–	1 314	32 256	9 750	64 064	6 412
海 原 县	–	–	547	19 104	3 908	56 342	4 926
西 吉 县	–	–	434	25 093	5 389	68 152	176
隆 德 县	–	–	2 217	19 414	5 027	28 228	4 497
泾 源 县	–	–	74	4 837	740	15 182	1 109
彭 阳 县	–	–	1 166	19 069	4 827	27 268	4 853

15-26 各市县主要年份普通中学在校学生数

单位：人

地　　区	1980年	1985年	1990年	1995年	2000年	2002年	2003年
全区总计	**214 809**	**227 637**	**269 058**	**257 504**	**302 625**	**358 477**	**376 427**
银川市	**50 949**	**49 733**	**50 772**	**50 416**	**61 330**	**92 068**	**99 186**
银川市	31 848	29 607	28 302	30 725	39 826	48 491	56 207
永宁县	7 759	10 164	11 402	10 474	10 784	13 503	14 085
贺兰县	11 342	9 962	11 068	9 217	10 720	12 013	12 512
灵武市	8 938	10 280	15 382	14 801	15 638	18 061	16 382
石嘴山市	**44 804**	**47 125**	**51 411**	**43 002**	**45 207**	**45 085**	**46 497**
石嘴山市	29 852	31 372	23 732	20 232	22 328	25 394	26 141
平罗县	13 602	14 402	19 064	16 485	17 236	14 191	14 417
陶乐县	1 350	1 350	1 827	1 545	1 745	2 055	2 328
惠农县	-	-	6 788	4 740	3 898	3 445	3 611
吴忠市	**65 564**	**75 814**	**93 051**	**93 592**	**105 231**	**112 202**	**110 981**
利通区	10 347	12 927	17 042	16 601	18 083	18 572	19 108
红寺堡管委会	-	-	-	-	-	-	2 676
青铜峡市	11 865	13 230	16 090	18 183	16 701	12 479	13 194
中卫县	18 306	21 336	21 939	18 624	24 694	27 543	24 649
中宁县	14 737	14 822	16 840	17 430	20 991	25 298	21 919
盐池县	5 195	7 806	11 672	12 179	10 783	12 682	13 939
同心县	5 114	5 693	9 468	10 575	13 979	15 628	15 496
固原市	**53 492**	**54 965**	**73 824**	**70 494**	**90 857**	**109 122**	**119 763**
原州区	23 547	16 340	21 971	20 922	26 681	32 797	32 256
海原县	7 623	7 905	11 344	11 910	13 954	16 907	19 104
西吉县	10 110	10 771	14 848	14 205	19 818	23 297	25 093
隆德县	10 066	10 466	10 998	8 514	13 671	16 186	19 414
泾源县	2 146	2 475	2 282	2 025	1 889	2 550	4 837
彭阳县	-	7 008	12 381	12 918	14 844	17 385	19 069

15－27　各市县主要年份小学在校学生数

单位：人

地区	1980年	1985年	1990年	1995年	2000年	2002年	2003年
全区总计	**559 941**	**623 440**	**636 359**	**590 097**	**631 419**	**663 542**	**669 503**
银 川 市	**100 228**	**97 230**	**91 011**	**96 137**	**110 089**	**135 561**	**134 594**
银 川 市	48 231	44 562	46 707	52 477	68 750	70 533	75 433
永 宁 县	25 597	27 371	23 939	22 020	22 018	22 894	21 646
贺 兰 县	26 400	25 297	20 365	21 640	19 321	18 229	16 681
灵 武 市	23 746	30 768	30 937	27 450	25 933	23 905	20 834
石嘴山市	**87 064**	**91 342**	**79 244**	**66 514**	**64 363**	**65 283**	**63 437**
石嘴山市	48 964	48 594	32 677	31 357	30 234	29 337	29 575
平 罗 县	34 690	39 149	33 159	25 565	24 204	26 066	24 313
陶 乐 县	3 410	3 599	3 504	2 858	3 991	3 953	3 645
惠 农 县	–	–	9 904	6 734	5 934	5 927	5 904
吴 忠 市	**176 463**	**203 430**	**202 010**	**181 580**	**190 350**	**197 204**	**212 236**
利 通 区	28 267	36 825	31 194	29 617	30 527	31 621	36 753
红寺堡管委会	–	–	–	–	–	9 491	13 328
青铜峡市	29 662	33 510	33 096	22 657	25 394	26 077	25 398
中 卫 县	44 314	42 157	33 918	35 843	34 932	33 229	35 534
中 宁 县	30 624	30 504	30 162	27 219	30 167	28 509	30 197
盐 池 县	19 843	24 695	23 015	18 659	17 339	17 561	15 956
同 心 县	23 753	35 739	50 625	47 585	51 991	50 716	55 070
固 原 市	**196 186**	**231 438**	**264 094**	**245 866**	**266 617**	**265 494**	**259 236**
原 州 区	83 825	67 829	73 604	64 664	68 541	68 508	64 064
海 原 县	32 185	40 040	49 367	49 061	56 074	60 963	56 342
西 吉 县	41 681	51 382	61 231	58 277	68 486	68 010	68 152
隆 德 县	28 278	26 350	23 940	25 255	30 013	28 148	28 228
泾 源 县	10 217	11 971	12 820	11 616	11 187	10 963	15 182
彭 阳 县	–	33 866	43 132	36 993	32 316	28 902	27 268

15－28　各市县平均每万人口在校学生数

（2003年）　　单位：人

地区	普通高等学校	中等专业学校	职业中学	普通中学	小　学
全区总计	**61**	**47**	**26**	**649**	**1 154**
银 川 市	**228**	**185**	**28**	**746**	**1 012**
银 川 市	422	343	48	783	1 050
永 宁 县	－	－	2	696	1 069
贺 兰 县	－	－	－	709	946
灵 武 市	－	－	11	703	894
石嘴山市	**15**	**33**	**20**	**639**	**872**
石嘴山市	30	66	28	723	817
平 罗 县	－	－	－	543	915
陶 乐 县	－	－	29	725	1 135
惠 农 县	－	－	48	529	865
吴 忠 市	**3**	**2**	**21**	**595**	**1 138**
利 通 区	17	－	－	539	1 037
红寺堡管委会	－	－	－	185	921
青铜峡市	－	－	40	526	1 012
中 卫 县	－	－	33	713	1 028
中 宁 县	－	－	4	830	1 143
盐 池 县	－	－	14	884	1 011
同 心 县	－	10	44	445	1 582
固 原 市	**17**	**－**	**30**	**638**	**1 380**
原 州 区	65	－	27	664	1 319
海 原 县	－	－	15	507	1 495
西 吉 县	－	－	9	549	1 492
隆 德 县	－	－	118	1 032	1 500
泾 源 县	－	－	6	395	1 238
彭 阳 县	－	－	47	768	1 098

15－29　各市县小学毕业人数和毕业率

（2003 年）　　　　单位：人

地　区	应届毕业班学生		
	学年初毕业班人数	年末考试合格实际毕业人数	毕业率（%）
全区总计	**102 987**	**96 835**	**94.03**
银川市	**16 830**	**23 580**	**140.11**
银川市	4 617	12 273	265.82
永宁县	4 093	4 007	97.90
贺兰县	3 247	3 058	94.18
灵武市	4 873	4 242	87.05
石嘴山市	**11 532**	**11 593**	**100.53**
石嘴山市	5 141	5 004	97.34
平罗县	4 573	4 508	98.58
陶乐县	682	941	137.98
惠农县	1 136	1 140	100.35
吴忠市	**27 046**	**22 487**	**83.14**
利通区	2 640	3 408	129.09
红寺堡管委会	-	104	-
青铜峡市	4 635	4 479	96.63
中卫县	5 884	3 516	59.76
中宁县	5 363	3 281	61.18
盐池县	3 646	3 604	98.85
同心县	4 878	4 095	83.95
固原市	**40 151**	**39 175**	**97.57**
原州区	10 178	8 843	86.88
海原县	6 032	6 029	99.95
西吉县	10 009	10 009	100.00
隆德县	5 611	5 388	96.03
泾源县	1 571	2 196	139.78
彭阳县	6 750	6 710	99.41

15－30　各市县文化产业机构数和人数

（2003年）

地　区	艺术产业		图书馆产业		群众文化产业	
	机构数（个）	人　数（人）	机构数（个）	人　数（人）	机构数（个）	人　数（人）
全区总计	**28**	**1 150**	**21**	**516**	**251**	**920**
银 川 市	**7**	**261**	**5**	**119**	**53**	**161**
银 川 市	6	216	2	74	30	80
永 宁 县	–	–	1	13	7	22
贺 兰 县	–	–	1	16	7	24
灵 武 市	1	45	1	16	9	35
石嘴山市	**1**	**4**	**3**	**43**	**26**	**129**
石嘴山市	–	–	1	25	4	59
平 罗 县	–	–	1	14	11	46
陶 乐 县	–	–	1	4	5	12
惠 农 县	1	4	–	–	6	12
吴 忠 市	**7**	**179**	**6**	**150**	**66**	**263**
利 通 区	2	31	1	46	11	87
青铜峡市	2	88	1	30	9	22
中 卫 县	–	–	1	16	10	12
中 宁 县	2	50	1	15	15	49
盐 池 县	1	10	1	13	9	35
同 心 县	–	–	1	30	12	58
固 原 市	**7**	**181**	**6**	**101**	**105**	**309**
原 州 区	1	69	1	36	15	81
海 原 县	2	32	1	18	23	66
西 吉 县	2	61	1	13	27	60
隆 德 县	1	10	1	8	14	37
泾 源 县	–	–	1	11	11	41
彭 阳 县	1	9	1	15	15	24
区直单位	**6**	**525**	**1**	**103**	**1**	**58**

15－30 表续　　　　　　　　　　　　（2003 年）

地　　区	娱　乐　业		文　物　产　业		其他文化产业	
	机构数（个）	人　数（人）	机构数（个）	人　数（人）	机构数（个）	人　数（人）
全区总计	**957**	**3 245**	**30**	**377**	**1 754**	**4 137**
银 川 市	**368**	**1 016**	**4**	**85**	**740**	**1 970**
银 川 市	261	848	2	70	508	1 612
永 宁 县	39	69	–	–	95	166
贺 兰 县	25	45	1	1	86	127
灵 武 市	43	54	1	14	51	65
石嘴山市	**153**	**500**	**4**	**12**	**205**	**285**
石嘴山市	103	318	1	3	157	198
平 罗 县	17	57	1	6	27	45
陶 乐 县	24	109	1	2	4	19
惠 农 县	9	16	1	1	17	23
吴 忠 市	**259**	**645**	**9**	**61**	**542**	**751**
利 通 区	62	202	3	11	109	146
青铜峡市	39	86	1	15	77	92
中 卫 县	70	150	1	10	201	320
中 宁 县	40	71	1	5	49	66
盐 池 县	33	112	2	10	69	83
同 心 县	15	24	1	10	37	44
固 原 市	**146**	**624**	**8**	**78**	**198**	**368**
原 州 区	83	442	2	36	126	217
海 原 县	23	76	1	5	13	19
西 吉 县	5	10	2	22	7	7
隆 德 县	6	26	1	4	30	53
泾 源 县	11	24	1	3	13	25
彭 阳 县	18	46	1	8	9	47
区直单位	**31**	**460**	**5**	**141**	**69**	**763**

主要统计指标解释

【普通高等学校】 指按国家规定审批程序批准举办，通过全国统一招生考试，招收高级中等学校毕业生或具有同等学历者，实施高等教育，培养高等专门人才的学校。包括大学、专门学院、高等专科学校和短期职业大学。

【成人高等学校】 指按照国家规定的审批程序批准举办，招收高中毕业或同等学历者，利用多种形式对成人实施高等教育、培养相当普通高等学校专科或本科毕业水平的专门人才的学校。包括广播电视大学、职工高等学校、农民高等学院、干部管理学院、教育学院、独立函授学院以及普通高等学校举办的函授、夜大学等。

【小学学龄儿童入学率】 指调查范围内已人小学学习的儿童占校内外学龄儿童总数(包括弱智儿童在内，但不包括盲聋哑儿童)的比重。

【专任教师】 指主要从事教育工作人员。包括临时(一年以内)调去帮助做其他工作的教学人员。不包括调离教学岗位，担任行政领导工作或其他工作的原教学人员；不包括兼任教师和代课教师。

【独立自然科学研究机构】 指具备下列三个条件；(1)行政上独立的组织形式；(2)财务上独立核算(3)有权与其他单位签订合同，从事自然科学技术研究的机构。

【优秀自然科学技术研究成果】 指自然科学技术研究成果中比较优秀的并经各级政府批准授奖的成果。分为国家级(发明奖、自然科学奖)省级(部级)、地(市)级、县级。如省级是指经省科委审核批准并由省政府授奖的成果，一般设一、二、三、四等奖，每年颁发一次。

【自然科学技术人员】 指已取得科学技术职称或大学中专的理、工、农、医科系毕业，以及国民经济各部门从工作实践中提拔，从事理工、农、医等自然科学技术的研究、教学、生产(事业)技术方面工作的专业人员和在机关、企业、事业单位中从事科学技术业务管理工作的专业人员。

【高级专业技术人员】 指专业技术人员中具有高级职称的人员，包括高级工程师、高级农艺师、正、副教授、正、副研究员、正、副主任医师，高级会计师、高级统计师、正、副编审、特、高级记者与播音员、正、副译审、国家级和高级教练员、高级经济师、正、副研究馆员、高级工艺美术师。

【中级专业技术人员】 指专业技术人员中具有中级职称的人员。包括工程师、农艺师、助理研究员、主治医师、讲师、会计师、统计师、编辑、记者、一级播音员、翻译、一级教练、经济师、馆员、工艺美术师。

【初级专业技术人员】 指专业技术人员中具有初级职称的人员。包括：助理工程师、助理会计师、助理统计师、助理编辑、助理记者、二级播音员、助理翻译、二级教练员、助理经济师、助理馆员、助理工艺美术师、技术员、医(护)士、会计员、统计员、三级播音员、三级教练员、经济员、管理员、工艺美术员。

【艺术表演团体】 指话剧、方言话剧、滑稽戏、儿童剧、砍剧、舞剧、乐团、合唱团、文工团、文宜队、乌兰牧骑、戏曲剧团、曲艺团、说唱团、杂技团、马戏团、木偶剧团、皮影团等专业艺术表演团体，不包括半工半艺、半农半艺和业余剧团以及电影制片厂附设的演员剧团。

【杂志、报纸】 指按规定经领导机关批准、由指定机关发给登记证的杂志和定期出版的报纸。杂志与报纸的划分是：单张、且在八开以上(含八开)者为报纸；装订成册、或虽未装订成册，但为十六开以下(含十六开)者为杂志。

杂志分为综合、哲学、社会科学、自然科学和技术、文化和教育、文学和艺术、少年儿童、画刊共七大类、报纸分为综合报和专业报二大类。

十六、体育、卫生、民政、司法

16－1　体委系统职工人数

（2003 年）　　单位：人

人员分类	总计	体育运动学校	优秀运动队	普通业余体校	优秀运动员	训练基地	公共体育场所	其他
总计	**887**	**75**	**371**	**173**	**－**	**－**	**11**	**257**
运动员	324	－	227	－	－	－	－	97
专职教练员	171	28	28	115	－	－	－	－
专职文化教师	26	26	－	－	－	－	－	－
科技人员	－	－	－	－	－	－	－	－
医务人员	8	2	6	－	－	－	－	－
管理人员	92	16	6	13	－	－	－	57
其他人员	266	3	104	45	－	－	11	103

16－2　等级运动员和裁判员分项发展人数

（2003 年）　　单位：人

运动项目	等级运动员	健将级	一级	二级	三级	少年级	等级裁判员
总计	**55**	**17**	**33**	**5**	**－**	**－**	**97**
田径	8	2	4	2	－	－	22
游泳	－	－	－	－	－	－	11
举重	3	－	3	－	－	－	4
射击	17	4	11	2	－	－	11
射箭	4	1	2	1	－	－	1
柔道	－	－	－	－	－	－	－
自行车	13	7	6	－	－	－	5
篮球	－	－	－	－	－	－	16
排球	－	－	－	－	－	－	5
足球	－	－	－	－	－	－	2
乒乓球	－	－	－	－	－	－	7
羽毛球	－	－	－	－	－	－	9
武术	3	2	1	－	－	－	2
国际式摔跤	3	1	2	－	－	－	2
中国式摔跤	－	－	－	－	－	－	－
拳击	1	－	1	－	－	－	－
跆拳道	3	－	3	－	－	－	－

16－3 体育场地数

单位:个

指　　标	1985 年	1990 年	1995 年	2000 年	2001 年	2002 年	2003 年
体　育　场	1	1	1	2	2	2	4
#乙级	1	1	1	2	2	2	2
体　育　馆	1	1	1	1	1	1	3
#丁级	1	1	1	1	1	1	2
游　泳　池	13	17	18	19	20	20	20
#市内游泳池	–	1	2	3	4	4	4
有固定看台灯光球场	16	17	24	24	24	24	24

16－4 运动员打破纪录情况

年　份	打破亚洲纪录			打破全国纪录			打破区纪录		
	项数（项）	人数（人）	人次数（人次）	项数（项）	人数（人）	人次数（人次）	项数（项）	人数（人）	人次数（人次）
1990	–	–	–	1	1	1	30	47	50
1991	–	–	–	–	–	–	51	38	51
1992	–	–	–	–	–	–	40	51	49
1993	–	–	–	–	–	–	28	22	20
1994	–	–	–	–	–	–	14	11	14
1995	–	–	–	3	1	9	74	104	165
1996	–	–	–	1	1	1	20	19	38
1997	–	–	–	–	–	–	15	19	13
1998	–	–	–	–	–	–	7	9	7
1999	–	–	–	–	–	–	–	–	–
2000	–	–	–	–	–	–	6	6	6
2001	–	–	–	1	1	1	25	20	25
2002	–	–	–	–	–	–	29	58	65
2003	–	–	–	–	–	–	12	30	39

16－5　主要年份卫生机构数

单位:个

年份	总计	医院、卫生院	# 医院	疗养院、所	门诊部、所	专科防治所、站	疾病预防控制中心	妇幼保健所、站	其他卫生机构
1950	156	6	–	–	134	–	–	2	14
1955	221	21	–	1	166	–	1	14	18
1957	327	23	–	1	266	–	8	18	11
1958	314	81	37	1	194	–	20	17	1
1960	586	37	37	1	501	3	24	17	3
1965	607	124	30	4	429	4	20	22	4
1970	519	334	–	–	160	2	21	–	2
1975	736	282	47	–	406	1	22	18	7
1978	825	306	61	–	470	1	22	19	7
1980	916	305	60	1	552	2	23	21	12
1981	985	306	62	1	614	3	23	21	17
1982	1 070	305	60	1	702	4	23	21	14
1983	1 061	309	63	2	688	4	23	21	14
1984	1 041	314	64	2	657	5	24	22	17
1985	1 057	303	69	2	685	6	24	21	16
1986	1 110	279	76	2	754	6	25	26	18
1987	1 098	205	76	2	812	6	27	27	18
1988	1 097	184	81	2	830	8	27	27	19
1989	1 097	184	82	2	829	8	27	27	20
1990	1 163	177	82	3	894	8	29	27	25
1991	1 127	154	86	3	879	10	29	26	26
1992	1 118	156	87	3	867	11	29	26	26
1993	1 035	161	90	3	781	11	31	26	22
1994	1 035	369	92	3	570	11	32	26	24
1995	1 026	368	91	2	564	11	31	26	24
1996	474	376	94	2	7	9	29	25	27
1997	480	375	93	2	13	9	29	25	27
1998	483	383	98	2	8	9	29	25	27
1999	482	382	97	2	7	9	29	25	28
2000	480	380	96	2	8	9	28	25	27
2001	485	387	102	2	6	9	28	25	28
2002	521	389	110	2	36	9	27	25	33
2003	1 499	401	122	2	40	6	28	25	997

注:1996—2002 年数据不包括诊所、医务室、社区服务站,2003 年其他卫生机构中含诊所、医务室、社区服务站。

16－6　主要年份卫生机构床位数

单位：张

年　份	总　计	医院	门诊部(所)	其他卫生机　构	每千人口医院床位数
1950	40	40	–	–	0.03
1955	332	282	–	50	0.17
1957	652	602	–	50	0.34
1958	1 377	1 136	160	81	0.61
1960	1 531	1 421	30	80	0.67
1965	4 155	2 823	1 072	260	1.28
1970	3 729	3 703	26	–	1.34
1975	6 549	5 921	616	12	1.81
1978	7 517	6 962	542	13	1.96
1980	7 866	7 184	604	78	1.92
1981	8 196	7 427	574	195	1.91
1982	8 498	7 678	637	183	1.95
1983	8 675	7 878	620	177	1.97
1984	9 198	8 306	672	220	2.04
1985	9 567	8 640	726	201	2.08
1986	9 693	9 166	285	242	2.16
1987	9 689	9 314	131	244	2.14
1988	10 135	9 755	138	242	2.19
1989	10 271	9 828	184	259	2.16
1990	10 556	10 045	226	285	2.16
1991	11 118	10 701	112	305	2.26
1992	11 609	11 140	178	291	2.31
1993	12 836	11 788	658	390	2.40
1994	13 285	12 307	502	476	2.40
1995	13 099	12 144	542	413	2.40
1996	12 746	10 868	100	1 778	2.10
1997	13 220	11 169	253	1 798	2.12
1998	13 653	11 504	109	2 040	2.14
1999	13 734	11 505	94	2 135	2.12
2000	13 825	13 229	117	479	2.35
2001	14 434	12 142	127	2 165	2.16
2002	14 782	13 768	48	966	2.09
2003	15 728	13 143	96	2 489	2.27

16－7　各类医院机构、床位及人员数

（2003 年）

指　　标	机构数（个）	床位数（张）	职工人数（人）	＃卫生技术人员	＃执业医师
医院总计	**122**	**13 143**	**17 118**	**13 943**	**5 192**
市	86	9 736	12 810	10 348	3 821
县	36	3 407	4 308	3 595	1 371
综合医院	88	10 866	14 285	11 629	4 329
中医医院	17	1 200	1 873	1 546	614
专科医院	15	997	878	666	229
其他医院	2	80	82	102	20

16－8　社会福利类收养性单位基本情况

指　　标	2002 年				2003 年			
	院数（个）	工作人员（人）	床位（张）	年末收养人数（人）	院数（个）	工作人员（人）	床位（张）	年末收养人数（人）
全区总计	**190**	**594**	**3 708**	**2 550**	**146**	**579**	**3 392**	**2 568**
国家办收养性单位	15	319	1 376	1 057	17	346	1 612	1 248
集体办收养性单位	175	275	2 332	1 493	129	233	1 780	1 320

16－9　社会福利事业、企业单位和工作人员数

单位：个、人

指　　标	1990 年		1995 年		2000 年		2002 年		2003 年	
	单位	人数	单位	人数	单位	人数	单位	人数	单位	人数
全区总计	**455**	**4 343**	**655**	**5 127**	**450**	**3 522**	**333**	**3 310**	**260**	**2 926**
社会福利事业单位	**264**	**568**	**310**	**821**	**197**	**582**	**190**	**593**	**146**	**579**
民政部门办	11	170	9	174	13	277	15	319	17	346
社会办	253	398	301	647	184	305	175	274	129	233
社会福利企业单位	**157**	**3 599**	**310**	**4 099**	**211**	**2 693**	**106**	**2 484**	**80**	**2 130**
民政部门办	22	1 217	34	1 143	7	345	11	219	4	94
＃假肢厂	1	76	1	41	1	41	1	35	1	33
安置农场	1	33	1	29	1	32	1	4	1	18
社会办	135	2 382	276	2 956	204	2 348	95	2 265	76	2 036
烈士纪念建筑物管理单位	**6**	**25**	**4**	**35**	**7**	**31**	**7**	**32**	**6**	**12**
收容遣送站	**5**	**81**	**5**	**72**	**7**	**81**	**6**	**85**	**8**	**102**
殡葬事业单位	**23**	**70**	**26**	**100**	**28**	**135**	**24**	**116**	**20**	**103**

注：2003 年的收容遣送站资料为救助类单位资料。

16－10　主要年份享受救济人员情况

指　　标	1980年	1985年	1990年	1995年	2000年	2002年	2003年
农村困难户得到救济人次数(人次)	404 856	211 092	328 483	314 575	88 484	469 079	581 888
城镇贫困户得到救济人次数(人次)	2 907	8 254	4 652	5 487	2E+06	141 004	248 729
精减退职老弱残职工得到救济人数(人次)	203	281	394	318	304	268	－

16－11　主要年份律师、公证、调解工作基本情况

项　　目	单位	1990年	1995年	2000年	2001年	2002年	2003年
律师工作							
律师事务所	个	32	52	62	60	60	62
律师	人	223	444	722	745	743	842
担任法律顾问的单位	处	515	627	767	766	834	812
民事代理	件	2 617	2 546	5 284	4 672	5 075	5 733
刑事辩护	件	2 050	1 732	2 368	2 003	2 159	2 050
非诉讼事件	件	270	1 792	1 489	2 377	2 091	2 605
涉外法律事务	件	－	2	－	1	－	5
解答法律询问	件	24 521	15 692	36 369	42 505	36 183	40 530
代写法律事务文书	件	6 165	7 624	10 687	15 660	9 842	15 482
公证工作							
公证处	个	26	28	30	30	29	27
公证人员	人	123	134	200	263	261	250
办理公证文书	件	11 087	21 984	66 123	40 079	48 744	65 910
人民调解工作							
专职司法助理员	人	347	370	444	466	400	428
人民调解委员会	个	3 648	3 780	3 604	3 590	3 607	3 597
调解人员	人	23 477	40 402	26 493	22 238	18 225	13 825
调解民间纠纷	件	18 506	17 435	19 846	19 562	16 748	20 612

16－12　各市县全区卫生机构数

（2003年）　　单位：个

地　区	总　计	医　院	卫生院	疗养院、所	门诊部、所	专科防治所、站
全区总计	**1 499**	**122**	**279**	**2**	**40**	**6**
银川市	**484**	**53**	**41**	**2**	**16**	**–**
银川市	389	37	11	2	16	–
永宁县	22	4	9	–	–	–
贺兰县	18	3	8	–	–	–
灵武市	55	9	13	–	–	–
石嘴山市	**340**	**27**	**32**	**–**	**16**	**–**
石嘴山市	227	20	3	–	6	–
平罗县	74	4	16	–	9	–
陶乐县	9	1	6	–	–	–
惠农县	30	2	7	–	1	–
吴忠市	**407**	**26**	**92**	**–**	**8**	**3**
利通区	114	3	18	–	1	–
红寺堡管委会	6	–	4	–	–	–
青铜峡市	72	9	11	–	–	1
中卫县	41	6	14	–	1	1
中宁县	116	4	16	–	6	–
盐池县	34	2	15	–	–	1
同心县	24	2	14	–	–	–
固原市	**268**	**16**	**114**	**–**	**–**	**3**
原州区	98	8	19	–	–	2
海原县	36	2	24	–	–	1
西吉县	48	2	25	–	–	–
隆德县	31	2	19	–	–	–
泾源县	14	1	10	–	–	–
彭阳县	41	1	17	–	–	–

16－12 表续　　（2003 年）　　单位:个

地　　区	疾病预防控制中心	妇幼保健所、室	卫生监督所	采供血机构	其他卫生机构
全区总计	**28**	**25**	**5**	**4**	**988**
银 川 市	**8**	**6**	**3**	**1**	**354**
银 川 市	4	3	3	1	312
永 宁 县	1	1	–	–	7
贺 兰 县	1	1	–	–	5
灵 武 市	2	1	–	–	30
石嘴山市	**5**	**6**	**1**	**1**	**252**
石嘴山市	2	3	1	1	191
平 罗 县	1	1	–	–	43
陶 乐 县	1	1	–	–	–
惠 农 县	1	1	–	–	18
吴 忠 市	**8**	**6**	**–**	**1**	**263**
利 通 区	2	1	–	1	88
红寺堡管委会	1	–	–	–	–
青铜峡市	1	1	–	–	49
中 卫 县	1	1	–		–
中 宁 县	1	1	–	–	88
盐 池 县	1	1	–	–	14
同 心 县	1	1	–	–	6
固 原 市	**7**	**7**	**1**	**1**	**119**
原 洲 区	2	2	1	1	63
海 原 县	1	1	–	–	7
西 吉 县	1	1	–	–	19
隆 德 县	1	1	–	–	8
泾 源 县	1	1	–	–	1
彭 阳 县	1	1	–	–	21

16－13　各市县主要年份全区医院数

单位：个

地　　区	1990 年	1995 年	1998 年	2000 年	2001 年	2002 年	2003 年
全区总计	**177**	**368**	**97**	**97**	**106**	**110**	**122**
银川市	**51**	**62**	**37**	**36**	**36**	**43**	**53**
银川市	31	37	30	28	28	28	37
永宁县	8	13	5	5	5	4	4
贺兰县	12	12	2	3	3	2	3
灵武市	11	22	9	9	9	9	9
石嘴山市	**25**	**54**	**24**	**24**	**25**	**26**	**27**
石嘴山市	13	17	17	16	17	17	20
平罗县	7	21	4	5	5	5	4
陶乐县	1	6	1	1	1	1	1
惠农县	4	10	2	2	2	3	2
吴忠市	**74**	**124**	**26**	**26**	**30**	**25**	**26**
利通区	15	18	2	2	2	3	3
红寺堡管委会	–	–	–	–	–	–	–
青铜峡市	15	15	4	4	5	9	9
中卫县	7	18	4	4	5	5	6
中宁县	5	18	4	4	4	4	4
盐池县	17	17	2	2	3	2	2
同心县	4	16	1	1	2	2	2
固原市	**27**	**128**	**10**	**11**	**15**	**16**	**16**
原州区	7	28	4	4	6	8	8
海原县	8	26	1	1	2	2	2
西吉县	5	27	2	2	2	2	2
隆德县	3	21	1	1	2	2	2
泾源县	2	8	1	1	1	1	1
彭阳县	2	18	1	2	2	1	1

16－14　各市县卫生机构人员数

(2003年)　　单位:人

地　　区	总　计	卫生技术人员	执业(助理)医师	执业医师	注册护士	其他	每千人口执业医师数(人)
全区总计	**27 567**	**23 105**	**10 650**	**9 112**	**7 272**	**2 235**	**1.57**
银川市	**11 680**	**9 587**	**4 252**	**3 802**	**3 414**	**707**	**2.86**
银川市	9 350	7 615	3 449	3 171	2 828	443	4.42
永宁县	701	586	236	173	173	67	0.85
贺兰县	379	326	129	100	95	44	0.57
灵武市	1 250	1 060	438	358	318	153	1.54
石嘴山市	**4 746**	**3 982**	**1 806**	**1 482**	**1 439**	**231**	**2.04**
石嘴山市	3 447	2 877	1 245	1 059	1 153	133	2.93
平罗县	911	771	392	305	208	58	1.15
陶乐县	100	90	51	36	21	2	1.12
惠农县	288	244	118	82	57	38	1.20
吴忠市	**6 596**	**5 564**	**2 350**	**1 955**	**1 516**	**924**	**1.05**
利通区	1 779	1 490	613	527	448	227	1.49
红寺堡管委会	19	19	14	13	–	4	0.09
青铜峡市	1 475	1 198	423	360	340	270	1.43
中卫县	1 365	1 173	503	386	338	131	1.12
中宁县	939	805	326	273	189	188	1.03
盐池县	470	418	239	202	99	26	1.28
同心县	549	461	232	194	102	78	0.56
固原市	**4 545**	**3 972**	**2 242**	**1 873**	**903**	**373**	**1.00**
原州区	1 834	1 581	822	720	399	180	1.48
海原县	674	585	385	314	120	29	0.83
西吉县	839	718	419	346	139	60	0.76
隆德县	471	435	238	216	114	29	1.15
泾源县	267	235	122	96	43	46	0.78
彭阳县	460	418	256	181	88	29	0.73

16－15　各市县主要年份全区卫生技术人员数

单位：人

地　　区	1985年	1990年	1995年	2000年	2001年	2002年	2003年
全区总计	**15 528**	**19 175**	**21 223**	**19 171**	**19 790**	**19 792**	**23 105**
银川市	**5 555**	**7 023**	**7 880**	**6 908**	**7 178**	**7 966**	**9 587**
银川市	4 693	6 061	6 942	5 961	6 189	6 111	7 615
永宁县	406	470	470	542	571	562	586
贺兰县	456	492	468	405	418	330	326
灵武市	697	853	1 013	932	945	963	1 060
石嘴山市	**3 189**	**3 748**	**4 083**	**3 172**	**3 252**	**3 314**	**3 982**
石嘴山市	2 370	2 766	2 977	2 102	2 221	2 257	2 877
平罗县	742	702	802	717	694	721	771
陶乐县	77	92	81	106	95	89	90
惠农县	－	188	223	247	242	247	244
吴忠市	**4 062**	**5 067**	**5 734**	**5 599**	**5 700**	**4 813**	**5 564**
利通区	846	1 000	1 169	1 151	1 182	1 232	1 490
红寺堡管委会	－	－	－	－	－	－	19
青铜峡市	688	824	934	983	1 003	1 073	1 198
中卫县	714	849	934	981	1 019	1 030	1 173
中宁县	514	759	768	645	656	657	805
盐池县	328	414	450	441	435	389	418
同心县	285	368	466	466	460	432	461
固原市	**2 722**	**3 337**	**3 526**	**3 492**	**3 660**	**3 699**	**3 972**
原州区	1 125	1 373	1 328	1 287	1 386	1 378	1 581
海原县	404	487	483	577	583	572	585
西吉县	424	540	649	592	661	706	718
隆德县	373	465	485	424	425	448	435
泾源县	181	198	237	207	209	211	235
彭阳县	215	274	344	405	396	384	418

主要统计指标解释

【体育场】 指有400米跑道(中心含足球场)。有固定道牙,跑道6条以上,并有固定看台的室外田径场地。以看台容纳观众人数分:甲级25000人以上,乙级15000－25000人,丙级5000－15000人,丁级5000人以下。

【等级裁判员】 指经考核正式批准授予等级裁判员职称者,分为国际裁判、国家级、一级、二级、三级。

【等级运动员】 指经考核正式批准授予等级运动员称号的运动员,分为国际级运动健将、运动健将、一级、二级、三级、少年级。

【优秀运动队】 指各省、市、自治区体委、解放军、产业体协、运动技术学院和军事体育学校所居的各类运动队。不包括机关团体、厂矿等企业、事业单位所属的职工运动队。

【卫生机构】 指各个部门(军事部门除外)、各种性质的设有专职卫生技术人员的卫生事业机构。包括医院、疗养院(所)、门诊部(所)、专科防治所(站)、卫生防疫站、妇幼保健所(站)、药品检验所(室)、其他卫生机构、(包括急救站、中心血库、输血站、环境卫生监测站、生物制品研究所、精神病收容所、麻风村、卫生干部进修院(校)。

【医院】 指名称为医院、设有固定床位能收容病人住院并能为病人提供医疗、护理服务的医疗机构。包括县及县以上医院、农村乡卫生院、其他医院三部分,按所属性质分为卫生部门、工业及其他部门、集体所有制三类。其中县及县以上医院按业务性质分为综合医院和专科医院。

【卫生技术人员】 指卫生事业机构支付工资的全部固定职工和合同制职工中现任职务为卫生技术工作的人员。包括中医师、西医师、中西医结合高级医师、护师、中药师、西药师、检验师、其他技师、中医士、西医士、护士、助产士、中药剂士、西药剂士、检验士、其他技士、其他中医、护理员、中药剂员、西药剂员、检验员、其他初级卫生技术人员。

【医生】 指经卫生部门审查合格,从事医疗工作的专业人员,分为中医医生和西医医生。包括卫生技术人员中的中医师、西医师、中西医结合高级医师、中医士、西医士和其他中医。

【社会福利企业单位】 指以安置城镇有一定劳动能力的盲、聋、哑积肢体残疾人员就业为目的,享受国家减免税待遇的全民或集体所有制企业。包括民政部门管理和街道举办两类。

【城乡社会救济费】 社会救济是指国家或集体用于生活困难的人员的财物支出。本指标包括城镇社会救济费、乡村社会救济费、精减退职的老职工救济费。

【公证人员】 指在国家公证机关依法办理公证事务的司法人员。包括公证员、助理公证员和在公证处工作的其他人员。

【办理公证文书】 指公证处在一定时期内办理的公证文书件数。公证文书系按司法部规定或批准的格式制作。包括国内公证和涉外公证两部分。其中国内公证分为经济合同公证和民事法律关系公证两大类。

十七、环境保护

17－1　全区环境保护基本情况

指　　标	2001年	2002年	2003年
环保系统建设情况			
机构总数(个)	43	57	59
#监测站	5	10	14
监理所	5	12	13
人员总数(人)	629	645	670
#监测人员	159	202	257
监理人员	61	118	167
污染排放与处理情况			
废水			
工业废水排放量(万吨)	10 449.64	11 533.90	10 740.00
城镇生活污水排放量(万吨)	9 274.00	11 753.00	12 798.00
工业废水排放达标量(万吨)	4 359.47	6 461.15	6 287.95
工业废水排放达标率(%)	41.72	56.02	58.55
废气			
工业废气排放量(万标立方米)	13 115 612	16 309 071	17 265 891
#燃料燃烧	8 413 388	9 566 708	10 220 823
生产工艺	4 702 224	6 742 363	7 045 068
二氧化硫排放量(万吨)	–	–	
#工业	16.88	18.72	23.78
生活及其他	3.17	3.49	3.49
烟尘排放量(万吨)	–	–	
#工业	10.79	10.33	10.9
生活及其他	1.72	1.84	1.72
工业粉尘排放量(万吨)	9.66	10.83	13.71
工业二氧化硫去除量(万吨)	2	4.06	2.67
工业烟尘去除量(万吨)	162.01	172.69	227.03
工业粉尘去除量(万吨)	11.56	24.07	25.31
建成城市烟尘控制区数(个)	36	30	30
烟尘控制区面积(平方公里)	124.2	132.4	150.3

17－1 表续

指　　标	2001 年	2002 年	2003 年
固体废物			
工业固体废物产生量(万吨)	430.7	466.36	581.84
# 危险废物	0.04	0.01	0.01
工业固体废物综合利用率(%)	38.81	45.07	49.67
工业固体废物排放量(万吨)	3.84	8.26	6.30
“三废”综合利用产品产值(万元)	－	30 678.90	21 062.1
噪声			
建成城市环境 噪声达标区数(个)	30	25	30
环境 噪声达标区面积(平方公里)	84.5	83.3	108.1
工业污染治理项目及投资情况			
当年施工污染治理项目数(个)	86	70	65
污染治理项目本年完成投资额(万元)	29 121.8	22 890.0	11 747.0
# 废水治理	18 412.2	16 079	4 429.3
废气治理	9 172.8	6 103.5	5 557.8
固体废物治理	1 376.8	524.5	172.9
其他治理	160	183	1 414
生态环境保护情况			
自然保护区(个)	8	10	12
# 国家级	4	5	5
自然保护区面积(万公顷)	22.96	24.35	53.39
自然保护区面积占辖区面积比例(%)	4.4	4.7	8.0
生态示范区数(个)	2	1	2

17－2　工业分行业废水排放及处理情况

（2003年）

行　　业	汇总工业企业数（个）	工业废水排放总量（吨）	排入污水处理厂的（吨）	工业废水排放达标量（吨）	工业废水排放达标率（%）	废水治理设施数（套）
煤炭采选业	19	999 380	－	998 310	99.89	31
石油和天然气开采业	2	108 340	100 240	107 840	99.54	3
非金属矿采选业	1	2 856	－	2 856	100.00	－
农副食品加工业	4	130 310	17 360	90 310	69.30	2
食品制造业	25	7 506 723	－	3 338 698	44.48	9
饮料制造业	13	1 122 154	208 600	1 047 629	93.36	10
烟草加工业	1	53 100	－	53 100	100.00	－
纺织业	7	61 205	16 000	37 495	61.26	22
皮革毛皮羽绒及其制品业	2	7 000	－	7 000	100.00	1
木材加工及竹藤棕草制品业	2	15 000	－	－	－	3
造纸及纸制品业	19	50 406 673	5 040	25 439 173	50.47	35
印刷业记录媒介的复制	2	6 043	6 043	6 043	100.00	－
石油加工及炼焦业	7	1 644 522	－	1 400 620	85.17	19
化学原料及制品制造业	39	19 629 135	－	10 228 495	52.11	67
医药制造业	7	1 400 356	2 248	1 400 356	100.00	5
橡胶制品业	4	2 013 600	400 000	2 013 600	100.00	10
非金属矿物制品业	54	1 238 003	－	903 423	72.97	21
水泥制造业	10	519 740	－	519 520	99.96	6
黑色金属冶炼及压延加工业	20	3 000 384	－	2 998 054	99.92	48
有色金属冶炼及压延加工业	10	1 773 764	88 000	1 741 784	98.20	7
通用设备制造业	8	1 010 986	－	1 010 986	100.00	5
专用设备制造业	4	180 000	－	180 000	100.00	17
电气机械及器材制造业	2	19 066	500	19 066	100.00	－
电子及通信设备制造业	1	140 000	－	140 000	100.00	1
仪器仪表文化	4	225 378	121 500	225 378	100.00	2
工艺品及其他制造业	4	－	－	－	－	2
电力热力生产供应业	9	5 799 800	561 000	5 797 800	99.97	14
#火力发电业	8	5 797 800	561 000	5 797 800	100.00	14

17－3　工业分行业废气排放及处理情况

（2003年）

行　　业	汇总工业企业数（个）	废气治理设施数（套）	工业废气排放总量（万标立方米）	#燃料燃烧过程中废气排放量	#生产工艺过程中废气排放量
煤炭采选业	19	112	189 909	189 909	–
石油和天然气开采业	2	–	4 160	4 160	–
非金属矿采选业	1	–	–	–	–
农副食品加工业	4	4	13 762	13 762	–
食品制造业	25	111	99 366	99 366	–
饮料制造业	13	23	39 436	39 436	–
烟草加工业	1	2	5 189	5 189	–
纺织业	7	16	3 870	3 870	–
皮革毛皮羽绒及其制品业	2	3	4 224	4 224	–
木材加工及竹藤棕草制品业	2	3	1 040	1 040	–
造纸及纸制品业	19	58	468 015	467 360	655
印刷业记录媒介的复制	2	–	–	–	–
石油加工及炼焦业	7	21	260 818	113 572	147 246
化学原料及制品制造业	39	82	2 209 464	876 481	1 332 983
医药制造业	7	3	17 083	17 083	–
橡胶制品业	4	13	85 964	85 964	–
非金属矿物制品业	54	172	2 041 335	460 055	1 581 280
水泥制造业	10	67	1 040 290	381 709	658 581
黑色金属冶炼及压延加工业	20	50	1 063 348	97 909	965 439
有色金属冶炼及压延加工业	10	58	3 138 944	276 706	2 862 238
通用设备制造业	8	36	131 915	39 985	91 930
专用设备制造业	4	20	18 843	18 843	–
电气机械及器材制造业	2	2	803	803	–
电子及通信设备制造业	1	5	4 803	4 741	62
仪器仪表文化	4	16	11 567	11 567	–
工艺品及其他制造业	4	1	40 760	4 000	36 760
电力热力生产供应业	9	43	7 341 980	7 341 980	–
#火力发电业	8	43	7 335 835	7 335 835	–
其它行业	2	85	69 293	42 818	26 475

17－3 表续 （2003 年）

行　　业	工业二氧化硫排放量（千克）	工业二氧化硫去除量（千克）	工业烟尘排放量（千克）	工业烟尘去除量（千克）	工业粉尘排放量（千克）	工业粉尘去除量（千克）
煤炭采选业	1 822 042	122 557	1 016 551	4 831 889	1 878 100	－
石油和天然气开采业	8 135	－	8 276	－	－	－
非金属矿采选业	－	－	－	－	310 750	－
农副食品加工业	513 764	－	273 762	1 107 138	－	－
食品制造业	1 967 784	96 319	1 183 028	3 280 902	－	－
饮料制造业	471 203	208 806	394 266	1 247 654	－	5 760
烟草加工业	69 120	12 343	17 280	69 120	－	－
纺织业	56 396	6 336	36 024	102 170	－	－
皮革毛皮羽绒及其制品业	6 464	－	1 870	7 490	－	－
木材加工及竹藤棕草制品业	18 920	7 680	14 500	57 900	1 000	2 000
造纸及纸制品业	8 412 969	2 649 608	4 403 399	94 216 740	37 280	27 280
印刷业记录媒介的复制	－	－	－	－	－	－
石油加工及炼焦业	1 727 738	2 343	1 626 791	2 109 235	3 494 340	－
化学原料及制品制造业	12 242 209	6 899 053	3 980 530	67 131 721	13 406 180	23 653 762
医药制造业	219 993	18 340	1 042 416	8 762 774	－	－
橡胶制品业	810 327	376 965	219 099	1 738 891	－	－
非金属矿物制品业	5 269 779	5 893 067	7 880 965	27 795 065	65 230 628	158 453 429
水泥制造业	1 493 477	－	2 296 960	17 770 886	50 757 741	85 910 569
黑色金属冶炼及压延加工业	5 631 140	427 400	6 336 698	5 785 410	43 838 998	28 752 213
有色金属冶炼及压延加工业	1 930 761	780 079	1 362 774	3 453 133	3 553 858	40 744 832
通用设备制造业	356 440	197 746	187 315	1 235 075	6 770	1 459 062
专用设备制造业	361 741	184 883	141 957	1 248 606	－	－
电气机械及器材制造业	11 038	－	3 762	21 318	－	－
电子及通信设备制造业	128 873	23 327	33 057	309 033	－	－
仪器仪表文化	108 475	4 704	30 684	166 267	－	－
工艺品及其他制造业	219 600	－	277 000	－	2 500 000	－
电力热力生产供应业	175 125 731	8 381 779	67 691 382	2 040 533 630	－	－
＃火力发电业	175 085 589	8 381 779	67 688 043	2 040 518 041	－	－
其它行业	541 580	385 540	276 920	5 071 964	－	－

17－4　工业分行业工业固体废物产生及处理利用情况

（2003年）

行　　业	汇总工业企业数（个）	工业固体废物产生量（吨）	#危险废物产生量	工业固体废物综合利用量（吨）	工业固体废物贮存量（吨）
煤炭采选业	19	928 487	－	399 285	420 449
石油和天然气开采业	2	178	－	52	－
非金属矿采选业	1	－	－	－	－
农副食品加工业	4	2 920	－	2 920	－
食品制造业	25	28 137	－	27 137	－
饮料制造业	13	21 046	－	21 046	－
烟草加工业	1	1 620	－	1 620	－
纺织业	7	509	－	416	－
皮革毛皮羽绒及其制品业	2	62	－	62	－
木材加工及竹藤棕草制品业	2	1 380	－	1 280	100
造纸及纸制品业	19	146 844	－	130 294	－
印刷业记录媒介的复制	2	－	－	－	－
石油加工及炼焦业	7	146 417	－	130 054	16 363
化学原料及制品制造业	39	1 130 991	50	521 229	496 411
医药制造业	7	8 843	－	8 843	－
橡胶制品业	4	11 859	－	11 859	－
非金属矿物制品业	54	130 945.1	－	93 528	31 375.4
水泥制造业	10	61 016	－	61 005	－
黑色金属冶炼及压延加工业	20	290 117	－	147 707	119 743
有色金属冶炼及压延加工业	10	137 216	11	78 327	41 309
通用设备制造业	8	4 167	－	4 167	－
专用设备制造业	4	6 896	－	6 076	－
电气机械及器材制造业	2	88	－	88	－
电子及通信设备制造业	1	3 396	－	2 444	952
仪器仪表文化	4	3 136	1	3 135	－
工艺品及其他制造业	4	－	－	－	－
电力热力生产供应业	9	2 337 683	－	1 097 153	1 190 530
#火力发电业	8	2 336 081	－	1 095 551	1 190 530
其它行业	2	8 646	－	8 646	－

17－4表续

（2003年）

行业	工业固体废物处置量（吨）	#危险废物处置量（吨）	#送往集中处置场处置的（吨）	工业固体废物排放量（吨）	#危险废物排放量（吨）	“三废”综合利用产品产值（万元）
煤炭采选业	88 548	–	–	20 205	–	–
石油和天然气开采业	30	–	–	96	–	–
非金属矿采选业	–	–	–	–	–	–
农副食品加工业	–	–	–		–	300
食品制造业	–	–	–	1 000	–	647
饮料制造业	–	–	–	–	–	468
烟草加工业	–	–	–	–	–	1
纺织业	–	–	–	93	–	4
皮革毛皮羽绒及其制品业	–	–	–	–	–	2
木材加工及竹藤棕草制品业	–	–	–	–	–	60
造纸及纸制品业	50	–	–	16 500	–	975
印刷业记录媒介的复制	–	–	–	–	–	–
石油加工及炼焦业	–	–	–	–	–	–
化学原料及制品制造业	779 310	–	–	4 071	–	5 871.5
医药制造业	–	–	–	–	–	7
橡胶制品业	–	–	–	–	–	–
非金属矿物制品业	3 270	–	–	2 772	–	6 278
水泥制造业	–	–	–	11	–	4 767
黑色金属冶炼及压延加工业	17 414	–	–	9 253	–	2 915
有色金属冶炼及压延加工业	16 580	11	–	1 000	–	18
通用设备制造业	–	–	–	–	–	800.9
专用设备制造业	820	–	–	–	–	–
电气机械及器材制造业	–	–	–	–	–	–
电子及通信设备制造业	–	–	–	–	–	128
仪器仪表文化	1	1	–	–	–	12
工艺品及其他制造业	–	–	–	–	–	76
电力热力生产供应业	50 000	–	–	–	–	1 044
#火力发电业	50 000	–	–	–	–	1 043
其它行业	–	–	–	–	–	–

17－5　各地区环保系统机构、人员数

（2003年）

地　　区	机构总数（个）	#科研所	#监测站	#监理所	人员总数（人）	#科技人员	#监测人员	#监理人员
全区总计	**58**	**2**	**14**	**13**	**670**	**－**	**257**	**167**
区　　级	8	1	2	1	137	－	49	11
银 川 市	17	1	4	4	139	－	62	22
石嘴山市	7	－	1	1	101	－	33	25
吴 忠 市	18	－	5	5	206	－	84	83
固 原 市	8	－	2	2	87	－	29	26

17－6　各地区环境污染与破坏事故情况

（2003年）

地　　区	环境污染与破坏事故次数（次）	按事故类型分（次）					污染直接经济损失（万元）	污染事故赔、罚款总额（万元）
		水污染	大气污染	固体废物污染	噪声与振动危害	其　他		
全区总计	**2**	**1**	**1**	**－**	**－**	**－**	**2.2**	**2.2**
银 川 市	－	－	－	－	－	－	－	－
石嘴山市	－	－	－	－	－	－	－	－
吴 忠 市	1	－	1	－	－	－	1.4	1.4
固 原 市	1	1	－	－	－	－	0.8	0.8

17－7　各地区自然保护工作基本情况

（2003年）

地　　区	自然保护区个数（个）	保护区面积（公顷）	保护区面积占辖区面积（%）	珍稀濒危动物繁殖场（个）	珍稀植物引种栽培场（个）	生态示范区建设试点地区和单位（个）	已批准国家级生态示范区（个）
全区总计	**12**	**533 947**	**8.04**	**－**	**2**	**2**	**2**
银 川 市	2	288 050	31.41	－	－	－	－
石嘴山市	1	5 580	0.99	－	－	－	－
吴 忠 市	5	155 422	5.15	－	2	1	1
固 原 市	4	84 895	3.97	－	－	1	1

17－8　各市县工业废水排放及处理情况

2003年

地　区	汇总工业企业数（个）	工业废水排放总量（吨）	排入污水处理厂的（吨）	工业废水排放达标量（吨）	工业废水排放达标率（%）	废水治理设施数（套）
全区总计	**272**	**107 399 978**	**1 526 531**	**62 879 516**	**58.55**	**334**
银川市	**84**	**26 710 828**	**447 791**	**23 385 329**	**87.55**	**111**
银川市	57	12 374 069	447 791	12 185 869	99.15	63
永宁县	8	9 809 700	－	7 604 173	77.52	8
贺兰县	5	3 097 827	－	2 445 227	78.93	10
灵武市	14	1 429 232	－	1 150 060	80.47	30
石嘴山市	**82**	**22 084 343**	**296 000**	**11 841 271**	**53.33**	**152**
石嘴山市	60	8 697 238	296 000	5 086 166	58.48	110
平罗县	12	12 719 805	－	6 755 105	53.11	14
陶乐县	1	－	－	－	－	－
惠农县	9	667 300	－	－	－	28
吴忠市	**74**	**55 497 265**	**782 740**	**27 632 916**	**49.79**	**61**
利通区	25	14 237 306	121 500	3 207 100	22.53	17
青铜峡市	9	17 738 360	－	7 467 840	40.1	8
中卫县	20	21 274 098	－	15 225 605	71.57	30
中宁县	9	2 014 600	561 000	1 503 100	74.61	2
盐池县	6	132 095	100 240	130 215	98.58	3
同心县	5	100 806	－	99 056	98.26	1
固原市	**32**	**3 107 542**	**－**	**20 000**	**0.64**	**10**
原洲区	8	1 188 116	－	－	－	7
海原县	3	－	－	－	－	－
西吉县	3	1 087 500	－	－	－	－
隆德县	3	368 000	－	－	－	－
泾源县	5	230 100	－	－	－	1
彭阳县	10	233 826	－	20 000	8.55	2

17－9　各市县工业废气排放及处理情况

（2003年）

地　区	汇总工业企业数（个）	废气治理设施数（套）	工业废气排放总量（万标立方米）	＃燃料燃烧过程中废气排放量	＃生产工艺过程中废气排放量
全区总计	**272**	**939**	**17 265 891**	**10 220 823**	**7 045 068**
银川市	**84**	**232**	**2 779 920**	**1 205 251**	**1 574 669**
银川市	57	141	2 447 060	1 007 135	1 439 925
永宁县	8	16	118 846	77 494	41 352
贺兰县	5	18	70 452	45 810	24 642
灵武市	14	57	143 562	74 812	68 750
石嘴山市	**82**	**459**	**6 035 622**	**4 104 348**	**1 931 274**
石嘴山市	60	244	5 410 452	3 943 584	1 466 868
平罗县	12	101	445 231	109 590	335 641
陶乐县	1	–	4 992	–	4 992
惠农县	9	114	174 947	51 174	123 773
吴忠市	**74**	**240**	**8 394 316**	**4 861 826**	**3 532 490**
利通区	25	46	238 055	119 517	118 538
青铜峡市	9	94	6 746 429	4 056 602	2 689 827
中卫县	20	78	485 228	255 175	230 053
中宁县	9	22	436 630	354 060	482 570
盐池县	6	–	86 245	74 743	11 502
同心县	5	–	1 729	1 729	–
固原市	**32**	**8**	**56 033**	**49 398**	**6 635**
原洲区	8	2	7 138	4 324	2 814
海原县	3	–	7 959	7 959	–
西吉县	3	–	4 264	4 264	–
隆德县	3	–	3 496	3 496	–
泾源县	5	6	20 251	16 430	3 821
彭阳县	10	–	12 925	12 925	–

17－9 表续 （2003 年）

地　　区	工业二氧化硫排放量（千克）	工业二氧化硫去除量（千克）	工业烟尘排放量（千克）	工业烟尘去除量（千克）	工业粉尘排放量（千克）	工业粉尘去除量（千克）
全区总计	**237 798 932**	**26 678 875**	**109 040 296**	**2 270 283 125**	**137 119 474**	**253 108 338**
银 川 市	**14 554 528**	**9 768 839**	**4 787 020**	**49 519 698**	**4 351 392**	**75 514 617**
银 川 市	10 716 042	9 134 069	2 714 018	34 473 661	4 111 255	69 052 021
永 宁 县	1 067 273	18 340	1 283 899	10 081 130	28 800	5 348 816
贺 兰 县	2 134 027	558 830	425 953	3 636 897	80 712	83 280
灵 武 市	637 186	57 600	363 150	1 328 010	130 625	1 030 500
石嘴山市	**110 289 112**	**10 912 936**	**76 320 295**	**1 344 950 057**	**102 534 217**	**45 409 082**
石嘴山市	100 638 052	9 844 473	67 326 683	1 332 557 700	68 826 905	40 073 302
平 罗 县	2 446 729	1 054 063	1 567 503	9 312 687	12 118 636	1 807 780
陶 乐 县	400	－	－	－	748 000	－
惠 农 县	7 203 931	14 400	7 426 109	3 079 670	20 840 676	3 528 000
吴 忠 市	**112 237 034**	**5 997 100**	**25 887 720**	**875 005 876**	**24 253 065**	**131 189 439**
利 通 区	1 476 447	448 854	1 307 255	2 646 391	2 934 388	1 500 000
青铜峡市	92 905 757	1 965 256	11 362 762	742 832 167	12 165 372	98 821 359
中 卫 县	7 320 543	3 582 990	5 563 825	88 773 398	7 317 425	20 953 780
中 宁 县	9 384 710	－	7 402 850	40 687 920	1 027 000	9 914 300
盐 池 县	1 119 261	－	210 228	－	451 700	－
同 心 县	30 316	－	40 800	66 000	357 180	－
固 原 市	**718 258**	**－**	**2 045 261**	**807 494**	**5 980 800**	**995 200**
原 州 区	123 820	－	468 250	696 000	1 120 000	－
海 原 县	117 288	－	599 100	－	3 231 000	780 000
西 吉 县	35 340	－	161 100	－	－	－
隆 德 县	59 600	－	255 000	－	213 000	－
泾 源 县	228 388	－	273 232	722 305	404 700	213 200
彭 阳 县	153 822	－	288 579	15 589	1 012 100	－

17－10 各市县工业固体废物产生及处理利用情况

（2003 年）

地　区	汇总工业企业数（个）	工业固体废物产生量（吨）	#危险废物产生量	工业固体废物综合利用量（吨）	工业固体废物贮存量（吨）
全区总计	**272**	**5 818 380.7**	**61.5**	**2 894 867.0**	**2 554 631.5**
银川市	**84**	**499 794.4**	**–**	**461 470.4**	**28 575.0**
银川市	57	349 401.4	–	312 177.4	28 575.0
永宁县	8	25 724.0	–	25 624.0	–
贺兰县	5	24 901.0	–	24 801.0	–
灵武市	14	99 768.0	–	98 868.0	–
石嘴山市	**82**	**3 642 763.9**	**61.0**	**1 374 838.3**	**1 977 524.5**
石嘴山市	60	3 259 951.9	61.0	1 292 162.3	1 854 188.5
平罗县	12	214 771.0	–	39 801.0	120.0
陶乐县	1	1 400.0	–	1 100.0	300.0
惠农县	9	166 641.0	–	41 775.0	122 916.0
吴忠市	**74**	**1 647 527.4**	**0.5**	**1 034 364.3**	**548 532.0**
利通区	25	67 401.3	0.5	65 585.8	20.0
青铜峡市	9	1 218 022.0	–	702 577.0	512 160.0
中卫县	20	143 809.5	–	123 886.5	1 852.0
中宁县	9	175 763.0	–	141 263.0	34 500.0
盐池县	6	37 831.6	–	52.0	–
同心县	5	4 700.0	–	1 000.0	–
固原市	**32**	**28 295.0**	**–**	**24 194.0**	
原洲区	8	3 011.0	–	506.0	–
海原县	3	475.0	–	475.0	–
西吉县	3	3 380.0	–	3 380.0	–
隆德县	3	700.0	–	700.0	–
泾源县	5	17 453.0	–	17 453.0	–
彭阳县	10	3 276.0	–	1 680.0	–

主要统计指标解释

【自然保护区】 指对有代表性的自然生态系统、珍稀濒危野生动植物物种的天然分布区、水源涵养区、有特殊意义的自然历史遗迹等保护对象所在的陆地、陆地水体或海域，依法划出一定面积进行特殊保护和管理的区域。以县及县以上各级人民政府正式批准建立的自然保护区为准(包括“六五”以前由部门或“革委会”批准且现仍存在的自然保护区)。风景名胜区、文物保护区不计在内。

【工业废水排放量】 指经过企业厂区所有排放口排到企业外部的工业废水量。包括生产废水、外排的直接冷却水、超标排放的矿井地下水和与工业废水混排的厂区生活污水，不包括外排的间接冷却水(清污不分流的间接冷却水应计算在内)。

【工业废水排放达标量】 指报告期内废水中各项污染物指标都达到国家或地方排放标准的外排工业废水量，包括未经处理外排达标的，经废水处理设施处理后达标排放的，以及经污水处理厂处理后达标排放的。

【工业废水排放达标率】 指工业废水排放达标量占工业废水排放量的百分率。

【城镇生活污水排放量】 指城镇居民每年排放的生活污水。

【工业废气排放量】 指报告期内企业厂区内燃料燃烧和生产工艺过程中产生的各种排人大气的含有污染物的气体的总量。

【工业烟尘排放量】 指企业厂区内燃料燃烧过程中产生的烟气中夹带的颗粒物排放量。

【工业粉尘排放量】 指企业在生产工艺过程中排放的能在空气中悬浮一定时间的固体颗粒物排放量。

【工业固体废物产生量】 指报告期内企业在生产过程中产生的固体状、半固体状和高浓度液体状废弃物的总量，包括危险废物、冶炼废渣、粉煤灰、炉渣、煤肝石、尾矿、放射性废物和其他废物等。

【工业固体废物综合利用量】 指报告期内企业通过回收、加工、循环、交换等方式，从固体废物中提取或者使其转化为可以利用的资源、能源和其他原材料的固体废物量(包括当年利用往年的工业固体废物贮存量)。

【工业固体废物综合利用率】 指工业固体废物综合利用量占工业固体废物产生量(包括综合利用往年贮存量)的百分率。

【工业固体废物排放量】 指报告期内企业将所产生的固体废物排到固体废物污染防治设施、场所以外的数量。

【三废综合利用产品产值】 指报告期内利用“三废”作为主要原料生产的产品价值(现行价)；已经销售或准备销售的应计算产品价值，留作生产自用的不应计算产品价值。

【环境污染与破坏事故】 指由于违反环境保护法规的经济社会活动与行为，以及意外因素的影响或不可抗拒的自然灾害等原因，致使环境受到污染，国家重点保护的野生动植物、自然保护区受到破坏，人体健康受到危害，社会经济和人民财产受到损失，造成不良社会影响的突发性事件。

十八、企业调查基本情况

18－1 企业集团主要经济指标

(2003 年) 单位:人

指标	集团数	年末资产总计		固定资产原价		累计折旧	
		2002 年	2003 年	2002 年	2003 年	2002 年	2003 年
总计	**19**	**2 996 303**	**3 298 846**	**1 593 122**	**1 645 396**	**466 239**	**512 359**
按母公司控股情况分							
国有绝对控股	16	2 651 657	2 957 311	1 430 668	1 481 930	406 187	452 030
国有相对控股	1	126 096	117 953	45 061	45 760	27 209	28 314
按企业规模分							
大型	15	2 723 607	3 025 608	1 474 628	1 522 929	431 448	478 048
中型	2	113 490	103 281	42 317	41 658	10 043	10 435
小型	1	6 376	3 926	4 130	4 187	759	367
其他	1	152 830	166 031	72 047	76 622	23 989	23 509
按主营行业分							
农、林、牧、渔业	1	152 830	166 031	72 047	76 622	23 989	23 509
工业	14	2 559 463	2 841 135	1 417 796	1 465 613	431 448	464 578
建筑业	1	164 144	184 473	56 832	57 316	14 171	13 470
批发和零售业	2	113 490	103 281	42 317	41 658	10 043	10 435
住宿和餐饮	1	6 376	3 926	4 130	4 187	759	367
按母公司登记注册类型分							
国有独资企业	12	1 820 648	2 119 923	1 200 305	1 177 059	355 640	381 768
其他有限责任公司	1	52 761	55 298	41 914	45 674	10 675	12 462
股份有限公司	5	926 218	948 891	280 896	344 496	77 612	90 585

18－1 表续 1

单位:万元

指标	本年折旧		累计对外投资		本年对外投资	
	2002 年	2003 年	2002 年	2003 年	2002 年	2003 年
总计	**75 702**	**90 400**	**132 129**	**115 377**	**38 902**	**25 844**
按母公司控股情况分						
国有绝对控股	69 369	79 772	132 027	115 267	38 900	25 836
国有相对控股	1 651	2 048	－	－	－	－
按企业规模分						
大型	65 773	79 795	120 839	109 338	38 178	25 844
中型	6 883	7 227	11 290	6 039	724	
小型	108	98	－	－	－	－
其他	2 938	3 100	－	－	－	－
按主营行业分						
农、林、牧、渔业	2 938	3 100	－	－	－	－
工业	64 425	78 636	120 839	109 338	38 178	25 844
建筑业	1 348	1 339	－	－	－	－
批发和零售业	6 883	7 227	11 290	6 039	724	
住宿和餐饮	108	98	－	－	－	－
按母公司登记注册类型分						
国有独资企业	55 665	60 165	82 751	65 942	34 366	25 788
其他有限责任公司	673	1 787	102	110	2	8
股份有限公司	15 479	23 374	40 781	40 830	3 906	48

18－1 表续 2

单位:万元

指　　标	存　　货		流动资产年平均余额		年末负债合计	
	2002 年	2003 年	2002 年	2003 年	2002 年	2003 年
总　　计	**413 840**	**413 655**	**1 424 703**	**1 520 964**	**1 805 526**	**2 013 114**
按母公司控股情况分						
国有绝对控股	373 704	374 672	1 231 100	1 394 864	1 580 007	1 799 976
国有相对控股	23 791	22 238	101 526	98 675	100 709	95 887
按企业规模分						
大型	375 136	375 799	1 290 428	1 388 657	1 611 052	1 818 957
中型	12 708	15 996	51 929	52 016	81 371	74 569
小型	58	24	414	103	2 720	2 100
其他	25 938	21 836	81 932	80 188	110 383	117 488
按主营行业分						
农、林、牧、渔业	25 938	21 836	81 932	80 188	110 383	117 488
工业	348 976	357 403	1 185 491	1 263 418	1 463 246	1 649 666
建筑业	26 160	18 396	104 937	125 239	147 806	169 291
批发和零售业	12 708	15 996	51 929	52 016	81 371	74 569
住宿和餐饮	58	24	414	103	2 720	2 100
按母公司登记注册类型分						
国有独资企业	220 468	226 901	789 298	945 665	1 090 015	1 300 271
其他有限责任公司	4 355	4 038	12 750	10 788	30 307	26 900
股份有限公司	120 174	133 978	491 580	455 426	611 988	632 923

18－1表续3

单位:万元

指　　标	流动负债		年末少数股东权益		年末股东(所有者)权益合计	
	2002年	2003年	2002年	2003年	2002年	2003年
总　　计	**1 452 957**	**1 512 267**	**259 111**	**251 424**	**931 666**	**1 034 308**
按母公司控股情况分						
国有绝对控股	1 244 427	1 333 522	234 367	255 834	837 283	931 501
国有相对控股	89 577	81 507	22 801	23 097	2 586	－1 031
按企业规模分						
大型	1 295 506	1 349 973	259 111	251 424	853 444	955 227
中型	70 302	65 777	－	－	32 119	28 712
小型	663	376	－	－	3 656	1 826
其他	86 486	96 141	－	－	42 447	48 543
按主营行业分						
农、林、牧、渔业	86 486	96 141	－	－	42 447	48 543
工业	1 157 944	1 191 904	259 111	251 424	837 106	940 045
建筑业	137 562	158 069	－	－	16 338	15 182
批发和零售业	70 302	65 777	－	－	32 119	28 712
住宿和餐饮	663	376	－	－	3 656	1 826
按母公司登记注册类型分						
国有独资企业	875 486	942 707	78 658	69 369	651 975	750 283
其他有限责任公司	24 481	20 292	1 943	3 493	20 511	25 905
股份有限公司	508 712	509 509	133 268	134 172	180 962	181 796

18－1 表续 4

单位:万元

指　　标	股　　本		主营业务收入		# 出　口　额	
	2002 年	2003 年	2002 年	2003 年	2002 年	2003 年
总　　计	**810 184**	**806 620**	**1 231 740**	**1 406 522**	**155 995**	**195 893**
按母公司控股情况分						
国有绝对控股	768 986	765 422	1 131 909	1 275 729	141 673	172 259
国有相对控股	10 057	10 057	33 868	28 448	4 003	3 110
按企业规模分						
大型	614 409	618 456	1 058 038	1 221 488	151 250	185 267
中型	35 604	30 166	82 718	84 421	3 351	9 906
小型	4 171	1 998	585	604	–	–
其他	156 000	156 000	90 399	100 009	1 394	720
按主营行业分						
农、林、牧、渔业	156 000	156 000	90 399	100 009	1 394	720
工业	585 121	589 192	949 822	1 042 636	151 250	185 267
建筑业	29 288	29 264	108 216	178 852	–	
批发和零售业	35 604	30 166	82 718	84 421	3 351	9 906
住宿和餐饮	4 171	1 998	585	604	–	
按母公司登记注册类型分						
国有独资企业	700 295	692 660	926 952	1 051 034	71 995	101 465
其他有限责任公司	6 700	6 700	19 402	20 734	7 582	10 651
股份有限公司	58 189	62 260	238 149	283 382	48 746	50 592

18－1 表续 5　　单位:万元

指　　标	主营业务成本		主营业务税金及附加		其他业务收入	
	2002 年	2003 年	2002 年	2003 年	2002 年	2003 年
总　　计	**968 104**	**1 127 528**	**14 148**	**14 248**	**114 563**	**136 937**
按母公司控股情况分						
国有绝对控股	884 218	1 028 657	14 031	12 620	113 848	136 278
国有相对控股	30 492	21 159	－163	247	480	494
按企业规模分						
大型	838 204	982 872	9 885	9 459	110 511	135 309
中型	61 627	66 696	1 012	1 377	1 305	1 622
小型	12	21	31	27	2	6
其他	68 261	77 939	3 220	3 385	2 745	－
按主营行业分						
农、林、牧、渔业	68 261	77 939	3 220	3 385	2 745	－
工业	736 542	821 940	4 086	6 102	110 929	134 935
建筑业	101 662	160 932	5 799	3 357	－418	374
批发和零售业	61 627	66 696	1 012	1 377	1 305	1 622
住宿和餐饮	12	21	31	27	2	6
按母公司登记注册类型分						
国有独资企业	722 543	845 281	13 150	11 571	108 347	135 454
其他有限责任公司	15 501	15 309	1	46	159	165
股份有限公司	191 481	225 618	907	2 591	745	700

18－1 表续 6 单位:万元

指　　标	存货跌价损失和营业、管理、财务等		#税　　金		劳动待业保险费	
	2002 年	2003 年	2002 年	2003 年	2002 年	2003 年
总　　计	**236 244**	**246 026**	**3 248**	**4 173**	**12 578**	**13 137**
按母公司控股情况分						
国有绝对控股	217 705	229 887	3 217	3 774	11 761	12 093
国有相对控股	13 175	9 690	－113	194	747	907
按企业规模分						
大型	194 679	207 669	2 777	3 748	7 265	7 378
中型	19 801	17 074	283	231	771	704
小型	568	370	23	–	36	26
其他	21 196	20 913	165	194	4 506	5 029
按主营行业分						
农、林、牧、渔业	21 196	20 913	165	194	4 506	5 029
工业	188 706	201 758	2 549	3 480	5 470	4 997
建筑业	5 973	5 911	228	268	1 795	2 381
批发和零售业	19 801	17 074	283	231	771	704
住宿和餐饮	568	370	23	–	36	26
按母公司登记注册类型分						
国有独资企业	178 128	185 896	2 784	3 383	10 297	10 609
其他有限责任公司	3 005	3 318	71	59	–	–
股份有限公司	46 726	46 960	269	581	1 253	1 611

18－1 表续 7　　单位:万元

指　　标	利息支出		投资收益		营业外收入	
	2002 年	2003 年	2002 年	2003 年	2002 年	2003 年
总　　计	**43 669**	**46 736**	**2 166**	**7 451**	**5 951**	**5 128**
按母公司控股情况分						
国有绝对控股	40 319	38 974	895	6 174	5 015	4 486
国有相对控股	－	4 091	－620	－669	789	147
按企业规模分						
大型	38 145	42 367	2 592	6 659	4 623	4 082
中型	2 384	1 908	－479	789	425	145
小型	76	86	－	－	6	13
其他	3 064	2 375	53	3	897	888
按主营行业分						
农、林、牧、渔业	3 064	2 375	53	3	897	888
工业	36 170	40 595	2 614	6 933	3 609	3 457
建筑业	1 975	1 772	－22	－274	1 014	625
批发和零售业	2 384	1 908	－479	789	425	145
住宿和餐饮	76	86	－	－	6	13
按母公司登记注册类型分						
国有独资企业	27 823	25 534	612	4 821	3 915	3 960
其他有限责任公司	1 154	1 087	2	8	27	495
股份有限公司	13 166	18 933	1 598	3 689	1 537	238

18-1表续8

单位:万元

指　　标	利润总额		应交所得税		应缴增值税	
	2002年	2003年	2002年	2003年	2002年	2003年
总　　计	**29 363**	**31 787**	**7 652**	**8 855**	**50 627**	**51 115**
按母公司控股情况分						
国有绝对控股	38 559	21 847	5 154	3 218	45 346	43 024
国有相对控股	-8 775	-2 676	1 243	1 243	1 790	2 472
按企业规模分						
大型	27 869	29 463	6 619	8 468	47 475	47 955
中型	485	1 276	761	384	1 288	1 085
小型	-28	-339	2	3	1	-
其他	1 037	1 387	270	-	1 863	2 075
按主营行业分						
农、林、牧、渔业	1 037	1 387	270	-	1 863	2 075
工业	30 302	30 996	6 580	8 377	47 372	47 622
建筑业	-2 433	-1 533	39	91	103	333
批发和零售业	485	1 276	761	384	1 288	1 085
住宿和餐饮	-28	-339	2	3	1	
按母公司登记注册类型分						
国有独资企业	29 782	21 616	4 196	2 369	38 938	36 486
其他有限责任公司	1 222	2 783	202	485	441	2 298
股份有限公司	-4 121	6 374	3 026	5 581	9 407	11 959

18－1表续9　　单位:万元

指　　标	固定资产投资完成额		研究开发费用		营 业 收 入	
	2002年	2003年	2002年	2003年	2002年	2003年
总　　计	**126 432**	**175 420**	**11 000**	**13 197**	**1 346 303**	**1 543 459**
按母公司控股情况分						
国有绝对控股	122 280	170 856	10 814	12 981	1 245 757	1 412 007
国有相对控股	3 000	2 509	100	104	34 348	28 942
按企业规模分						
大型	112 778	143 780	11 000	13 197	1 168 549	1 356 797
中型	－	11 280	－	－	84 023	86 043
小型	－	－	－	－	587	610
其他	13 654	20 360	－	－	93 144	100 009
按主营行业分						
农、林、牧、渔业	13 654	20 360	－	－	93 114	100 009
工业	109 038	139 858	11 000	13 110	1 060 751	1 177 571
建筑业	3 740	3 922	0	87	107 798	179 226
批发和零售业	0	11 280	－	－	84 023	86 043
住宿和餐饮	－	－	－	－	587	610
按母公司登记注册类型分						
国有独资企业	87 086	126 977	2 478	3 985	1 035 299	1 186 488
其他有限责任公司	1 152	2 055	86	112	19 561	20 899
股份有限公司	29 467	37 288	6 380	7 796	238 894	284 082

18－1 表续 10　　单位:万元

指　　标	年末股东(所有者)权益总计		从业人员年末人数(人)		在岗职工(人)	
	2002 年	2003 年	2002 年	2003 年	2002 年	2003 年
总　　计	**931 666**	**1 034 308**	**142 709**	**141 262**	**132 558**	**128 578**
按母公司控股情况分						
国有绝对控股	837 283	931 470	134 629	131 567	124 527	118 918
国有相对控股	2 586	－1 031	4 205	4 103	4 205	4 103
按企业规模分						
大型	853 444	955 227	104 911	105 699	96 399	97 640
中型	32 119	28 712	5 616	5 166	3 977	3 541
小型	3 656	1 826	230	98	230	98
其他	42 447	48 543	31 952	30 299	31 952	30 299
按主营行业分						
农、林、牧、渔业	42 447	48 543	31 952	30 299	31 952	30 299
工业	853 444	940 045	97 445	98 099	88 961	87 078
建筑业	16 338	15 182	7 466	7 600	7 438	7 562
批发和零售业	32 119	28 712	5 616	5 166	3 977	3 541
住宿和餐饮	3 656	1 826	230	98	230	98
按母公司登记注册类型分						
国有独资企业	651 975	750 283	119 979	115 884	109 887	103 247
其他有限责任公司	20 511	25 905	1 632	1 510	1 583	1 477
股份有限公司	180 962	181 796	17 269	19 885	17 259	19 871

18－1 表续 11　　单位:万元

指　　标	其他从业人员人数		从业人员劳动报酬	
	2002 年	2003 年	2002 年	2003 年
总　　计	**10 151**	**12 684**	**158 842**	**174 293**
按母公司控股情况分				
国有绝对控股	10 102	12 649	149 713	161 538
国有相对控股	–	–	5 485	5 699
按企业规模分				
大型	8 512	11 059	131 858	149 638
中型	1 639	1 625	5 752	5 390
小型	–	–	144	143
其他	–	–	21 088	19 122
按主营行业分				
农、林、牧、渔业	–	–	21 088	19 122
工业	8 484	11 021	123 820	140 050
建筑业	28	38	8 038	9 588
批发和零售业	1 639	1 625	5 752	5 390
住宿和餐饮	–	–	144	143
按母公司登记注册类型分				
国有独资企业	10 092	12 637	131 442	142 881
其他有限责任公司	49	33	1 779	1 664
股份有限公司	10	14	18 671	23 698

18－1表续12 单位:万元

指　　标	在岗职工劳动报酬		其他从业人员劳动报酬	
	2002年	2003年	2002年	2003年
总　　计	**144 900**	**163 075**	**13 942**	**11 218**
按母公司控股情况分				
国有绝对控股	135 827	150 357	13 886	11 181
国有相对控股	5 485	5 699	－	－
按企业规模分				
大型	119 053	139 765	12 805	9 873
中型	4 615	4 045	1 137	1 345
小型	144	143	－	－
其他	21 088	19 122	－	－
按主营行业分				
农、林、牧、渔业	21 088	19 122	－	－
工业	111 052	130 211	12 768	9 839
建筑业	8 001	9 554	37	34
批发和零售业	4 615	4 045	1 137	1 345
住宿和餐饮	144	143	－	－
按母公司登记注册类型分				
国有独资企业	117 565	131 710	13 877	11 171
其他有限责任公司	1 723	1 628	56	36
股份有限公司	18 662	23 687	9	11

18－2　建立现代企业制度试点企业主要经济指标

（2003年）　　单位：万元

分组标志	企业数	注册资本金				
		合计	国家资本	集体资本	法人资本	个人资本
总　计	**49**	**1 064 279**	**619 798**	**13 166**	**309 840**	**87 119**
按控股情况分						
国有及国有控股小计	26	875 762	603 181	4 800	219 095	44 700
国有绝对控股	22	812 943	577 530	4 800	213 168	13 459
国有相对控股	4	62 819	25 651	－	5 927	31 241
其他	23	188 517	16 617	8 366	90 745	42 419
按企业规模分						
大型	34	983 991	583 296	13 166	309 253	73 500
中型	10	60 120	20 525	－	587	9 428
小型	4	4 568	377	－	－	4 191
其他	1	15 600	15 600	－	－	－
按主营行业分						
农、林、牧、渔业	1	15 600	15 600	－	－	－
工业	45	1 028 719	591 677	13 166	308 865	80 655
建筑业	1	5 500	5 500	－	－	－
批发和零售业	1	10 289	2 850	－	975	6 464
住宿和餐饮业	1	4 171	4 171	－	－	－
按登记注册类型分						
国有企业	4	294 066	121 045	－	173 021	－
国有独资企业	10	412 263	411 132	－	991	140
其他有限责任公司	18	110 926	784	－	84 310	25 832
股份有限公司	12	186 101	67 539	13 166	44 936	60 460
中外合资企业	4	60 236	19 298	－	6 582	－
其他	1	687	－	－	－	－

18－2表续1 单位:万元

分组标志	年末资产总计		固定资产原价		累计折旧	
	2002年	2003年	2002年	2003年	2002年	2003年
总计	**4 441 554**	**5 415 185**	**3 144 565**	**3 741 695**	**1 124 809**	**1 200 160**
按控股情况分						
国有及国有控股小计	3 783 853	4 295 986	2 778 187	3 020 048	1 004 545	1 079 439
国有绝对控股	3 292 214	3 752 575	2 603 923	2 792 132	957 142	1 021 753
国有相对控股	491 639	543 411	174 264	227 916	47 403	57 686
其他	657 701	1 119 199	366 378	721 647	120 264	120 721
按企业规模分						
大型	3 997 948	4 925 268	2 878 572	3 484 947	1 034 727	1 131 093
中型	280 403	310 717	187 978	142 092	63 140	41 765
小型	10 373	13 169	5 968	38 034	2 953	3 793
其他	152 830	166 031	72 047	76 622	23 989	23 509
按主营行业分						
农、林、牧、渔业	152 830	166 031	72 047	76 622	23 989	23 509
工业	4 178 394	5 128 412	3 046 263	3 638 087	1 093 890	1 169 277
建筑业	44 063	48 951	9 854	10 581	3 417	3 757
批发和零售业	59 891	67 865	12 271	12 218	2 754	3 250
住宿和餐饮业	6 376	3 926	4 130	4 187	759	367
按登记注册类型分						
国有企业	1 217 230	1 376 795	1 107 560	1 255 503	417 877	435 057
公司制企业小计	3 218 259	4 033 254	2 034 093	2 483 179	705 927	764 017
国有独资企业	1 557 845	1 656 044	1 224 617	1 260 401	435 941	469 398
其他有限责任公司	217 936	657 290	138 981	498 679	49 883	75 766
股份有限公司	1 178 566	1 422 293	480 970	581 014	171 391	193 197
中外合资企业	263 912	297 627	189 525	143 085	48 712	25 656
其他	6 065	5 136	2 912	3 013	1 005	1 086

18－2 表续 2

单位：万元

分组标志	本年折旧		累计对外投资		本年对外投资	
	2002 年	2003 年	2002 年	2003 年	2002 年	2003 年
总　　计	**172 135**	**182 839**	**256 574**	**255 826**	**34 525**	**45 713**
按控股情况分						
国有及国有控股小计	153 271	145 181	254 155	249 594	34 525	45 713
国有绝对控股	146 914	134 763	190 351	184 447	25 233	44 370
国有相对控股	6 357	10 418	63 804	65 147	9 292	1 343
其他	18 864	37 658	2 419	6 232	－	－
按企业规模分						
大型	158 192	170 896	255 574	254 881	34 525	45 713
中型	10 377	8 565	1 000	945	－	－
小型	628	278	－	－	－	－
其他	2 938	3 100	－	－	－	－
按主营行业分						
农、林、牧、渔业	2 938	3 100	－	－	－	－
工业	168 082	178 619	222 029	220 064	29 169	44 398
建筑业	360	390	572	474	－	－
批发和零售业	647	632	33 973	35 288	5 356	1 315
住宿和餐饮业	108	98	－	－	－	－
按登记注册类型分						
国有企业	69 865	73 267	71 983	72 433	－	3 150
公司制企业小计	102 179	109 490	184 591	183 393	34 525	42 563
国有独资企业	60 553	47 566	46 105	46 989	2 710	6 912
其他有限责任公司	7 799	22 520	1 975	1 975	－	－
股份有限公司	24 852	31 361	136 346	134 319	31 815	35 651
中外合资企业	8 975	8 043	165	110	－	－
其他	91	82	－	－	－	－

18－2 表续 3　　单位：万元

分组标志	存货		流动资产年平均余额		年末负债合计	
	2002 年	2003 年	2002 年	2003 年	2002 年	2003 年
总计	**463 700**	**462 072**	**1 672 023**	**1 957 030**	**2 506 946**	**3 290 032**
按控股情况分						
国有及国有控股小计	376 438	371 912	1 413 986	1 646 374	2 079 888	2 474 710
国有绝对控股	314 741	299 423	1 200 173	1 400 506	1 810 735	2 158 949
国有相对控股	61 697	72 489	213 813	245 868	269 153	315 761
其他	87 262	90 160	258 037	310 656	427 058	815 322
按企业规模分						
大型	389 430	387 573	1 469 803	1 715 394	2 192 025	2 913 214
中型	46 562	50 437	115 084	154 413	197 664	250 807
小型	1 770	2 226	5 204	7 035	6 874	8 523
其他	25 938	21 836	81 932	80 188	110 383	117 488
按主营行业分						
农、林、牧、渔业	25 938	21 836	81 932	80 188	110 383	117 488
工业	423 950	429 076	1 539 186	1 822 619	2 343 685	3 110 589
建筑业	7 831	6 872	34 126	39 081	39 481	44 314
批发和零售业	5 923	4 264	16 365	15 039	10 677	15 541
住宿和餐饮业	58	24	414	103	2 720	2 100
按登记注册类型分						
国有企业	16 349	17 899	345 116	380 961	719 198	862 610
公司制企业小计	444 480	442 739	1 324 234	1 572 777	1 781 204	2 421 800
国有独资企业	202 897	184 757	609 227	665 916	797 542	836 147
其他有限责任公司	27 887	31 521	78 804	122 361	154 854	497 450
股份有限公司	170 629	174 962	528 325	643 286	657 322	863 003
中外合资企业	43 067	51 499	107 878	141 214	171 486	225 200
其他	2 871	1 434	2 673	3 292	6 544	5 622

18－2 表续 4　　单位:万元

分组标志	流动负债		年末股东(所有者)权益合计		股本(实收资本)	
	2002 年	2003 年	2002 年	2003 年	2002 年	2003 年
总计	**1 593 454**	**1 962 210**	**1 934 608**	**2 125 153**	**1 204 022**	**1 230 137**
按控股情况分						
国有及国有控股小计	1 270 381	1 496 733	1 703 965	1 821 276	1 041 291	1 042 783
国有绝对控股	1 060 113	1 258 768	1 481 479	1 593 626	978 473	979 965
国有相对控股	210 268	237 965	222 486	227 650	62 818	62 818
其他	323 073	465 477	230 643	303 877	162 731	187 354
按企业规模分						
大型	1 356 222	1 672 884	1 805 923	2 012 054	1 099 399	1 168 789
中型	146 572	188 165	82 739	59 910	102 283	58 062
小型	4 174	5 020	3 499	4 646	2 340	3 286
其他	86 486	96 141	42 447	48 543	－	－
按主营行业分						
农、林、牧、渔业	86 486	96 141	42 447	48 543	－	－
工业	1 459 178	1 808 218	1 834 709	2 017 823	1 183 632	1 211 944
建筑业	36 450	41 934	4 582	4 637	5 930	5 906
批发和零售业	10 677	15 541	49 214	52 324	10 289	10 289
住宿和餐饮业	663	376	3 656	1 826	4 171	1 998
按登记注册类型分						
国有企业	183 403	285 201	498 032	514 185	300 426	304 743
公司制企业小计	1 403 526	1 673 422	1 437 055	1 611 454	902 911	924 707
国有独资企业	637 318	595 871	760 303	819 897	576 233	568 608
其他有限责任公司	106 075	229 478	63 082	159 840	42 756	109 790
股份有限公司	539 476	679 071	521 244	559 290	181 273	186 073
中外合资企业	120 657	169 002	92 426	72 427	102 649	60 236
其他	6 525	3 587	－479	－486	685	687

18－2 表续 5 单位：万元

分组标志	主营业务收入		出口额		主营业务成本	
	2002 年	2003 年	2002 年	2003 年	2002 年	2003 年
总计	**1 984 264**	**2 474 827**	**204 178**	**243 598**	**1 654 031**	**2 066 983**
按控股情况分						
国有及国有控股小计	1 650 596	1 963 613	142 012	165 775	1 386 023	1 669 831
国有绝对控股	1 490 269	1 795 538	122 157	158 942	1 256 378	1 535 126
国有相对控股	160 327	168 075	19 855	6 833	129 645	134 705
其他	333 668	511 214	62 166	77 823	268 008	397 152
按企业规模分						
大型	1 731 497	2 172 919	183 049	239 656	1 449 405	1 822 103
中型	158 096	197 170	19 735	3 222	133 441	163 639
小型	4 272	4 729	–	–	2 924	3 302
其他	90 399	100 009	1 394	720	68 261	77 939
按主营行业分						
农、林、牧、渔业	90 399	100 009	1 394	720	68 261	77 939
工业	1 818 376	2 280 143	202 784	242 878	1 518 820	1 904 402
建筑业	29 288	43 896	–	–	27 356	41 716
批发和零售业	45 616	50 175	–	–	39 582	42 905
住宿和餐饮业	585	604	–	–	12	21
按登记注册类型分						
国有企业	537 151	677 189	–	–	491 873	617 586
公司制企业小计	1 445 260	1 796 319	204 178	243 598	1 160 349	1 448 275
国有独资企业	696 407	807 066	45 009	46 295	557 916	657 394
其他有限责任公司	152 495	266 287	29 221	52 815	119 384	202 412
股份有限公司	458 408	561 958	92 535	118 630	373 575	462 357
中外合资企业	137 950	161 008	37 413	25 858	109 474	126 112
其他	1 853	1 319	–	–	1 809	1 122

18－2 表续 6 单位：万元

分组标志	主营业务税金及附加		其他业务收入		存货跌价损失和营业、管理、财务等	
	2002 年	2003 年	2002 年	2003 年	2002 年	2003 年
总计	**30 140**	**39 660**	**136 535**	**213 041**	**276 283**	**328 364**
按控股情况分						
国有及国有控股小计	24 629	29 423	131 909	138 850	232 979	254 437
国有绝对控股	24 251	28 316	130 766	137 743	206 823	226 468
国有相对控股	378	1 107	1 143	1 107	26 156	27 969
其他	5 511	10 237	4 626	74 191	43 304	73 927
按企业规模分						
大型	23 245	31 749	130 122	140 445	234 300	277 713
中型	3 635	4 481	3 656	72 565	19 843	28 673
小型	40	45	12	31	944	1 065
其他	3 220	3 385	2 745	－	21 196	20 913
按主营行业分						
农、林、牧、渔业	3 220	3 385	2 745	－	21 196	20 913
工业	25 755	34 528	132 941	210 471	249 475	301 247
建筑业	944	1 380	239	1 937	1 161	1 029
批发和零售业	190	340	610	627	3 883	4 805
住宿和餐饮业	31	27	－	6	568	370
按登记注册类型分						
国有企业	3 028	3 425	3 436	2 439	32 635	41 635
公司制企业小计	27 110	36 234	132 923	210 589	243 320	286 309
国有独资企业	19 407	22 217	95 949	113 623	134 235	137 019
其他有限责任公司	1 808	4 755	1 850	4 176	23 649	39 523
股份有限公司	2 556	5 168	32 800	23 854	65 002	80 167
中外合资企业	3 339	4 094	2 324	68 936	20 434	29 600
其他	2	1	176	13	328	420

18－2 表续 7 单位:万元

分组标志	税金		劳动待业保险费		利息支出	
	2002 年	2003 年	2002 年	2003 年	2002 年	2003 年
总计	**18 079**	**17 277**	**18 263**	**20 676**	**60 151**	**74 485**
按控股情况分						
国有及国有控股小计	15 115	13 167	16 668	19 080	48 900	51 136
国有绝对控股	14 691	12 760	15 757	18 069	42 368	42 596
国有相对控股	424	407	911	1 011	6 532	8 540
其他	2 964	4 110	1 595	1 596	11 251	23 349
按企业规模分						
大型	16 989	16 378	12 978	14 906	51 283	64 005
中型	897	689	699	647	5 668	7 962
小型	28	16	80	94	136	143
其他	165	194	4 506	5 029	3 064	2 375
按主营行业分						
农、林、牧、渔业	165	194	4 506	5 029	3 064	2 375
工业	17 759	16 935	13 144	14 839	56 593	71 672
建筑业	27	29	394	564	438	391
批发和零售业	105	119	183	218	－20	－39
住宿和餐饮业	23	－	36	26	76	86
按登记注册类型分						
国有企业	5 762	7 189	5 987	7 238	14 515	17 499
公司制企业小计	12 308	10 086	12 269	13 423	45 470	56 847
国有独资企业	7 208	2 449	8 597	9 715	17 067	14 570
其他有限责任公司	2 170	3 141	1 119	1 090	3 958	13 500
股份有限公司	2 424	4 083	2 132	2 466	18 192	20 973
中外合资企业	506	413	421	152	6 253	7 804
其他	9	2	7	15	166	139

18－2表续8　　单位:万元

分组标志	投资收益		营业外收入		利润总额	
	2002年	2003年	2002年	2003年	2002年	2003年
总　　计	**22 315**	**19 868**	**2 917**	**6 666**	**44 155**	**35 710**
按控股情况分						
国有及国有控股小计	20 201	17 656	1 790	5 274	36 996	7 797
国有绝对控股	19 265	13 550	1 571	4 694	34 857	1 211
国有相对控股	936	4 106	219	580	2 139	6 586
其他	2 114	2 212	1 127	1 392	7 159	27 913
按企业规模分						
大型	22 118	19 742	1 592	5 160	43 756	32 419
中型	144	123	424	616	－781	1 730
小型	–	–	4	2	143	174
其他	53	3	897	888	1 037	1 387
按主营行业分						
农、林、牧、渔业	53	3	897	888	1 037	1 387
工业	20 496	17 527	2 021	5 748	38 907	29 885
建筑业	–	–	－3	12	63	154
批发和零售业	1 766	2 338	2	5	4 176	4 623
住宿和餐饮业	–	–	–	13	－28	－339
按登记注册类型分						
国有企业	6 876	4 255	730	1 335	9 105	9 087
公司制企业小计	15 439	15 613	2 156	5 324	35 797	26 841
国有独资企业	31	1 059	226	2 500	－121	－20 448
其他有限责任公司	174	158	248	348	7 676	19 959
股份有限公司	15 215	14 427	1 294	1 705	24 832	24 549
中外合资企业	19	－31	388	771	3 010	2 781
其他	–	–	31	7	－347	－218

18－2表续9 单位:万元

<table>
<tr><th rowspan="2">分 组 标 志</th><th colspan="2">应交所得税</th><th colspan="2">应交增值税</th><th colspan="2">固定资产投资完成额</th></tr>
<tr><th>2002年</th><th>2003年</th><th>2002年</th><th>2003年</th><th>2002年</th><th>2003年</th></tr>
<tr><td>总　　计</td><td>13 188</td><td>13 079</td><td>90 160</td><td>114 199</td><td>372 854</td><td>595 348</td></tr>
<tr><td>按控股情况分</td><td></td><td></td><td></td><td></td><td></td><td></td></tr>
<tr><td>国有及国有控股小计</td><td>8 735</td><td>4 190</td><td>78 868</td><td>92 517</td><td>290 212</td><td>416 052</td></tr>
<tr><td>国有绝对控股</td><td>7 579</td><td>3 521</td><td>72 392</td><td>84 670</td><td>261 885</td><td>385 625</td></tr>
<tr><td>国有相对控股</td><td>1 156</td><td>669</td><td>6 476</td><td>7 847</td><td>28 327</td><td>30 427</td></tr>
<tr><td>其他</td><td>4 453</td><td>8 889</td><td>11 292</td><td>21 682</td><td>82 642</td><td>179 296</td></tr>
<tr><td>按企业规模分</td><td></td><td></td><td></td><td></td><td></td><td></td></tr>
<tr><td>大型</td><td>12 000</td><td>11 453</td><td>83 560</td><td>105 302</td><td>293 778</td><td>546 043</td></tr>
<tr><td>中型</td><td>867</td><td>1 559</td><td>4 498</td><td>6 531</td><td>65 341</td><td>26 933</td></tr>
<tr><td>小型</td><td>51</td><td>67</td><td>239</td><td>291</td><td>81</td><td>2 012</td></tr>
<tr><td>其他</td><td>–</td><td>–</td><td>1 863</td><td>2 075</td><td>13 654</td><td>20 360</td></tr>
<tr><td>按主营行业分</td><td></td><td></td><td></td><td></td><td></td><td></td></tr>
<tr><td>农、林、牧、渔业</td><td>270</td><td>–</td><td>1 863</td><td>2 075</td><td>13 654</td><td>20 360</td></tr>
<tr><td>工业</td><td>12 464</td><td>12 542</td><td>87 165</td><td>110 619</td><td>359 200</td><td>574 988</td></tr>
<tr><td>建筑业</td><td>36</td><td>86</td><td>0</td><td>7</td><td>–</td><td>–</td></tr>
<tr><td>批发和零售业</td><td>418</td><td>451</td><td>1 132</td><td>1 498</td><td>–</td><td>–</td></tr>
<tr><td>住宿和餐饮业</td><td>–</td><td>–</td><td>–</td><td>–</td><td>–</td><td>–</td></tr>
<tr><td>按登记注册类型分</td><td></td><td></td><td></td><td></td><td></td><td></td></tr>
<tr><td>国有企业</td><td>3 188</td><td>1 301</td><td>32 258</td><td>43 957</td><td>167 152</td><td>265 337</td></tr>
<tr><td>公司制企业小计</td><td>10 000</td><td>11 778</td><td>57 881</td><td>70 232</td><td>205 702</td><td>330 011</td></tr>
<tr><td>国有独资企业</td><td>1 801</td><td>967</td><td>29 290</td><td>31 921</td><td>82 801</td><td>116 904</td></tr>
<tr><td>其他有限责任公司</td><td>3 163</td><td>4 352</td><td>6 779</td><td>16 430</td><td>10 540</td><td>144 853</td></tr>
<tr><td>股份有限公司</td><td>4 706</td><td>5 844</td><td>17 626</td><td>17 977</td><td>47 871</td><td>44 515</td></tr>
<tr><td>中外合资企业</td><td>330</td><td>615</td><td>4 186</td><td>3 904</td><td>64 490</td><td>23 739</td></tr>
<tr><td>其他</td><td>–</td><td>–</td><td>21</td><td>10</td><td>–</td><td>–</td></tr>
</table>

18－2表续10 单位:万元

分组标志	研究开发费用		营业收入	
	2002年	2003年	2002年	2003年
总计	**10 928**	**17 465**	**2 120 799**	**2 687 868**
按控股情况分				
国有及国有控股小计	8 998	14 352	1 782 505	2 102 463
国有绝对控股	7 779	13 192	1 621 035	1 933 281
国有相对控股	1 219	1 160	161 470	169 182
其他	1 930	3 113	338 294	585 405
按企业规模分				
大型	10 616	16 625	1 861 619	2 313 364
中型	286	810	161 752	269 735
小型	26	30	4 284	4 760
其他	–	–	93 144	100 009
按主营行业分				
农、林、牧、渔业	–	–	93 144	100 009
工业	10 928	17 465	1 951 317	2 490 614
建筑业	–	–	29 527	45 883
批发和零售业	–	–	46 226	50 802
住宿和餐饮业	–	–	585	610
按登记注册类型分				
国有企业	2 933	8 237	540 587	679 628
公司制企业小计	7 993	9 228	1 578 183	2 006 908
国有独资企业	3 651	3 842	792 356	920 689
其他有限责任公司	927	1 328	154 345	270 463
股份有限公司	2 022	2 290	491 208	585 812
中外合资企业	1 393	1 768	140 274	229 944
其他	2	–	2 029	1 332

18－2 表续 11　　单位：人

分组标志	从业人员年末人数		在岗职工		其他从业人员	
	2002 年	2003 年	2002 年	2003 年	2002 年	2003 年
总　　计	**169 088**	**176 146**	**159 268**	**163 335**	**9 820**	**12 811**
按控股情况分						
国有及国有控股小计	148 069	151 161	138 332	138 928	9 737	12 233
国有绝对控股	137 521	139 903	127 784	127 670	9 737	12 233
国有相对控股	10 548	11 258	10 548	11 258	–	–
其他	21 019	24 985	20 936	24 407	83	578
按企业规模分						
大型	127 182	135 789	117 683	123 218	9 499	12 571
中型	9 086	9 001	8 977	8 848	109	153
小型	868	1 057	857	1 046	11	11
其他	31 952	30 299	31 751	30 223	201	76
按主营行业分						
农、林、牧、渔业	31 952	30 299	31 751	30 223	201	76
工业	134 179	142 961	124 560	130 226	9 619	12 735
建筑业	1 999	2 086	1 999	2 086	–	–
批发和零售业	728	702	728	702	–	–
住宿和餐饮业	230	98	230	98	–	–
按登记注册类型分						
国有企业	22 706	25 642	21 367	24 319	1 339	1 323
公司制企业小计	145 946	150 217	137 469	138 729	8 477	11 488
国有独资企业	101 737	100 995	93 483	90 267	8 254	10 728
其他有限责任公司	11 928	13 936	11 914	13 437	14	499
股份有限公司	25 805	28 741	25 729	28 651	76	90
中外合资企业	6 476	6 545	6 343	6 374	133	171
其他	436	287	432	287	–	–

18－2 表续 12

单位:万元

分组标志	#从业人员劳动报酬		#在岗职工劳动报酬		#其他从业人员劳动报酬	
	2002 年	2003 年	2002 年	2003 年	2002 年	2003 年
总　　计	**202 484**	**237 517**	**189 062**	**226 249**	**13 422**	**11 268**
按控股情况分						
国有及国有控股小计	180 193	206 427	166 802	195 430	13 391	10 997
国有绝对控股	167 230	192 481	153 839	181 484	13 391	10 997
国有相对控股	12 963	13 946	12 963	13 946	–	–
其他	22 291	31 090	22 260	30 819	31	271
按企业规模分						
大型	172 753	207 424	159 625	196 384	13 128	11 040
中型	10 477	9 972	10 441	9 890	36	82
小型	846	999	797	959	49	40
其他	18 408	19 122	18 199	19 016	209	106
按主营行业分						
农、林、牧、渔业	18 408	19 122	18 199	19 016	209	106
工业	180 405	213 860	167 192	202 698	13 213	11 162
建筑业	2 312	3 135	2 312	3 135	–	–
批发和零售业	1 215	1 257	1 215	1 257	–	–
住宿和餐饮业	144	143	144	143	–	–
按登记注册类型分						
国有企业	42 355	52 794	41 574	51 637	781	1 157
公司制企业小计	159 808	184 517	147 171	174 406	12 637	10 111
国有独资企业	106 902	119 928	94 479	110 316	12 423	9 612
其他有限责任公司	12 172	18 140	12 118	17 856	54	284
股份有限公司	31 358	37 122	31 336	37 095	22	27
中外合资企业	9 376	9 327	9 238	9 139	138	188
其他	321	206	317	206	4	–

18－3 全区企业家信心指数

（2003年）

	一季度	二季度	三季度	四季度
全　　区	**122.84**	**116.15**	**125.14**	**130.14**
按行业门类分	－	－	－	
工　业	123.62	124.36	126.95	135.18
建筑业	124.53	128.49	121.64	111.97
交通运输、仓储和邮政业	133.03	68.73	127.70	153.18
批发和零售业	102.55	94.05	108.11	121.40
房地产业	156.25	162.50	156.25	143.75
社会服务业	142.86	85.71	157.14	142.86
信息传输、计算机服务和软件业	92.61	87.10	84.90	93.23
住宿和餐饮业	133.33	116.67	158.33	133.33
按企业登记注册类型分	－	－	－	－
国有企业	121.43	103.37	129.92	134.52
集体企业	70.00	90.00	90.00	100.00
股份合作企业	136.36	136.36	127.27	154.55
有限责任公司	122.45	125.45	127.54	123.52
股份有限公司	151.01	146.24	130.48	148.08
外商及港、澳、台投资企业	116.68	135.77	150.00	154.50
按企业规模分	－	－	－	－
大　　型	146.31	131.61	139.11	151.55
中　　型	126.50	119.13	136.52	137.07
小　　型	109.00	106.00	112.37	117.71
乡镇企业	133.33	180.00	180.00	160.00
上市公司	131.19	135.46	126.19	135.82

18－4 全区企业景气指数

（2003年）

	一季度	二季度	三季度	四季度
全　　区	**113.86**	**118.27**	**129.38**	**131.21**
按行业门类分	－	－	－	
工　业	110.60	127.12	126.42	133.24
建筑业	96.22	137.54	128.72	108.32
交通运输、仓储和邮政业	138.67	68.73	127.70	153.03
批发和零售业	111.46	102.86	124.14	121.76
房地产业	137.50	143.75	162.5	168.75
社会服务业	135.71	71.43	142.86	135.71
信息传输、计算机服务和软件业	138.42	143.55	135.22	151.88
住宿和餐饮业	133.33	33.33	150.00	125.00
按企业登记注册类型分	－	－	－	－
国有企业	120.88	118.99	136.29	142.45
集体企业	80.00	90.00	100.00	44.44
股份合作企业	109.09	118.18	118.18	145.45
有限责任公司	109.44	115.56	126.47	128.65
股份有限公司	127.83	113.92	111.99	122.77
外商及港、澳、台投资企业	132.06	138.32	175.00	175.00
按企业规模分	－	－	－	－
大　　型	154.17	143.90	151.21	156.16
中　　型	111.11	119.13	133.91	140.52
小　　型	103.00	100.00	114.43	112.50
乡镇企业	166.67	160.00	120.00	160.00
上市公司	116.02	107.64	101.61	104.36

18－5　工业企业景气指数

（2003年）

	一季度	二季度	三季度	四季度
综合生产经营状况	**110.60**	**127.12**	**126.42**	**133.24**
生产成本	79.86	82.01	76.64	60.04
生产总量	104.54	137.00	133.82	132.41
产品定货	104.12	121.45	122.74	122.46
产品销售量	105.04	139.78	135.42	128.19
产品销售价格	106.94	101.72	98.43	111.09
产成品库存	114.25	107.88	110.55	107.50
盈利(亏损)变化	89.36	109.53	109.30	120.10
流动资金	64.10	58.72	67.56	62.88
货款拖欠	116.27	102.04	97.65	110.44
劳动力需求	95.67	110.52	111.74	104.59
固定资产投资	107.26	130.84	132.99	130.78
科技创新	111.76	121.68	124.08	119.53
主要原材料及能源供应	116.40	114.40	118.00	105.52

18－6　建筑业企业景气指数

（2003年）

	一季度	二季度	三季度	四季度
综合生产经营状况	**96.22**	**137.54**	**128.72**	**108.32**
工程合同数	75.04	160.95	132.51	62.55
建筑工程量	72.99	164.28	165.52	86.94
新开工工程量	92.99	150.95	154.10	47.93
施工产值	63.94	164.28	170.95	96.91
竣工产值	49.59	127.43	136.66	154.70
工程结算收入	57.95	137.07	152.01	152.73
建筑材料购进价格	51.53	44.50	54.14	54.63
工程结算成本	90.45	55.74	48.17	43.89
盈利(亏损)变化	56.71	90.56	114.28	139.55
流动资金	20.00	32.38	39.90	29.05
货款拖欠	104.25	55.88	41.32	38.10
劳动力需求	79.15	183.33	162.08	53.68
固定资产投资	96.67	136.73	130.28	74.25

18－7　交通运输、仓储和邮政业企业景气指数

（2003年）

	一季度	二季度	三季度	四季度
综合生产经营状况	**138.67**	**68.73**	**127.70**	**153.03**
业务需求量	118.97	118.67	140.00	158.97
业务收入	98.67	92.00	146.82	145.64
业务收费价格	106.67	106.67	106.67	100.15
营业成本	92.15	80.00	73.33	52.15
盈利(亏损)变化	86.51	101.03	140.15	132.00
流动资金	79.85	66.51	66.67	73.18
货款拖欠	100.88	119.70	114.36	120.88
劳动力需求	80.00	73.33	113.33	106.67
固定资产投资	87.70	102.21	114.36	101.18

18－8　批发和零售业企业景气指数

（2003 年）

	一季度	二季度	三季度	四季度
综合生产经营状况	**111.46**	**102.86**	**124.14**	**121.76**
商品购进	106.95	100.53	108.70	117.51
商品购进价格	90.10	108.57	91.67	80.38
商品销售	108.16	96.43	120.77	128.41
商品销售价格	95.66	82.36	90.46	99.40
商品库存	125.69	119.49	118.81	120.36
经营费用	101.15	108.04	89.16	80.12
盈利(亏损)变化	100.69	88.86	123.55	130.26
流动资金	98.55	81.73	92.51	97.30
货款拖欠	129.12	141.52	112.59	127.98
劳动力需求	85.61	94.29	105.56	93.67
固定资产投资	102.86	125.20	130.06	122.88

18－9　房地产业企业景气指数

（2003 年）

	一季度	二季度	三季度	四季度
综合生产经营状况	**137.50**	**143.75**	**162.50**	**168.75**
土地开发面积	112.50	137.50	118.75	112.50
完成投资	93.75	156.25	150.00	143.75
新开工面积	75.00	137.50	137.50	106.25
房屋竣工面积	81.25	112.50	143.75	156.25
商品房预售面积	87.50	137.50	118.75	125.00
商品房销售面积	81.25	125.00	118.75	156.25
商品房销售价格	118.75	112.50	112.50	118.75
空置商品房面积	112.50	162.50	137.50	118.75
盈利(亏损)变化	100.00	112.50	125.00	162.50
流动资金	93.75	75.00	87.50	87.50
货款拖欠	118.75	131.25	118.75	100.00
劳动力需求	75.00	118.75	131.25	100.00
固定资产投资	112.50	137.50	150.00	150.00

18－10　社会服务业企业景气指数

（2003 年）

	一季度	二季度	三季度	四季度
综合生产经营状况	**135.71**	**71.43**	**142.86**	**135.71**
业务需求量	114.29	85.71	171.43	121.43
客房出租	161.54	146.15	150.00	178.57
旅游客源	120.00	62.50	166.67	60.00
业务收费价格	85.71	71.43	121.43	114.29
营业收入	85.71	92.86	178.57	78.57
营业成本	107.14	92.86	50.00	114.29
盈利(亏损)变化	71.43	64.29	164.29	92.86
流动资金	71.43	50.00	85.71	92.86
货款拖欠	114.29	100.00	107.14	107.14
劳动力需求	135.71	64.29	150.00	121.43
固定资产投资	128.57	100.00	121.43	114.29

18－11　信息传输、计算机服务和软件业企业景气指数

(2003年)

	一季度	二季度	三季度	四季度
综合生产经营状况	**138.42**	**143.55**	**135.22**	**151.88**
产品销售	106.46	154.04	120.71	162.37
产品订货	111.49	108.33	102.20	131.50
竞争能力	134.36	139.83	135.22	148.16
销售价格	90.91	75.00	60.22	58.33
营业收入	106.46	166.67	133.33	158.33
营业成本	87.88	40.77	74.11	32.44
盈利(亏损)变化	72.10	126.88	72.27	80.50
流动资金	68.09	108.38	70.75	70.75
货款拖欠	68.67	83.65	37.95	75.32
劳动力需求	79.46	100.00	100.57	83.65
固定资产投资	95.71	121.32	83.91	100.32

18－12　住宿和餐饮业企业景气指数

(2003年)

	一季度	二季度	三季度	四季度
综合生产经营状况	**133.33**	**33.33**	**150.00**	**125.00**
产品销售	100.00	16.67	175.00	75.00
竞争能力	125.00	125.00	141.67	125.00
客房出租	88.89	－	112.50	100.00
业务收费价格	91.67	66.67	100.00	100.00
营业收入	83.33	－	175.00	91.67
营业成本	141.67	116.67	58.33	66.67
盈利(亏损)变化	108.33	8.33	166.67	83.33
流动资金	116.67	66.67	108.33	108.33
货款拖欠	116.67	116.67	116.67	116.67
劳动力需求	91.67	33.33	125.00	50.00
固定资产投资	116.67	50.00	116.67	83.33

主要统计指标解释

【企业集团】 是以一个实力雄厚的大型企业为核心,以产权联结为主要纽带,并以产品、技术、经济、契约等多种纽带。把多个企业、事业单位联结在一起,具有多层次的以母子公司为主体的多法人经济联合体。

【现代企业制度】 就是产权清晰、权责明确、政企分开、科学管理的具有社会主义特色的企业制度。现代企业制度的核心内容:一是完善的企业法人制度,二是严格的有限责任制度,三是科学的企业领导体制与组织制度。建立完善的企业法人制度的关键是确立企业法人财产权,使企业真正成为独立享有民事权利、承担民事责任的法人实体。严格的有限责任制废包含两个方面的内容:一是出资者以其出资额为限,对企业债务承担有限责任;二是企业以其全部法人财产为限,对债务承担有限责任。科学的企业领导体制与组织制度是指企业建立既相互独立、相互制约,又相互协调的权力机构、决策机构、执行机构和监督机构,成为企业进人市场、独立经营的有效组织保障。

【企业景气调查】 是为适应社会主义市场经济发展的需要,借鉴市场经济国家的经验而建立的,进行事前统计的一项统计调查制度。企业景气调查方法是对经济发展的周期波动进行监测和预测的一个重要而又行之有效的统计调查方法;它通过对样本企业的经营决策者定期进行问卷调查,并根据他们对企业经营状况及宏观经济形势的判断和预期来编制景气指数,从而准确,及时地反映宏观经济运行和企业经营状况;预测经济发展的变动趋势。

【景气指数】 又称为景气度,是对企业景气词查中各项定性指标的调查结果,经一定的技术加工处理后形成的综合性数量指标。景气指数的数值范围在 0 - 200 之间,100 为景气指数的临界值;当景气指数大于 100 时,表明经济状况趋于上升或改善,处于景气状态;当景气指数小于 100 时,表明经济状况趋于下降或恶化,处于不景气状态。

附件：各省市区主要经济指标排序

各省市区主要经济指标排序

2003年

地　　区	国内生产总　值（亿元）	位　次	国内生产总值比上年增长（%）	位　次	第一产业增加值（亿元）	位　次
全　　国	**116 898.40**	–	**9.1**	–	**17 092.10**	–
北　　京	3 611.94	15	10.5	19	95.30	26
天　　津	2 386.94	22	14.5	2	89.70	28
河　　北	7 095.39	5	11.6	13	1 064.33	5
山　　西	2 445.58	20	13.2	7	213.28	25
内 蒙 古	2 092.86	24	16.3	1	421.90	18
辽　　宁	6 002.54	8	11.5	14	622.47	13
吉　　林	2 521.78	18	10.2	23	488.80	17
黑 龙 江	4 433.12	13	10.3	22	513.12	15
上　　海	6 250.81	7	11.8	11	92.98	27
江　　苏	12 451.75	2	13.5	6	1 106.80	4
浙　　江	9 200.00	4	14.0	3	722.00	10
安　　徽	3 973.20	14	9.1	29	749.10	9
福　　建	5 241.73	11	11.5	15	705.49	11
江　　西	2 830.00	16	13.0	8	560.00	14
山　　东	12 430.00	3	13.7	4	1 505.00	1
河　　南	7 025.93	6	10.5	20	1 237.00	2
湖　　北	5 395.91	10	9.3	28	792.55	8
湖　　南	4 633.73	12	9.6	27	885.87	7
广　　东	13 449.93	1	13.6	5	1 051.60	6
广　　西	2 733.21	17	10.2	24	628.18	12
海　　南	677.54	28	10.5	21	257.12	23
重　　庆	2 250.11	23	11.4	16	343.07	20
四　　川	5 456.32	9	11.8	12	1 128.60	3
贵　　州	1 344.31	26	10.1	25	294.53	22
云　　南	2 458.80	19	8.6	30	498.95	16
西　　藏	184.59	31	–	–	–	–
陕　　西	2 398.58	21	10.9	17	320.03	21
甘　　肃	1 301.06	27	10.1	26	240.00	24
青　　海	390.16	29	12.1	10	47.00	30
宁　　夏	385.34	30	12.2	9	55.50	29
新　　疆	1 849.82	25	10.8	18	388.00	19

注：各省市区主要经济指标来源于2004年《中国统计摘要》。

续 1

地　区	第二产业增加值（亿元）	位　次	第三产业增加值（亿元）	位　次	第一产业增加值占GDP比重（%）	位　次
全　国	**61 131.30**	–	**38 675.00**	–	**14.62**	–
北　京	1 298.47	16	2 218.17	9	2.64	29
天　津	1 212.34	18	1 084.90	17	3.76	28
河　北	3 675.38	5	2 355.68	7	15.00	15
山　西	1 400.12	15	832.18	23	8.72	25
内蒙古	947.90	24	723.10	24	20.16	7
辽　宁	2 852.60	8	2 527.47	6	10.37	23
吉　林	1 140.78	19	892.20	21	19.38	9
黑龙江	2 532.45	10	1 387.55	15	11.57	22
上　海	3 130.72	7	3 027.11	5	1.49	30
江　苏	6 782.25	2	4 562.70	2	8.89	24
浙　江	4 830.00	4	3 648.00	4	7.85	26
安　徽	1 780.60	14	1 443.50	14	18.85	11
福　建	2 495.63	11	2 040.61	11	13.46	18
江　西	1 227.00	17	1 043.00	18	19.79	8
山　东	6 650.00	3	4 275.00	3	12.11	20
河　南	3 550.47	6	2 238.46	8	17.61	13
湖　北	2 580.58	9	2 022.78	12	14.69	16
湖　南	1 793.71	13	1 954.15	13	19.12	10
广　东	7 048.05	1	5 350.28	1	7.82	27
广　西	1 005.92	22	1 099.11	16	22.98	2
海　南	150.93	30	269.49	28	37.95	1
重　庆	975.95	23	931.09	20	15.25	14
四　川	2 266.06	12	2 061.66	10	20.68	5
贵　州	571.91	27	477.87	26	21.91	3
云　南	1 067.76	21	892.09	21	20.29	6
西　藏	–	–	–	–	–	–
陕　西	1 133.56	20	944.99	19	13.34	19
甘　肃	607.62	26	453.44	27	18.45	12
青　海	184.26	29	158.90	29	12.05	21
宁　夏	192.00	28	137.84	30	14.40	17
新　疆	795.51	25	666.31	25	20.98	4

续 2

地　　区	第二产业增加值占GDP比重（%）	位　次	工业增加值占GDP比重（%）	位　次	建筑业增加值占GDP比重（%）	位　次
全　　国	**52.29**	–	**45.30**	–	**6.99**	–
北　　京	35.95	29	28.16	29	7.79	15
天　　津	50.79	8	46.23	7	4.57	29
河　　北	51.80	7	45.83	9	5.97	25
山　　西	57.25	1	48.66	2	8.59	11
内 蒙 古	45.29	18	33.79	21	11.50	7
辽　　宁	47.52	14	41.82	11	5.70	26
吉　　林	45.24	19	36.72	15	8.52	12
黑 龙 江	57.13	2	50.72	1	6.40	22
上　　海	50.09	10	45.85	8	4.24	30
江　　苏	54.47	3	47.82	3	6.65	20
浙　　江	52.50	5	46.85	8	5.65	27
安　　徽	44.82	20	36.38	16	8.43	13
福　　建	47.61	13	41.02	13	6.60	21
江　　西	43.36	23	29.75	27	13.60	2
山　　东	53.50	4	47.11	5	6.39	23
河　　南	50.53	9	43.18	10	7.35	16
湖　　北	47.82	12	41.78	12	6.04	24
湖　　南	38.71	27	31.41	24	7.30	17
广　　东	52.40	6	47.27	4	5.13	28
广　　西	36.80	28	29.69	28	7.11	19
海　　南	22.28	30	15.10	30	7.18	18
重　　庆	43.37	22	34.15	20	9.23	8
四　　川	41.53	26	32.47	23	9.07	9
贵　　州	42.54	25	33.51	22	9.03	10
云　　南	43.43	21	35.23	17	8.19	14
西　　藏	–	–	–	–	–	–
陕　　西	47.26	15	34.80	18	12.46	4
甘　　肃	46.70	17	34.57	19	12.13	6
青　　海	47.23	16	30.95	25	16.27	1
宁　　夏	49.83	11	37.23	14	12.58	3
新　　疆	43.00	24	30.87	26	12.14	5

续3

地　区	第三产业增加值占GDP比重（%）	位　次	总人口（万人）	位　次	人口自然增长率（‰）	位　次
全　国	**33.08**	–	**129 227**	–	**6.01**	–
北　京	61.41	1	1 456	26	-0.10	30
天　津	45.45	3	1 011	27	1.10	28
河　北	33.20	28	6 769	6	5.16	16
山　西	34.03	27	3 314	19	6.22	11
内蒙古	34.55	25	2 380	23	3.07	22
辽　宁	42.11	5	4 210	14	1.07	29
吉　林	35.38	23	2 704	21	1.61	27
黑龙江	31.30	30	3 815	16	2.03	25
上　海	48.43	2	1 711	25	-1.35	31
江　苏	36.64	17	7 406	5	2.01	26
浙　江	39.65	11	4 680	11	3.28	20
安　徽	36.33	18	6 410	8	5.95	13
福　建	38.93	13	3 488	18	5.85	14
江　西	36.86	16	4 254	13	8.09	9
山　东	34.39	26	9 125	2	4.78	18
河　南	31.86	29	9 667	1	5.64	15
湖　北	37.49	15	6 002	9	2.32	24
湖　南	42.17	4	6 663	7	4.95	17
广　东	39.78	9	7 954	4	8.35	8
广　西	40.21	8	4 857	10	7.29	10
海　南	39.77	10	811	28	9.16	6
重　庆	41.38	6	3 130	20	2.69	23
四　川	37.78	14	8 700	3	3.12	21
贵　州	35.55	22	3 870	15	9.04	7
云　南	36.28	19	4 376	12	9.80	5
西　藏	–	–	270	31	11.10	1
陕　西	39.40	12	3 690	17	4.29	19
甘　肃	34.85	24	2 603	22	6.12	12
青　海	40.73	7	534	30	10.85	3
宁　夏	35.77	21	580	29	10.95	2
新　疆	36.02	20	1 934	24	10.78	4

续4

地　　区	地方财政收　　入（亿元）	位　次	地方财政支　　出（亿元）	位　次	居民消费价格指数	位　次
全　　国	**9 849.98**	–	**17 229.84**	–	**101.2**	–
北　　京	592.54	6	734.80	7	100.2	29
天　　津	204.53	17	312.08	26	101.0	20
河　　北	335.83	10	646.74	10	102.2	3
山　　西	186.05	19	415.69	20	101.8	7
内 蒙 古	138.72	24	447.26	17	102.2	4
辽　　宁	447.05	7	784.38	6	101.7	9
吉　　林	154.00	23	409.23	21	101.2	16
黑 龙 江	248.86	14	564.91	13	100.9	22
上　　海	886.23	2	1 088.44	2	100.1	31
江　　苏	798.11	3	1 047.68	3	101.0	21
浙　　江	706.56	5	896.77	5	101.9	6
安　　徽	220.75	16	507.44	15	101.7	8
福　　建	304.71	11	452.22	16	100.8	24
江　　西	168.17	21	382.10	22	100.8	25
山　　东	713.79	4	1 010.64	4	101.1	17
河　　南	338.05	8	716.60	9	101.6	13
湖　　北	259.76	13	540.44	14	102.2	2
湖　　南	268.65	12	573.75	12	102.4	1
广　　东	1 315.52	1	1 695.63	1	100.6	26
广　　西	203.66	18	443.68	18	101.1	19
海　　南	51.32	28	105.40	31	100.1	30
重　　庆	161.56	22	341.58	24	100.6	27
四　　川	336.59	9	732.30	8	101.7	10
贵　　州	124.56	26	332.35	25	101.2	14
云　　南	229.00	15	587.35	11	101.2	15
西　　藏	8.15	31	145.91	28	100.9	23
陕　　西	177.33	20	418.20	19	101.7	12
甘　　肃	87.66	27	300.01	27	101.1	17
青　　海	24.04	30	122.04	29	102.0	5
宁　　夏	30.03	29	105.78	30	101.7	11
新　　疆	128.22	25	368.47	23	100.4	28

续5

地　区	城镇职工平均货币工　资（元）	位　次	国有单位职工平均货币工资（元）	位　次	城镇居民年人均可支配收入（元）	位　次
全　国	**14 040**	–	**14 577**	–	**8 472.2**	–
北　京	25 312	3	28 464	1	13 882.6	2
天　津	18 648	6	19 352	6	10 312.9	5
河　北	11 189	22	11 783	20	7 239.1	17
山　西	10 729	27	11 213	23	7 005.0	21
内蒙古	11 279	21	11 929	27	7 012.9	20
辽　宁	13 008	12	13 603	13	7 240.6	16
吉　林	11 081	23	11 124	28	7 005.2	21
黑龙江	11 038	24	11 034	29	6 678.9	28
上　海	27 304	1	28 406	2	14 867.5	1
江　苏	15 712	7	17 502	7	9 262.5	7
浙　江	21 367	4	27 293	4	13 179.5	3
安　徽	10 581	29	11 220	26	6 778.0	26
福　建	14 310	9	16 460	9	9 999.5	6
江　西	10 521	30	10 918	30	6 901.4	24
山　东	10 567	14	13 975	10	8 399.9	9
河　南	10 749	26	11 397	24	6 926.1	23
湖　北	10 692	28	11 806	22	7 322.0	14
湖　南	12 221	18	12 604	18	7 674.2	12
广　东	19 986	5	22 944	5	12 380.4	4
广　西	11 953	19	12 331	19	7 785.0	11
海　南	10 397	31	10 305	31	7 259.3	15
重　庆	12 425	16	13 586	14	8 093.7	10
四　川	12 441	15	13 923	11	7 041.9	19
贵　州	11 037	25	11 390	25	6 569.2	30
云　南	12 870	13	13 471	15	7 643.6	13
西　藏	26 931	2	27 611	3	8 765.5	8
陕　西	11 461	20	11 833	21	6 806.4	25
甘　肃	12 307	17	12 929	17	6 657.2	29
青　海	15 356	8	16 692	8	6 745.3	27
宁　夏	13 056	11	13 825	12	6 530.5	31
新　疆	13 255	10	13 199	16	7 173.5	18

续6

地　区	城镇居民年人均消费性支出（元）	位　次	农民人均纯收入（元）	位　次	农民年人均消费性支出（元）	位　次
全　国	**6 510.9**	–	**2 622.2**	–	**1 943.3**	–
北　京	11 123.8	1	5 601.6	2	4 147.3	3
天　津	7 867.5	6	4 566.0	4	2 319.5	7
河　北	5 439.8	21	2 853.4	10	1 600.1	20
山　西	5 105.4	26	2 299.2	17	1 434.4	27
内蒙古	5 419.1	22	2 267.7	18	1 770.6	14
辽　宁	6 077.9	11	2 934.4	9	1 884.1	11
吉　林	5 492.1	20	2 530.4	14	1 815.6	12
黑龙江	5 015.2	28	2 508.9	15	1 661.7	17
上　海	11 040.3	2	6 653.9	1	5 669.6	1
江　苏	6 708.6	9	4 239.3	5	2 704.4	6
浙　江	9 712.9	3	5 389.0	3	4 285.1	2
安　徽	5 064.3	27	2 127.5	22	1 596.3	21
福　建	7 356.3	7	3 733.9	7	2 715.5	5
江　西	4 914.6	31	2 457.5	16	1 907.6	10
山　东	6 069.4	12	3 150.5	8	2 133.2	9
河　南	4 941.6	30	2 235.7	19	1 444.5	26
湖　北	5 963.3	14	2 566.8	12	1 801.6	13
湖　南	6 082.6	10	2 532.9	13	2 139.2	8
广　东	9 636.3	4	4 054.6	6	2 927.4	4
广　西	5 763.5	15	2 094.5	24	1 751.2	15
海　南	5 502.4	19	2 588.1	11	1 644.8	18
重　庆	7 118.1	8	2 214.6	21	1 583.3	22
四　川	5 759.2	16	2 229.9	20	1 747.0	16
贵　州	4 949.0	29	1 564.7	30	1 185.2	30
云　南	6 023.6	13	1 697.1	27	1 405.7	28
西　藏	8 045.3	5	1 691.0	31	1 030.1	31
陕　西	5 666.5	17	1 675.7	28	1 455.4	25
甘　肃	5 298.9	25	1 673.1	29	1 336.9	29
青　海	5 400.2	23	1 794.1	26	1 563.2	23
宁　夏	5 330.3	24	2 043.3	25	1 637.1	19
新　疆	5 540.6	18	2 106.2	23	1 465.3	24

续7

地　　区	农林牧渔业总产值（亿元）	位　次	农林牧渔业总产值比上年增长（%）	位　次	牧业产值（亿元）	位　次
全　　国	**29 691.83**	–	**3.85**	–	**9 538.81**	–
北　　京	246.76	27	4.06	21	125.49	23
天　　津	213.88	28	6.90	3	77.22	27
河　　北	1 956.87	3	6.33	7	820.58	4
山　　西	403.59	23	4.66	18	111.93	24
内 蒙 古	666.38	19	6.24	10	267.10	14
辽　　宁	1 214.98	10	7.07	2	422.01	9
吉　　林	792.14	17	6.31	8	298.44	12
黑 龙 江	903.27	14	2.99	25	294.16	13
上　　海	247.29	26	1.13	28	81.13	26
江　　苏	1 952.20	4	1.05	29	458.86	7
浙　　江	1 184.04	11	4.17	20	233.01	18
安　　徽	1 305.36	9	-6.00	31	443.46	8
福　　建	1 151.16	12	3.73	24	237.34	17
江　　西	841.63	15	2.74	27	254.01	15
山　　东	2 902.45	1	5.54	14	831.34	3
河　　南	2 193.09	2	-2.05	30	835.93	1
湖　　北	1 342.09	8	5.25	16	383.71	10
湖　　南	1 452.96	7	3.74	23	575.08	5
广　　东	1 908.66	5	3.85	22	482.83	6
广　　西	1 030.89	13	4.33	19	342.83	11
海　　南	379.98	25	8.98	1	64.77	28
重　　庆	488.57	21	6.73	4	177.64	19
四　　川	1 784.49	6	6.21	11	832.34	2
贵　　州	466.72	22	5.36	15	139.48	22
云　　南	799.33	16	6.65	5	242.53	16
西　　藏	58.63	31	4.99	17	27.09	31
陕　　西	534.96	20	6.38	6	145.60	21
甘　　肃	400.80	24	5.85	13	93.88	25
青　　海	76.95	30	2.96	26	40.71	29
宁　　夏	100.50	29	6.10	12	36.35	30
新　　疆	688.32	18	6.29	9	161.98	20

续8

地　区	牧业产值占农林牧渔业总产值的比重（%）	位　次	粮食产量（万吨）	位　次	油料产量（万吨）	位　次
全　国	**32.13**	–	**43 069.5**	–	**2 811.0**	–
北　京	50.86	2	58.0	31	3.3	30
天　津	36.10	11	119.3	27	3.1	31
河　北	41.93	5	2 387.8	7	163.1	7
山　西	27.73	23	958.9	20	36.4	22
内蒙古	40.08	6	1 360.7	16	102.3	9
辽　宁	34.73	13	1 498.3	11	61.4	13
吉　林	37.67	9	2 259.6	8	57.1	14
黑龙江	32.57	17	2 512.3	4	44.7	18
上　海	32.81	16	98.8	28	6.4	28
江　苏	23.50	27	2 471.9	5	199.5	6
浙　江	19.68	30	793.4	21	43.8	19
安　徽	33.97	14	2 214.8	9	231.4	4
福　建	20.62	29	713.2	24	26.0	25
江　西	30.18	19	1 450.3	14	76.0	11
山　东	28.64	21	3 435.5	2	361.8	1
河　南	38.12	8	3 569.5	1	309.9	2
湖　北	28.59	22	1 921.0	10	272.7	3
湖　南	39.58	7	2 442.7	6	125.7	8
广　东	25.30	27	1 430.4	15	81.9	10
广　西	33.26	15	1 465.1	13	55.7	15
海　南	17.04	31	204.6	26	9.6	27
重　庆	36.36	10	1 087.1	18	38.3	21
四　川	46.64	3	3 054.1	3	217.1	5
贵　州	29.88	20	1 104.3	17	72.3	12
云　南	30.34	18	1 471.0	12	29.7	23
西　藏	46.20	4	96.6	29	4.9	29
陕　西	27.22	24	968.4	19	41.3	20
甘　肃	23.42	28	789.3	22	46.0	17
青　海	52.90	1	86.8	30	26.2	24
宁　夏	35.16	12	270.2	25	13.2	26
新　疆	23.53	26	775.5	23	50.1	16

续 9

地　　区	肉类总产量（万吨）	位　次	水产品（万吨）	位　次	工业增加值（亿元）	位　次
全　　国	**6 932.9**	–	**4 704.5**	–	**41 045**	–
北　　京	70.3	24	7.1	24	970.8	14
天　　津	53.4	26	29.8	18	1 027.8	13
河　　北	502.4	5	86.3	13	1 810.3	6
山　　西	66.5	25	3.1	28	882.2	16
内 蒙 古	162.7	15	7.3	23	509.7	21
辽　　宁	280.1	10	382.0	5	1 764.3	7
吉　　林	218.5	13	10.9	21	806.7	18
黑 龙 江	151.5	19	41.9	15	1 380.2	10
上　　海	50.8	27	35.5	17	2 767.1	5
江　　苏	354.8	7	342.9	6	4 620.6	3
浙　　江	153.9	17	482.8	4	3 194	4
安　　徽	329.6	8	165.3	9	834.7	17
福　　建	146.2	20	572.8	3	1 461.4	9
江　　西	195.2	14	146.1	11	440.3	24
山　　东	662.1	1	706.2	1	4 695.2	2
河　　南	603.6	2	39.0	16	1 754.1	8
湖　　北	301.1	9	286.8	7	1 356.2	11
湖　　南	503.8	4	156.6	10	886.5	15
广　　东	359.6	6	648.5	2	5 606.3	1
广　　西	227.1	12	264.6	8	436.9	25
海　　南	47.0	28	123.1	12	86.4	30
重　　庆	160.6	16	22.5	19	477.9	22
四　　川	581.8	3	76.4	14	1 156	12
贵　　州	152.5	18	8.0	22	331.9	27
云　　南	253.7	11	20.4	20	719.7	19
西　　藏	19.0	31	–	–	11	31
陕　　西	92.1	22	6.7	26	664.7	20
甘　　肃	75.9	23	1.4	29	389.8	26
青　　海	23.7	29	0.1	30	95.5	29
宁　　夏	23.4	30	5.0	27	105.1	28
新　　疆	110.0	21	6.7	25	463.2	23

注:工业增加值及主要产品产量统计口径为国有及规模以上非国有工业企业。

续 10

地　　区	工业增加值比上年增长（%）	位　次	原煤产量（万吨）	位　次	原油产量（万吨）	位　次
全　　国	**17.0**	–	**172 292.8**	–	**16 960.5**	–
北　　京	12.3	28	957.3	22	–	–
天　　津	20.1	14	–	–	1 316.3	5
河　　北	20.1	15	6 910	8	511.0	9
山　　西	24.2	3	45 231.6	1	–	–
内 蒙 古	31.5	1	14 655.5	3	5.5	18
辽　　宁	18.5	18	5 871.4	11	1 332.2	4
吉　　林	17.9	19	2 255.4	18	476.4	10
黑 龙 江	13.6	24	8 105	6	4 840.1	1
上　　海	22.0	8	–	–	38.0	15
江　　苏	22.7	6	2 762.5	16	166.4	12
浙　　江	23.7	5	118.4	27	–	–
安　　徽	19.8	17	6 886.4	9	–	–
福　　建	23.9	4	1 404.4	21	–	–
江　　西	21.0	11	1 581.4	20	–	–
山　　东	22.7	7	14 759.5	2	2 665.5	2
河　　南	19.9	16	13 226.5	4	549.8	8
湖　　北	12.5	27	825.4	23	77.5	13
湖　　南	20.7	13	4 370	12	–	–
广　　东	21.9	9	671.3	24	1 275.7	6
广　　西	17.6	20	443.5	25	3.3	19
海　　南	24.9	2	2.0	28	7.6	17
重　　庆	21.1	10	3 020.9	14	–	–
四　　川	21.0	12	6 125.9	10	13.9	16
贵　　州	13.5	25	7 816.2	7	–	–
云　　南	9.1	31	4 059.8	13	–	–
西　　藏	9.5	30	–	–	–	–
陕　　西	16.8	22	11 263.2	5	1 267.4	7
甘　　肃	13.0	26	2 922.6	15	73.4	14
青　　海	15.9	23	365	26	220.0	11
宁　　夏	17.5	21	2 194.8	19	–	–
新　　疆	10.8	29	2 486.8	17	2 120.4	3

续11

地　　区	建筑业总产　值（亿元）	位　次	建筑业总产值比上年增长(%)	位　次	固定资产投资额（亿元）	位　次
全　　国	**21 865.5**	–	**18.02**	–	**55 117.9**	–
北　　京	1 269.9	6	20.36	14	1 986.2	6
天　　津	498.7	15	22.77	9	923.6	21
河　　北	730.4	9	2.70	26	1 619.3	9
山　　西	492.9	17	10.29	22	931.7	20
内 蒙 古	245.7	25	11.68	20	1 052.4	15
辽　　宁	1 016.5	8	21.11	13	1 664.9	8
吉　　林	373.3	20	27.59	5	849.4	22
黑 龙 江	426.9	18	4.67	24	1 014.6	16
上　　海	1 055.9	7	28.41	4	2 213.2	5
江　　苏	2 560.2	2	16.40	15	3 664.8	2
浙　　江	2 973.7	1	30.25	3	3 057.1	4
安　　徽	641.8	12	21.51	12	1 093.9	14
福　　建	495.4	16	23.02	8	1 182.0	12
江　　西	344.3	22	40.47	1	975.4	18
山　　东	1 402.2	4	21.80	11	3 564.8	3
河　　南	613.6	13	14.33	17	1 554.0	10
湖　　北	703.8	10	10.57	21	1 460.8	11
湖　　南	674.4	11	13.23	18	1 160.2	13
广　　东	1 479.8	3	10.28	23	3 835.2	1
广　　西	290.8	24	31.46	2	717.5	25
海　　南	24.0	30	–42.17	30	237.8	29
重　　庆	563.3	14	12.50	19	970.2	19
四　　川	1 323.7	5	23.42	7	1 788.6	7
贵　　州	207.3	26	14.47	16	653.6	26
云　　南	348.8	21	–2.62	28	775.6	24
西　　藏	12.0	31	–44.70	31	134.8	31
陕　　西	422.5	19	21.90	10	1 007.7	17
甘　　肃	200.3	27	4.11	25	536.2	27
青　　海	73.4	29	–0.01	27	225.0	30
宁　　夏	104.4	28	24.43	6	245.9	28
新　　疆	295.6	23	–5.35	29	833.2	23

续 12

地　区	固定资产投资额比上年增长（%）	位　次	房地产开发投资额（亿元）	位　次	房地产开发投资额比上年增长（%）	位　次
全　国	**26.7**	–	**10 106.1**	–	**29.72**	–
北　京	18.1	27	1 202.5	2	21.53	23
天　津	31.3	13	211.4	15	20.21	25
河　北	39.4	6	252.0	11	43.96	11
山　西	37.8	9	94.9	25	40.70	12
内蒙古	70.2	1	90.9	26	25.36	20
辽　宁	26.5	19	486.2	7	25.20	22
吉　林	22.5	24	139.3	20	19.27	26
黑龙江	11.9	30	163.1	19	11.89	29
上　海	12.3	29	901.2	4	20.34	24
江　苏	58.0	3	809.2	5	48.71	8
浙　江	33.1	11	972.4	3	33.42	16
安　徽	38.1	8	240.7	12	64.28	4
福　建	22.6	23	362.1	9	45.42	10
江　西	59.5	2	173.8	18	67.67	2
山　东	55.8	4	579.6	6	48.17	9
河　南	39.2	7	185.6	17	34.11	14
湖　北	16.0	28	239.0	13	33.81	15
湖　南	27.9	15	230.0	14	52.42	7
广　东	26.9	17	1 209.9	1	8.49	30
广　西	29.9	14	120.3	21	59.76	5
海　南	26.2	20	35.9	29	78.74	1
重　庆	31.8	12	327.9	10	33.34	17
四　川	27.0	16	449.3	8	30.48	19
贵　州	23.9	21	104.1	23	25.36	21
云　南	26.6	18	112.2	22	16.51	27
西　藏	23.2	22	1.7	31	-37.83	31
陕　西	34.2	10	188.6	16	52.60	6
甘　肃	19.5	25	50.8	28	34.72	13
青　海	9.7	31	22.3	30	31.89	18
宁　夏	42.0	5	50.9	27	64.94	3
新　疆	19.0	26	98.5	24	12.36	28

续13

地　　区	商品房销售额（亿元）	位　次	商品房销售额比上年增长（%）	位　次	社会消费品零售总额（亿元）	位　次
全　　国	**7 670.9**	–	**27.16**	–	**45 842.0**	–
北　　京	898.0	2	10.34	26	1 916.7	11
天　　津	202.3	11	44.21	7	922.3	18
河　　北	128.2	15	29.41	16	2 177.9	9
山　　西	55.0	25	28.16	19	729.3	23
内 蒙 古	70.3	23	32.66	15	726.8	24
辽　　宁	338.1	7	23.70	22	2 330.8	7
吉　　林	64.7	24	–25.03	30	1 110.3	16
黑 龙 江	144.9	14	16.06	24	1 376.5	14
上　　海	1 216.3	1	49.24	6	2 220.6	8
江　　苏	593.1	5	32.69	14	3 566.5	3
浙　　江	713.8	4	34.73	11	3 157.1	4
安　　徽	165.4	12	61.37	3	1 331.2	15
福　　建	290.3	9	28.84	17	1 740.4	13
江　　西	92.9	19	55.63	4	923.2	17
山　　东	346.1	6	27.16	20	3 936.5	2
河　　南	118.4	17	34.14	12	2 426.4	5
湖　　北	161.6	13	37.77	9	2 358.7	6
湖　　南	119.7	16	49.88	5	1 816.3	12
广　　东	889.6	3	8.44	27	5 606.0	1
广　　西	91.7	20	40.16	8	857.7	19
海　　南	23.0	29	67.43	2	191.6	28
重　　庆	210.1	10	32.83	13	835.5	21
四　　川	330.8	8	28.40	18	2 091.1	10
贵　　州	53.9	26	2.42	29	458.8	26
云　　南	86.9	22	13.43	25	782.5	22
西　　藏	–	–	–	–	58.3	31
陕　　西	89.3	21	20.34	23	853.2	20
甘　　肃	27.8	28	26.54	21	474.6	25
青　　海	11.9	30	35.80	10	102.7	29
宁　　夏	43.4	27	96.68	1	120.8	29
新　　疆	93.7	18	6.53	28	421.2	27

续14

地　　区	社会消费品零售总额比上年增长（%）	位　次	进出口总额（亿美元）	位　次	进出口总额比上年增长（%）	位　次
全　　国	**9.10**	–	**8 509.9**	–	**37.09**	–
北　　京	14.54	5	684.6	4	30.38	18
天　　津	10.88	17	293.6	8	28.71	21
河　　北	10.65	22	89.8	10	34.61	14
山　　西	13.70	6	30.8	20	33.51	15
内 蒙 古	21.34	2	28.3	21	15.93	31
辽　　宁	12.33	10	265.6	9	22.18	28
吉　　林	10.13	24	61.7	11	66.82	3
黑 龙 江	10.08	25	53.3	14	22.51	27
上　　海	9.11	31	1 123.5	3	54.69	5
江　　苏	13.65	7	1 136.2	2	61.65	4
浙　　江	10.86	18	614.2	5	46.38	10
安　　徽	9.80	27	59.4	12	42.17	13
福　　建	13.11	8	353.3	7	24.42	25
江　　西	11.73	13	25.3	25	49.51	7
山　　东	22.16	1	446.4	6	31.53	16
河　　南	10.81	20	47.1	17	47.26	9
湖　　北	10.77	21	51.1	15	29.36	20
湖　　南	10.85	19	37.3	18	29.60	19
广　　东	11.82	12	2 836.5	1	28.29	22
广　　西	12.20	11	31.9	19	31.11	17
海　　南	10.93	16	22.8	26	21.81	29
重　　庆	9.50	28	25.9	24	44.97	11
四　　川	13.03	9	56.4	13	26.14	23
贵　　州	10.24	23	9.8	28	42.65	12
云　　南	10.01	26	26.7	23	19.63	30
西　　藏	9.23	30	1.6	31	23.16	26
陕　　西	17.18	3	27.8	22	24.84	24
甘　　肃	9.47	29	13.3	27	50.86	6
青　　海	11.45	14	3.4	30	69.57	2
宁　　夏	15.08	4	6.5	29	48.46	8
新　　疆	11.15	15	47.7	16	77.40	1

续15

地　区	出口总额（亿美元）	位　次	出口总额比上年增长（%）	位　次	进口总额（亿美元）	位　次
全　国	**4 382.28**	–	**34.6**	–	**4 127.57**	–
北　京	168.52	7	33.6	15	516.11	4
天　津	143.65	9	23.5	23	149.94	7
河　北	59.28	10	29.0	19	30.50	11
山　西	22.66	17	36.4	14	8.18	26
内蒙古	11.56	25	43.3	10	16.73	18
辽　宁	146.31	8	18.3	29	119.30	9
吉　林	21.62	18	22.3	24	40.10	10
黑龙江	28.74	14	44.7	9	24.55	13
上　海	484.58	3	51.3	6	638.97	2
江　苏	591.19	2	53.7	5	545.05	3
浙　江	416.03	4	41.5	12	198.20	5
安　徽	30.64	12	24.9	22	28.79	12
福　建	211.40	6	21.7	25	141.95	8
江　西	15.05	24	43.1	11	10.22	23
山　东	265.59	5	25.8	21	180.82	6
河　南	29.80	13	40.6	13	17.33	17
湖　北	26.56	15	19.5	26	24.54	14
湖　南	21.46	19	19.5	27	15.87	19
广　东	1 529.44	1	29.1	18	1 307.02	1
广　西	19.70	20	30.7	17	12.16	21
海　南	8.69	27	6.1	31	14.09	20
重　庆	15.85	23	45.3	8	10.10	24
四　川	32.13	11	18.5	28	24.26	15
贵　州	5.88	28	33.1	16	3.96	28
云　南	16.77	22	17.3	30	9.91	25
西　藏	1.22	31	49.8	7	0.39	31
陕　西	17.35	21	26.1	20	10.48	22
甘　肃	8.78	26	59.9	3	4.50	27
青　海	2.74	30	81.4	2	0.65	30
宁　夏	5.12	29	56.0	4	1.41	29
新　疆	25.42	16	94.3	1	22.30	16

续16

地　　区	进口总额比上年增长（%）	位　次	实际利用外商直接投资额（万美元）	位　次	实际利用外商直接投资额比上年增长（%）	位　次
全　　国	**39.9**	**–**	**5 350 467**	**–**	**1.44**	**–**
北　　京	29.4	21	219 126	8	27.06	7
天　　津	34.1	19	153 473	11	-2.98	15
河　　北	47.3	10	96 405	13	23.17	8
山　　西	25.9	25	21 361	22	0.93	13
内 蒙 古	2.8	30	8 854	24	-49.98	29
辽　　宁	27.3	23	282 410	6	-17.22	19
吉　　林	107.4	1	19 059	23	-22.11	23
黑 龙 江	3.9	29	32 180	20	-9.38	18
上　　海	57.4	9	546 849	4	28.00	5
江　　苏	71.3	2	1 056 365	1	3.67	12
浙　　江	58.0	8	498 055	5	61.91	1
安　　徽	66.6	3	36 720	18	-4.31	16
福　　建	28.7	22	259 903	7	-32.29	27
江　　西	59.0	6	161 202	9	48.99	2
山　　东	41.0	15	601 617	3	27.08	6
河　　南	59.8	5	53 903	14	33.22	4
湖　　北	46.8	11	156 886	10	9.97	11
湖　　南	46.8	12	101 835	12	13.12	10
广　　东	27.3	24	782 294	2	-30.98	26
广　　西	31.7	20	41 856	16	0.31	14
海　　南	34.5	18	42 125	15	-17.72	20
重　　庆	43.8	13	26 083	21	33.24	3
四　　川	38.1	16	41 231	17	-25.82	25
贵　　州	58.8	7	4 521	26	18.32	9
云　　南	24.3	26	8 384	25	-24.94	24
西　　藏	-21.6	31	–	–	–	–
陕　　西	23.6	27	33 190	19	-7.82	17
甘　　肃	37.0	17	2 342	28	-61.74	30
青　　海	43.0	14	2 522	27	-46.64	28
宁　　夏	23.1	28	1 743	29	-20.77	22
新　　疆	61.2	4	1 534	30	-19.22	21

历届区人民代表大会的代表人数

单位:人

项　　目	第一届	第二届	第三届	第四届	第五届	第六届	第七届	第八届	第九届
代表总数	**208**	**107**	**81**	**698**	**461**	**425**	**432**	**421**	**411**
在代表总数中	–	–	–	–	–	–	–	–	
女代表	14	–	–	156	93	88	70	71	69
占代表总数%	19.7	–	–	22.3	20.2	20.7	16.2	16.9	16.8
在代表总数中	–	–	–	–	–	–	–	–	
少数民族代表	91	–	–	247	185	171	144	150	148
占代表总数%	43.8	–	–	35.4	40.1	40.2	33.3	35.6	36
回族代表	89	–	–	223	171	165	136	147	145
占代表总数%	42.8	–	–	31.9	37.1	38.8	31.5	34.9	35.3
开会时间	**1 958 年 4 月**	**1 964 年 9 月**	**1 968 年 4 月**	**1 977 年 12 月**	**1 983 年 5 月**	**1 988 年 5 月**	**1 993 年 5 月**	**1 998 年 5 月**	**2 003 年 1 月**

历届区政治协商会议的委员人数

单位:人

项　　目	第一届	第二届	第三届	第四届	第五届	第六届	第七届	第八届
委员总数	**110**	**155**	**223**	**278**	**400**	**336**	**350**	**380**
在委员总数中	–	–	–	–	–	–	–	
中国共产党代表	28	26	107	95	120	131	140	151
占代表总数%	25.5	16.8	47.9	34.2	30	39	40	39.7
在委员总数中	–	–	–	–	–	–	–	
少数民族代表	48	46	59	86	90	123	123	127
占委员总数%	43.6	29.7	26.5	30.9	22.5	36.6	35.1	33.4
回族代表	44	44	54	73	80	104	109	109
占代表总数%	40	28.4	24.2	26.6	20	31	31.1	28.7
开会时间	**1 958 年 10 月**	**1 964 年 9 月**	**1 977 年 12 月**	**1 983 年 4 月**	**1 988 年 5 月**	**1 993 年 5 月**	**1 998 年 5 月**	**2 003 年 1 月**